JN441252

학술 커뮤니케이션

지식 생산과 공유

본 연구의 일부는 한성대학교 학술연구비 지원을 받아 수행되었음.

학술 커뮤니케이션

지식 생산과 공유

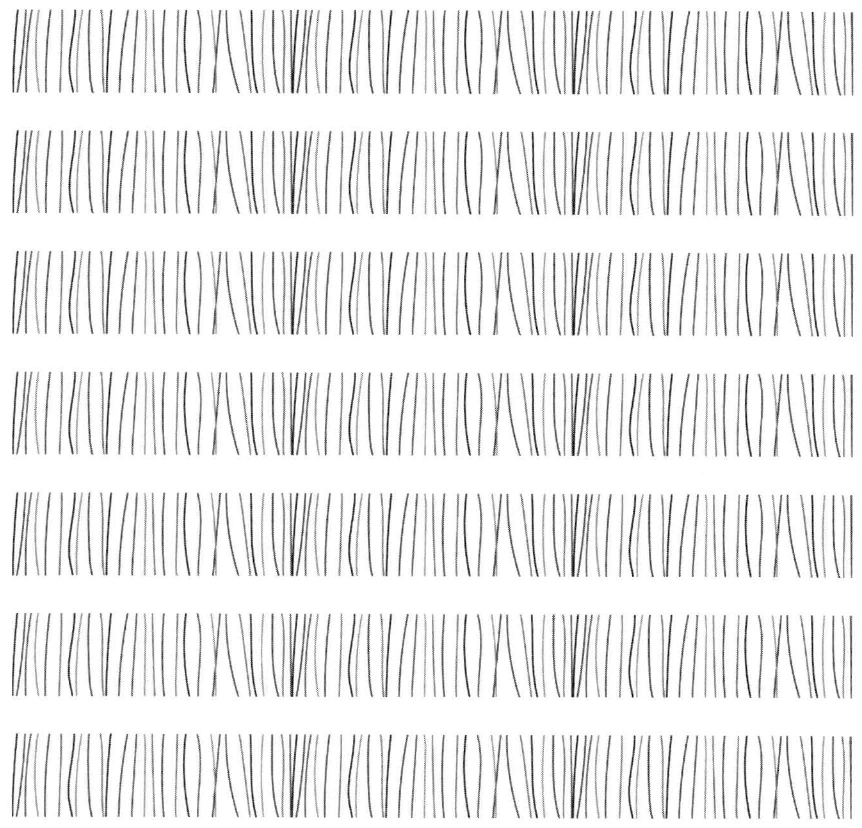

정경희 · 정은경 · 이재윤 지음

Scholarly Communication

이화여자대학교출판문화원

머리말

지식 생산은 연구자 개인의 연구 활동에서 시작되지만 학술 커뮤니케이션이라는 복합적인 사회적·제도적 과정을 통해 비로소 공적 지식으로 자리 잡는다. 연구자는 연구 질문을 설정하고 결과를 도출하거나 동료의 연구 결과를 심사하며, 출판사와 학회는 심사를 거친 연구 결과물을 출판해 세상에 알린다. 도서관은 출판된 연구 결과물을 수집, 보존하고 그에 대한 접근을 보장해서 공유될 수 있도록 한다. 연구기금 기관은 연구의 방향과 조건을 제시하며 지원한다. 이러한 역할 분담은 오랫동안 학문 공동체의 신뢰를 유지해온 핵심 장치였다. 그러나 이 구조는 고정된 것이 아니라 사회적, 기술적, 제도적 환경 아래서 선택과 조정, 갈등과 타협을 거치며 형성되어왔다.

그동안 학술 커뮤니케이션 체제는 지식의 질을 보장하고 학문적 신뢰를 확보하기 위해 여러 제도적 장치를 발전시켜왔다. 동료 심사는 연구의 품질을 검증하는 제도로 자리 잡았고, 학술지는 학문적 성과를 공인하는 핵심 매체가 되었으며, 인용 지수는 연구 성과를 평가하는 기준으로 활용되었다. 그러나 시간이 흐르면서 이러한 학술 커뮤니케이션의 제도와 장치가 지닌 다양한 문제가 드러났다. 연구자는 지식의 생산자이면서도 자신이 생산한 지식의 저작권을 상업 출판사에 양도하는 존재가 되었다. 이러한 결과로 더 많은 연구자에게 공개하기 위해 생산된 연구 성과, 심지어 공공 재원으로 생산된 연구 성과까지도 저작권을 양도받은 상업 출판사의 구독 장벽에 갇히게 되었다. 학술지의 명성과 지표는 연구의 영향력을 표현하는 하나의 도구라기보다는 연구자의 경력과 평가를 좌우하거나 학술지 가격을 올리는 수단이 되었다.

이러한 문제의식 속에서 등장한 것이 오픈 액세스와 오픈 과학이다. 연구자들은 자신이 생산한 연구 결과가 과도한 구독 비용 장벽에 갇히지 않도록 하고, 연구 데이터와 연구 과정이 공유되도록 지식의 개방과 재사용 가능성을 확대하는 실천을 추진해왔다. 연구기금 기관은 연구 성과의 공공적 환원을 요구하며 오픈 액세스 출판과 연구 데이터 공유를 정책으로 제도화하기 시작했고, 도서관은 구독 비용 증가와 자료에 대한 이용 제한 속에서 지식 접근의 공공성을 회복하기 위한 다양한 협상과 인프라 구축에 나서고 있다.

그러나 약 25년간 추진되어온 오픈 액세스와 오픈 과학 역시 그 자체로 새로운 갈등을 드러내고 있다. APC 기반의 오픈 액세스 출판 모델은 연구자에게 지워지는 출판 비용 부담으로 인해 저자 장벽을 만들고, 국가 및 기관 간 불평등을 야기했다. 개방을 표방한 학술 출판 환경에서도 약탈적 학술지의 약탈 행위와 형식적 동료 심사, 평가 지표 중심의 연구문화는 여전히 문제로 남아 있다. 이러한 맥락에서 오픈 과학은 누적되어온 학술 커뮤니케이션의 문제에 대한 해결책이라기보다 문제 해결을 위한 실험의 장으로 이해할 필요가 있다. 이 실험 속에서 연구자는 이제 논문의 저자에 머무르지 않고 데이터와 연구 과정, 연구 결과를 더 많은 사람과 공유하는 방식을 선택해야 하는 책임 있는 연구 주체로 자리매김하게 된다. 동료 심사는 익명성과 비공개성을 전제로 한 제도에서 투명성과 참여를 강조하는 방향으로 실험되고 있다. 도서관은 단순히 연구 결과물에 대한 수집, 보존, 접근을 제공하는 기관을 넘어 셀프아카이빙, 연구 데이터 관리, 연구 윤리와 저작권 교육을 담당하는 학술 커뮤니케이션의 중재자로 역할을 확장하고 있다. 연구기금 기관은 연구비 지원을 넘어 지식의 공공성 실현을 위한 연구 성과의 공개와 이에 따르는 부담 및 책임을 어떻게 분담할 것인지에 대한 새로운 질문에 직면해 있다.

저자들은 학술 커뮤니케이션이 완성된 시스템이 아니라 사회와 기술의 변화에 따라 끊임없이 조정되고 재구성되는 생태계와 같다고 본다. 동료 심사, 학술지, 인용 지수는 여전히 중요하지만 그 의미와 작동 방식은 재검토되고 있다. 오픈 액세스, 알트메트릭스, 오픈 데이터는 기존 제도의 대안이자 보완 장치이지만 자동으로 더 나은 학술 커뮤니케이션을 보장하지 않으며, 학술 커뮤니케이션 참여자들의 선택과 실천에 따라 그 의미가 달라진다. 결국 학술 커뮤니케이션의 방향은 기술이나 정책에 의해 일방적으로 결정되지 않는다. 연구자, 출판사, 도서관, 학회, 연구기금기관 등이 어떤 가치를 우선하고 어떤 책임을 받아들일 것인지에 따라 생태계가 진화할 수 있다.

이 책은 총 9장으로 구성되어 있다. 1장에서는 학술 커뮤니케이션의 근본적인 정의와 기능, 학술지의 역사를 살펴보고, 2장에서는 연구자, 대학, 연구기금 기관, 출판사, 도서관 등 학술 커뮤니케이션 생태계 핵심 참여자들의 역할을 분석하고 상호 관계를 조명한다. 3장은 학술지 출판 과정과 지식의 질을 담보하는 핵심 기제인 동료 심사 제도의 유형 및 문제점에 대해 알아본다. 4장부터 7장까지는 현대 학술 커뮤니케이션의 핵심 이슈인 오픈 액세스와 평가 지표를 깊이 있게 다루고 있다. 먼저 4장은 학술 지식의 공공적 가치를 회복하기 위한 오픈 액세스의 등장 배경과 전개 과정, 저작권 이슈를 검토하고, 5장은 구체적인 실행 모델인 오픈 액세스 출판과 셀프아카이빙에 대해 설명한다. 6장에서는 전통적인 인용과 인용 색인, 그리고 인용 지수의 의미와 올바른 활용법을 살펴본다. 나아가 7장에서는 디지털 시대의 새로운 평가 방식인 알트메트릭스와 학술 소셜 미디어를 소개하며 연구 성과 측정의 지평 확장을 논의했다. 8장과 9장은 이 모든 논의를 아우르는 거대한 흐름인 오픈 과학과 오픈 데이터에 초점을 맞춘다. 오픈 과학의 배경과 범위(8장), 그리고 연구 데이터 공유와 관리의 중요성 및 FAIR 원칙(9장)을 살펴보며 지속 가능한 학술 생태계의 조건을 모색한다. 각 장이 독립된 하나의 단행본이 될 수 있을 정도로 방대한 주제를 자세하게 다루고 있다. 대학원 수업의 교재로 사용할 경우 학술 커뮤니케이션의 구조와 행위자(1장과 2장), 학술 출판과 학술 평가(3장, 6장, 7장), 오픈 과학과 지식 공유의 확장(4장, 5장, 8장, 9장) 등의 모듈로 구분해 이용할 수 있다.

이 책은 문헌정보학을 전공하는 학부생과 대학원생뿐만 아니라 연구 현장의 학자, 도서관 사서, 정책 입안자, 연구기금 기관이나 출판 기관, 학술 지식 유통 기관의 관계자, 그리고 지식의 흐름에 관심을 가진 모든 독자를 염두에 두고 집필되었다. 학술 커뮤니케이션 생태계에 참여하는 각 주체가 지식의 생산과 공유에서 어떤 선택을 할 수 있는지를 함께 성찰하는 것이 이 책의 주요 목적이다. 더 나아가 이 생태계를 처음 접하거나 부분적으로 연구하는 학부생과 대학원생에게 학술 커뮤니케이션을 이해하는 하나의 출발점이 되기를 바란다.

저자들이 학술 커뮤니케이션 전반을 아우르는 책을 집필하자는 데 의견을 모은 것은 2022년 1월경이었다. 그해 말, 챗GPT가 요란하게 세상에 등장했다. 집필 과정에서 생성형 AI의 여파가 학술 커뮤니케이션의 전 과정에 걸쳐 직간접적으로 밀려오고 있음을 깊이 체감했다. 1990년대 중반에 웹의 등장으로 대중화된 인터넷은 오픈 액세스와 오픈 과학이라는 새로운 학술 커뮤니케이션 체제를 여는 계기였다. 이제 막 등장한 생성형 AI는 영향력이 크고 또 한 번의 학술 커뮤니케이션의 대전환을 이끌 것이라 믿지만, 이미 진행 중이던 원고에 이러한 변화를 담아내기에는 한계가 있었다. 따라서 이 책은 완결된 결론이라기보다 출간과 동시에 시작될 또 다른 논의와 개정의 출발점이다.

한 가지 더 아쉬운 점은 이 책을 오픈 액세스 단행본으로 출간하지 못했다는 사실이다. 책에서 다룬 내용과 저자들이 그동안 강조해온 지식 공유의 가치를 실천하고자 오픈 액세스 단행본 출판을 여러 방면에서 모색했으나 국내에서는 아직 단행본 도서를 오픈 액세스로 출판할 수 있는 제도, 유통 경로, 출판 모델 등이 마련되지 않은 현실에 직면했다. 다음 개정판에서는 이 책을 오픈 액세스로 출간할 수 있기를 기대하며, 국내 학술 커뮤니케이션 환경이 지식 공유에 더욱 친화적인 방향으로 변화하는 데 저자들 역시 책임 있는 주체로서 지속적으로 노력하고자 한다.

끝으로 이 책의 편집자 이지예 선생님께 감사의 마음을 전하고 싶다. 학술 단행본 출판에서 편집자가 얼마나 중요한 역할을 하는지 깨닫게 해주셨다. 출력한 원고에 깨알같이 단정한 글씨로 단 한 페이지도 그냥 넘기지 않고 수정 의견을 남겨주셨다. 힘든 교정의 시간이었으나 그만큼 이 책을 읽는 독자에게 조금이라도 더 편하게 읽힐 수 있다면 이는 이지예 선생님 덕분이다. 이 책이 나오기까지 애써주신 이화여자대학교출판문화원 선생님들께 다시 한 번 감사드린다.

2026년 2월

정경희 · 정은경 · 이재윤

차례

3장 학술지 출판과 동료 심사

4장 오픈 액세스와 저작권

5장 오픈 액세스 출판과 셀프아카이빙

6장 인용, 인용 색인, 인용 지수

7장 알트메트릭스와 학술 소셜 미디어

8장 오픈 과학

9장 오픈 데이터와 연구 데이터

1장

학술 커뮤니케이션의 정의와 역사

1 학술 커뮤니케이션의 개요

1.1 학술 커뮤니케이션의 정의와 과정

1.1.1 정의

'scholarly communication' 또는 'scientific communication'을 우리말로 번역한 '학술 커뮤니케이션'은 국어사전에 등재되지 않은 용어이다. 커뮤니케이션과 학술이라는 두 단어에 대한 용어 정의는 국립국어원 표준국어대사전에서 찾아볼 수 있다. '커뮤니케이션communication'은 "사람들끼리 서로 생각, 느낌 따위의 정보를 주고받는 일. 말이나 글, 그 밖의 소리, 표정, 몸짓 따위로 이루어진다"라고 정의하고 있으며 우리말로 '의사전달', '의사소통'으로 번역된다. '학술學術'이라는 단어는 "학문과 기술을 아울러 이르는 말" 또는 "학문의 방법이나 이론"을 의미한다. '학문'은 "어떤 분야를 체계적으로 배워서 익힘. 또는 그런 지식"을 말하며 '기술技術'은 "과학 이론을 실제로 적용하여 사물을 인간 생활에 유용하도록 가공하는 수단" 또는 "사물을 잘 다룰 수 있는 방법이나 능력"을 말한다.

그러나 옥스퍼드 학습자용 사전은 'scholarly'라는 용어를 "(사람에 대해) 많은 시간을 공부하며 학문적인 주제에 대해 많은 지식을 가지고 있는" 또는 "학문적인 연구와 관련된" 것으로 정의한다. 이는 우리말 '학술'보다는 '학문'에 가까운 정의이다. 학술 커뮤니케이션을 학문 커뮤니케이션으로 번역하지 않은 것은 현대 사회에서 학문과 기술의 경계가 불분명하고 많은 기술 진보가 과학이나 의학 분야 학문의 성과에 기반한 것이므로 이를 굳이 구분할 필요가 없기 때문으로 보인다. 또한 학술 커뮤니케이션이라는 용어보다 훨씬 먼저 등장한 학술대회, 학술 집담회, 학술 발표회, 학술원, 학술제, 학술지, 학술 논문, 학술 정보, 학술 연구처럼 주로 학문하는 사람의 모임과 그들의 연구 결과를 발표하는 것과 관련된 표현에 '학술'이라는 단어가 널리 사용되었기 때문이라고 보인다.

학술 커뮤니케이션은 때로 학술 출판scholarly publishing과 혼동되기도 한다. 학술 출판은 연구자의 다양한 활동 중에서 연구 활동의 결과물인 문헌을 다른 사람이 읽을 수 있도록 공개하는 행위를 의미한다. 학술 커뮤니케이션은 이보다 더 넓은 의미로 사용된다. 미국 대학·연구도서관협회Association of College & Research Libraries, ACRL(2003)는 학술 커뮤니케이션을 "연구와 학술 저작물이 생산되고 품질이 평가되며 학술 공동체에 배포되고 미래의 사용을 위해 보존되는 체계. 이 체계에는 동료 심사 학술지에 논문을 출판하는 것과 같은 공식적인 커뮤니케이션 수단과 이메일 등의 비공식적인 채널도 포함"된다고 설명하고 있다. 보그먼은 학술 커뮤니케이션을 "수 세기에 걸친 역사적 과정을 통해 형성된 복합적이고 풍부한 사회기술적 시스템sociotechnical systems"으로 정의하고 있다(Borgman, 2007, 48). 학술 커뮤니케이션에 대한 이러한 정의는 연구의 시작에서부터 그 결과물의 보존과 활용에 이르는 전체 과정을 하나의 체계로 인식하는 광범위한 정의이다.

이와 다르게 학자 간 혹은 학계 내외부 연구자 간 커뮤니케이션으로 비교적 좁게 정의하기도 한다. "학자 간에 다양한 미디어를 통해 아이디어 교환을 촉진하기 위해 의도된 시스템"(Helge et al., 2020, XI), "지적이고 창의적인 활동이 한 학자에서 다른 학자로 전달되는 사회적 현상"(Shaughnessy, 1989) 등이 그 예이다. 『문헌정보학용어사전』(2010)은 학술 커뮤니케이션의 영어 표기를 'scientific communication'으로 하고 있고 "학술 분야에 관한 혹은 학술 분야 내에서 일어나는 전문 커뮤니케이션. 전 학술 분야에 공통적인 형태 및 특정 학술 분야에서의 세부 형태로 나뉜다"라고 정의하고 있다. 또한 커뮤니케이션의 주체를 학자로 제한하지 않고 대학원생이나 학계 외부의 연구자까지 포함해 정의하기도 한다(Morrison, 2009, 9).

이렇듯 학술 커뮤니케이션은 좁게는 연구자 간의 커뮤니케이션, 넓게는 연구와 그 결과물의 출판, 배포, 확산, 이용, 평가의 전 과정을 의미하며 문헌정보학의 중요한 연구 분야 중 하나이다. 연구 영역으로서 학술 커뮤니케이션은 어떤 분야의 연구자들이 공식 혹은 비공식 채널을 통해 정보를 이용하고 배포하는 방법을 연구하는 분야이며 연구자 또는 이용자 그룹의 정보 요구와 이용, 공식 커뮤니케이션과 비공식 커뮤니케이션 방법 간의 관계, 연구 영역과 분야 간의 관계 등이 포함된다(Borgman, 2007, 48).

1.1.2 과정

학술 커뮤니케이션은 연구 수행, 저작, 평가, 출판, 배포, 보존, 활용이 되풀이되는 과정이다. 연구를 위해 실험 장비 구입, 자료 확보, 데이터 수집 등에 비용이 많이 소요되는 분야에서는 연구 수행 이전 단계에서 연구비 확보가 중요한 학술 커뮤니케이션 활동의 하나로 포함된다(Björk, 2007; Crow, 2002; Houghton et al., 2009). 연구자가 연구 결과를 공개하기 위해 작성한 원고는 출판 이전에 질적인 평가를 통해 출판 여부가 결정된다. 출판이 결정된 원고는 편집, 레이아웃을 거쳐 인쇄물 혹은 디지털 형태로 생산된다. 이 과정에서 학술 저작물의 저작자인 연구자의 저작권을 누가 어떻게 행사할 것인지가 결정된다.

출판된 연구 결과물은 연구자 집단 혹은 대중에게 배포되고 보다 많은 사람들에게 연구 결과가 확산될 수 있도록 사회적으로 책임 있는 기관이 이를 수집하며 접근과 활용이 보다 쉽게 이루어질 수 있도록 관리된다. 또한 현재와 미래의 연구자가 훼손되지 않은 원본 상태의 연구 결과물에 접근해 이용할 수 있도록 장기적인 계획에 따라 보존된다. 누적된 학술 자원은 새로운 연구와 사회 곳곳의 문제 해결을 위해 다양하게 이용된다. 연구자는 자신의 연구를 위해 기존의 연구 결과물을 읽고 인용하면서 새로운 지식을 만들어간다. 공무원, 시민 활동가, 목회자, 기업인 등 각 분야의 전문가는 연구 결과물을 읽으면서 각자가 처한 문제를 이해할 수 있는 배경지식을 넓히거나 문제 해결의 실마리를 얻기도 한다.

학술 커뮤니케이션 과정에는 단계별로 연구자, 출판 기관, 유통 기관, 도서관, 컴퓨터와 네트워크 시스템, 연구기금 기관 등 다양한 행위자들이 참여한다(Tenopir & King, 2000, 96-98). 연구자는 지식의 탐구, 임용과 승진 준비, 연구기금 확보 등을 위해 연구를 수행한다. 출판을 위한 심사 또한 그 연구 결과를 충분히 이해할 수 있는 유사한 분야의 연구자가 맡게 된다. 학회나 상업 출판사 등의 출판 기관은 원고를 확보하고 편집하며 평가를 위한 심사도 관리한다. 유통 기관은 특정 주제 혹은 전체 주제에 맞추어 학술 자원 컬렉션을 만들고 배포한다. 이 역할은 상업적인 업체에서 맡기도 하지만 학술 도서관이 수행하기도 한다. 도서관은 학술 자원을 수집하고 장기적으로 보존해 현재와 미래의 연구자가 이를 이용할 수 있도록 지원한다. 컴퓨터와 네트워크 시스템은 연구 결과의 출판, 배포와 확산, 장기적인 보존, 이용 등 학술 커뮤니케이션 전체 과정에서 중요한 인프라가 된다. 정부 혹은 연구기금 기관은 연구자 및 대학에 연구비를 지원하고, 그 연구 성과를 연구 커뮤니티를 넘어 사회 전반에 확산시켜 기금 지원의 효과를 최대화하려고 노력한다.

이러한 행위자들은 다른 역할자와 밀접한 관련을 맺으며 각자 고유한 역할을 수행한다. 학술 커뮤니케이션에 참여하는 행위자의 역할은 연구에 대한 정부의 정책, 대학의 환경, 컴퓨터와 네트워크, AI 등 정보기술 인프라에 영향을 받으며 지속적으로 변하고 있다. 학술 커뮤니케이션에 참여하는 각 행위자에 대해서는 2장에서 구체적으로 다룬다.

1.2 학술 커뮤니케이션의 기능과 특징

1.2.1 기능

학술 커뮤니케이션은 연구 결과의 정당화legitimization, 현재와 미래의 독자를 위한 연구 결과의 확산dissemination, 연구 결과에 대한 접근access/보존preservation/큐레이션curation이라는 세 가지 기능을 수행한다(Borgman, 2007, 65-68).

정당화는 인증certification과 등록registration의 두 단계로 이루어진다(Nentwich, 2003). 인증은 연구 공동체가 연구 성과의 품질과 주장된 결과의 타당성을 보증하는 것이며, 등록은 연구 결과를 공식적으로 기록하고 그로써 우선권을 확립하는 과정이다. 동료 심사peer review는 직접적으로 연구 결과를 인증하는 절차이다. 연구 결과의 출판은 대표적인 등록 방식이다. 예를 들면 학술지 논문에는 원고 접수일, 수정본 제출일, 게재 승인일이 표시된다. 특정 연구에 대한 우선권 분쟁이 발생할 경우 이러한 등록 및 승인 날짜는 법적 효력을 가질 수도 있다.

연구 결과의 정당성을 확보하기 위해서는 신뢰성trustworthiness 또한 핵심적인 요소이다. 신뢰성은 동료 심사나 저자의 명성, 소속 기관 같은 간접적인 요소에 의해서도 확보될 수 있다(Kling & McKim, 1999). 학술 커뮤니케이션은 비공식적 형태와 공식적 형태 모두를 포함하지만 일반적으로 정당화는 동료 심사를 거친 논문 출판이나 단행본 출판 등의 '확정된 출판definitive publication'(Frankel et al., 2000)을 통해 완성된다.

연구는 다른 사람들과 공유될 때 비로소 의미를 갖는다는 점에서 연구 결과의 확산은 학술 커뮤니케이션의 본질이기도 하다(Meadows, 1998). 연구 결과의 확산과 전파는 연구 공동체 내에 특정 연구 및 연구자에 대한 인식을 높이는 역할을 한다. 이 과정에서 출판사는 학술지를 제작, 판매, 배포함으로써 정보 확산의 중심적인 역할을 한다.

연구자도 자신의 연구를 공유함으로써, 예컨대 기관 리포지터리repository나 웹사이트에 자신의 연구 결과를 공개함으로써 연구 확산에 기여한다. 또한 연구자는 특정 연구에 대한 논평이나 비판, 강연, 심포지엄 및 학술대회에서 패널 발표나 토론 등의 공개적인 방식과 이메일이나 전화 등의 비공개적인 방식으로 학술 연구에 반응하고 정보를 확산시킨다. 학술 커뮤니케이션에서 연구 결과의 확산은 연구가 학문 공동체와 사회에서 효과적으로 공유되고 논의되는 데 핵심적인 역할을 한다.

연구 결과를 포함해 다양한 연구 기록은 현재뿐만 아니라 미래의 연구자, 학생, 일반 독자들이 접근해 활용할 수 있도록 보존되어야 한다. 정보 접근성은 단순히 정보에 접근하는 것뿐만 아니라 이를 유용하게 활용할 수 있는 형태로 제공하는 것까지 포함된다. 이때 접근성에는 과도한 저작권 보호 등 법적 제약이나 기술적 제약 없이 연구 결과를 활용할 수 있어야 한다는 의미가 담겨 있다. 보존과 아카이빙archiving은 연구 결과에 대한 지속적인 접근성을 보장하고 학문의 연속성을 유지하는 데 필수적이다.

큐레이션은 특히 디지털 환경에서 연구 결과의 보존과 아카이빙을 넘어 연구의 생애 주기 관점에서 학술 커뮤니케이션이 기능해야 한다는 것이다. 연구 기록과 결과가 지속적으로 관리되고 보존되며 이들의 활용성이 높아질 수 있도록 가치를 추가하고, 기록이 변질되지 않도록 정확하게 유지하고 시간이 지나도 변함없이 활용할 수 있도록 만들어야 한다는 것이다. 접근과 보존, 큐레이션은 학술 커뮤니케이션의 핵심 요소로 연구 결과와 그 관련 기록이 지속적으로 제공되도록 보장하는 역할을 한다. 전통적으로 학술 도서관이 이러한 역할을 맡아왔으며 디지털 시대에는 연구자 개개인과 연구팀에게도 이에 대한 보존과 관리의 책임이 부과되고 있다.

1.2.2 특징

학술 커뮤니케이션은 참여 집단이 제한되어 있고 심사 시스템을 갖추고 있으며 공공성과 공유를 추구한다는 특징이 있다(Crow, 2002, 9). 연구자와 학자는 전문적으로 연구를 수행하고 발표나 출판을 통해서 그 결과를 외부에 알린다. 어떤 학문 분야의 주제를 깊이 연구하고 이를 외부에 공표할 수 있는 수준의 논문이나 단행본, 학술대회 발표문으로 만들어내기 위해서는 공식적인 교육 과정과 이후의 상당히 오랜 공부가 필요하다. 이러한 과정을 거쳐 발표된 연구 결과는 그와 유사한 정도의 지식을 갖추어야만 충분히 이해할 수 있다. 따라서 학술적인 연구 결과를 생산하는 집단과 이를 이용하는 집단은 학자, 연구자, 대학원생 등으로 매우 제한될 수 있다.

이러한 이유로 학술 연구의 언어는 해당 분야의 연구자들만 이해할 수 있는 일종의 암호와 같은 표현으로 굳어지기 쉽다. 그 결과 연구자나 학자는 자신의 연구를 대중이 이해할 수 있는 보다 쉬운 언어로 풀어 설명하거나, 대중이 연구 성과에 접근할 수 있도록 하는 문제에 상대적으로 큰 관심을 기울이지 않는 경향을 보인다. 대중이 관심을 갖는 공공 의제를 다룬 연구는 일부 대중 독자를 확보할 수 있지만, 이러한 경우는 많지 않다. 그러나 오랫동안 학술 도서관에 소장되었던 연구 문헌과 연구자의 최신 연구 결과가 인터넷을 통해 공개되면서 대중 독자는 더 많아지고 있고 학술 커뮤니케이션도 보다 대중에게 공개된 방식으로 진화하고 있다.

심사 시스템은 학술 커뮤니케이션의 또 다른 특징이다. 학술 커뮤니케이션은 연구자의 연구 결과를 연구 공동체에 공개해 그에 대한 타당성을 인정받고 이를 통해 지적 우선권을 얻는 과정이다. 따라서 연구 공동체는 그 연구 결과에 지적 우선권을 부여할 수 있는지를 검증해서 연구 결과가 세상에 드러나도록 한다. 예컨대 학술지의 동료 심사 제도는 연구의 진실성과 가치를 보장하기 위해 고안된 심사 시스템이다(Buehler, 2013, 1-28). 이는 각 학문 분야의 선인들이 쌓아 올린 지적 성과를 계승하면서 그 학문 분야가 더 발전할 수 있게 하는 데 필수적이다.

일반적으로 어떤 연구의 주제나 방법론, 도출된 결과가 타당한지를 심사하는 것은 그 연구를 수행한 연구자만큼 그 분야에 대한 지식을 갖춘 사람이어야 가능하므로 대체로 심사는 그 학문 분야의 연구자가 맡게 된다. 연구 결과물에 대한 독자가 대부분 연구자인 것처럼 심사자 역시 동일한 분야의 연구자로 제한된다는 점에서도 학술 커뮤니케이션의 제한성이 드러난다.

많은 학술 연구가 공공재로 생성된다는 것도 학술 커뮤니케이션의 특징이다. 상당히 많은 연구는 정부나 연구기금 기관의 지원을 직접적 혹은 간접적으로 받는 대학 및 연구 기관 소속의 연구자에 의해 생산된다. 또한 이러한 연구자의 대부분은 금전적인 보상을 기대하지 않고 연구 결과를 발표하고 배포한다. 연구자는 연구자 집단에 자신의 연구 결과를 가능한 한 널리 알려 연구 성과를 인정받고 이를 기반으로 또 다른 연구가 이루어지길 기대한다. 그 결과로 주어진 학자로서의 명성이 금전적 보상보다 더 중요하게 여겨진다. 따라서 학술 커뮤니케이션은 과거에도 그리고 지금도 연구 결과를 가능한 한 빨리 공개하고 널리 공유하는 오픈 과학 open science 원칙이 내재되어 있다.

이는 학술 커뮤니케이션의 자유로운 흐름이 학계와 사회 전체에 이익이 된다는 개념이다(Borgman, 2007, 65). 그러나 학술지 상업화의 극대화는 학술 커뮤니케이션의 중요한 매개인 학술지에 대한 접근을 일부 허가받은 집단으로 제한시켜 이 흐름을 훼손했고, 이러한 문제를 해결하기 위해 학술 커뮤니케이션의 공유성을 되찾는 오픈 액세스open access 운동이 등장하게 된다. 학술 논문의 공유를 위해 시작된 이 운동은 연구 과정에서 생산된 연구 데이터의 공개, 학술 단행본과 교육 자료 등 다양한 학술 자원의 공개와 공유를 실천하는 오픈 과학 운동으로 확산되고 있다. 이에 대해서는 5장, 8장, 9장에서 자세하게 다룬다.

1.3 학술 커뮤니케이션 생태계

학자와 연구자, 단행본과 학술지 출판사, 대학과 연구소 등에 부설된 학술 도서관, 학회, 연구기금 기관, 정부 등은 학술 커뮤니케이션에서 중요한 역할을 맡고 있는 다양한 참여자들이다. 학술 커뮤니케이션은 이들 간의 서로 연계되고 의존적인 다양한 활동으로 이루어진다. 이러한 상호 의존성은 이 시스템 내의 요소를 전체적으로 파악해야만 각 참여자에 대해 충분히 이해할 수 있다는 것을 의미한다.

또한 학술 커뮤니케이션 참여자의 각 활동은 정치적, 사회적, 경제적, 제도적 하부 구조 내에서 발생한다. 특히 연구와 출판, 지식 공유의 수단과 관련한 하부 구조가 변화하면서 학술 커뮤니케이션에 참여하는 다양한 이해당사자 간의 관계가 새롭게 발생하고 기존의 관계가 재설정되기도 한다. 따라서 학술 커뮤니케이션을 하나의 큰 구조로 바라보지 않고 개별 참여자의 행위로만 바라보면, 하부 구조의 구성 요소에 발생한 중요한 문제나 새로운 변화가 구성 요소 간에 미치는 영향과 상호 작용을 제대로 파악하기 어렵다(Borgman, 2007, 55).

대부분의 학술 커뮤니케이션의 과정과 구조, 참여자 간의 관계는 가시적으로 드러나지 않는다. 대학은 교수에게 임금을 지불하고 정부와 연구기금 기관은 교수와 대학에 연구비를 지원한다. 인쇄본 출판 시대에 연구자들은 연구 결과물을 출판하면서 그들의 저작권을 저작권료 등의 어떤 보상도 없이 출판사에 넘겨주었고, 오픈 액세스 출판에서는 출판 비용을 출판사에 지불하고 저작권은 저자가 소유한다.

출판 과정에서 이루어지는 연구자들의 동료 심사는 학술 출판과 학술 커뮤니케이션의 핵심 활동이지만 연구자가 이에 대한 보수를 출판사로부터 받지는 않는다. 이는 학문이 사회적 관계를 형성하고 유지하기 위한 규범인 '선물 교환 문화gift exchange culture' 속에서 이루어지기 때문이다(Lyman, 1999). 출판사는 연구 성과의 편집과 제작, 유통을 담당하고, 저작권 이전이나 출판 비용 수취를 통해 학술 지식을 상업적 가치로 전환해 수익을 얻는다. 학술 커뮤니케이션 시스템에는 시장의 힘과 선물 교환이 섞여 있다. 도서관은 출판물을 구매하지만 이용자에게 비용을 받지 않고 제공한다. 연구 공동체는 지식을 공유하려는 사회적 유대감을 가지고 있으나 출판은 이와 달리 수익을 내야 하는 상업적 영역이다. 오픈 과학 환경에서는 정보의 개방적 흐름을 추구하며 연구자 집단이 지식 공유를 확대하는 한편, 전통적으로 지켜온 학술 커뮤니케이션의 신뢰성을 유지하려 노력한다. 그러나 상업적 영역에서 도입된 새로운 사업 모델은 때때로 기존 연구 공동체의 규범을 위협하거나 훼손하기도 한다.

자연은 동물, 식물, 세균 등의 생물 요소와 햇빛, 온도, 물, 공기, 토양 등의 비생물 요소로 구성된다. 이들은 서로 영향을 주고받으며 끊임없이 물질 순환을 하고 있다. 따라서 각 요소를 개별적으로 분리해 이해하기보다는 생물 요소와 비생물 요소를 하나로 묶어 총체적인 시스템으로 바라보는 것이 필요하며, 이를 생태계ecosystem라고 한다. 학술 커뮤니케이션 시스템도 자연 생태계처럼 학술 활동과 관련한 다양한 참여자들로 구성되어 있고 각 참여자는 고유한 활동과 역할을 맡고 있지만 다른 참여자와 지속적으로 영향을 주고받으며 새로운 관계와 역할이 형성된다. 끊임없이 물질 순환하는 자연 생태계의 무기 환경과 생명체의 각 기능을 제대로 파악하기 위해 이들을 총체적인 체계로 보아야 하는 것처럼 학술 커뮤니케이션의 각 요소와 과정, 이들 간의 관계를 이해하는 데도 생태계적 관점이 필요하다.

아울러 학술 커뮤니케이션은 단순히 연구 결과를 발표하고 전달하는 시스템이라기보다 사회적, 기술적, 문화적 요소가 결합된 동적인 시스템이다(Borgman, 2007, 55-56). 정부의 정책과 제도는 학문의 지형을 형성하는 데 영향을 미치고, 기술의 발전은 연구 공유 및 출판 방식에 변화를 일으키면서 학술 커뮤니케이션 요소들 간의 관계 구조를 새롭게 만든다. 또한 각 지역과 학문 분야에서 오랫동안 형성되어온 학술 문화는 새로운 학술 커뮤니케이션 방식을 수용하고 재구성하는 모습을 다양하게 만든다. 학술 커뮤니케이션의 많은 부분은 평소에는 잘 드러나지 않다가 하부구조가 무너지고 변화가 생길 때 비로소 주목을 받는다. 학술 커뮤니케이션을 생태계적 관점과 더불어 사회기술적 시스템으로 바라볼 때 이러한 문제를 정확히 이해하고 해결해나갈 수 있다.

1.4 학술 커뮤니케이션 채널

학술 커뮤니케이션은 공식적인 방식과 비공식적인 방식으로 이루어진다. 공식 커뮤니케이션과 비공식 커뮤니케이션의 경계를 명확하게 구분하는 것은 쉽지 않고 특히 인터넷이 그러한 경계를 흐릿하게 만들기도 한다. 학자들은 동일한 내용을 구두 발표, 기술 보고서, 학회 발표 등에 맞게 다양한 형태로 다듬어 청중 및 독자에게 전달하며 이후 학술 논문, 서적으로 출판하기도 한다.

1960년대 초 심리학 분야에서 공식 커뮤니케이션과 비공식 커뮤니케이션이 어떻게 상호 작용하는지를 분석한 연구(Garvey & Griffith, 1964)에 따르면 비공식 커뮤니케이션이 공식 커뮤니케이션보다 상대적으로 더 큰 비중을 차지했다. 연구자들은 심리학 학술지에 게재된 전형적인 연구 논문이 어떻게 배포되는지 조사했으며 이를 통해 출판된 논문의 상당 부분이 강연, 논문 초고, 프리프린트preprint, 연구기금 기관에 전달된 보고서 등 비공식적인 형태로 이미 제한된 청중 및 독자에게 전달되었음을 밝혔다. 이제 공식·비공식 학술 커뮤니케이션 채널의 주요 유형을 자세히 알아보고 인터넷 시대의 변화에 대해서도 살펴보자.

1.4.1 공식 학술 커뮤니케이션 채널

공식 학술 커뮤니케이션 채널은 검증된 지식을 정식으로 발표하고 보존하기 위한 제도적 경로로, 오랜 기간에 걸쳐 많은 독자가 접근할 수 있다는 특징을 가진다(Meadows, 1998, 7). 이러한 채널은 일반적으로 품질 관리 메커니즘을 거쳐 신뢰성을 확보하며 학술적 권위와 영향력을 인정받는다.

학술지와 학회지

학술지學術誌는 학술 커뮤니케이션의 가장 중요한 공식 채널로, 동료 심사를 통해 연구 성과의 품질을 보장한다. 학술지와 혼동되는 용어로 '잡지雜誌'와 '학회지學會誌'가 있다. 표준국어대사전에 따르면 '잡지'는 "일정한 이름을 가지고 호를 거듭하며 정기적으로 간행하는 출판물. 책의 성격에 따라 다양한 내용의 글이 실리며, 간행 주기에 따라 주간·순간·월간·계간으로 나눈다"라고 되어 있다. '학술지'는 그중에서도 "학술·예술 분야에 관한 전문적인 글을 싣는 잡지"라고 설명되어 있다. 근대 초기부터 영어의 'journal'(저널)을 일본에서 번역해 사용한 '학술잡지學術雜誌'라는 표현이 국내에서도 일반적으로 사용되다가, 20세기 말부터 점차 '학술지'로 표기하는 경우가 늘면서 이제는 주로 '학술지'나 '저널'로 표기한다. '학회지'는 학회와 같은 학술 단체가 발행하는 학술지를 일컫는 용어로서 흔히 '○○학회지'라는 형식으로 제호가 사용된다. 학술지의 주요 발행 주체는 학회 이외에도 상업 출판사, 대학이나 연구소를 비롯한 공공 기관 등이 있다.

학술지는 과학 분야에서 가장 핵심적인 역할을 하며, 연구 결과의 신속한 공유를 위해 발달해왔다. 특히 생물학이나 화학 등 자연과학 분야에서는 학술지가 연구 성과를 발표하는 채널의 주류를 이룬다. 학술지는 동료 심사 과정을 거쳐 연구의 타당성과 엄밀성을 검증하며, 연구자들에게 학술적 신뢰성과 권위를 제공한다. 경제학을 비롯한 일부 사회과학 분야에서는 조사 보고서 리포지터리나 개인 웹사이트도 활용되지만 최종적인 성과 발표는 여전히 학술지를 중심으로 이루어진다. 반면 인문과학 분야에서는 전통적으로 단행본이 주요 출판 방식으로 활용되어왔으나 21세기에 들어서 학술지의 비중도 증가하고 있으며, 특히 짧은 학술 성과 보고나 서평 등을 게재하는 목적으로 학술지를 활용하는 경우도 많다.

학회가 출판하는 학회지는 회원 동정, 학회 행사 등 학계 소식을 정기적으로 게재해 학술 공동체 구성원들 간의 연결과 정보 공유를 촉진하기도 한다. 일부 학회지나 학술지는 편집위원회 논평editorial을 통해 해당 호에 게재된 논문들의 학문적 의미를 통합적으로 해석해서 독자들의 이해를 돕기도 하며, 때로는 편집진의 시각에서 학계의 정책적 이슈, 연구 방향성, 학술적 가치관 등을 제시하는 경우도 있다.

학술지의 발행 간기는 주간부터 연간까지 다양한데 일반적으로는 연 4회 발행하는 계간지가 가장 흔하다. 그다음으로는 <그림 1-1>에서 볼

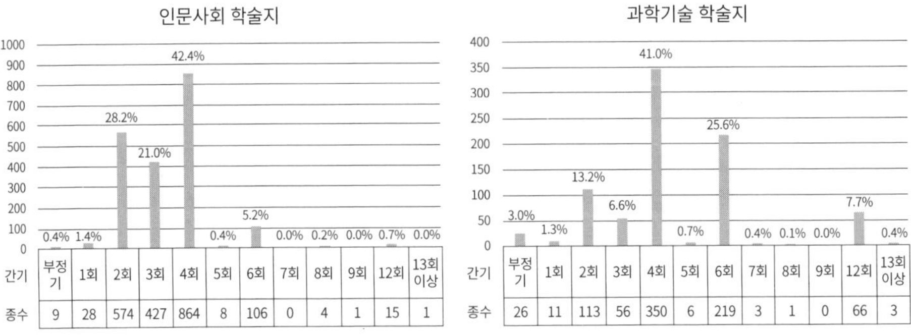

인문사회 학술지

간기	부정기	1회	2회	3회	4회	5회	6회	7회	8회	9회	12회	13회 이상
종수	9	28	574	427	864	8	106	0	4	1	15	1

과학기술 학술지

간기	부정기	1회	2회	3회	4회	5회	6회	7회	8회	9회	12회	13회 이상
종수	26	11	113	56	350	6	219	3	1	0	66	3

<그림 1-1> KCI 등재 학술지 및 등재 후보 학술지의 발행 간기별 종수(학문 분야별)

수 있듯이 인문사회 분야의 경우 연 2회 발행하는 반년간지, 과학기술 분야의 경우 연 6회 발행하는 격월간지가 두 번째로 많은 편이다. 인문사회 분야 중에서도 인문학 분야는 반년간지가 계간지보다 많이 발행되며(2025년 7월 현재 248종 대 233종), 과학기술 분야 중에서도 공학 분야는 격월간지가 계간지보다 더 흔하다(2025년 7월 현재 104종 대 87종).

학술지는 보통 연구 논문을 수록하지만, 이와는 성격이 다른 논문을 수록하는 학술지들을 기능적 관점에서 별도로 구분하기도 한다. 대표적으로 리뷰지review journal(종설지)는 특정 주제의 연구 동향을 체계적, 비판적으로 요약 정리해 선행 연구의 해석을 돕고 학문 현황의 나침반 역할을 하는 유형으로서 보통은 연간이나 반년간과 같이 간기가 긴 편이다. 레터지letter journal(속보지)는 2-4페이지 내외의 짧은 연구 노트, 연구 서신 등을 신속하게 게재해 시급한 발견이나 토론거리를 과학 공동체에 빠르게 확산시키는 역할을 하며 간기가 짧아서 격주로 발행하기도 한다. 일반적으로 학술지명에 '리뷰'나 '레터'가 포함되면 리뷰지나 레터지임을 나타내지만, 그렇지 않은 경우도 점차 늘어나고 있다.

일부 분야에서는 연구 데이터 공개 역할을 수행하는 데이터 학술지 data journal, 새로운 실험·분석 절차를 상세히 기록하거나 연구 프로토콜을 사전 공개해 후속 검증을 돕는 프로토콜지protocol journal, 임상 분야에서의 개별 사례(환자, 사건 등)를 깊이 있게 기술해 드문 현상이나 새로운 진단 및 치료 아이디어를 공유하는 증례 보고지case report journal가 발행되기도 한다.

그 외의 학술지 유형으로는 발행국을 기준으로 구분한 국내 학술지/해외 학술지, 매체를 기준으로 구분한 인쇄 학술지/전자 학술지, 특정 데이터베이스DB 등재 여부를 기준으로 구분한 한국학술지인용색인Korea Citation Index(KCI) 등재지/과학인용색인 확장판Science Citation Index Expanded (SCIE) 등재지/스코퍼스Scopus 등재지, 구독료 등 접근 제약 여부를 기준으로 구분한 유료 학술지/무료free access 학술지/오픈 액세스 학술지 등이 있다.

단행본

단행본monograph은 특히 사회과학과 인문학 분야에서 중요한 공식 학술 커뮤니케이션 채널이다. 단행본은 도서나 책이라고 부를 수도 있지만, 학술지나 총서series와 구분하기 위해서 단행본이라는 용어가 사용되며, 일반적인 도서와 구분하려는 의도로 학술 단행본이라고 부르기도 한다. 일반적으로 연구 분야에 대한 포괄적인 분석과 깊이 있는 논의를 제공하며, 연구자 공동체에서 오랜 기간 지속적인 영향력을 행사한다.

단행본은 때로는 여러 저자가 집필한 장chapter으로 구성되어 각 장이 독립적인 연구 결과를 제시하는 편집서의 형태로도 출판된다. 간혹 학계에서 승인된 지식을 전달하기 위한 교재용 도서(텍스트북)와 혼동되기도 한다. 최근에는 전자책e-Book의 출현으로 단행본의 형태와 이용 방법 측면에서 개념이 크게 변화하고 있다.

단행본은 한 주제를 총체적으로 이해할 수 있도록 그 학계에서 널리 인정된 지식을 종합적으로 제시하며, 그 주제 분야의 이론적 논의와 역사적 맥락, 배경을 함께 다루는 경우가 많다. 또한 특정 주제를 깊이 있게 전문적으로 기술하는 전문서 형식의 단행본도 많다. 상대적으로 속보성을 덜 강조하는 인문사회 분야의 경우 축적된 연구 성과를 단행본으로 출판하는 경우가 흔하다. 과학기술 분야의 경우 속보성이 요구되므로 단일 저자가 저술한 단행본은 상대적으로 적지만, 여러 저자의 글을 모은 편집서가 종종 발행되기도 한다.

학위 논문, 학술대회 발표 논문집, 연구 보고서

인쇄 출판 시대에는 학술지와 학술 단행본만이 공식 출판물의 지위를

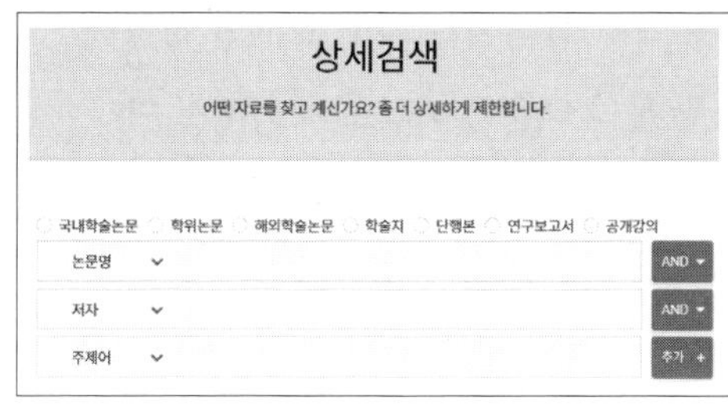

<그림 1-2> RISS(왼쪽)와 ScienceON(오른쪽)의 상세 검색 화면

가진다고 보아서 '백색 문헌white literature'이라고 부르고, 그 외의 학술 커뮤니케이션 채널은 '회색 문헌gray literature'으로 별도로 구분하기도 했다. 백색 문헌은 서지 데이터베이스 등의 2차 자료에 색인되어 파악이 용이하며 출판 시장을 통해 입수할 수 있는 문헌이다. 이와 달리 학위 논문, 학술대회 발표 논문집, 연구 보고서 등은 인쇄 출판 시대에는 검색이나 입수가 상대적으로 어려워서 회색 문헌으로 구분되었다. 그러나 인터넷을 통한 전자 출판과 학술 커뮤니케이션이 활성화되면서 기존의 회색 문헌도 온라인 접근과 이용이 손쉬워짐에 따라 입수의 용이성에 근거한 구분은 점차 경계가 희미해지고 있다.

한국교육학술정보원의 학술연구정보서비스RISS와 한국과학기술정보연구원의 사이언스온ScienceON 서비스에서는 <그림 1-2>와 같이 학술 논문 이외에도 학위 논문과 연구 보고서를 공통적으로 검색 대상으로 포함하고 있다. 한편 인문사회과학 문헌의 비중이 큰 RISS에서는 검색 대상에 단행본을 포함하는 반면에, 과학기술 문헌의 비중이 큰 ScienceON에서는 특허와 프로시딩(학술대회 발표 논문집)을 검색 대상에 포함해 분야 간 차이를 보여준다.

석박사 학위 논문은 학위 과정의 졸업 요건을 갖추기 위한 연구 성과물로서, 일반적으로 석사 학위 논문은 3인, 박사 학위 논문은 5인의 심사를 거쳐서 통과되는 공식 채널의 일부이다. 학위 논문은 연구자의 학술적 역량을 입증하는 역할을 하게 되며, 작성 과정에는 지도 교수의 개입이 큰 역할을 하게 된다. 때로는 학위 논문의 내용을 다듬고 축약해서 학술지 논문으로 다시 발표하기도 하고, 인문사회 분야에서는 보완하거나 확장해서 단행본으로 출판하기도 한다. 이 때문에 학위 논문은 공식 학술 커뮤니케이션 채널이지만 정식 출판물로 간주하지 않는 경우가 많다. 최근에는 디지털 형태로의 제출과 온라인 공개가 일반화되고 있어 학위 논문의 접근성과 활용도가 크게 향상되었다.

학술대회에서 발표된 논문들을 수집한 학술대회 발표 논문집conference proceedings은 해당 분야의 최신 연구 동향을 파악할 수 있는 중요한 공식 채널이다. 발표 논문집은 원래 학술대회 현장에서 연구자들이 연구 결과를 동료들과 공유하고 피드백을 받는 상호 작용을 위한 보조 매체의 성격을 가지고 있었으나, 점차 발표 논문집 자체가 독립적인 출판물로 인정받는 경우가 늘고 있다. 특히 신속한 학술 커뮤니케이션이 필요한 컴퓨터과학 등 공학 분야에서는 주요 학술대회 발표 논문집이 학술지와 동등한 지위를 갖는 경우도 흔하다.

연구기금 기관이나 정부 기관에 제출되는 연구 보고서는 연구 결과를 기록하고 전파하는 공식적인 수단이다. 일부 국가에서는 공적 자금으로 수행된 연구의 결과 보고서를 오픈 액세스로 공개해 공공 접근성을 높이고 있다. 국내에서는 정부 기관에서 수행된 정책 연구 보고서를 공개하는 정책연구관리시스템(일명 프리즘PRISM. https://www.prism.go.kr/)이 운영되고 있다.

찾아보기

- 재학 중인 대학의 도서관이 운영하고 있는 dCollection에서 자신이 전공하는 분야의 학위 논문을 찾아보자.

1.4.2 비공식 학술 커뮤니케이션 채널

비공식 학술 커뮤니케이션은 "일시적이며 제한된 청중에게만 제공되는"(Meadows, 1998, 7) 학술 커뮤니케이션으로 정의된다. 인쇄 출판 시대에는 대면 수단으로 개인적 대화와 회의, 비대면 수단으로 우편 서신과 프리프린트 등이 주요 비공식 학술 커뮤니케이션 채널의 역할을 수행했다. 인터넷을 통한 학술 커뮤니케이션이 활발해지면서 기존의 비공식 학술 커뮤니케이션 채널의 성격이 변화했다. 우편 서신은 이메일과 메신저로 대체되고, 프리프린트가 인터넷 리포지터리를 통해 유통되면서 비공식 학술 커뮤니케이션 채널을 더욱 풍성하게 만들었다. 이와 더불어 온라인 게시판, 소셜 미디어 같은 다양한 새로운 채널들이 등장하게 되었다.

프리프린트

인쇄 출판 시대의 프리프린트preprint는 공식적으로 학술지에 투고하기 전에 주변의 피드백을 받기 위해 동료들에게 전달하는 초고 상태의 원고 인쇄물을 의미했다. 대표적인 사례로 1960년대 미국 국립보건원National Institutes of Health, NIH은 관련 분야에 종사하는 과학자들로 이루어진 정보교환그룹Information Exchange Group을 구성해서 과학자들이 사전 검토를 위해 동료들에게 초안을 배포하도록 지원했는데, 이 인쇄물이 프리프린트이다. 이 그룹에 참여한 과학자들 중에는 DNA 이중 나선 구조를 발견해 노벨상을 받은 제임스 왓슨James Watson과 프랜시스 크릭Francis Crick도 포함되었는데, 이들의 연구도 프리프린트 형태로 동료들의 사전 검토를 거쳤다. 그러나 인쇄 출판 시대에 프리프린트를 배포하는 데에는 막대한 비용이 소요되었고, 출판업계가 사전 배포된 원고의 투고를 받지 않기 시작하는 등 압력도 심해져서 국립보건원의 정보교환그룹은 1967

년에 결국 해체되기에 이르렀다(Cobb, 2017).

미국 국립보건원의 정보교환그룹 사례는 인쇄 출판 시대에 비공식 채널인 프리프린트를 지나치게 공식적으로 운영하려던 시도의 한계였다고 할 수 있다. 그렇지만 대면 모임과 우편 서신 등을 통해서 연구자들은 다양한 방식으로 꾸준하게 프리프린트를 교환해왔다. 프리프린트 교환에 대한 연구자들의 욕구는 인터넷이 등장하면서 본격적으로 실현되기에 이르렀다.

인터넷이 널리 활용되기 이전인 1991년에 최초의 인터넷 프리프린트 리포지터리인 arXiv('아카이브')가 서비스를 시작했다. 인터넷 시대의 프리프린트는 동료 심사를 거치지 않고 온라인 사이트에 게시되는 연구 원고를 의미한다. 이와 달리 동료 심사를 거친 상태의 저자 편집본을 포스트프린트postprint라고 부른다.

물리학, 수학 등의 분야에서 1991년 이후 지속적으로 참여자가 증가하면서 프리프린트 리포지터리(프리프린트 서버라고도 함)의 활용이 급증했으며 생물학, 심리학, 컴퓨터과학 등 여러 분야로 확산되었다. 프리프린트는 연구자들이 연구 결과에 대한 우선권을 확보하고 동료들로부터 신속한 피드백을 받을 수 있는 중요한 수단이다. 코로나19 팬데믹 기간 동안 프리프린트는 공식 채널의 유통 속도가 느린 점을 보완해 신속한 연구 정보 공유를 위한 핵심 채널로 활용되기도 했다. 프리프린트를 유통하는 프리프린트 리포지터리는 오픈 액세스를 실현하기 위한 하나의 수단으로서도 중요성을 인정받고 있다.

온라인 토론과 게시판, 학술 소셜 미디어

인터넷을 통한 비공식 학술 커뮤니케이션 채널은 1990년대의 메일링 리스트mailing list와 온라인 게시판으로 시작되어 2000년대의 학술 소셜 미디어로 본격적인 궤도에 오르게 되었다. 1990년대 유즈넷Usenet의 사이닷피직스sci.physics와 같은 뉴스 그룹이나 리스트서브Listserv의 메일링 리스트는 특정 주제나 분야에 관심을 가진 연구자들이 정보를 교환하고 토론을 벌이는 공간으로 중요한 역할을 했다. 이러한 플랫폼은 지리적 제약 없이 전 세계 연구자들과 소통할 수 있는 기회를 제공해서 비공식 학술 커뮤니케이션의 혁명을 가져왔다. 2000년대 중후반에는 리서치게이트ResearchGate, 아카데미아닷이디유Academia.edu와 같은 연구자 프로필 기반의 학술 소셜 미디어가 등장하면서 비공식 학술 커뮤니케이션의 체계화가 이루어지게 되었다(자세한 내용은 7장 '알트메트릭스와 학술 소셜 미디어' 참고).

1.4.3 인터넷 시대의 공식·비공식 학술 커뮤니케이션 채널 변화

인터넷을 기반으로 이루어지는 현대의 학술 커뮤니케이션에서 공식 커뮤니케이션과 비공식 커뮤니케이션의 경계 및 비중은 달라지고 있다(Borgman, 2007, 48-49). 과거에는 구두로 이루어졌던 대화가 이제는 이메일이나 온라인 토론 게시판에서 이루어지고, 이러한 기록은 오랫동안 공적으로 보관될 수 있게 되었다. 또한 소수만 참석했던 학술 발표장에서 배포되었던 자료집은 이제 슬라이드, 발표 자료집 파일, 녹화 파일로 온라인에 게시됨으로써 더 많은 사람에게 공유되고 오랫동안 보존되기도 한다. 인터넷에서 이루어지는 온라인 커뮤니케이션은 비공식 채널을 보다 활성화해 공식 채널의 성격으로 변화시키고 있으며 공식 채널을 통한 배포 과정은 점차 간소화되고 있다.

인터넷 시대에 접어들면서 공식 학술 커뮤니케이션 채널의 대명사인 학술지에도 비공식 채널에 비해 약점으로 꼽히는 느린 배포 속도를 보완하기 위한 여러 변화가 시도되었다. 2006년에 시작된 『플로스 원*PLOS One*』을 비롯해 출판사 스프링거 네이처Springer Nature의 『사이언티픽 리포트*Scientific Reports*』, 세이지SAGE의 『세이지 오픈*SAGE Open*』과 같은 메가 오픈 액세스 학술지mega open access journal는 광범위한 학문 분야를 포괄하면서 대량의 논문을 신속하게 발행하기 위해 투고 논문의 심사 기준으로 연구 방법론의 타당성만을 평가하고 연구의 중요성이나 의미는 독자가 판단하도록 하는 방식, 즉 타당성 한정 동료 심사soundness-only peer review 방식을 채택했다(이재윤, 2019).

이런 시도는 결국 전통적 학술지의 장점이었던 엄격한 질적 수준 관리를 일부 포기하는 셈이다. 더 급진적인 시도인 F1000리서치F1000Research는 투고 논문의 체제에 대한 검토 후 즉시 논문을 플랫폼에 게재하고 공개적인 동료 심사를 실시하는 출판 후 공개 심사 방식을 취한다. 역시 출판 전 동료 심사를 2023년부터 포기한 이라이프eLife는 더 극단적으로 검토 대상 논문 모두를 웹사이트에 '검토 후 원고reviewed preprint'라는 명칭으로 공개하고, 이후 독자들이 공개 리뷰를 진행한 다음, 이에 대한 저자의 답변을 함께 공개하고 있다. '검토 후 원고'는 전문가 동료 심사나 게재 여부에 대한 선결정 없이 원고를 먼저 공개하고, 이후 독자와 연구 공동체의 사후 평가를 거치는 모든 심사 대상 원고를 가리킨다. 이런 출판 후 심사 방식을 채택한 학술지는 사실상 프리프린트 리포지터리와 매우 유사한 운영 형태라고 할 수 있다.

프리프린트 리포지터리에서도 일부 프리프린트에 대해서는 독자들의 댓글 형태로 검토 의견이 게시되며, 저자가 수정본을 업데이트해서 개정된 원고를 초기 등록 원고와 연결해 버전 번호를 붙여서 등록하는 경우도 있다. 이처럼 비공식 채널인 프리프린트는 더욱 체계적이고 신뢰할 수 있는 방향으로 발전하고, 공식 채널인 학술지는 더욱 개방적이고 투명하며 신속한 출판을 추구하는 방향으로 발전하면서 서로를 닮아가는 현상이 일부에서 나타나고 있다.

2 학술지의 역사

학술지는 학문 분야를 불문하고 현대 학술 커뮤니케이션의 핵심 채널이다. 학술지의 기원은 유럽에서 과학 발전에 관한 관심이 급증했던 17세기로 거슬러 올라가며, 당시에 형성되었던 고유한 특징이 그 이후에도 변하지 않고 지속되는 경향이 있다. 학술지는 연구자가 자신의 연구 결과를 발표하고 독자가 새로운 지식을 습득할 수 있는 플랫폼 역할을 한다. 학술지의 역사와 발전을 이해하는 것은 학술 커뮤니케이션의 고유한 역할과 오픈 액세스, 디지털 출판, 온라인 아카이빙 등이 역동적으로 변화하고 있는 학술 커뮤니케이션 생태계를 파악하기 위한 기초이다.

2.1 해외 학술지의 역사

2.1.1 학회와 학술지의 등장

17세기 유럽에서 새로운 지식을 전파하는 수단은 책과 서신, 두 가지였다. 책은 지식을 더 널리 전파할 수 있었으나 시간과 비용이 많이 소요되었다. 이에 비해 서신은 상대적으로 시간과 비용의 부담이 적었으나 전파 범위가 개인으로 제한되는 한계를 지니고 있었다. 이러한 서신은 사적인 내용을 담은 것이 아니라 연구 진행 과정이나 발견을 공유하는 데 목적이 있었기 때문에 더 많은 복제본을 만들어 지식인 사회에서 함께 읽을 필요가 있었다. 또한 서신에 포함된 연구 내용과 발견은 지적 우선권을 둘러싼 분쟁에서 중요한 증거로 활용되기도 했다. 이러한 맥락 속에서 학술적 성격을 지닌 유럽 지역의 학술지가 1665년에 처음으로 창간되었다. 『주르날 데 사방*Journal des sçavans*』은 1665년 1월 5일 파리에서, 왕립학회The Royal Society의 『철학회보*Philosophical Transactions*』는 같은 해 3월

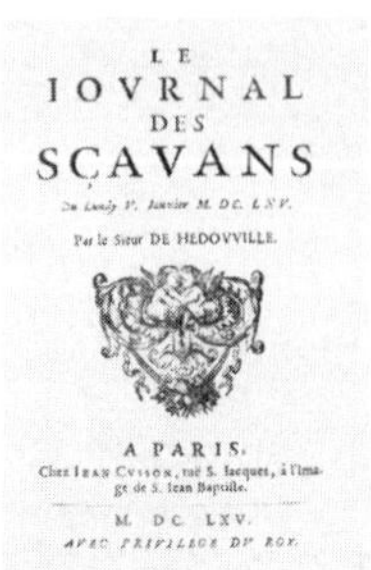

<그림 1-3> 프랑스 최초의 학술지 『주르날 데 사방』의 창간 당시와 최근 표지

6일 런던에서 각각 간행되었다. 『주르날 데 사방』은 출판된 책에 대한 서평으로 내용을 구성해 학문의 전 분야를 다루었고, 『철학회보』는 서신 네트워크를 기반으로 주로 과학적 발전에 관해 다루었다(Banks, 2010).

'학자들의 학술지'라는 뜻의 『주르날 데 사방』은 드니 드 살로Denis de Sallo가 발행했는데 초기에는 12페이지 분량의 4절판 팸플릿 형식으로(Brown, 1972), 대부분 상당히 짧은 서평으로 구성되었다. 드 살로의 서평은 신랄한 비판이 담긴 경우가 많아 상당한 적대 세력이 생기기도 했다. 특히 드 살로가 갈리아 교회를 공개적으로 지지했다는 이유로 로마 교회의 반대에 부딪혔고 그 결과 교황청 대사가 자신의 영향력을 이용해 이를 폐간시키는 사건도 발생해 1665년 13호를 끝으로 중단되기도 했다.

그러나 장 갈루아Jean Gallois 신부의 편집 아래 그해 연말에 다시 발간되면서 법, 신학, 고전학을 포함한 인간 지식 전체를 포괄하고자 했다(Banks, 2010). 이 학술지는 매주 월요일에 발간되면서 물리학과 화학 분야의 실험에 대한 세부 사항, 예술과 과학에서의 새로운 발견, 천문학과 해부학 분야의 관찰, 전 세계 법원의 판결 등을 수록하다가 프랑스 혁명 기간인 1792년에 발행이 중단되었다. 이후 1797년 'Journal des savants'이라는 제목으로 다시 발간되어 지금까지 이어지고 있다(Regazzi, 2015, 24).

『철학회보』는 왕립학회 서기secretary였던 헨리 올덴부르크Henry

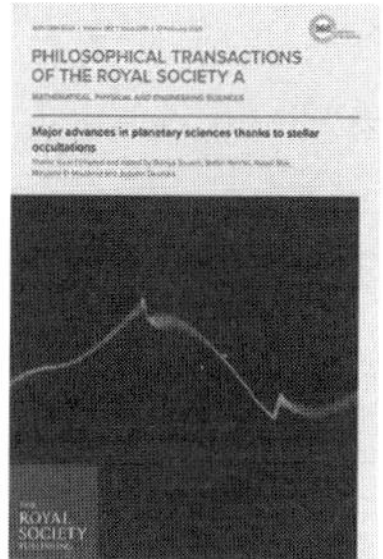

<그림 1-4> 영국 최초의 학술지 『철학회보』의 창간 당시와 최근 표지

Oldenburg가 받은 서신을 기반으로 창간되어(Banks, 2010) 지금까지 이어지고 있는데, 이러한 간행물이 만들어진 배경으로 왕립학회의 설립 배경을 살펴볼 필요가 있다. 왕립학회는 영국 정치가이자 철학자인 프랜시스 베이컨Francis Bacon의 저작을 중심으로 여러 사건이 전개되면서 등장했다(Regazzi, 2015, 23).

베이컨은 1620년에 출판된 자신의 저서 『대혁신*Instauratio Magna*』의 두 번째 부분인 '신기관Novum Organum'에서 처음으로 과학적 연구 방법의 기본을 정립한 인물로 평가된다. '신기관'에서 베이컨은 관찰된 사실을 수집한 후 이를 바탕으로 새 이론을 발전시키는 귀납이라는 새로운 과학적 연구 방법을 설명했다. 이 방법은 경험적이고 논리적인 접근 방식으로서 관찰보다 이성을 중시한 아리스토텔레스식 연역적 추론과는 대조적인 것이었다. 베이컨은 오늘날 '과학'이라 불리는 이러한 연구가 공통된 목표를 가진 관찰자와 실험자(현대의 과학자들)에 의해 수행되어야 한다고 보았다. 이러한 연구 방법을 따르려는 최초의 시도는 베이컨이 사망한 이후에 이루어졌다.

1648년 당시 옥스퍼드에서 존 윌킨스John Wilkins의 주도로 과학자들이 모여 옥스퍼드실험철학클럽Oxford Experimental Philosophy Club을 결성하고 기계 장치와 과학 기구를 실험했는데, 이 클럽이 베이컨의 과학 연구 철학을 기반으로 한 최초의 학술 단체로 평가받는다(Purver, 1967). 런던과 옥스퍼드 지식인들의 비공식적인 모임이었던 이 클럽은 1660년 11월에 공식적으로 인가를 받아 '지식의 발전을 위한 런던왕립학회The Royal Society of London for the Improving Natural Knowledge'로 정식 출범했다. 이 학회는 간단히 왕립학회로 불린다.

왕립학회는 런던에 위치한 그레셤 칼리지의 천문학 교수였던 크리스토퍼 렌Christopher Wren의 강연 이후 첫 공식 회의를 열었고 현대적 의미의 과학science에 해당하는 자연철학natural philosophy을 연구하는 데 주력했다. 렌은 왕립학회가 지식, 경제적 이익, 건강, 생활의 편리함을 증진하는 역할을 해야 한다고 역설했다. 왕립학회 회원들은 서신을 통해 정보를 교류하고 직접 자연을 관찰하고 실험을 수행하며 그 결과를 논의하고 궁극적으로는 출판하는 방식으로 활동했다.

이 시기의 자연철학자들은 대부분 법조인, 상인, 의사, 귀족, 지주 계층의 남성들로 구성되었으며 현대적 의미의 전문 과학자는 아니었다. 초기 왕립학회의 회원에는 로버트 보일Robert Boyle, 존 에벌린John Evelyn, 존 로크John Locke, 아이작 뉴턴Isaac Newton, 안토니 반 레벤후크Antoni van Leeuwenhoek(미생물학의 선구자), 고트프리트 라이프니츠Gottfried Leibniz(수학자이자 철학자) 등 유명한 과학자들이 포함되어 있었다. 이들은 매주 열리는 학회 모임에서 공통된 관심사를 논의했다. 1662년이 되면서 왕립학회는 헨리 올덴부르크를 정식으로 서기로 임명해 서신 교류를 담당하게 했으며 실험 담당 큐레이터Curator of Experiments로 로버트 훅Robert Hooke을 선정해 실험 시연을 총괄하도록 했다(The Royal Society, n.d.)

서기였던 올덴부르크는 학회에서 과학자들에게 받은 서신을 소리 내어 읽고 영국에서 진행된 과학 연구 및 왕립학회 활동을 그들에게 다시 보고하는 역할을 담당했다. 또한 매주 연구 관련 최신 소식 등을 인쇄해 배포하자는 아이디어를 제안했고 왕립학회가 이를 받아들여 『철학회보』

가 탄생했다.

『철학회보』는 왕립학회의 주간 회의 및 연구 관련 내용뿐만 아니라 서신에서 발췌한 내용, 최근 출판된 도서에 대한 서평과 요약, 유럽 각 지역 자연철학자들의 관찰과 실험에 대한 설명 등으로 구성되었다(Fyfe et al., 2014, 4). 이 학술지는 새로운 과학적 주장, 논란이 될 수도 있는 이론을 퍼트리고 보다 광범위하게 과학 공동체와 의견을 나누기 위해 만들어졌다.

올덴부르크는 모든 학술 교류의 날짜를 기록해 연구의 소유권을 확립하고 원고를 검토하며 영국 및 유럽의 다른 과학자들이 심사할 필요가 있는지 판단하고 어떤 논문을 출판할지 결정했다. 이러한 노력으로 『철학회보』는 당시 과학자들이 원했던 최신 발견에 대한 우선권을 확보하고 소유권을 보장할 수 있도록 했으며 동료 과학자로부터 인정받는 학술 커뮤니케이션 매체로서의 기반을 형성했다(Regazzi, 2015, 24-25).

왕립학회가 도입한 동료 심사 제도는 때로는 과학들 간의 갈등을 야기하기도 했으나 또한 활발한 토론을 가능하게 했다. 당시 과학자들은 '철학적 도둑질philosophical robbery'에 대한 두려움이 있었는데 연구 결과를 신속하게 출판해 공식적으로 등록할 수 있었던 학술지라는 매체는 실험의 도난을 방지하는 전략이 되었다. 이를 통해 과학자들은 자신의 연구가 기록되고 저자로서 인정받을 수 있다는 확신을 가지면서 자유롭게 아이디어를 교환할 수 있었다(Merton, 1973).

이후 유럽과 미국 각지에서 학회가 설립되고 학술지가 발행되었다. 이 학회들은 대부분 왕실 및 정부로부터 후원을 받아 '로열 학회'로 불리기도 했다. 학회는 회원의 연구와 그 결과를 출판하기 위해 노력했다. 일반적으로 '트랜잭션transaction'이나 '프로시딩스', '저널'이라는 단어가 포함된 간행물을 정기적으로 발간해 학회 회원들의 학문적 토론이 이루어지도록 했다.

학회를 통한 상호 작용은 회원들이 최신의 주제 분야를 깊이 이해하는 데 도움을 주었다. 그리고 학회가 자신들의 활동과 연구 성과를 공식적으로 기록하고 유통하기 위해 만든, 다학제적인 성격을 지닌 '트랜잭션'은 서로 다른 학문 분야의 학자들이 서로의 연구 결과를 이해하는 데 도움이 되었다. 학회의 학술 모임에서 발표된 논문은 때로는 이러한 '트랜잭션'에 게재되어 학회 회원에게 널리 보급되었다(Das, 2015, 6). 18세기 중반 이후부터 초기의 다학제적 학술지와는 달리 의학, 화학, 물리학, 지리학 등 세분화된 과학 분야의 학술지가 등장하면서 학술지의 수는 지속적으로 증가했다. 이는 연구와 실험 활동이 증가하면서 과학적 발견이 가속화되고 이에 따라 학문 분야도 확장되었기 때문이다.

또한 18세기 말에서 19세기 초에 등장한 증기 구동식 수동 인쇄기와 자동 잉크 롤러를 갖춘 실린더 증기 인쇄기 등 인쇄 기술의 발전도 학술지 증가를 촉진한 요소 중 하나였다(McGarry, 1981). 19세기 동안 학술지는 초기 학술 서신과 보고서 전달 매체에서 연구 정보를 수집, 보관, 배포하는 역할로 자리를 잡았고 연구 논문의 양이 증가하면서 논문 유형을 구분해 게재했으며 논문 전체를 읽을지 여부를 결정할 수 있도록 초록의 개념이 등장했다(Regazzi, 2015, 27).

2.1.2 학술지의 증가와 대학 출판사, 상업 출판사의 등장

왕립학회 이후 설립된 학술 단체들은 학술지 출판에서 중요한 역할을 담당했으나 시간이 지나면서 대학도 그 역할을 맡게 되었다. 미국에서 최초로 대학 출판사를 만든 곳은 존스홉킨스대학교이다. 이 대학의 초대 총장이었던 대니얼 길먼Daniel C. Gilman은 연구 중심 대학이 지식의 확산을 담당해야 할 책임이 있다고 주장하며 1878년에 존스홉킨스대학교 출판사Johns Hopkins University Press를 설립하고 『미국 수학 저널*American Journal of Mathematics*』을 발행하기 시작했다.

이후 시카고대학교는 1891년, 캘리포니아대학교와 컬럼비아대학교는 1893년에 대학 출판사를 설립하고 학술지를 출판하기 시작했다. 그러나 정부의 연구기금을 바탕으로 대량의 학술 연구가 수행되고 학술 논문이 증가하면서 제2차 세계대전 이후에는 상업 출판사가 전면에 등장하게 되었다(Yiotis, 2005). 또한 학회와 대학 출판사는 학술 논문이 급증하면서 출판 비용과 배포 문제를 해결하기 위해 상업 출판사와 협력해서 학술 연구물의 출판 및 배포를 공동으로 진행하게 되었다.

1665년에 등장한 이후 18세기 말까지 약 500종의 학술지가 출현했는데 대다수는 독일(304종), 프랑스(53종), 영국(34종)에서 출판되었다. 이러한 출판물 중 일부는 5년이 채 안 되어 중단되는 경향이 있었다. 1950년에는 약 10,000종의 학술지가 출판되었다고 추산된다. 1665년부터 20세기 중반까지 약 300년간 학술지 종수의 성장률은 연평균 3.46%로 거의 일정했고 20년마다 두 배로 증가했다. 1900년에서 1940년 사이의 학술지 종수 증가율 또한 연평균 3.23%로 기존과 유사했다(Mabe, 2003).

정부의 연구기금 증가와 그로 인한 연구 논문의 증가로 인해 1960년대와 1970년대에는 학술지 출판 산업이 급격히 성장했다. 학회나 대학 출판사와 달리 상업 출판사는 이윤을 추구했으므로 학술지의 가격은 상승하기 시작했다. 이 시기부터 학술 출판 시스템은 1) 대학, 연구소, 기업이 연구자에게 급여, 실험 장비, 연구비를 제공하고, 2) 연구자는 논문을 작성하고 무료로 동료 심사를 수행하며 논문 출판에 따르는 저작권료 등의 보상을 기대하지 않고 저작권을 출판사에 넘기고, 3) 상업 출판사는 논문을 출판해 수익을 올리며, 4) 연구자를 지원한 대학은 다시 출판된 논문을 구입하는 데 비용을 지불하는 방식으로 자리 잡게 되었다(Dulle & Minishi-Majanja, 2009).

즉, 대학은 연구 결과의 생산과 그 결과물의 획득 양쪽 모두에 비용을 지불하고 연구자는 논문 저작권을 무상으로 출판사에 넘겨 출판사가 수익을 올리는 데 기여했다. 이러한 시스템은 궁극적으로 '학술지의 위기'로 이어져 21세기에 들어서면서 새로운 방식의 학술 커뮤니케이션이 등장하는 계기가 되었다.

2.1.3 온라인 학술지로의 전환

인터넷의 전신인 아파넷ARPAnet이 1969년에 도입되면서 컴퓨터가 읽을 수 있는 형태로 학술지를 출판하려는 아이디어가 등장했고, 그로부터 10년 후인 1979년에는 미국 국립과학재단National Science Foundation, NSF의 지원을 받아 뉴저지공과대학교에서 전자정보교환시스템Electronic Information Exchange System, EIES이라는 온라인 토론 게시판에 논문이 게시되었다(Turoff & Hiltz, 1979). EIES에 게시된 논문이 동료 심사를 거쳐 출판되었으므로 이를 최초의 온라인 학술지로 보기도 한다(Regazzi, 2015, 29).

1980년에는 영국도서관The British Library이 러프버러대학교의 연구 프로젝트를 지원해 컴퓨터 분야 온라인 학술지를 만들었으나 기술 미비와 연구자의 무관심으로 정식 출판물로 자리 잡지 못했다(Lancaster, 1995). 학술지는 1665년에 등장했을 때부터 연구 결과를 빠르게, 더 널리 확산시키는 것이 중요한 목적이었으므로 이를 보다 잘 실현할 수 있는 인터넷 기술을 적용해 출판하려는 시도는 매우 자연스러운 것이었다. 그러나 웹이 등장하기 전까지의 인터넷은 모든 연구자가 쉽게 사용할 수 있는 편의성을 지니지는 못했으므로 온라인 학술지는 시도에 머물렀다.

온라인 학술지의 증가는 1990년대에 이전의 인터넷보다 접근성이 좋아진 웹이 등장한 이후에 이루어졌다. 미국 연구도서관협회Association of Research Libraries, ARL의 전자 자원 디렉터리에 따르면 1994년에는 74종이었던 온라인 동료 심사 학술지가 1995년에는 142종으로 증가했고, 1997년에 1,000종 이상이 되었다. 1997년에 이러한 온라인 학술지가 극적으로 증가한 것은 아카데믹 프레스Academic Press, 채프먼 & 홀Chapman & Hall, 엘스비어Elsevier, 스프링거Springer와 같은 대형 출판사가 모든 인쇄본 학술지를 온라인에서 제공하기 시작한 데 기인한다(Mogge, 1999).

1960년대 이후 학술지 출판의 상업화로 학술지 가격이 지속적으로 인상되고, 특히 1990년대 들어 상업 출판사는 기존의 인쇄본 학술지를 디지털로 전환해 묶음 판매 방식으로 판매하면서 도서관은 학술지 비용을 감당할 수 없는 '학술지 위기' 상태에 처하게 된다. 도서관은 학술지 출판과 배포 비용을 낮출 수 있는 온라인 학술지에 주목했으며, 연구자들도 인터넷 공간에서 보다 신속하게 연구 성과를 공유할 수 있는 프리프린트 아카이브preprint archive와 셀프아카이빙self-archiving 같은 새로운 출판·유통 방식을 실험했다.

2000년대에 들어서면서 도서관과 연구자는 인터넷 기술의 장점을 살리면서 300여 년 전에 시작된 학술지의 기본 가치, 즉 연구 결과의 공개와 인정 및 공유, 학술 지식의 확산, 학문 공동체 형성의 촉진, 학문의 사회적 기여와 같은 가치를 회복하고 계승하기 위해 오픈 액세스 운동을 전개했다. 또한 초창기 학술지가 비공개적인 개인 연구를 공식적인 발표의 장으로 이끌었듯이 오픈 액세스 운동은 학문 연구의 개방성과 협업을 더욱 확대할 수 있도록 오픈 데이터와 오픈 과학 운동으로 확장되면서 새로운 학술 커뮤니케이션 장을 만들어가고 있다. 이에 대해서는 5장 이후에서 상세히 다룬다.

2.2 국내 학술지의 역사

2.2.1 근대 초기

우리나라 근대 이전의 학문은 시서육예詩書六藝를 배우고 익히는 일을 뜻했으나 근대 초기인 1876년 개항 이후부터 1910년 한일 강제 병합까지 학문의 의미가 '과학'으로 재편되면서 지식 체계의 구조적 변동이 이루어졌다. 이 기간에 창간된 약 30종의 잡지, 회보, 학보가 국가학, 사회학, 정치학, 법률학, 경제학, 교육학, 심리학, 언어학, 지리학, 물리학, 공학, 동물학, 식물학, 광물학과 같은 분과 학문을 소개하면서 전통 학문인 유학을 분과 학문으로 대체해나갔다. 관이 주도해 과거 제도를 폐지하고 국가 차원의 교육 제도를 개편하면서 근대식 학교를 설립해 지식의 근대화를 전개했고, 외래 문물을 일찍 접한 전현직 고위 관료와 지방관, 유생에 의해 약 200개의 사립학교가 설립되어 신학문을 교육했다.

일본의 한국인 유학생들이 발행한 회보로 한국인에 의해 만들어진 최초의 잡지로 불리는 『친목회회보』(1896. 2)와 『독립신문』(1896. 4)이 창간되면서 공론장이 형성되었다. 특히 을사늑약(1905)으로부터 강제병합(1910)까지 약 5년은 그 이전 시기를 압도할 만큼 다양한 지식 담론이 구축되면서 '지식 혁명'이라 부를 정도로 지식 체계의 구조가 바뀌었다. 이 시기에 국내에서 한국인이 창간한 신문이 13종, 학회지와 잡지가 40여 종이고, 단행본도 1906년 한 해 동안 출간된 수가 그 직전 5년간 출간된 수의 세 배가 넘는다(구장률, 2012a, 13-19, 22-45; 김근수, 1973, 14-15).

한국인이 근대 초기에 발행한 잡지는 『친목회회보』부터 『보중친목회보』(1910. 6)까지 41종이고 이 가운데 각종 분과 학문을 소개하는 "학술지의 성격을 갖는 잡지"(구장률, 2012a, 49)는 29종이다. 이 29종의 잡지에 25종의 분과 학문을 다루는 글이 총 260편 게재되었다. 이들 잡지는 종합 잡지, 유학생 단체의 기관지, 학회나 정치 단체 잡지, 특정 학문 분야 전문 잡지 등으로 유형이 구분된다.

『소년한반도』, 『야뢰』, 『소년』과 같은 종합 잡지는 분과 학문을 알기 쉽게 전달해 독자층을 확대했고, 유학생들의 학회지인 『태극학보』, 『공수학보』, 『대한유학생회학보』, 『대한흥학보』는 분과 학문을 소개하는 차원을 넘어 현실적 논제를 구체적으로 다루는 글도 게재했다(구장률, 2012a, 52-59). 『태극학보』에는 다양한 분과 학문을 더욱 세분화해 그 내용을 한국 상황에 적용하려고 노력한 글도 있었고, 『공수학보』에는 학술적인 글이 비중 있게 실렸다. 『대한유학생회학보』에는 『태극학보』에 비해 좀 더 심도 있는 사유와 논리를 전개한 기고문이 많았다(임상석, 2006, 27-40).

학회나 정치 단체에서 발간한 잡지들은 "이념적 지향을 공유하는 지식인 네트워크를 기반"(구장률, 2012a, 54)으로 발간되었으며, 논설과 분과 학문에 대한 소개가 실렸으나 편집 체제는 많은 차이가 있었다. 『기호흥학회월보』와 『호남학보』는 다른 발간물보다 정돈되고 일관된 체제를 유지했고 경제학, 생리학, 교육학, 윤리학, 동물학 등 다양한 학문 분과에 관한 글이 게재되었는데 저자는 대부분 학교 교사들이었다(임상석, 2006).

특정 학문 분야의 전문가 집단이 발간한 잡지로는 『수리학잡지』, 『법정학계』, 『법학협회잡지』가 있다. 『수리학잡지』는 1905년에 한국인 최초로 수학을 전공한 이학사라고 알려진 유일선柳一宣이 수리학잡지사를 통해 창간했는데 이것이 한국 최초의 수학 및 과학 잡지라고 평가된다(이상구, 설한국, 2010). 법률 분야에서는 1907년 5월 보성전문학교 교우회가 『법정학계』를 창간했는데 이것이 우리나라 최초의 법률 및 경제 학술지로 보인다(명순구, 2022). 『법정학계』 창간 취지서는 "장차 학문적 성과를 국가와 사회에 공개할 목적으로 법률·경제에 관한 여러 학설을 편집하고 매달 잡지로 발간할 것"이라고 창간의 취지를 밝히고 있다. 1907년 3월에는 한국 최초의 법학 연구 단체인 법학협회가 결성되었고 그다음 해인 1908년 11월에 『법학협회잡지』[1]가 창간되었다. 이 간행물은 논설, 판례, 법조계 소식, 새로운 법령을 게재하는 등 학술지의 면모를 갖추고 있

1 구장률(2012a)의 '분과학문을 소개한 근대 초기 잡지 목록'에는 『법학협회잡지』가 포함되어 있지 않다. 이 목록은 원본을 확인할 수 있는 잡지로 제한된 것이므로 『법학협회잡지』가 수록되지 않은 것으로 보인다.

었다. 그러나 1910년 일제에 주권을 강탈당한 뒤 학회 활동이 거의 중단되었다(최종고, 1982).

근대 초기, 특히 1900년대 후반에 폭발적으로 늘어났던 학술지 성격의 잡지들은 강제 병합을 기점으로 중단되었고 지식 담론이 사라졌다. 이후 1900년대 후반에 활발했던 분과 학문이 다시 논의된 것은 3.1운동과 민립대학설립운동, 제2차 조선교육령 등의 영향으로 교육 정책과 미디어 환경이 바뀌었던 1920년대에 접어들면서였다(구장률, 2012a, 65).

한편, 한국에서 외국인 학회가 발행한 학술적 성격의 잡지도 나왔다. 서울에 본부를 둔 왕립아시아학회 한국지부가 1900년에 발간한 『왕립아시아학회 한국지부 회보*Transactions of the Korea Branch of the Royal Asiatic Society*』는 외국인들이 그들을 대상으로 발행한 영문 잡지로 1940년까지 발간되다가 중단 후 1948-1949년을 기점으로 다시 발행되었다. 창간호에는 4편의 글과 1년간 개최했던 학회 미팅에 대한 요약, 학회 조직과 위원 명단, 회칙이 수록되어 있다. 회칙의 '출판' 항목에는 이 회보에 논문, 짧은 글notes, 일반 회의와 연례 회의에 대한 회의록을 수록한다고 밝히고 있다. 그리고 출판위원회가 출판할 논문과 그 학술적 가치, 기술적 사항, 분량 등을 고려해 학회가 기고문을 수락할 권한을 가지며 출판된 논문의 저자에게 별쇄본을 제공하고 수락된 원고는 학회의 재산이 되므로 학회의 동의 없이 출판하지 말아야 한다는 사항도 포함되어 있다. 또한 학회의 구성원 중에서 교신 비서corresponding secretary의 임무를 출판위원회 위원장으로서 활동하고 저자의 원고와 회의에서 사용할 교정본을 최우선으로 담당한다고 밝히고 있다. 수록된 논문에 현대의 학술 논문 형식처럼 인용과 참고 문헌 등이 제시되지는 않았으나 연례 회의에 대한 설명, 학회의 구성에서 출판위원회의 역할, 별쇄본, 저작권 등에 대한 회칙으로 보아 당시 유럽에서 발간된 학술지 형식을 따르고 있는 것으로 보인다.

2.2.2 일제 강점기

1908년 11월 법학협회가 창간한 『법학협회잡지』는 1915년 10월 『법학계法學界』로 이름만 바꾸어 속간했으나 일제하에서는 이것도 지탱하기가 어려워 6호를 마지막으로 중단되었다(최종고, 1982). 한국에서 가장 오랜 기간 동안 발행되어온 학술지는 『신학지남神學指南』(영문명 'The Theological Review: A Theological and Homiletical Quarterly')이다. 이 학술지는 평양에 있던 조선예수교장로회신학교에서 호주인 선교사 왕길지王吉志(Gelson Engel)가 편집인이 되어 1918년 3월에 창간했다. '가리켜 지시하는 것'이라는 의미의 제호 '지남指南' 그대로 이 잡지는 장로교회의 목회자와 신학생에게 신학의 바른길을 제시하기 위해 창간한다고 권두언에서 밝히고 있다. 초기에는 주로 소속 학교 교수의 연구 논문을 게재하면서 창간 첫 해에 3회 발행되었다. 이후 이 신학교가 일제의 신사참배를 반대하다가 1938년에 폐교되면서 『신학지남』도 1940년 22권 5호(통권 113호)를 마지막으로 중단되었다가 해방 후인 1954년에 같은 제호로 총회신학교의 학보로 속간되면서 현재까지 발행되고 있다(한천설, 2018).

갑오개혁 이후 새로운 생각과 가치를 대중에게 알려 그들의 의식 세계를 자극하는 일, 즉 계몽과 교육을 위해 『독립신문』을 창간하면서 우리말과 우리글의 중요성을 연구하는 배재학당 안에 협성회, 독립신문사 안에 국문동식회 등의 모임이 생겨났다. 이후 1908년 8월 한글을 연구하기 위한 최초의 연구 학회이자 조선어학회의 모체인 국어연구학회가 조직되었으나 일제 강점 직후 폐지되었다.

이후 1921년 조선어연구회를 거쳐 1931년 조선어학회가 창설되었다. 조선어연구회는 설립 규약에서 "조선어의 정확한 법리를 연구함을 목적으로 한다"라고 명시함으로써, 대중적 · 실천적 활동보다는 언어의 이론적 정비와 학문적 연구에 더욱 무게를 두는 경향을 보였다. 이 연구회에서 1927년에 창간한 『한글』은 주로 동인들의 연구 결과를 싣는 역할을 맡았다. 『한글』은 1928년 10월까지 9호가 간행되다가 중단되었으나 1932년 5월 조선어학회의 기관지로 재창간된(박영신, 2006, 72-75) 이후로 지금까지 계속 발간되고 있는 우리나라 국어학과 언어학 분야 최초의 학술지라고 할 수 있다. 『한글』 창간호의 머리말과 학회 규칙에는 "본지를 통하야 철자법에 관한 연구가 많이 발표되어 토론되어서, 하로라도 속히 통일안이 성립되기를 기대하자 함이 본회의 결의였다", "조선어문의 연구와 통일을 목적함"이라고 명시함으로써 한글 '연구'를 분명한 목표로 드러내고 있다. 또한 강연회 개최와 학보, 연구총서 발간 등을 학회 회칙으로 정하고 있다. 창간호 마지막 페이지에는 '투고 환영'이라는 제목으로 한글에 관한 연구 논문 및 연구 자료 등을 투고할 것과 첨삭이나 게재 여부에 대한 권한은 편집부에 있다고 밝히고 있다.

조선어학회의 '한글맞춤법통일안'을 반대하며 조선어학회에 맞서 새로운 문자 운동을 추진하기 위해 조직된 조선어학연구회는 1934년에 기관지 『정음』을 창간했다. 이 학술지들은 양 학회의 치열한 논쟁의 장이었다(박병채, n.d.). 한편, 1930년 12월에는 연희전문학교출판부에서 발행한 연희전문학교 문과 교수 연구 논집인 『조선어문연구』가 창간되어 정인보, 최현배 등의 논문이 게재되었으나 1호 발행으로 그쳤다.

찾아보기

- 한글학회 홈페이지에서 『한글』 학술지에 대한 소개를 읽어보고, 『한글』 창간호에 게재된 글을 확인해보자.
- 한국민족문화대백과사전 웹사이트에서 『신학지남』 발간에 대한 상세 정보를 확인해보자.

당시 의학 분야에서는 서양 의학에 대한 지식인들의 관심이 높아졌고, 서양 선교사들의 의료선교 활동과 조선 거주 일본인들의 병원 설립을 통

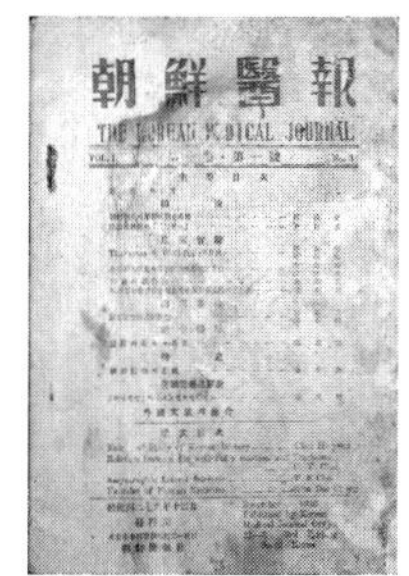

<그림 1-5> 일제 강점기에 창간된 학술지

해 서양 의학이 도입되었다. 이러한 변화와 맞물려 의학 단체가 생겨나고 학술지도 발간되었다. 일제 강점기 동안 발간된 의학 분야 정기간행물은 모두 12종이었는데(전종휘, 1987, 213), 대학에서 발간된 것이 6종, 학회에서 발간한 것이 2종, 의과대학 내 단일 교실에서 발간된 것이 2종, 회사에서 발간한 것이 2종이었다. 이 중 회사에서 발간된 2종을 제외하면 모두 학술지 성격의 간행물이었다.

한국인들이 주축이 된 의사연구회가 1908년 11월에 창립되어 매월 토론회를 개최했으나 학술지나 회보는 발간하지 않았으며 1911년 4월에 일본인들이 조선의학회를 결성하면서 강제 해산되었다(정경희, 1999b). 그러나 이 단체가 이후 한성의사회, 조선의사협회 결성의 밑거름이 되었다. 일본인이 주도한 조선의학회는 1911년 12월 『조선의학회잡지』를 창간해 1943년까지 지속적으로 발간했다.

1930년 2월에 한국인이 조선의사협회를 결성하고 그해 11월에 『조선의보』를 창간해 1937년까지 1년에 3호씩 총 24호를 지속적으로 발간하다가 일제에 의해 폐간되었다. 『조선의보』는 한국인이 주도해 만든 최초의 한글 의학 학술지이다. 이 학술지에 게재된 논문은 모두 114편으로 대부분은 대학 소속 저자 논문(88편)이었고 나머지는 병원 소속 의사 논문(26편)이었다.

『조선의보』 창간호에는 평균 4페이지 정도의 논문이 17편 게재되었는데 영문이나 독일어 초록이 첨부되어 있고 그 내용 또한 학문적으로 상당한 수준이었다(전종휘, 1987, 217). 학회지 뒷부분에는 회보, 입회금 영수자 명단, 의학 월례회 개최나 외국 잡지 발간 동향, 관련 단체 소식 등 잡보와 회원 동정, 143명의 회원 명단(1930년 8월 12일 기준)을 실었다. 또한 기고 시 주의 사항을 두어 기고하는 원고의 종류를 구분하고 원저에는 반드시 500자 내외의 초록을, 외국문 원저에는 600자 이내의 한글 초록을 부가해야 한다고 명시하고 있다. 이 외에 구두점과 숫자 표기, 별쇄본에 대한 실비 요청, 원고 게재 순서 및 교정은 편집자에게 일임할 것, 원고는 협회로 우송해야 한다는 등의 사항이 명시되어 있었던 것으로 미루어볼 때 창간호부터 현대적인 학술지 면모를 충분히 갖추고 있었다고 보인다(정경희, 1999b).

2.2.3 해방 이후

국내에서 학술지는 주로 학회에서 발간되지만 대학이나 연구소, 전문가 협회, 회사에서 발간되는 경우도 많다. 해방 이후 전 학문 분야에서 다양한 주체가 발간한 학술지를 통시적으로 살펴본 연구는 없는 것으로 보인다. 다만 1981년부터 발간된 『학회총람』은 연대별로 창립된 학회의 수를 기록하고 있다. 이에 따르면 1951-1960년에 106개, 1961-1970년에 221개, 1971-1980년에 379개, 1981-1990년에 821개로 40년간 학회의 수는 기하급수적으로 증가했다(한국학술단체총연합회, 1999, 19). 『학회총람』은 이 기간에 발간된 학회지 종수에 대한 정보를 제공하고 있지는 않다. 모든 학회가 학회지를 발간하지는 않았고 학회 이외에 다양한 주체가 학술지를 발간했다는 점을 고려하더라도 1950년대 이후부터 1980년까지 학술지 증가량은 대체로 학회의 증가와 유사한 추세였을 것으로 보인다.

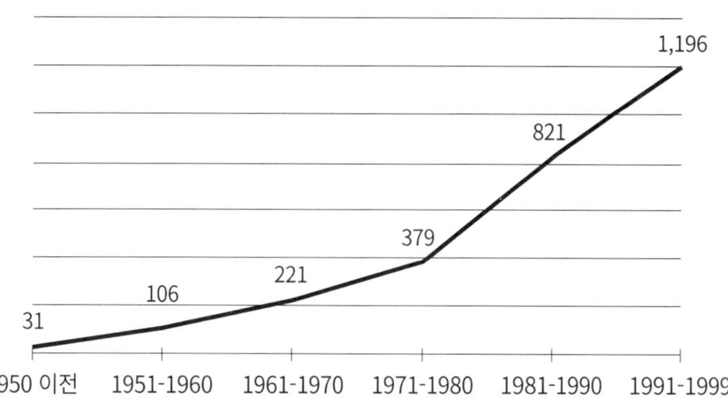

<그림 1-6> 해방 이후 국내 학회 수
(한국학술단체총연합회, 1999, p.19의 '연도별' 표 재구성)

한국학술지인용색인KCI의 통계 정보 웹사이트에 제시된 학회 발행 학술지 목록(2025년 8월 15일 기준)을 통해 이를 확인해볼 수 있다. 이 목록에는 『한글』이 재창간된 1932년부터 1960년까지 창간된 학술지가 60종, 1970년까지는 179종, 1980년까지는 367종으로 제시되어 있다. 같은 시기 『학회총람』에 등록된 학회의 수와 비교하면 1950년대에는 창립된 학회의 절반 정도가 학술지를 발간하다가 이후부터는 점차 증가해 1980년 즈음에는 대부분의 학회가 학술지를 창간했던 것으로 보인다.

해방 이후 국내 학술지 발행 동향을 일괄해 살피고 있는 연구를 찾아보기 힘든 상황에서 의학 분야의 학술지 발간 현황을 정리한 『우리나라 현대의학 그 첫 세기』(전종휘, 1987)는 매우 귀한 자료이다. 전종휘는 1885년부터 1986년까지 국내 의학 분야에서 발간된 학술지의 서지적 특성을 포함해 창간 당시 상황 등을 꼼꼼하게 기록했다. 이 자료에 따르면 의학 분야에서 해방 이후부터 한국전쟁 전까지인 1945년에서 1950년 사이에 7종의 학술지가 창간되었으나 『대한내과학회잡지』(1949년 창간)와 『조선의학협회회보』(1948년 창간), 2종을 제외하고는 몇 호 정도 발행 후 중단되었다.

해방 직후 연구자 단체 활동이 시작되어 기초의학 분야의 학회 대부분이 1945년에서 1948년 사이에 창립되었지만 학회지를 발간한 것은 그로부터 약 20년이 지난 1965년 전후이다(황상익, 권복규, 1998). 해방은 되었으나 곧이어 남북이 분단됨에 따른 이념적 대립이 모든 분야에 영향을 미쳐 학술 단체나 연구 기관이 정착되기 어려운 상황에서 학술지까지 발행하는 것은 요원한 일이었다(전종휘, 1987, 221).

또한 한국전쟁으로 국내의 모든 학술 활동이 중단될 수밖에 없었기 때문이기도 하다. 한국전쟁 이후부터 1986년까지 의학 분야 학술지는 모두 95종이며, 이 학술지들은 학회, 의과대학, 육해공군에서 발간되었다. 1945-1950년 사이에 발행된 7종의 학술지는 인용과 참고 문헌이 제시되는 등 내용이나 체제에서 본격적인 학술지로서의 면모를 갖추었다고 평가받는다(전종휘, 1987, 222-223). 그러나 당시 발간된 모든 학술지가 이와 같은 체제를 갖추지는 못했을 것이다. 예를 들면 이보다 훨씬 이전에 창간된 『신학지남』의 경우 1950년대의 논문에서도 인용과 참고 문헌이 보이지 않는다.

1960-1970년대의 경제 성장과 더불어 대학의 수가 증가하고 연구 환경이 나아지면서 의학 분야와 유사하게 각 학문 영역에서 학회가 생겨나고 학회지가 창간되었다. 이 시기에 학회지를 비롯해 대학의 연구소 혹은 연구 기관의 학술지는 전문적 지식의 생산과 배포를 담당하면서 대중 교양잡지와 구별되는 위상을 정립해나가기 시작했다(김성은, 2015, 102). 그러나 대중 잡지에 보이지 않는 인용과 참고 문헌, 동료 심사 등 학술 논문 출판의 규범이 국내 학술지 전반에 자리 잡기까지는 상당한 시간이 걸렸던 것으로 보인다.

예를 들면 1953년에 창간된 『경제학연구』를 비롯해 각각 1959년과 1964년에 창간된 『한국정치학회보』, 『한국사회학』에 게재된 논문 뒤에 참고 문헌이 첨부된 것은 창간 후 상당한 시간이 지난 뒤였다. 『경제학연구』는 1962년 10집에 실린 영어 논문에 처음으로 참고 문헌이 제시되었으나 매우 예외적인 경우였고, 1980년 무렵이 되어서야 세 학회지 모두에서 참고 문헌이 일반화되었다.

또한 창간 이후 20-30년 동안 학회지의 원고 관련 업무는 주로 학회 편집위원회가 담당하는 방식으로 자리 잡혔다. 그러나 오늘날과 같은 동료 심사 제도가 확립된 것은 1990년대 이후의 일이다. 동료 심사는 연구 주제별로 심사를 맡을 수 있는 연구자 집단이 일정 규모 이상으로 확대되어야 가능하다는 점에서 이 제도가 정착되기까지 상당한 시간이 소요된 것은 어쩌면 당연해 보인다(김성은, 2015, 104-106).

1994년 『학회총람』의 심사 제도 운영 현황과 관련한 데이터(한국학술진흥재단, 1994, 26)도 이를 뒷받침한다. 당시 748개 학회 중에서 심사 제도가 있는 학회가 631개로 약 84%였고 심사자 수는 편당 2명 이하인 학회와 3명 이상인 학회가 각각 401개와 225개로 차이가 있었는데, 인문사회 계열 학회에서는 2명 이하인 경우가 3명 이상인 경우보다 세 배 정도 많았고, 자연과학 분야는 거의 비슷했다.

2.2.4 1990년대 이후

1980년대 이후 정부의 학술 연구 지원이 증가하고 학문이 세분화되면서 학회 설립과 학술지 발행이 활발해졌다. 1990년대 후반부터 2000년대 초반까지 학회지 창간이 다른 시기에 비해 월등히 많아 2000년도 한 해에 131종이 창간되었을 정도이다.

1986년부터 2005년 사이에 창간된 학회지는 2025년 8월 기준 학회지 총수인 3,404종의 51%에 이른다. 이 시기에 창간된 학회지는 그 이전 약 20년간 창간된 학회지보다 네 배 이상 많았는데 학문 분야별로 약간의 차이를 보인다. 사회과학과 예술체육학 분야는 다른 분야에 비해 특히 창간 학회지가 많았고, 자연과학과 농수해양학 분야는 적었다.

2000년대 중반 이후 현재까지 기간에는 총 학회지의 33%가 창간되었는데 이 또한 학문 분야마다 차이가 있다. 이 시기에는 특히 복합학, 예술체육학, 의약학 분야에서 창간이 많이 이루어졌고 인문학, 농수해양학, 자연과학 분야는 비교적 창간이 적었다. 이는 시기별로 학문 영역이 확장 및 세분화되거나 축소된 상황이 반영된 결과라고 볼 수 있다.

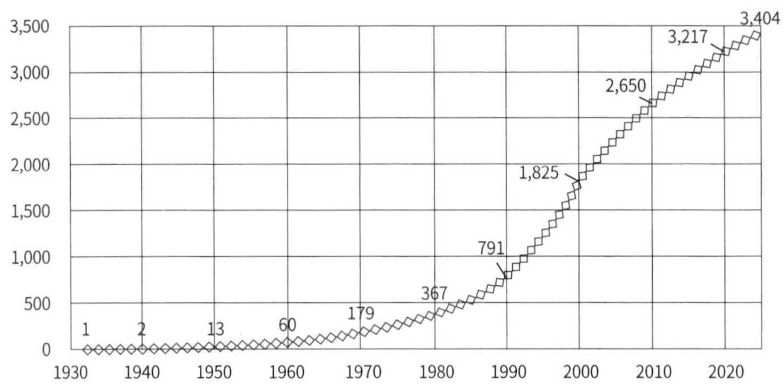

<그림 1-7> KCI에 등록된 학회지 연도별 누적 창간 건수

(KCI의 학술지 종수 통계를 가공함)

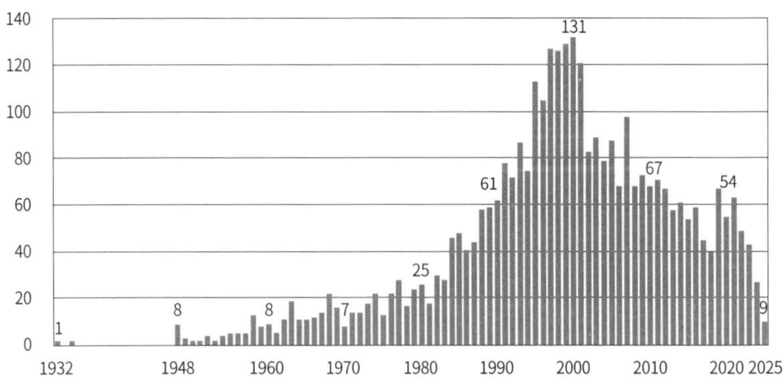

<그림 1-8> KCI에 등록된 학회지 연도별 창간 건수

(KCI의 학술지 종수 통계를 가공함)

<표 1-1> 학문 분야별·시기별 학회지 창간 건수
(KCI의 학술지 종수 통계를 가공함)

학문 분야	시기별				전체	2006년 이후 비중
	1965년 이전	1966-1985년	1986-2005년	2006-2025년		
인문학	35	103	399	124	661	18.8%
사회과학	15	94	582	418	1,109	37.7%
예술체육학	4	14	136	106	260	40.8%
복합학	1	11	57	122	191	63.9%
자연과학	10	36	94	39	179	21.8%
공학	18	58	222	109	407	26.8%
의약학	21	78	207	193	499	38.7%
농수해양학	8	26	51	13	98	13.3%
전체	112	420	1,748	1,124	3,404	33.0%

1990년대 들어서 급증하기 시작한 학술지의 품질을 관리하기 위해 1998년부터 한국학술진흥재단(현 한국연구재단)이 학술지 평가 제도를 도입하면서 우리나라 학술지는 국가의 평가와 관리 아래에 놓이게 된다. 학술지는 재단의 평가 심사를 통과한 등재지와 그렇지 못한 미등재지로 구분되었고 이후 임용이나 승진, 연구비 지원을 위한 연구자 평가에서 등재지 논문 출판 실적이 중요해지면서 학술지 발행 기관은 등재지에 선정되기 위해 평가 기준에 맞추어 학술지를 관리하게 되었다.

평가 제도 도입 시기인 1998년에 학회에서 발간하고 있는 학회지는 약 1,150종이었는데, 같은 해 등재지로 선정된 학술지는 55종이었던 것을 보면 이 기준에 부합하는 학술지가 극히 적었음을 알 수 있다. 이후 등재지는 지속적으로 증가해 10년 뒤인 2008년에는 약 1,600여 종, 2017년에는 약 2,400종으로 증가했다(김정현, 2017). 한국학술지인용색인KCI 웹사이트에 나와 있는 통계 정보를 보면 2025년 7월 현재 2,891종이 등재 및 등재 후보 학술지이고 이들 학술지는 대부분이 학회 혹은 대학 부설 연구소에서 발행되고 있다.

영미권에서는 1960년대 이후 상업 출판사가 학술지를 출판하면서 급속도로 학술지 출판의 상업화가 이루어진 것에 비해 국내 학술지는 지금까지 학회와 대학의 연구소에서 자체적으로 출판하는 경우가 많다. 다만 1990년대 중반 이후 인터넷이 대중화되면서 상업적 애그리게이터 aggregator가 학회와 계약을 맺고 학술지 데이터베이스를 구축·판매했고, 그 결과 국내에서도 학술지의 상업적 유통이 진행되었다. 이 과정에서 애그리게이터들은 학술지를 무료로 공개하려는 공공 정보 서비스 기관, 대학 도서관, 학회와 갈등을 빚기도 했다.

찾아보기

- 다음 한국연구재단의 한국학술지인용색인KCI 웹사이트에서 현재 학회 수와 학회지 수를 확인해보자.
  https://www.kci.go.kr/kciportal/main.kci

2장

학술 커뮤니케이션 참여자

1 학술 커뮤니케이션 참여자의 유형

1.1 연구자

1.1.1 연구자 되기

연구자는 스스로 혹은 고용 조건이나 연구비 지원 기관과의 계약의 일부로 연구에 참여해서 연구 과제를 수행하고 이에 기반해 더 많은 사람들과 공유할 수 있도록 연구 결과를 생산한다. 연구는 다양한 자료와 데이터를 사용해 어떠한 주제로도 수행될 수 있고 학술 논문, 단행본, 학술대회 발표문 등 다양한 결과물을 만들어낸다. 경력 있는 연구자가 되는 길은 나라마다 그리고 학문 분야마다 다양하다. 대학의 학부나 대학원의 석사 학위 과정에서 공부하는 학생들은 기본적인 연구 기법을 배우기 위해 소규모 연구 과제를 수행하기도 한다. 그러나 일반적으로 이러한 작업은 완전히 독창적인 것은 아니므로 그 결과가 내부 집단을 넘어 확산되지는 않는다.

박사 학위를 얻기 위해 대학원 과정에 있는 학생들은 각자 공부하는 주제에 관해 다양한 연구 방법을 적용해서 독창적인 연구를 수행하게 된다. 박사 과정에 있는 모든 학생이 연구자가 되려고 하는 것은 아닐 수도 있으나 박사 과정은 단독으로 연구를 수행할 수 있는 능력을 갖춘 연구자가 되기 위한 준비를 하도록 설계되어 있다. 박사 과정을 밟고 있는 학생들은 학위를 얻기 위한 연구 과제를 통해 학술대회 발표, 학술 논문 출판 등 다양한 학술 활동과 박사 학위 논문 작성을 수행할 수 있다. 그들은 공부하면서 학비를 충당할 수 있도록 교수의 연구 프로젝트에 참여하며 연구비를 받기도 한다. 일부 학생들은 공부하는 동안 학부의 수업을 맡기도 한다.

박사 학위를 취득한 이후 연구자는 박사 과정에서 공부했던 연구 주제와 관련한 산업체나 연구소로 옮겨 연구를 계속할 수 있다. 또한 박사 후 연구원으로 일할 수도 있다. 박사 후 연수 과정은 일정한 급여를 받으며 특정 연구 프로젝트에 참여하고, 동시에 추가적인 연구 경험과 교육을 쌓는 일시적 단계이다. 공공 혹은 민간 연구소는 박사 학위를 취득한 지 얼마 되지 않는 연구자를 박사 후 연구원으로 채용해 그들의 연구를 지원한다. 이 과정에서 그들은 선임 연구원들과 함께 연구하며 진정한 연구자가 되기 위한 경력을 쌓게 된다.

한국연구재단은 박사 학위를 취득한 후 수년 내에 있는 연구자들에게 그들이 원하는 연구를 수행할 수 있도록 연구비를 지원하기도 한다. 이러한 박사 후 연수 과정은 대학 교수가 되려는 연구자들이 거쳐야 하는 중요한 과정이기도 하다. 따라서 연구자들은 연구 그룹이나 연구 기관을 옮겨 다니며 다양한 프로젝트에 박사 후 연구원으로 참여하고, 이를 통해 연구 경력을 쌓아간다. 이 과정을 거치며 자신의 연구 주제를 더 깊이 있게 공부하면서 대학 교수나 공공 혹은 민간 연구소의 연구원이 될 준비를 하게 된다(Sewell, 2020, 3).

우리는 일반적으로 연구자와 학자라는 용어를 구분 짓지 않고 사용한다. 굳이 구분하자면 연구자는 연구를 수행하는 모든 사람을 일컫는 용어로 여기에는 연구를 진행하고 있는 대학원생과 연구 프로젝트에 참여해 부분적으로 실험에 참여하는 사람이 모두 포함된다. 이에 비해 학자는 학문의 자유를 기반으로 교육하고 연구해서 사회에 참여하는 동시에 그만큼의 책임도 갖는 사람이다(김혜숙, 2019). 연구자가 연구를 수행하는 행위를 강조하는 용어라면, 학자는 연구를 기반으로 한 활동과 책임을 강조하는 용어이다. 모든 연구자가 학자는 아니지만 그 반대는 성립하므로 학술 커뮤니케이션에서는 일반적으로 연구자라는 용어를 더 자주 사용한다.

1.1.2 연구 과정

연구를 진행하는 과정은 학문 분야마다 그리고 연구비 지원 여부에 따라 다소 다를 수 있으나 일반적으로는 문제 식별 및 정의, 예비 조사 수행, 가설 수립, 연구 설계, 데이터 수집, 데이터 분석 및 해석, 결론 도출 및 결과 보고의 단계를 거친다.

연구를 시작하기 전에 연구자는 해결해야 할 문제나 질문을 명확히 파악하고 정의해야 한다. 다음 단계에서는 문제나 질문에 대해 다른 연구자가 이미 연구를 수행해서 발표한 관련 문헌을 검토해 기존의 연구 결과를 정확히 이해하면서 자신의 연구와의 차이점을 파악한다.

그다음으로는 예비 조사를 수행하고 기존의 이론과 연구를 바탕으로 연구 결과를 예측하는 가설을 수립한다. 연구를 설계하는 단계에서는 연구 목표를 달성하고 가설을 검증할 수 있는 연구 방법을 계획한다. 질적 혹은 양적 연구 방법, 표본 추출 방법, 데이터 수집 방법을 결정해 신뢰할 수 있고 타당한 결과를 얻도록 한다. 설계에 따라 데이터를 수집하는 단계에서는 실험을 진행하거나, 질문지를 사용해 설문 조사를 하거나, 관찰을 수행하거나, 기존의 문헌과 기록을 검토한다. 과학기술 분야에서는 주로 실험과 관찰, 사회과학 분야에서는 현장에서의 관찰, 설문 조사, 시뮬레이션, 인문학 분야에서는 문헌 분석을 통해 데이터를 수집하게 된다. 데이터 분석 및 해석 단계에서는 수집한 데이터를 통계적 방법을 적용해 해석하기도 한다.

마지막으로 결론 도출 및 결과 보고 단계에서는 연구 결과를 연구 질문과 가설에 비추어 해석하고, 연구 설계 단계에서 적용한 이론적·실천적 틀과의 관련성을 검토한다. 더 나아가 연구의 한계점을 명시하고 후속 연구를 위한 방향을 제안한다.

연구비를 지원받아 수행되는 과학기술 분야의 연구 개발R&D은 위와 같은 기본적인 연구 과정에 연구기금 확보와 관리, 연구 평가의 단계가 추가된다. 일반적으로 아이디어 생성과 개발, 연구기금 확보와 관리, 실험과 분석, 성과 창출, 평가의 5단계로 이루어진다(권나현 외, 2012).

연구 책임자는 자신의 연구를 연구 파트너, 기금 제공자 및 기관 연구팀과 협의해 계획한다. 초기에 연구 책임자는 연구 아이디어를 동료 연구자에게 제안하고 연구 그룹 내 다른 팀원들과 토론하며 세밀하게 조정한다. 그런 다음 잘 구조화된 연구 제안서를 작성하고 연구기금 기관에 제출한다. 기금 기관은 우수한 연구 제안서를 선정해 연구비를 지원하는데 이때 기금 기관의 지원 목표, 예산 등에 맞게 연구 제안서의 특정 측면을 수정하도록 요구할 수 있다. 연구 제안서가 수락된 후에 연구 책임자는 협력 기관 및 다른 연구 파트너들과 협력해 연구와 실험을 진행한다. 각 파트너 기관은 전체 연구에서 특정 부분을 담당할 수도 있다. 전체 연구의 구성 요소를 조정하는 것은 연구 책임자가 담당하며 참여 연구자가 연구 분야의 특성에 맞게 설계된 방법으로 데이터를 생성 및 수집한다.

이후 연구 책임자와 각 연구팀 리더는 데이터를 분석해 보고서를 작성하고 연구 결과를 생성한다. 연구팀은 논문이나 단행본 출판, 학술대회 발표 등의 방식으로 연구 성과를 보고하고 전파한다. 기금 기관은 연구 결과의 출판과 확산 방식을 특정 방식으로 요구하기도 한다. 연구팀은 하나의 연구 프로젝트가 종료된 뒤에 후속 연구 활동을 시작한다. 생성된 또는 수집된 연구 데이터는 후속 연구 프로젝트에 재사용될 수 있으므로 체계적으로 보존되어야 한다. 평가 단계는 연구 제안서에서 약속한 연구 성과물을 제대로 산출했는지 평가하는 과정이다. 연구비 지원 결과로 산출된 논문, 단행본, 특허 등의 결과물을 근거로 프로젝트 종료 후에 연구비 지원 기관에 의해 평가가 이루어진다. 연구비를 지원받지 않는 연구는 이러한 연구 주기에서 연구기금 확보와 연구 종료 후 평가 단계가 생략된다.

1.1.3 연구자의 역할

연구자는 학술 커뮤니케이션의 중요한 행위자로서 저자, 편집자, 동료 심사자, 학회 참여자, 멘토, 어드바이저, 선생이기도 하다(Borgman, 2007, 69). 즉, 연구자는 학술지나 단행본, 때로는 학술대회 논문의 저자이자 동료 심사자이고 편집자이며 독자이기도 하다. 연구를 통해 연구 결과물을 만들어내고 학술지 편집위원회나 동료 심사에 참여해 학술지 출판에 기여하기도 한다. 대부분의 연구자는 학회의 회원으로 그중 경력이 많은 연구자는 그 학회를 운영하고 관리하는 책임을 지고, 일부는 편집위원회에 참여해 학회가 발행하는 학술지, 학술대회 자료집, 단행본의 출판을 주도한다. 이러한 활동은 주로 무보수로 이루어지는데 이는 학술 지식이 연구자 공동체가 생산하고 공유하는 공동 자원이라는 인식에서 비롯된 것이다(Borgman, 2007, 69-73).

저자로서 연구자

연구자의 여러 역할 중에서 학술적인 기록에 가장 오래 지속되는 흔적을 남기는 것은 저자로서이다. 저자는 글을 쓰는 사람, 인용하는 사람 또는 연결자, 그리고 제출자, 협업자로서 많은 판단을 내리게 된다. 글을 쓰는 사람으로서 저자는 어떤 주제를 정해 연구하고 무엇에 관해 어떤 논의를 하고 어떤 유형으로 글을 쓸지 판단하게 된다. 그리고 인용하는 사람 또는 연결자로서 어떤 문헌을 인용하고 인정할지 또는 지적하거나 참고할지, 어떤 문헌으로 링크를 연결할지 결정한다. 또한 제출자로서 논문을 제출할 학술지나 다른 채널을 선택하고 협업자로서 논문을 함께 쓸 저자를 선택하기도 한다. 저자로서의 이러한 활동은 학술 커뮤니케이션의 기능과 복잡한 방식으로 상호 작용한다(Borgman, 2007, 69-73).

• 글을 쓰는 사람으로서 저자

글을 쓰는 사람으로서 저자의 활동은 학술 커뮤니케이션의 기능, 즉 연구 결과의 등록, 배포, 접근, 보존 및 큐레이션 모두와 관련된다. 출판을 위해 글을 쓰는 것은 어떤 주제에 대한 연구의 결과 중에서 무엇을 언제 쓸 것인가에 대한 우선순위를 결정하는 것이며 자신의 연구 결과를 등록하고 정당화하는 것이기도 하다. 연구자의 글쓰기는 연구 결과를 공표하고 배포하기 위한 전제 조건이다. 공표된 연구자의 글은 그 연구 공동체나 다른 연구 집단이 형성한 담론의 한 부분이 된다. 접근과 보존, 큐레이션은 전통적으로 저자보다는 사서와 보존기록관리자archivist의 책임이었으나 저자가 개인 웹사이트나 기관의 리포지터리repository에 자신의 논문을 올리면서 부분적으로는 이러한 책임에도 관여하기 시작했다.

• 연결자로서 저자

학술 커뮤니케이션에서 문헌은 네트워크에서 노드node와 같다. 일반적으로 네트워크에서 노드란 연결 지점을 말하는데, 장치와 장치를 연결해 데이터 전송을 처리하거나 전달하는 역할을 한다. 학술 커뮤니케이션에서 문헌 하나하나는 각기 다른 연구자의 문헌과의 연결고리를 만들어 준다. 각 학술 문헌은 암시적으로 또는 명시적으로 이전에 존재했던 문헌을 바탕으로 생산된다. 아이작 뉴턴의 유명한 말인 "내가 만일 더 멀리 보았다면, 그것은 거인들의 어깨에 서 있었기 때문이다If I have seen further, it is by standing on the shoulders of giants"는 지식이 어떤 연구자 단독의 창작이 아니라 그 이전에 이루어진 무수한 문헌을 기반으로 점진적이고 누적해 성장한다는 것을 의미한다.

하나의 문헌은 학문의 공적 기록을 구성하는 것이고 오랫동안 구축되어온 선인들의 다른 문헌들과의 관계를 확립해 명확성을 높인다. 인쇄본 환경에서 이러한 관계는 다른 문헌 또는 다른 자료를 참고하고 인용했음을 밝히는 참고 문헌을 통해 형성되고 디지털 환경에서는 이러한 관계가 링크로 자동 연결될 수 있다.

이런 의미에서 참고 문헌과 링크는 지식과 문헌 간의 관계성을 만드는 행위이다. 동시에 참고 문헌은 학술 커뮤니케이션의 정당화 기능에 이바지한다. 저자는 자신의 연구가 다른 연구와 무엇이 다르고 왜 중요한지를 설명하기 위해 인용하고 참고 문헌을 제시함으로써 다른 문헌들과의 차이를 드러낸다. 또한 이전의 연구에서 사용한 연구 방법과 연구 자료를 보여줌으로써 연구 방법의 타당성도 확보하려고 한다. 이전의 연구에서 한 발짝이라도 더 나아가기 위해서는 기존 연구와의 차별성이 있어야 하며 동시에 그 한 발을 내딛기 위한 연구 방법은 타당해야 한다. 참고 문헌은 이를 입증하는 데 사용되기도 한다.

● 제출자로서 저자

저자는 연구 결과를 학술대회, 학술지, 단행본 등 어떤 채널에 언제 제출해 공개할지를 결정한다. 공개 전에 다른 연구자들로부터 평가를 받기 위해 원고를 오픈 액세스 리포지터리에 올리거나 배포할 수도 있다. 어떤 원고는 결국 출판되지 못하고 그대로 묻히기도 한다. 저자가 어느 채널을 통해 자신의 연구 결과를 공개할지를 결정하는 것은 학술 커뮤니케이션의 기능, 즉 정당화, 배포, 접근성 등과 관련된다. 모든 학술대회, 학술지, 단행본이 이러한 기능을 보장하는 것은 아니므로 저자는 상황에 따라 가장 적절한 채널이 무엇인지를 판단한 후 자신의 원고를 제출하게 된다.

저자가 자신의 연구에 대한 정당성을 확보할 수 있는 최선의 방법은 권위 있는 채널에 자신의 연구 결과를 공개하는 것이다. 권위는 저자 개인의 판단, 학문 분야, 저작물 유형에 따라 주관적으로 측정될 수 있다. 일반적으로 학술지의 권위는 제출된 논문이 탈락된 비율, 인용률, 그리고 권위 있는 인용 데이터베이스에 색인되는지, 얼마나 역사가 오래되었는지 등으로 얻어지며 이러한 요소들은 서로 긴밀하게 연관되어 있다. 예를 들면 전통 있는 학술지는 평판이 높아 색인될 가능성이 높고 다양한 데이터베이스에 색인될수록 접근성이 높아져 인용 가능성도 높아진다. 또한 권위 있는 학술지일수록 논문 제출자가 많으므로 논문 탈락률이 높아진다.

연구자들은 연구 성과를 공개할 채널을 선택할 때 권위뿐 아니라 발표 시기, 출판물의 분량과 형태, 배포 방식 등을 함께 고려한다. 그러나 임용·승진이나 연구비 확보 등 평가에 대비해야 하기 때문에 결국 다른 기준들보다 권위를 가장 우선시하게 된다. 이는 대학과 연구소, 연구비 지원 기관이 인용률이 높은 학술지에 실린 논문, 소위 과학인용색인 확장판Science Citation Index Expanded, SCIE급 논문에 과도한 인센티브를 부여하기 때문이다. 이러한 인센티브는 새로운 학술지나 출판 모델이 출현해 제대로 성장하는 데 걸림돌이 되기도 한다는 점에서 '학술 출판에서 삐뚤어진 인센티브'(Odlyzko, 1997)라고 비판받기도 한다.

● 협업자로서 저자

학문 분야마다 약간의 차이는 있으나 일반적으로 저자는 동료들과 함께 연구하고 그 결과를 어디에, 어떻게 발표하고 출판할지 의논한다. 연구 과정도 협업을 통해 이루어지고 그 결과물의 출판 여부, 출판 방식도 함께 결정하며 출판 과정에서 발생하는 수정 등의 작업도 함께 한다. 예를 들면 여러 편의 논문을 발표할 수 있는 연구를 진행한 경우 각 논문의 책임 저자를 누가 맡을지, 논문 출판 과정에서 출판사와 주로 연락을 주고받는 교신 저자corresponding author의 역할을 누가 맡을지 동료 연구자들과 의논해 결정한다.

협업자는 같은 기관 내의 동료 혹은 다른 기관이나 다른 나라의 연구자일 수도 있다. 대부분의 연구자는 그 주제 분야의 전문가 중에서 자신의 평판을 높여줄 수 있거나, 연구비를 받을 기회가 더 많거나, 권위 있는 학술지에 원고가 실릴 가능성이 더 높은 인물과 협업하기를 기대한다. 협업에 참여한 저자들은 각 소속 기관의 의무 규정에 따라 협업으로 생산한 연구 결과를 배포하게 된다. 기금 기관이 연구비를 지원한 프로젝트인 경우 그 기관의 규정에 따라 연구 결과물을 출판하게 된다.

공식적인 출판은 연구자의 소속 기관이나 기금 기관이 연구자에게 지원한 돈과 자원을 돌려받는 주된 결과물이다. 출판은 저자의 연구 행위를 정당화해주는 동시에 기관이 가치 있는 연구에 기금을 지원했음을 증명하는 것이기도 하다. 특히 세금으로 운영되는 기금 기관이라면 세금으로 이루어진 연구 결과가 시민 누구라도 접근할 수 있도록 오픈 액세스 등의 방식으로 출판되어 납세자의 정보 접근권이 보장되기를 기대한다.

편집자로서 연구자

연구자는 자신의 연구 주제 분야에서 발간되는 학술지나 단행본의 편집자가 되기도 한다. 사전적 의미로 '편집자editor'는 '책, 신문, 잡지, 영화 등이 인쇄되거나 상영되기 전에 교정하거나 수정하는 사람'을 말한다. 학술 출판에서도 교정 및 수정을 담당하는 편집자가 있으나, 그에 앞서 글을 쓸 저자를 섭외하거나 저자가 제출한 원고가 학술지나 단행본에 적합한지를 출판사에 조언하는 역할을 맡는 편집자도 있다. 후자에 해당하는 편집자를 출판사가 직접 고용하는 경우도 있으나 학술 출판에서는 대부분 대학 교수나 권위 있는 연구자가 이 역할을 맡는다. 학술지나 단행본의 권위는 편집자가 학계에서 축적해온 명성에 달려 있다. 따라서 출판사는 가능한 한 그 주제 분야에서 가장 권위 있는 학자를 편집자로 섭외하고 싶어 한다.

학술지 출판에서 편집자는 편집위원장 또는 편집위원회의 구성원으로 활동한다. 편집자는 저자와 출판사를 연결하면서 학술지나 단행본 발간의 목적과 범위를 설정하고 접수된 원고에 대한 동료 심사자를 정하며 심사 결과를 취합해 최종 게재 여부를 확정한다. 또한 저자에게 출판을 수락하거나 거절하는 편지를 쓰기도 한다. 일부 출판사는 이러한 편집자들에게 사례금을 지불하지만, 대체로는 자원봉사로 이루어진다. 연구자로서 경력이 쌓인 학자만이 할 수 있는 편집자의 역할은 시간과 노력이 요구되는 실무이기에 앞서 그 분야의 지식을 형성하는 특권이자 책임으로 간주된다(Ma, 2023, 4-5).

심사자로서 연구자

동료 심사는 학술 출판의 중요한 특징 중 하나이다. 동료 심사는 연구자가 제출한 원고를 해당 분야의 연구자가 선행 연구 검토의 충실성, 데이터와 분석의 타당성 및 신뢰성, 논의와 결론의 정당성을 평가함으로써 출판물의 질적 수준을 높이고자 하는 과정이다. 저자가 제출한 원고에서 다루고 있는 연구 내용에 대한 지식을 충분히 갖추고 있는 사람이라야 그 원고를 심사해 출판 가능 여부를 판단할 수 있다.

따라서 원고에 대한 심사는 저자와 유사한 분야를 연구하고 있는 넓은 의미의 동료일 수밖에 없다. 즉, 학술 커뮤니케이션 생태계 내에 있는 연구자는 저자인 동시에 심사자 혹은 잠재적 심사자이다. 이러한 이유로 대부분의 학술 논문이나 학술대회 발표 논문에 대한 동료 심사는 무보수의 자원 활동으로 이루어진다. 연구자는 동료 연구자의 연구 결과에 대한 심사가 지식을 생산하고 학문을 발전시키며 학술 커뮤니케이션을 보다 이롭게 하는 과정이며 그것이 연구자의 역할이라고 믿고 있기 때문이다.

연구자는 연구기금 기관의 연구 평가자가 되기도 한다. 연구기금 기관은 연구비를 지원받기 위해 제출된 연구자의 제안서 중에서 기금을 지원할 가치가 있는 연구를 선별한다. 연구자가 제안한 연구 내용의 중요성, 연구 방법의 타당성, 연구진 구성의 적절성 등이 평가 기준이 된다. 따라서 기금을 지원할 연구 제안서를 평가하는 것도 그 분야의 연구를 잘 알고 있는 동료 연구자들의 역할이다.

연구기금은 대부분 공적 기금으로 조성되는 경우가 많은데 연구자는 이 기금을 들여 수행해야 할 만큼 학문과 사회에 꼭 필요한 연구가 무엇인지 판단하게 된다. 이와 더불어 연구기금을 지원받은 연구가 제대로 이루어졌는지를 평가하는 것도 연구자의 몫이다. 이는 연구 제안서에 제시한 대로 연구가 진행되고 결과가 도출되었는지를 평가하는 절차로, 연구비 지원으로 이루어진 연구의 질적 수준을 높이는 것이다.

학회 참여자로서 연구자

연구자는 학회의 회원 혹은 임원으로 활동한다. 학회는 연구자가 소속된 기관 밖에서 연구자 공동체와 네트워크를 유지해준다. 경력 있는 연구자는 자신이 오랫동안 연구해온 학문 분야의 학회에서 학술대회, 세미나, 워크숍을 조직하고 학술지나 단행본을 출판하며 학회 운영과 관리를 맡게 된다. 학회는 대부분 회비나 학술지 구독료로 운영된다. 편집이나 동료 심사와 마찬가지로 연구자들의 이러한 활동 역시 자원 활동으로 이루어진다. 학회는 해당 분야의 동료 연구자들과 학문적으로 교류하고 연구 결과를 공유하는 장이다. 이러한 교류와 공유는 연구자의 지적 관심을 넓히고 깊이를 더해 성장하게 하며, 그로써 해당 학문 분야가 한층 더 발전할 수 있다.

1.2 대학과 연구 기관

학술 커뮤니케이션에 참여하는 대부분의 연구자와 학자는 대학, 연구소, 병원 등의 기관에 소속되어 있다. 대학과 연구소는 연구자를 고용하고 양성하며 이들에게 급여와 연구 인프라를 제공한다. 대학에는 학생 교육과 연구를 동시에 담당하는 교수들이 대부분이지만, 부설 연구소에는 연구만을 수행하는 연구원들도 있다. 또한 대학은 대학원의 석박사 과정 학생들이 학위 과정을 통해 교육을 받고 교수의 연구를 보조하며 미래의 독립된 연구자가 될 수 있도록 길러낸다.

대학은 대학의 자체 기금으로 혹은 정부로부터 연구기금을 유치해서 이들에게 연구비를 지원하고 연구비가 투명하게 사용될 수 있도록 관리한다. 또한 소속 연구자들을 위해 실험실과 실험 장비를 지원하고 다양한 연구 분야에 필요한 자원을 확보해 도서관에 제공한다. 대학은 고등 교육과 연구의 중심 기관으로 값비싼 학술지 데이터베이스 및 단행본을 구입하고 다른 국내외 도서관과 협력해서 연구자에게 필요한 자료를 제공하는데, 이를 위해 연구 지원을 할 수 있는 전문 사서를 고용하고 이들을 훈련시킨다.

대학의 교수, 연구원, 대학원생은 단독으로 혹은 동료들과 함께 대학 내 연구기금이나 외부 기관의 연구비를 지원받아 연구 과제를 수행한 후 이를 학술대회에 발표하고 논문이나 단행본으로 발표한다. 이러한 출판물은 대학이 교수와 연구원을 평가하는 중요한 기준이 된다. 대학은 교내 연구자 평가를 통해 연구자들이 보다 나은 교육과 연구를 수행하도록 독려한다. 이는 곧 대학의 질적 수준과 명성을 높이는 것과 직접적으로 연관된다. 학계나 국내 때로는 세계에서 인정받는 연구는 연구자 개인의 명예인 동시에 대학의 명성을 높이는 데 기여한다. 연구자를 평가하고 독려하는 기준이 대학 소속 교수와 연구원의 연구 결과 출판 방식이나 학술 커뮤니케이션 채널에 영향을 미치므로 대학은 학술 커뮤니케이션에서 중요한 참여자이다.

대학은 연구자를 평가하는 동시에 외부 기관으로부터 연구 기관으로서의 자격을 평가받기도 한다. 대학은 교수의 신규 임용, 승진, 정년 보장, 내부 연구비 지원을 위한 연구 평가 기준을 대학의 연구 전략 및 외부 평가에 부합하도록 마련한다. 영국의 타임스 고등교육Times Higher Education, THE과 큐에스Quacquarelli Symonds, QS의 세계 대학 순위, 중국의 세계 대학 학술 순위Academic Ranking of World Universities, ARWU는 교육 여건, 연구 환경, 연구 품질 등을 기준으로 대학을 평가해 매년 발표하는 전 세계 대학 순위이다.

연구 품질은 주로 대학 소속 교원과 연구자가 피인용 지수가 높은 학술지에 논문을 얼마나 많이 게재했는지, 그리고 해당 논문이 얼마나 자주 인용되었는지를 기준으로 평가된다. 이러한 평가 방식은 대학 순위를 통해 교수와 연구자의 연구 역량과 생산성을 지속적으로 제고하도록 압박한다. 그 결과 대학은 개인, 학과, 대학 차원에서의 연구 성과를 체계적으로 관리, 추적, 평가할 필요에 직면하게 된다.

이를 위해 대학은 연구 성과를 분석할 수 있는 저널 인용 보고서Journal Citation Reports, JCR, 사이발Science Evaluation, SciVal 등의 도구나 자문 서비스의 소비자가 된다. 대학의 교원 평가, 연구기금 기관의 연구비 지원을 위한 평가, 외부 기관의 대학 순위 평가 등에서 논문 출판이 가장 중요한 기준으로 활용되므로 이는 소위 '출판하지 않으면 멸망한다publish or perish'는 연구자 환경에 영향을 미치게 된다.

1.3 연구기금 기관

연구자는 보통 소속 기관으로부터 급여를 받지만 대규모 자료 조사, 데이터 수집 및 분석, 실험 등이 필요한 연구는 이 돈으로 수행하기가 어렵다. 따라서 정부나 민간의 연구기금 기관은 연구비를 조성해 이들의 연구를 지원한다. 지원되는 연구비는 크게 정부기금과 민간기금, 두 가지 유형이 있는데 일반적으로 정부기금은 연구비를 관리하는 재단을 통해 운용된다. 한국연구재단은 정부의 연구기금을 관리하는 재단이다.

미국 국립과학재단National Science Foundation, NSF과 영국연구혁신청UK Research and Innovation, UKRI 등도 정부의 연구기금을 관리하며 연구자에게 지원하는 재단이다. 민간의 자선 기부로 운영되는 연구비 지원 기관으로는 영국의 웰컴재단Wellcome Trust, 미국의 게이츠재단Gates Foundation 등이 있다.

연구기금 기관은 학술 커뮤니케이션에 참여하는 다른 역할자보다 더 큰 영향력을 가진다. 이들은 어떤 주제의 연구를 지원하고 어떤 연구자 또는 연구 단체를 지원할지 정하고 연구 결과를 확산시키기 위한 방식을 결정한다. 그리고 연구비 지원 조건과 기준, 규칙을 수립하고 적용한다. 또한 그 기준에 맞추어 연구가 수행되도록 관리하고 연구 결과물을 출판하는 방법에 관한 규칙을 마련하고 적용한다. 이러한 기준은 법률이나 기관의 세부 규정으로 만들어지기도 한다. 우리나라의 과학기술기본법, 국가연구개발혁신법, 국가연구개발사업 등의 성과평가 및 성과관리에 관한 법률, 미국 국립보건원 공공 접근 정책NIH Public Access Policy, 영국연구혁신청의 오픈 액세스 정책Open Access Policy 등이 그 예이다.

연구기금 기관은 연구자를 직접 지원하기도 하고 연구자가 소속된 기관을 지원하기도 한다. 연구비 지원 규모는 학문 분야에 따라 차이가 크다. 연구 수행 과정에 필요한 고가의 장비와 실험, 실험에 참여할 연구원이 대규모로 필요한 응용 연구 분야와 문학, 철학 등 인문학 분야에 배당되는 연구비는 상당한 차이가 있다.

학문 분야마다의 연구 특성에 따라 불가피하게 연구비 지원 규모가 차이가 나기도 하지만 정부 혹은 연구비 지원 기관이 중요하다고 판단하는 연구 주제를 정해 집중적으로 연구비를 지원하는 경우도 많다. 연구자가 연구하고 싶은 주제가 있더라도 그에 대한 연구비 지원 프로그램이 부족하면 결국 연구비 지원이 가능한 주제로 변경하게 된다. 연구비 지원 규모의 확대는 결과적으로 어떤 주제 분야의 연구가 활발히 이루어질 수 있도록 하는 견인차가 되면서 그 지역의 학술 담론을 형성하는 데 영향을 미친다는 점에서 중요하다(Das, 2015, 6).

연구기금 기관은 연구비를 지원할 과제를 선정하고 수행된 연구 결과의 우수성을 평가한다. 과제 선정 과정에서는 연구 책임자와 공동 연구자가 연구 제안서에 제시한 주제를 수행할 만한 연구 업적을 충분히 축적하고 있는지, 해당 분야에 대한 학문적 전문성을 갖추고 있는지를 주로 판단한다. 이러한 평가는 연구 목적과 내용, 연구 방법, 기대 효과, 활용 방안 등을 담은 연구 제안서를 중심으로 이루어진다.

정보 인프라의 변화는 연구기금 기관이 연구 결과물에 대한 접근, 보존, 큐레이션에 관심을 기울이도록 만들어(Borgman, 2007, 73) 공공 정책에서 더 큰 역할을 하게 했다. 이 기관들은 연구비 지원의 성과가 최대한 발휘되기를 기대한다. 이를 달성할 수 있는 하나의 방법이 연구의 산물인 출판물을 널리, 신속하게 배포하는 것이다. 따라서 연구기금 기관은 지원한 연구가 학술 연구물로 출판되어 널리 확산되는 체계를 만들기 위해 노력한다.

과학인용색인 확장판SCIE 혹은 한국학술지인용색인KCI 등재 학술지에 논문을 게재하거나 저명한 출판사에서 단행본으로 출판하는 것은 연구비를 지원할 때 연구자와 연구비 지원 기관의 협약 사항이므로 이를 수행하지 못하면 연구비 지원 기관은 연구자로부터 연구비를 회수할 수 있다. 출판은 저자가 가치 있는 연구를 수행했음을 증명해주고 기금 기관의 연구비 지원을 정당화해준다(Sewell, 2020, 3).

출판된 학술 성과물의 배포는 다른 사람들이 연구 결과를 읽고 그 결과에 영향을 받으며 후속 연구에서 데이터를 재사용할 가능성을 높여 연구 투자 효과를 극대화한다. 기금 기관들은 전통적인 학술 출판 시스템이 이러한 배포 역할을 과거처럼 효과적으로 수행하지 못한다고 보고 있다. 출판물의 가격 인상과 콘텐츠 재사용에 대한 저작권 통제가 연구 성과에 대한 접근을 제한하고 있기 때문이다. 따라서 기금 기관은 오픈 액세스 운동을 지원하며, 오픈 액세스 출판과 리포지터리를 통한 셀프아카이빙을 촉진하고 장려하는 정책을 펼친다(Borgman, 2007, 240).

특히 정부가 지원하는 연구비는 그 나라의 국민이 납부한 세금으로 조성된다. 학술 집단 외부에 있는 시민이 이러한 기금을 받아 생성된 연구 성과에 접근할 수 없다는 것은 부당하기 때문에(Sewell, 2020, 3) 기금 기관은 공공기금을 지원받은 연구에 대한 오픈 액세스 제도화를 추진하고 있다. 민간의 연구기금 기관도 연구 지원의 효과를 더 많은 사람들에게 확산시킬 수 있도록 연구비 수혜자나 수혜 기관에 대한 오픈 액세스 의무화 규정을 적용하기도 한다.

찾아보기

- 다음 한국연구재단 홈페이지에서 연구 분야별 연구비 지원 현황에 대한 통계 데이터를 찾아보자.
  https://www.nrf.re.kr
- 다음 웰컴재단 웹페이지에서 연구비를 지원받은 연구자에게 요구되는 오픈 액세스 정책의 내용을 자세히 살펴보자.
  https://wellcome.org/grant-funding/guidance/open-access-guidance

1.4 학회

학회는 연구자들의 지적 교류가 이루어지는 학술의 장이다. 연구자들은 소속된 기관에 헌신하는 만큼 자신의 연구 분야 학회에도 헌신한다. 연구자가 고용되는 기관은 상황에 따라 변경될 수 있지만 소속된 학회는 대체로 바뀌지 않고 영구적이다. 연구자들은 새로운 지적 자극을 추구하는 내재적 동기나 전문가의 정체성과 소속감을 유지하기 위한 외재적 동기를 가지고 학회에 회원으로 참여한다(양미경, 2012, 195-196).

학회는 연구자 간 네트워크를 형성해 이론을 공유·검증하며 경합하는 과정을 통해 개별 연구자의 아이디어가 가치 있는 이론 체계로 발전하는 데 기여한다. 연구자는 학회 활동을 통해 자신의 아이디어에 대한 오해와 비판, 논평에 직면하면서 자기 성찰의 계기를 얻고 혼자서는 미처 생각해낼 수 없었던 새로운 착상을 얻어 자신의 연구를 진전시킬 수 있게 된다. 이러한 과정은 학회가 주관하는 연구 소모임과 학술대회, 그리고 학술지나 단행본 출판을 통해 구체적으로 실현된다.

학회가 개최하는 학술대회에서는 연구자가 아직 출판되지 않은, 진행 중인 연구를 발표하고 동료 연구자들은 이에 대해 토론하고 의견을 제시한다. 서로 다른 의견과 생각이 충돌하는 가운데 새로운 사고와 시도, 발견에 이르게 된다(곽현우, 2013, 6-10). 학회는 그 회원의 연구 결과를 학회지로 출판한다. 개별 연구자의 연구가 담긴 원고는 학회의 편집위원회와 동료 심사자의 세심한 논평을 거쳐 더욱 정교화된 후에 논문으로 학회지에 게재된다.

개별 연구자의 아이디어로부터 출발한 연구는 학술대회에서 토론, 출판 과정에서 논평 등 동료 연구자들과의 상당한 협업을 통해 완성된다. 영미권에서 학술 논문 출판은 상업 출판사가 영리를 목적으로 학술지 발행을 시작하기 전까지 주로 학회 구성원의 협업으로 제작된 학회지를 통해 이루어졌다. 상업 출판사가 학회지를 출판하더라도 여전히 편집위원회는 그 분야의 연구자들로 구성되고 동료 심사 역시 그런 연구자들에 의해 이루어지나 학술지 비용 책정이나 배포 방식의 결정 등 전체적인 관리는 학회의 손을 벗어나 출판사가 제어하게 되었다. 이러한 과정은 학회라는 이름으로 묶인 연구자 공동체의 의미를 점차 퇴색시키고 있다. 다만 우리나라의 경우 대부분의 학술지는 학회가 자체적으로 출판하고 있다.

회비는 학회가 학술대회를 개최하고 학회지를 출판하기 위한 중요한 재원이다. 전통적으로 학회의 회원에는 해당 분야의 연구자뿐만 아니라

도서관도 포함되어 있었으며, 도서관은 학회지를 구독하기 위해 단체 유료 회원으로 가입해왔다. 연구자는 회원 자격을 통해 학술대회에 무료로 또는 할인된 비용으로 참여할 수 있었다. 그러나 학회지가 상업 출판사의 대규모 데이터베이스나 영리 목적의 학술 논문 애그리게이터를 통해 온라인으로 유통되면서 이러한 구독 구조가 변화했다. 그 결과 도서관 회원은 점차 감소했고, 학회에 가입해 학술지를 개별적으로 구독하던 연구자들도 오픈 액세스 학술지 등 다양한 방법으로 학술 논문에 접근할 수 있게 되면서 점차 학회 회원 수는 줄어들고 있다. 회원의 감소는 학회의 운영, 특히 재정적 어려움을 초래하게 되고 결과적으로 전통적인 학술대회나 학술지 출판 활동의 방식에 대한 혁신적인 접근을 요구한다.

핵심은 학술 커뮤니케이션이 보다 나은 방향으로 나아갈 수 있도록 학회가 오픈 액세스 및 오픈 과학 운동을 지지하고 새로운 변화를 만들어가는 것이다. 이를 위해서는 학회 간 연대와 협력이 중요하다(Winters, 2020). 학회가 대학 출판사와 협력해 단행본 또는 학술지를 출판하거나, 소규모 학회들끼리 연합해 학술 커뮤니케이션과 관련한 정부의 정책에 영향을 미치고 학회 활동과 관련한 하부 구조를 만들어갈 필요가 있다.

1.5 출판사

출판사는 학술 단행본 및 논문을 선정해 편집, 배포, 유통하는 조직이다. 출판물은 연구 결과를 배포하는 핵심적인 매체이므로 학술 출판사는 학술 커뮤니케이션에서 중대한 역할을 한다. 출판사는 저자가 제출한 원고를 출판이 가능한 형태로 바꿔 시장에 유통시키거나 개인 및 도서관에 판매한다. 출판 시장에서의 독점 공급을 위해 이 과정에서 출판사는 저작권을 저자로부터 양도받는다.

연구자는 자신의 연구 결과를 세상에 널리 알리고 그 연구를 자신이 수행했음을 인증받기 위해 출판한다. 이와 더불어 자신의 연구에 대한 신뢰와 권위를 높이기 위해 전통 있는 출판사에서 출판되기를 바란다. 따라서 출판사는 학술 커뮤니케이션의 형태와 내용 전반에 걸쳐 지대한 영향력을 행사하게 된다. 출판사는 출판하는 단행본이나 학술지의 권위와 명성을 높이기 위해 연구자의 지원을 받아 동료 심사를 진행하고 권위 있는 학자들로 편집위원회를 구성한다.

학술 출판사는 학회, 대학 출판사, 영리를 추구하는 상업 출판사로 그 유형을 구분할 수 있다. 학술지가 출현했던 17세기 중반부터 제2차 세계대전 이전까지 학술지 출판은 주로 학회와 대학 출판사에서 이루어졌다. 전후 고등 교육 기관이 급격히 늘어나고 국가의 연구 개발비가 증가하면서 학술 출판의 양도 급증했는데, 이와 더불어 상업적인 학술 출판사에 의한 학술지 출판도 증가했다.

학술 출판사의 규모와 사업 모델은 다양하다. 어떤 출판사는 다양한 주제의 단행본과 학술지를 출판한다. 그리고 어떤 출판사는 대학, 도서관, 학회와 협력해 책을 출판하며, 또 어떤 출판사는 전적으로 상업적으로 운영된다. 비상업적 학술지 출판사인 학회가 지속적으로 학술 출판을 하기 위해서는 정부의 지원이 필요하다. 대부분의 대학 출판사는 소속된 대학으로부터 보조금을 지원받거나 공간, 인적 자원 등 인프라를 지원받기도 한다. 일부 대학 도서관은 다이아몬드 오픈 액세스를 강화하기 위해 도서관 예산의 일부를 할당해서 오픈 액세스 학술지 출판사를 지원하기도 한다(Ma, 2023, 2-3).

현재 영미권의 많은 학술지는 상업 출판사에서 발간되고 있다. 소위 '빅딜Big Deals' 출판사로 불리는 엘스비어Elsevier, 스프링거 네이처Springer Nature, 와일리Wiley, 테일러 & 프랜시스Taylor & Francis, 미국화학회출판사ACS Publications 등 다섯 출판사는 각각 2,000종 이상의 학술지를 출판하면서 전체 학술지 출판 시장의 50% 이상을 점유하고 있다. 이 출판사들의 구독료 총액은 영미권 도서관의 학술지 구독료 전체의 75%를 넘는다.

2023년도 전 세계 학술지 출판 시장의 규모는 280억 달러에 이른다. 최근 일부 상업 출판사는 연구 생애 주기 전체에 걸쳐 상품과 서비스를 제공하면서 출판을 넘어선 사업으로 확장하고 있다. 또한 오픈 액세스나 오픈 데이터 등 오픈 과학을 위해 공공자금 투여가 확장되면서 상업적인 출판사들은 새로운 사업 모델로 학술 커뮤니케이션 장에서 우위를 점하고 있다. 이러한 상황이 오픈 액세스의 궁극적인 목적을 달성하는 데 중요한 장애물이 될 수 있다는 염려도 있다(Ma, 2023, 3).

1.6 학술 도서관

대학이나 연구소 등의 연구 기관에서 소속 연구자들에게 학술 정보 서비스를 제공하는 도서관을 학술 도서관이라고 한다. 학술 도서관은 전통적으로 단행본이나 학술지를 선별해 수집하고 이를 체계적으로 조직해서 현재와 미래의 연구자를 위해 보존한다. 또한 아카이빙한 연구 자원과 연구자를 매개하는 중개자 역할을 한다.

학술지의 대부분이 인쇄본으로 발행되었던 1990년대 중반까지 학술 도서관은 학회에서 발간하는 학회지를 구독하기 위해 학회에 회원으로 가입하고 상업 출판사에서 출간된 학술지는 구독 대행 기관을 통해 구독했다. 도서관은 학회지 구독을 위해 모든 학회에 가입한 것은 아니며 소속 연구자들에게 필요한 수준 높고 가치 있는 논문을 출판하는 학회에만 선택적으로 가입했다. 이는 학술 도서관이 학회라는 연구 공동체의 일원으로 학술 지식의 생산에 기여하고 학술 커뮤니케이션 생태계에 질적 통제를 가하는 직접적인 행위자였음을 의미한다.

학술지가 온라인으로 발행되고 상업 출판사가 대규모 학술지 데이터베이스를 제작해 도서관에 제공하면서, 도서관은 상업 출판사와 연간 구독을 위한 라이선스 협상을 진행하게 되었다. 또한 확보한 학술지 데이터베이스에 대한 접근 권한을 관리하기 위해 인증 시스템을 운영하거나, 여러 데이터베이스 자원을 한 번에 검색할 수 있는 통합 검색 시스템을 도입하게 되었다. 대규모 학술지 데이터베이스의 등장은 곧 빅딜 거래의 시작이기도 했다. 도서관은 더 이상 소속 연구자에게 필요한 권위 있는 학술지를 선별해 구독할 수 없고 상업 출판사가 무더기로 제공하는 학술지를 떠안게 되었다. 가치 있는 학술지를 출판하는 학회를 선별해 그들이 학술지를 출판할 수 있도록 유료 회원으로 가입해서 지식 생산에 참여했던 도서관은 이제 학술지 데이터베이스 소비자로 전락하게 되었다.

오픈 액세스를 기반으로 한 학술 커뮤니케이션은 도서관이 다시 학술 자원의 단순한 소비자 역할에서 벗어나 학술 커뮤니케이션의 중요한 주체이자 학술 정보 생산에 기여하는 역할을 할 수 있는 기회를 제공했다. 학술 도서관은 연구자와 학회가 오픈 액세스 출판을 할 수 있도록 다양한 서비스와 프로그램을 개발하고 지원하고 있다(Association of College & Research Libraries, n.d.). 그리고 기관 리포지터리를 운영해 대학이나 연구소 소속 연구자의 연구 결과물을 수집하고 영구 보존함으로써 연구의 가시성을 높이고 인용률을 제고한다. 또한 학회나 대학 출판사와 협력해 오픈 액세스 학술지 출판이 이루어지도록 지원하는 등 학술 커뮤니케이션 생태계가 진화하면서 학술 도서관의 역할은 계속 변화해가고 있다(Gilman, 2013, 7-8). 미국 대학·연구도서관협회ACRL는 학술 커뮤니케이션 환경을 더 좋은 방향으로 바꿔나가기 위해 학술 도서관이 담당해야 할 새로운 역할을 다음과 같이 제안하고 있다(Association of College & Research Libraries, n.d.).

- 오픈 과학을 전략적으로 지원하고 전통적인 학술 출판의 경제적 도

전에 긍정적으로 대응하기 위해 장서 개발 정책을 만들고 장서 개발 예산을 재조정할 것.

- 구독 학술지와 오픈 액세스 학술지 평가를 지원하기 위한 도구나 체계를 개발할 것.
- 연구자 식별 시스템 지원 및 양적 평가를 대체하는 지표 사용 촉진을 통해 연구의 영향력을 높이고 연구자를 지원할 것.
- 지역의 출판 플랫폼을 개발하고 호스팅hosting할 것.
- 학술 자원의 보존, 사용, 발견과 학술 자원에의 접근을 촉진하기 위해 공정 이용 권리를 활용하고 다른 사람들에게 이를 권장할 것.
- 저자들에게 저작권 교육을 하고 출판 계약의 해석과 수정을 지원할 것.
- 오픈 액세스를 지지할 것.
- 공공기금 지원 기관의 공공 액세스 요구 사항을 준수하도록 연구자를 지원할 것.
- 연구 기관의 연구 성과 수집, 공개 및 발견 가능성 확대를 위한 기관 리포지터리를 개발하고 관리할 것.

이러한 임무를 수행하기 위해 해외의 대학은 도서관 내부 혹은 도서관을 주축으로 해서 대학 산하에 학술 커뮤니케이션 사무국Office of Scholarly Communication, OSC을 설치하거나 대학 도서관의 연구 지원 부서를 운영하고 있다. 국내의 대학 도서관도 연구 지원 부서에서 부분적으로 이러한 임무를 맡고 있다. 학술 커뮤니케이션이 오픈 액세스와 오픈 과학으로 전환하는 과정에서 정부와 연구기금 기관, 대학은 강력한 오픈 액세스 정책을 펼쳐왔다. 대학 도서관 역시 소속 기관 연구자가 이러한 정책이 요구하는 사항을 충실히 이행할 수 있도록 지원하고, 오픈 액세스 출판 비용을 지원하거나 학회의 오픈 액세스 출판을 지원하는 등 새로운 역할을 모색해왔다.

찾아보기

- 케임브리지대학교 도서관과 캘리포니아주립대학교 도서관의 OSC에서 제공하는 서비스를 찾아보자.
- 국내의 연구 중심 대학에서 학술 커뮤니케이션 관련 서비스를 찾아보자.

1.7 학술지 애그리게이터

학술지 애그리게이터aggregator는 출판사가 출판한 학술지 및 논문을 수집해 데이터베이스를 구축하는 회사나 플랫폼을 말한다. 좁은 의미로는 구독 학술지 출판사와 계약 후 도서관과 라이선스 계약을 맺고 학술지에 대한 접근권을 제공하는 상업적인 애그리게이터를 말하며, 보다 넓은 의미로는 오픈 액세스 학술지를 자유롭게 수집해 제공하는 플랫폼도 포함된다. 엡스코호스트EBSCOhost, 제이스토어JSTOR, 프로젝트 뮤즈Project MUSE 등은 해외의 상업적 애그리게이터 플랫폼이며, 디비피아DBpia, 키스KISS 등은 국내의 상업적 애그리게이터 플랫폼이다. 비상업적인 애그리게이터 플랫폼으로는 해외의 코어CORE, 펍메드 센트럴PubMed Central, 국내의 KCI, 액세스온AccessON 등이 있다.

출판사 웹사이트마다 인터페이스가 다양하고 그 많은 학술지 웹사이트를 일일이 찾아가 다양한 인터페이스하에서 탐색하는 것은 이용자에게 거의 불가능한 일이다. 도서관 사서에게도 다양한 출판사의 구독 라이선스를 관리하는 것은 번거로운 일이다. 애그리게이터가 출판사와 계약을 체결하고 도서관에 출판사 학술지 접근에 대한 라이선스를 일괄적으로 제공함으로써 이용자에게는 학술 정보 접근성과 편의성이 높아지고 더 많은 양의 정보를 검색할 수 있다는 장점이 있다.

상업적인 애그리게이터는 도서관으로부터 라이선스 수입을 얻고, 출판사는 다양한 채널을 통해 학술지를 제공함으로써 가시성을 높일 수 있다. 그러나 출판사 데이터베이스와 마찬가지로 이들 애그리게이터의 데이터베이스도 빅딜 거래로 제공되므로 도서관이 큰 비용을 지불하고 불필요한 학술지까지 억지로 보게 한다는 점, 도서관이 필요한 자원을 선별해 구독하는 통제 권한이 사라지고 그로써 학술 커뮤니케이션의 질적 통제에 문제가 발생한다는 단점이 있다(Dorn & Klemperer, 2002).

많은 학술지는 애그리게이터의 데이터베이스에 추가되기 전에 엠바고embargo 기간이 있다. 즉, 출판사 웹사이트와 애그리게이터 플랫폼 사이에 지연이 있다. 또한 하나의 출판사가 하나의 애그리게이터하고만 계약을 맺는 것은 아니다. 예를 들면 와일리 출판사는 엡스코EBSCO뿐만 아니라 오비드Ovid, 제이스토어와도 계약을 맺고 학술지를 제공한다(Mattingley, 2022).

국내 학회 중에서도 애그리게이터들과 계약을 맺고 자신들의 학술지를 디비피아와 키스의 데이터베이스 등에 중복으로 제공하는 경우가 있다. 이용자의 입장에서는 하나의 데이터베이스에서 더 많은 학술지를 검색할 수 있다는 장점이 있을 수 있으나, 여러 애그리게이터의 데이터베이스를 구독해야 하는 도서관 입장에서는 동일한 학술지에 이중으로 비용을 지불해 불필요한 지출이 발생하게 된다는 문제가 있다.

1.8 이익 그룹

학술 지식을 생산하는 연구자, 유통과 배포를 담당하는 출판사와 애그리게이터, 학술 지식의 선별과 이용 확산을 맡는 학술 도서관은 학술 커뮤니케이션 생태계 내에서 각자의 역할을 극대화하기 위해 노력한다. 학술 커뮤니케이션 내부 혹은 외부 요인으로 그 역할 수행에 어려움이나 문제가 발생했을 때 각 주체는 그들의 이익을 대변하는 단체를 통해 문제를 해결하게 된다.

예를 들면 1990년대 '학술지 위기' 문제가 드러나면서 미국 연구도서관협회Association of Research Libraries, ARL는 1998년에 스팍Scholarly Publishing and Academic Resources Coalition, SPARC이라는 단체를 조직해 학술지 문제를 해결하기 위해 노력했다. 또한 학술 커뮤니케이션과 관련한 법령을 개정하기 위해 새로운 정책이 도입될 때 도서관을 대변하는 의견서를 제출하거나 고가의 상업 학술지 문제를 해결하기 위해 새로운 학술지 출판 모델을 제안하고 홍보와 교육 활동을 실시하기도 했다. 이 단체는 학술지 편집자와 저자가 스스로 학술지 출판 변화의 주체가 될 수 있도록 정보와 자원을 제공하기도 했다.

이익 그룹은 간혹 어떤 사안에 대해 정반대의 의견으로 인해 충돌하기도 한다. 예를 들면 미국의 과학기술정책실Office of Science and Technology Policy, OSTP은 2020년 미연방 연구기금을 받은 연구로부터 산출된 학술 출판물, 데이터, 코드 결과물에 대한 공공 접근 정책을 발표했다. 이 정책은 기존 12개월의 엠바고 기간을 없애고 출판과 동시에 오픈 액세스할 수 있도록 한다는 정책이었다. 이 정책에 대해 그동안 오픈 액세스 운동을 추진했던 SPARC은 열렬한 환영 의사를 표명했지만(https://sparcopen.org/wp-content/uploads/2020/01/SPARC-White-House-Letter-1.pdf), 이와 달리 미국출판사협회Association of American Publishers, AAP는 강력한 반대 의견을 표명하면서 정책 철회를 요구했다.

2018년 9월 연구기금 기관 연합체인 cOAlitions S가 하이브리드 학술지hybrid journal의 고가의 논문 출판 비용 문제를 해결하기 위해 강력한 오픈 액세스 정책인 플랜 S(Plan S)를 발표했을 때도 유사했다. 스팍 유럽SPARC Europe과 국제도서관연맹International Federation of Library Associations and Institutions, IFLA은 이에 찬성 입장을 표명한 반면, 다수의 하이브리드 학술지를 출판하는 국제과학·기술·의학출판사협회 International Association of Scientific, Technical, and Medical Publishers, STM는 반대 성명을 발표했다.

한국에서는 연구자와 학회 등을 대변하기 위해 2019년에 '새로운 학문 생산 체제와 지식 공유를 위한 학술단체와 연구자 연대'(지식공유연대)가 결성되었다. 이 단체는 학술 연구 성과의 원활한 유통, 학술지 평가 제도 개혁, 학회 운영의 정상화 등을 위해 입법 기관이나 한국연구재단, 한국교육학술정보원 같은 기관에 단체의 의견을 제안하는 등 연구자와 학회를 대변하며 활동하고 있다. 한국대학도서관연합회도 학술지 데이터베이스 공급업체의 과도한 가격 인상 요구에 맞서 계약 거부 등 집단적 대응을 이끌며 대학 도서관의 공동 이익을 대변했다.

국내에서 영리 목적의 학술지 애그리게이터들을 위한 이익 그룹으로는 한국전자출판협회가 있다. 이 협회는 영리적인 애그리게이터들이 학술지를 독점 유통해 수익을 최대화할 수 있도록 공공 기관을 대상으로 학술지 무료 공개 서비스 중단을 요청하고 국회를 대상으로 로비를 하기도 했다(김시연, 2015; 정경희, 2020, 208-209).

2 학술 커뮤니케이션 참여자 간의 상호 관계

앞서 살펴본 바와 같이 학술 커뮤니케이션 영역에는 연구자, 학자, 대학, 연구 기관, 연구기금 기관, 학회, 출판사, 학술 도서관, 애그리게이터, 이익 그룹 등 다양한 주체들이 존재하며, 각각은 고유한 역할을 수행한다. 이들의 임무는 독립적이면서도 상호 긴밀하게 연결되어 있으며, 특히 연구자와 학술 도서관, 연구자와 학회 및 출판사, 도서관과 출판사 및 애그리게이터, 출판사와 학술 도서관, 그리고 연구자와 연구기금 기관 간의 관계는 밀접하다.

연구자는 선행 연구를 조사하고 검토하는 것으로부터 연구를 시작한다. 학술 논문과 단행본, 최근에는 다른 연구자들이 연구 과정에서 생산한 연구 데이터까지 연구자가 새로운 연구에 착수하기 위해 검토해야 할 자료가 너무나 많다. 이러한 자료가 학문 분야마다 무수히 많이 생산되고 누적되었으므로 누군가는 이를 체계적으로 수집하고 조직화해야만 연구자가 새로운 연구에 착수할 수 있다.

학술 도서관은 연구자가 생산한 학술 자원을 선별·수집하고 이를 다른 연구자들이 활용할 수 있도록 함으로써 존재의 의미를 지닌다. 전통적으로 학술 도서관은 주된 도서관 이용자인 연구자에게 필요한 학술 자원을 파악하고 이를 수집해 제공한다. 도서관은 연구자가 학술 자원을 신속하고 정확하게 활용해 기대하는 연구 성과를 도출할 수 있도록 지원하는 협력적 파트너이다.

개방과 공유를 실천하는 오픈 과학 학술 커뮤니케이션 환경에서 연구자와 도서관의 관계는 더욱 밀접해졌다. 오픈 액세스 논문 출판을 위해 필요한 정보, 예컨대 논문 출판 비용이 너무 비싸지 않은지, 동일한 수준

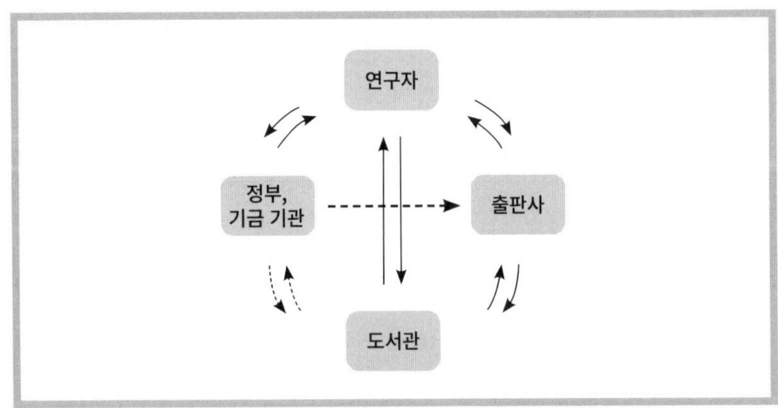

<그림 2-1> 학술 커뮤니케이션 참여자 간의 상호 의존성

의 학술지 중에서 논문 출판비가 무료인 학술지는 없는지, 연구자가 논문을 게재하려는 학술지가 약탈적 학술지는 아닌지, 연구자가 논문에 적용하려는 정보 공유 라이선스를 출판사가 허용하는지, 셀프아카이빙을 허용하는지, 엠바고 기간이 너무 길지는 않은지 등 연구자는 논문 출판 단계에서도 도서관으로부터 여러 가지 지원을 받는다. 도서관은 연구자가 연구 과정에서 생산한 데이터와 논문을 도서관이 운영하는 오픈 액세스 리포지터리를 통해 수집하고 보존, 배포해 연구의 가시성을 높이고 인용률 제고에 기여하면서 연구자와 보다 직접적인 관계를 형성하게 되었다.

연구자와 출판사는 신뢰와 권위를 매개로 한 공생 관계이다. 출판사는 연구자가 연구 결과물을 생산해야만 존립할 수 있는 기관이다. 특히 출판사는 우수한 연구 결과를 지속적으로 출판해야 출판사로서 권위를 얻고 이를 유지할 수 있다. 동시에 연구자도 권위 있는 출판사를 통해 자신의 연구 성과를 출판해야만 연구 결과에 대한 신뢰성을 높일 수 있고 연구자로서의 권위와 명성도 얻을 수 있다.

전통적인 학술 커뮤니케이션 환경에서 출판사는 동료 심사를 관리하고 연구자에게 편집 서비스를 제공하며 출판물 유통을 담당한다. 연구자가 논문의 저작권을 출판사에 무료로 넘겨줄 수 있었던 것은 이러한 공생 관계에 기반한 것이다. 그러나 학술지 위기 문제를 해결하기 위해 등장한 오픈 액세스 출판 환경에서는 이러한 긍정적 관계가 어둠의 공생 관계로 변질되면서 학술 생태계를 위협하기도 한다. 신뢰와 권위를 얻으려는 노력은 없이 저자의 논문 출판비로 수익만 올리려는 약탈적 학술지 또는 부실 학술지 출판사와 임용이나 승진, 연구비 확보를 위해 논문 출판량을 늘리려는 연구자 간의 공생 관계는 학술 커뮤니케이션 생태계 전체를 약탈하고 있다.

도서관과 상업 출판사는 거래로 인해 빈번하게 갈등이 발생하는 관계이다. 이미 발표된 연구 결과가 아니어야 논문으로 출판될 수 있다는 학술 논문의 고유성 때문에 학술 논문은 흔히 대체재가 없는 상품이라고 한다. 상업 출판사는 이런 논문을 수록한 학술지를 상품으로 만들어 도서관에 판매한다. 학술 출판사가 출판한 학술지와 단행본의 최대 소비자는 대부분 학술 도서관이다.

학회가 학술지를 출판했던 전통적인 학술 커뮤니케이션에서 도서관은 학회 출판사의 회원으로서 출판에 기여하는 협력자였다. 상업 출판사에 의한 학술지 가격 인상과 빅딜 방식의 판매는 도서관과 출판사를 갈등 관계로 만들었다. 도서관은 소속 기관 연구자들에게 꼭 필요한 우수한 학술지만 선별해 구독하려 하고, 출판사는 반대로 더 큰 이익을 얻기 위해 끼워 팔기, 번들 판매 등으로 거래한다. 때로는 도서관이 출판사의 높은 가격 인상에 반대해 구매를 거부하며 불매 운동을 하기도 한다.

이러한 갈등 관계가 오픈 액세스 운동을 등장시킨 배경이 되기도 했다. 도서관의 주된 이용자인 학자들이 학술 논문을 부당할 정도로 비싼 가격으로 판매하는 출판사를 비판하고 도서관의 보이콧을 지지하면, 도서관은 출판사와의 협상에서 어느 정도 유리한 입장에 설 수 있다. 한편, 학회 출판사나 영리를 목적으로 하지 않는 대학 출판사는 도서관과 새로운 협력 관계를 맺으며 공정한 오픈 액세스 학술지를 출판하기 위해 협업하기도 한다.

연구기금 기관과 연구자는 연구 수행을 위한 연구비 지원을 매개로 관계가 형성된다. 연구기금 기관은 연구비를 신청한 많은 연구자 중에서 기금을 지원할 연구자를 선정하기 위해 그들의 연구 실적과 명성, 연구 제안서의 타당성 등을 평가한다. 연구자는 기금 기관의 연구 지원 정책과 기금의 규모, 기금 지원 분야를 파악하며 자신의 연구를 지원해줄 연구기금 기관을 찾는다.

새로운 학술 커뮤니케이션 환경에서 연구자와 연구기금 기관은 학술

정보 확산을 매개로 새로운 관계가 형성되기도 한다. 연구기금 기관은 지원한 연구의 성과를 다른 연구자와 그 사회의 다양한 구성원들에게 확산시킴으로써 기금의 효과를 최대화하려고 한다. 이를 위해 연구자의 연구 성과물을 출판하는 방식에도 개입한다. 연구기금 기관의 오픈 액세스 출판 의무화 정책과 리포지터리 기탁 의무화 정책은 연구자가 자신의 의지보다는 기금 기관의 요청에 따라 연구 결과를 오픈 액세스 방식으로 배포하도록 만든다.

3장

학술지 출판과 동료 심사

1 학술지 출판

1.1 학술지 출판 과정

학술지는 저자가 새로운 이론과 연구를 확산시킬 수 있는 수단인 동시에 독자가 새로운 지식에 접근할 수 있는 수단이며, 학술 커뮤니케이션을 위한 가장 공식적이고 보편적인 채널이다. 2025년 2월 기준으로 미국 클래리베이트Clarivate의 웹 오브 사이언스 코어 컬렉션Web of Science Core Collection, WoS CC은 학문 분야를 254개 영역으로 구분해서 2만 3,000여 종의 학술지를 색인한다. 182개 과학기술 분야의 9,500여 종, 47개 사회과학 분야의 3,500여 종, 25개 인문학과 예술 분야의 1,800여 종이며, 새롭게 부상하는 학술지 8,500여 종을 포함한다.[1] 한국연구재단의 한국학술지인용색인Korea Citation Index, KCI에 포함된 국내 학술지는 6,204종이다.[2] 가장 단순하고 전통적인 학술지의 정의는 동료 심사가 이루어진 연구 논문의 집합이라고 할 수 있다.

1.1.1 연구 논문 출판 과정

전통적인 구독 기반 상업 학술지에 게재되는 연구 논문 출판 과정은 <그림 3-1>에서 보듯이 총 10단계로 이루어진다(Regazzi, 2015). 그러나 최근에는 학술지에 수록되는 연구 논문의 오픈 액세스 출판으로 인해 학술지 구독 방식과 출판 비용 지불 구조에 새로운 변화가 나타나고 있다.

---

1 https://clarivate.com/academia-government/scientific-and-academic-research/research-discovery-and-referencing/web-of-science/web-of-science-core-collection/

2 https://www.kci.go.kr/kciportal/main.kci

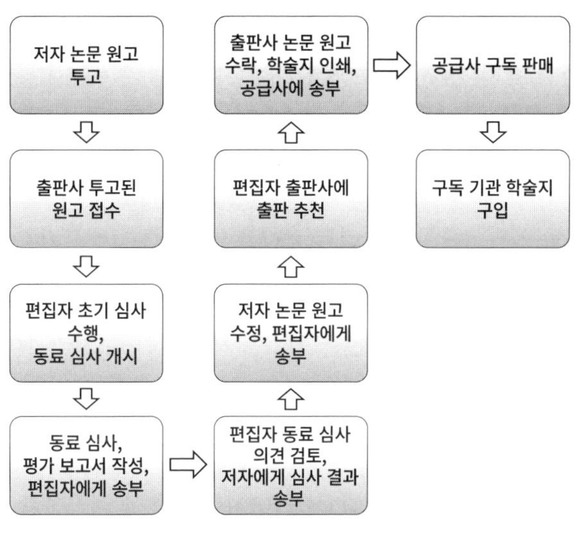

<그림 3-1> 학술지 논문 출판 과정

(출처: Regazzi, 2015)

1) 저자가 논문 원고를 제출함.

2) 출판사는 제출된 논문 원고를 접수함.

3) 편집자는 초기 심사를 수행하고 동료 심사자를 선정해 동료 심사를 개시함.

4) 동료 심사자는 논문을 평가하고 평가 보고서를 작성한 후에 이를 편집자에게 제출함.

5) 편집자는 동료 심사 결과를 저자에게 전송함.

6) 저자는 원고를 수정해 편집자에게 전송함.

7) 편집자는 출판사에 논문 출판 추천 의견을 전달함.

8) 출판사는 학술지 출판을 위해 논문을 승인한 후에 논문을 인쇄·출판하며, 공급사vendor에 학술지를 보냄.

9) 공급사는 학술 기관과 도서관 등에 학술지 구독 서비스를 상업적으로 공급함.

10) 구독자와 구독 기관은 학술지 구독 비용을 지불함.

연구 논문의 버전은 프리프린트preprint, 포스트프린트postprint, 출판사 최종본으로 구분할 수 있다. 프리프린트는 저자가 학술지에 논문을 투고하기 위해서 준비한 논문 원고이며, 메뉴스크립트manuscript라고도 불린다. 특히 프리프린트는 저자가 동료 심사 과정 이전에 혹은 심사 중에 공개적으로 접근 가능한 프리프린트 플랫폼에 게시한 논문 원고를 지칭한다. 반면에 포스트프린트는 저자가 동료 심사를 거친 후에 학술지나 출판사에 제출한 출판 전 최종 논문 원고를 의미한다. 저자가 논문 원고의 내용적인 측면을 모두 승인한 상태라는 의미에서 저자 승인 원고Author Accepted Manuscript, AAM라고도 불린다. 출판사는 저자가 최종 승인한 원고를 바탕으로 편집 교열copyediting을 수행해 출판사 최종본을 생산한다. 그러나 학문 분야나 출판 관행에 따라 포스트프린트와 출판사 최종본을 구분하지 않고 포스트프린트로 지칭하는 경우도 있다.

연구 논문이 학술지에 수록되어 출판되기까지 걸리는 기간은 학문 분야, 출판사, 학술지 등에 따라 수개월에서 수년까지 상당한 차이를 보인다. 일반적으로는 인문학, 사회과학 분야의 연구 논문이 출판되기까지 소요되는 기간이 과학기술 분야보다 더 길며, 이는 논문의 길이, 질적 평가, 편집 관행 등의 차이에 기인한다(Huisman & Smits, 2017). <그림 3-2>는 『플로스 원*PLOS One*』 학술지에서 제시한 논문 심사 및 출판 과정, 예상되는 소요 기간을 보여준다.[3]

내부 검토

새로운 논문 원고가 제출되면 편집자가 초기 점검을 하는 데 1주 정도의 기간이 소요된다. 초기 점검은 일반적으로 논문이 적절하고 동료 심사를 위한 준비가 되었는지 확인하기 위해 두 가지 검토로 이루어진다.

---

3 https://plos.org/resource/understanding-the-publishing-process/

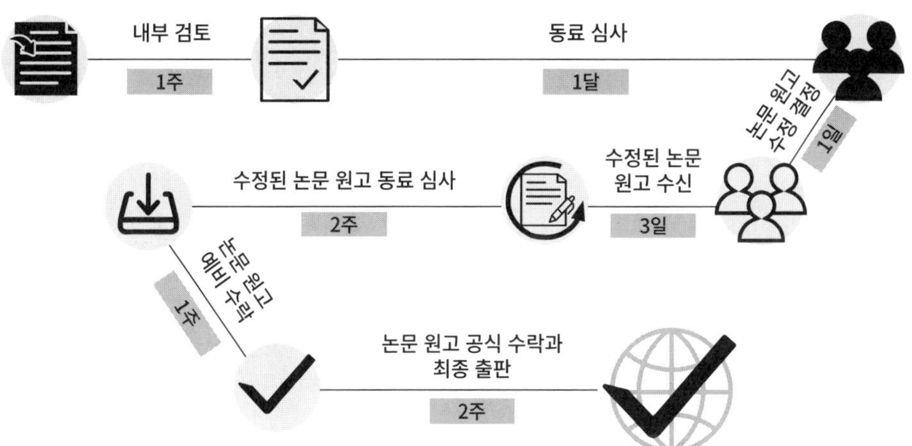

<그림 3-2> 『플로스 원』 학술지의 연구 논문 출판 과정
(출처: https://plos.org/resource/understanding-the-publishing-process/)

- 기술 검토: 제출된 논문 원고가 제대로 완성되었는지, 추가 평가를 위한 준비가 되었는지 확인하기 위해 통상적으로 기술 편집자가 수행한다. 흐릿한 그림, 누락된 윤리적 선언, 불완전한 저자 소속 정보 등이 이 초기 단계에서 해결된다.
- 편집 검토: 첫 번째 검토를 통과하면, 주제 전문가인 편집자가 논문 원고를 평가해 학술지의 주제 범위 내에 있는지와 필요한 출판 기준을 충족할 수 있는 잠재력이 있는지를 결정한다. 편집자는 저자에게 추가 정보나 소소한 수정을 요청할 수 있다. 이 단계에서 논문 원고는 편집자에 의해 거부되거나 동료 심사 진행이 결정된다.

동료 심사

내부 검토에서 통과된 논문 원고는 동료 심사 과정을 거치게 되는데, 예상되는 소요 기간은 한 달이다. 학술지의 정책에 따라 초기 평가를 수행한 편집자가 동료 심사를 감독할 수도 있고, 더 구체적인 전문 지식을 가진 다른 편집자에게 할당될 수도 있다. 동료 심사 과정에서는 다양한 참여자들이 각자의 역할과 책임을 맡고 있으며, 그 주요 내용은 다음과 같다.

- 편집자: 논문의 초기 평가를 실시하고 관련 전문 지식을 가진 동료 심사자를 확보하며 논문 출판 여부를 결정한다.
- 동료 심사자: 합리적인 기간(통상 2주) 내에 심사 의견을 제출한다.
- 학술지 직원: 학술지 지침에 따라 프로세스가 수용 가능한 일정에 맞춰 진행되는지 점검하고 편집자, 심사자, 저자를 위한 지원을 제공하며 발생하는 여러 질문에 응답한다.

편집자가 모든 심사가 완료되었음을 상기시킬 필요가 있거나 심사자가 심사 기간 연장을 요청한 경우, 학술지는 출판 과정에 관련된 사람들을 위한 커뮤니케이션의 중심 허브 역할을 한다.

논문 원고 수정 결정

편집자는 동료 심사자의 심사 결과와 자신의 전문적인 평가를 통해 논문 원고에 대한 수정 여부를 결정할 수 있다. 편집자가 논문 원고에 대한 수정 결정을 논문 관리 시스템에 제출한 후 그 결정을 공식적으로 처리하고 저자에게 전달한다. 이 과정은 통상적으로 하루 안에 이루어진다. 기술 편집자는 논문 원고와 심사 의견을 검토해 학술지의 출판 기준에 부합되는지 확인한다. 이 단계에서 기술 편집자는 데이터 공유, 저작권, 윤리적 보고 등 학술지 요구 사항을 준수하기 위한 요청을 추가할 수 있다. 저자는 심사자의 심사 의견에 따라 수정을 진행하면서 기술적 요구 사항도 함께 해결할 수 있다.

수정된 논문 원고 수신

저자에 의해서 수정된 논문 원고를 받은 후 기술 편집자는 요청한 사항이 제대로 처리되었는지 확인하기 위해 수정 사항을 평가할 수 있다. 예상되는 처리 기간은 3일이다.

수정된 논문 원고 동료 심사

수정된 논문 원고가 필요한 검토를 통과하면 첫 번째 동료 심사를 담당했던 편집자에게 다시 배정된다. 이 시점에서 연구자의 논문은 두 차례의 검토와 한 차례의 동료 심사를 완료한 상태에 이른다. 편집자가 수정된 논문 원고를 받으면 모든 심사자의 심사 의견이 충분히 반영되었는지와 논문 원고가 학술지의 출판 기준을 준수하는지 확인한다. 상황에 따라 편집자는 자신의 전문 지식을 바탕으로 이 결정을 내릴 수 있으며, 이전 심사자들에게 다시 요청해 의견을 구할 수도 있다. 이 과정에 소요되는 기간은 2주로 예상하나 상당히 유동적이다.

논문 원고 예비 수락

편집자는 논문 원고의 학술적 품질이 기준을 충족한다고 판단되면 원칙적으로 게재 결정을 내린다. 이후 논문이 조판 과정에 들어가기 전에 최종 기술 검토를 하며, 이 과정에서 필요한 형식 수정이나 추가적인 세부 사항을 요청할 수 있다. 저자는 학술지의 최종 요청 사항을 이행할 때 모든 정보가 정확한지 최종 파일을 다시 확인하게 된다. 이 기간은 1주 정도 예상된다.

논문 원고 공식 수락과 최종 출판

기술 편집자가 예비 수락을 위한 모든 요청 사항이 처리되었음을 확인한 후 저자는 논문 원고 출판이 공식적으로 수락되었다는 통지를 받게 된다. 이 통지는 저자의 논문 원고가 편집부에서 제작부로 넘어가고 논문의 레이아웃, 표와 그림 형태, 인용 양식 등 편집적인 요소가 모두 승인되었음을 나타낸다. 학술적 내용은 동료 심사를 통해 승인되었으며, 학술지의 출판 요구 사항이 충족되었다는 의미이다. 이 과정의 소요 기간은 2주 정도로 예상된다.

1.1.2 학술지 게재 글의 유형

연구 논문과 함께 학술지에 수록되는 게재 글의 형태는 몇 가지 유형으로 구분할 수 있다. 스프링거 네이처 출판사[4]와 케임브리지대학교 출판사[5]의 게재 글 유형에 따르면 다음과 같이 구분할 수 있다. 학술지 게재 글의 유형에 따라 출판 절차가 달라질 수 있으며, 연구 논문에 요구되는 엄정한 과정과는 다른 절차가 있을 수 있다.

- 연구 논문Research article: 연구 논문은 가장 일반적인 형태의 학술지 게재 글이며, 해당 학문 분야의 새롭고 독창적인 발견이 수록된다. 독창 논문original article, 연구research, 논문article 등으로도 불린다. 연구 논문은 해당 분야에 가장 직접적으로 기여하는 연구 결과물로, 모든 학문과 연구 주제 영역에 연구 논문이 존재한다. 연구 논문은 전문 연구자에 의해서 작성되며, 해당 분야 전문 연구자의 동료 심사를 거친다. 연구 논문에는 학술 커뮤니케이션 과정에서 가장 높은 수준의 심사 기준이 적용되는 것이 일반적이다.

---

4 https://www.springer.com/gp/authors-editors/authorandreviewertutorials/writing-a-journal-manuscript/types-of-journal-articles/10285504

5 https://www.cambridge.org/core/services/open-access-policies/read-and-publish-agreements/article-type-definitions

- 리뷰 논문Review article: 리뷰 논문은 특정 주제에 대한 연구를 포괄적으로 요약하고 해당 분야의 현황과 미래 방향에 대한 관점을 제공하는 역할을 한다. 학문의 특정 주제 영역에 대한 종합적인 요약이나 논의점을 제공하며, 새로운 관점이나 결론을 제시하기도 한다. 리뷰 논문은 일반적으로 주요 연구 논문을 약 100편 정도 인용한다. 이러한 논문은 종종 학술지 편집자들의 초청을 받은 특정 분야의 선두 주자들에 의해 작성되며, 해당 분야의 연구가 발전할 수 있게 하는 중요한 동반자로 인식된다. 일반적으로 연구자들에게 널리 읽히기 때문에 매우 높은 인용 수를 기록하고 다운로드 수도 많다.
- 간략 커뮤니케이션Brief/Rapid communication: 간략 커뮤니케이션은 간략 보고서brief report, 간략 서신brief letter 등으로도 불린다. 편집자가 많은 연구자에게 흥미로울 것으로 판단하고 해당 분야에서 추가 연구를 자극할 것으로 예상하는 주제나 데이터에 대해 간단하게 보고하기 위해서 작성할 수 있다. 간략 커뮤니케이션 형태의 게재 글은 빠른 출판이 바람직하다고 여겨지며 고품질 연구 보고서 형태로 간결하게 작성된다. 이러한 형태의 게재 글은 상대적으로 짧은 형식을 가지고 있으며, 빠르게 변화하는 분야의 연구자에게 유용한 내용을 담고 있다.
- 사례 연구Case study: 사례 연구는 특정한 흥미로운 현상의 구체적인 사례를 보고하는 논문이다. 이러한 형태의 게재 글은 다른 연구자들에게 특정한 현상이 발생할 수 있는 가능성을 알리고자 한다. 사례 연구와 같은 게재 글은 대체로 의학 분야에서 이전에 알려지지 않았던 현상이나 새로 발생하는 병리학적 현상을 보고하는 데 사용되는 것이 일반적이다.
- 방법론 논문Methodologies, Methods: 방법론 논문은 새로운 실험적인 방법이나 테스트 또는 절차를 제시한다. 설명된 방법론은 완전히 새

로운 것이거나 기존 방법의 개선된 버전을 제공할 수 있다. 이러한 논문은 현재 사용 가능한 방법론에 대한 높은 수준의 발전을 보여주는 내용을 담고 있다.

1.2 연구 논문의 구조

1.2.1. 일반적 구성 요소

학술지의 가장 본질적이며 주된 게재 글의 형태인 연구 논문은 학문 분야와 학술지에 따라 다소 상이한 구조를 지닐 수 있다. 주요 학술지 출판사에서 보편적으로 저자에게 제시하는 연구 논문의 구성 요소를 종합해서 살펴보면 다음과 같다.

제목

연구 논문의 제목title은 독자들이 연구와 연구의 개념을 처음으로 인지하게 될 지표 중 하나이므로 간결해야 하고 정확한 정보를 제공해야 한다. 가장 관련성 높은 키워드를 제목에 포함해야 하며, 약어나 공식은 포함하지 않아야 한다. 연구 논문의 제목은 연구의 중점이 되는 사항이기 때문에 정확하게 제시할 필요가 있다.

저자

저자author의 이름과 연구 수행 당시의 소속 기관명이 포함된다. 교신 저자는 게재된 논문의 저자들과 학술지 사이에서 논문의 내용에 대한 커뮤니케이션을 담당하는데, 교신 저자의 이메일과 주소 등을 포함한 연락처 정보도 기재한다. 저자는 단일 저자 혹은 복수 저자일 수 있다. 복수 저자인 경우 저자명 기입 순서는 학문 분야나 학술지에 따라 다양한 방식이 있다. 통상적으로 책임 저자는 제1 저자로서 제일 처음에 위치하며, 저자의 기여도와 연구 업무 부담의 순서에 따라 기입한다. 교신 저자는 일반적으로 제일 마지막에 위치한다. 전통적으로 논문의 저자명 기입 순서가 지니는 암묵적인 역할 구분이 있었으나, 최근에는 개별 저자의 기여도를 논문에 명시적으로 밝히는 추세를 볼 수 있다. 예를 들면 논문에 '저자 기여도 author contribution'라는 항목을 별도로 구성해 개별 저자가 논문에서 수행한 역할(연구 설계, 논문 작성, 데이터 분석, 데이터 처리 등)을 각각 명시하도록 하는 학술지가 증가하는 추세이다.

초록

초록abstract은 연구 질문, 연구 방법, 주요 결과를 간략하게 기술하고 연구의 중요성을 설명한다. 초록은 논문 데이터베이스에서 활용되어 독자들이 특정 연구를 찾을 때 적합한 논문을 보다 쉽게 찾을 수 있도록 하는 역할을 한다. 따라서 연구의 핵심을 명확하고 간결하게 표현하는 것이 필요하다. 또한 초록은 독자가 가장 먼저 접하게 될 주요 항목으로 연구 논문을 요약하는 짧은 문단(대략 300단어)으로 구성되며, 통상적으로 다음을 포함한다.

- 연구가 무엇에 관한 것인지에 대한 기술
- 어떤 방법이 사용되었는지에 대한 기술
- 주요 발견이 무엇인지에 대한 기술

초록은 비구조적 초록과 구조적 초록으로 구분할 수 있으며, 일반적으로 학술지나 출판사의 결정에 따라 저자가 비구조화된 초록이나 구조화된 초록을 작성한다. 비구조적 초록은 문단 형식이며 약 150-250단어로 특별한 양식 없이 자유로운 형태의 기술이다. 이러한 비구조적 초록의 내용은 대체로 저자가 결정해서 기술하며 학술지나 출판사는 최소한의 가이드라인을 제시한다. 반면에 구조적 초록은 <그림 3-3>에서 볼 수 있듯이 학술지나 출판사에 의해서 결정된 구조를 지닌다. 구조적 초록에 포함되는 각 요소는 소제목sub-heading을 가지고 있으며, 저자는 소제목에 부합하는 정보를 제공한다. <그림 3-3>은 문헌정보학 분야의 학술지 『*Information Research*』(스웨덴 보로스대학교University of Borås에서 발행)에 수록된 논문의 초록이며, 소제목은 서론introduction, 연구 방법론method, 연구 결과results, 결론conclusions으로 구성되어 있다.

서론

서론introduction은 연구 논문에서 중요한 부분이다. 서론은 연구 논문의 주제와 그 주제에 대한 연구자의 관점을 소개할 뿐만 아니라

Introduction: *The open science movement has grown rapidly since the mid-2010s, and research has been conducted in various disciplines such as public health, medicine, education, and computer science. Research results have mainly been published in the journals of information science, computer science, and multidisciplinary fields.*
Method: *To identify the intellectual structure of open science, we constructed a keyword bibliographic coupling analysis network. We examined a total of 1,000 articles on open science from the Web of Science, extracting and analysing 4,645 keywords. Then, we implemented and visualised the keyword bibliographic coupling network by constructing a keyword dataset and a reference dataset for each keyword.*
Results: *By analysing the backbone keywords and clusters in the network, the study revealed that the most prominent keywords were open access, open data, and reproducibility. The analysis also uncovered nine clusters in open science research: open access, reproducibility, data sharing, preregistrations and registered reports, research data, open peer review, tools and platforms for reproducible research, open innovation, science policy, and preprints. These results indicated that open science research focuses on transparency and reproducibility. Additionally, it is noteworthy that this study revealed a considerable focus on the open innovation and science policy areas, which have not received much attention in previous studies.*
Conclusions: *The findings can help to understand the landscape of open science research and may guide research funding institutes and research policymakers to design their policies to improve the open science scholarly environment.*

<그림 3-3> 구조적 초록의 예시

(출처: Lee & Chung, 2022)

찾아보기

- 아래 논문을 참고해서 문헌정보학 분야의 구조적 초록에 대해 알아보자.
  이재윤(2024). 국내 문헌정보학 분야 학술지에 구조적 초록을 도입하기 위한 예비 연구. 한국문헌정보학회지, 58(2), 121-150. https://doi.org/10.4275/KSLIS.2024.58.2.121

연구자의 논점을 더 넓은 학문적 분야에 위치시키거나 맥락화하는 역할을 한다. 또한 기존의 관련 연구에서 밝혀진 내용을 인용해 제시하고, 이를 통해 연구의 배경 정보를 제공한다. 그리고 이를 바탕으로 독자는 연구자가 연구 논문의 가설을 설정할 때 근거로 삼은 지식에 대해 이해할 수 있다. 이러한 배경 정보를 제공하면서 현재의 새로운 연구가 다룰 기존 연구의 한계나 부족한 점을 지적한다. 대부분의 연구 논문은 서론에서 많은 참고 문헌을 인용한다. 또한 연구의 목적을 서론에서 명확하게 기술한다.

연구 방법

연구 방법research methods은 연구가 어떻게 수행되었는지에 대한 설명을 다룬다. 연구 논문의 연구 방법에서 과학적 접근과 과정을 설명하고, 연구에 사용된 기기와 측정 방법, 데이터 수집 등을 기술한다. 이는 오류의 근원과 불확실성을 감소시키기 위한 방법이다. 연구 방법 기술description의 상세함의 정도는 대체로 수행된 연구 프로젝트의 종류에 의해서 결정되지만, 연구가 복제되어 수행될 수 있을 정도로 자세하게 기술할 필요가 있다. 선정된 통계 방법 역시 다른 연구자가 수집된 데이터의 적절성을 평가할 수 있을 정도로 자세하게 보고되어야 한다.

연구 결과

연구 결과findings는 연구의 결과물을 논하며 텍스트, 그래프, 차트, 그림, 사진, 시각 데이터 등을 이용해 수집된 데이터를 제시한다. 통계적인 데이터 분석 방법도 제시된다. 연구 결과는 통상적으로 저자의 해석을 포함하지 않으며, 논문의 독자는 저자의 영향 없이 데이터를 분석할 수 있게 된다.

해석과 결론

연구 논문의 해석과 결론interpretation and conclusion은 저자의 논의와 결론이다. 이 부분에서 저자는 명확하게 연구에 대한 평가와 연구의 중요성을 제시한다. 결론은 추측을 제시하는 것이 아니라 엄격하게 연구 결과에 근거해야 한다. 결론에서 저자는 과학적 지식의 집합체에 연구 맥락을 제공함으로써 연구의 완전체를 보여줄 수 있다. 또한 수행된 연구의 제한점이나 향후 필요한 연구 방향을 제시할 수 있다. 연구 논문의 결론은 연구 결과에 대한 저자의 해석이며, 본문에서 소개한 모든 개념을 가장 중요한 것부터 가장 덜 중요한 것까지 순서대로 요약해서 제시해야 한다.

참고 문헌

연구 논문의 마지막 부분은 참고 문헌references 목록이다. 이 목록은 연구 논문에 인용된 기존 연구의 목록이며, 논문의 독자는 일반적으로 연구의 깊이와 넓이를 가늠하기 위해서 참고 문헌을 검토한다. 각각의 참고 문헌은 연구 논문의 본문에서 제공된 인용 중의 하나와 대응된다. 참고 문헌은 주제를 다루는 데 있어서 균형을 이루어야 하며 최신성과 관련성을 지녀야 한다. 학문 분야에 따라 차이가 있을 수 있으나 가능하다면 최근 10년 이내에 나온 문헌을 인용하는 것이 바람직하다. 무엇보다도 연구자가 인용하는 다른 연구는 연구 질문과의 관련성이 강해야 한다.

1.2.2. 기타 구성 요소

앞에서 소개한 연구 논문의 일반적인 구성 요소 외에 추가적 요소로 키워드와 감사의 글을 들 수 있다.

키워드

키워드keywords는 연구 논문 작성에서 필수적인 요소로, 검색 엔진을 통해 논문이 검색될 수 있도록 적절히 선택되어야 한다. 이는 잠재적 연구자들이 연구를 수행할 때 해당 논문을 발견할 수 있도록 돕는 중요한 역할을 한다.

감사의 글

감사의 글acknowledgements은 연구 논문에서 작은 부분으로 보일 수 있지만 중요하다. 공동 저자는 아니지만 지적, 재정적, 그리고 기타 방식으로 연구 논문에 기여한 이들에게 감사를 표하기 위해 필요하다. 연구 논문에서 저자가 다른 누군가를 인정할 때, 이는 다른 연구자의 아이디어를 저자 자신의 지적 재산으로 주장하지 않고 있다는 것을 나타내어 연구자로서의 진실성을 높여준다.

1.2.3. IMRaD 형식의 구성 요소

과학기술 분야에서는 IMRaD(Introduction, Methods, Results, and Discussion) 형식[6]이 일반적으로 사용된다. IMRaD 형식은 서론, 연구 방

법, 연구 결과, 논의의 네 가지 주요 항목으로 구성된다. 이 형식은 과학 기술 분야의 실험 보고서는 물론이고 사회과학 분야에서 체계적인 연구를 보고할 때도 사용된다(Day, 1998).

서론

서론introduction은 이 연구가 왜 중요하고 필요한지를 설명한다. 그리고 연구의 동기를 부여하는 문제나 상황을 설명한다. 또한 해당 분야의 현재 연구 상태를 논하고, 기존 연구의 문제점이나 연구 공백을 밝힌다. 마지막으로 현재의 연구가 그 문제나 공백을 해결하는 방법을 설명한다. 연구에 가설이 있다면 서론의 마지막에 제시한다.

연구 방법

연구자는 연구 방법methods에서 어떻게 연구를 수행했는지 제시한다. 이 부분에서 연구자는 연구 대상의 인구 통계, 샘플링 방법, 분석 장비에 대한 정보를 포함한다. 연구 방법 부분의 변치 않는 모범 규정은 논문을 읽는 연구자가 현재 연구를 복제 가능하도록 기술한다는 것이다. 연구 방법 부분에는 일반적으로 소제목이 사용되며, 과거 시제로 작성되고, 수동태가 많이 쓰인다.

연구 결과

연구 결과results 부분에서는 연구자가 발견한 결과를 제시한다. 일반적으로 연구 발견에 대한 설명이나 해설 없이 오로지 발견의 결과만을 담고 있다. 연구 결과는 보통 과거 시제로 작성되며, 모든

---

6 https://writingcenter.gmu.edu/writing-resources/imrad/writing-an-imrad-report

표와 그림에는 번호와 제목이 부여된다.

논의

논의discussion 부분에서는 연구의 주요 발견 결과를 요약하고 그 발견이 의미하는 바에 대해 논의한다. 논의를 수행하면서 논의 항목과 관련된 다른 관련 연구와의 연계를 제시한다. 또한 연구의 한계를 설명하고, 이를 바탕으로 향후 연구 방향을 제안하기도 한다.

1.3 저자와 기여 사항

1.3.1 저자 자격의 오남용 문제

학문이 발전하고 분화함에 따라서 점차 공동 저술이 일반화되고 있다. 1980년부터 2016년까지 웹 오브 사이언스Web of Science, WoS 주요 분야의 논문당 저자 수 평균 변화를 조사한 연구(Nature Index, 2018)에 따르면 재료과학 분야가 1.97명에서 5.15명으로, 경제학 분야가 1.29명에서 3.02명으로 증가하는 등 모든 분야에서 논문당 저자 수가 크게 증가한 것으로 나타났다. 국내 문헌정보학 분야를 보더라도 주요 학술지 4종의 논문당 저자 수는 2002년 평균 1.36명에서 2021년 평균 2.12명으로 증가했다(이재윤, 2023a).

점점 더 많은 연구자가 저술에 참여하게 되면서 저자의 자격에 대한 논란도 커지고 있다. 자격이 부족한 연구자가 저자로 이름을 올리는 경우를 '명예 저자됨honorary authorship'이나 '선물 저자됨gift authorship' 혹은 '손님 저자됨guest authorship' 등으로 부르고, 반대로 자격이 충분한 연구자가 저자로 이름을 올리지 못하는 경우를 '유령 저자됨ghost authorship'이라고 한다. '명예 저자됨' 문제가 발생하는 이유는 존경이나 감사의 뜻을 표하기 위한 경우, 논문의 수준이 높은 것처럼 보이기 위해 저명한 연구자를 공저자로 초청하는 경우, 상급자의 강요에 의한 경우 등 다양하다(Luiten et al., 2019). 설문 조사에 따르면 명예 저자가 포함된 논문의 비율은 외과학 분야에서 44%(Luiten et al., 2019), 간호학 분야에서 42%(Kennedy et al., 2014), 사회과학 분야에서 43.4%(Pruschak & Hopp, 2022)로 나타났다. 한편 유령 저자가 발생한 논문의 비율은 간호학 분야에서 27.6%(Kennedy et al., 2014), 사회과학 분야에서 3.4%(Pruschak & Hopp, 2022)로 조사된 바 있다. 이를 보면 '명예 저자됨' 문제는 학문 분야를 가리지 않고 자주 발생하지만, '유령 저자됨' 문제의 발생 정도는 학문 분야에 따라 차이가 크다는 것을 알 수 있다.

이런 저자 자격의 오남용 문제에 대한 학계의 대처는 크게 두 가지로 구체화되었는데, 하나는 '저자됨authorship'의 기준을 정하는 것이고 다른 하나는 각 저자의 기여 사항을 구체적으로 밝히는 것이다. 영어의 'authorship'은 '저자권'으로도 번역하지만 이 용어가 권한뿐만 아니라 책임과 자격도 의미하므로 '저자됨'으로 번역하는 것이 더 적절해 보인다.

1.3.2 저자됨authorship의 기준

저자의 자격 또는 의무와 관련해 널리 알려진 기준으로는 국제의학학술지편집인위원회International Committee of Medical Journal Editors, ICMJE의 권고안이 있다. ICMJE에서는 1985년에 저자됨의 기준 세 가지, 즉 연구 수행, 논문 작성, 최종 확인을 제안했고, 이후 2013년에 연구 책임 항목을 추가해 현재는 아래와 같이 저자됨의 네 가지 기준이 제시되어 있다(ICMJE, 2021).

- 연구 수행: 연구 아이디어/설계 또는 데이터 수집/분석/해석에

상당한 기여

- 논문 작성: 초안 작성 또는 중요한 내용 수정
- 최종 확인: 출판할 원고 최종 승인
- 연구 책임: 내용의 정확성과 진실성 보장

이상의 네 가지 조건에 대해서 어느 것이 더 중요하다고 생각하는가를 조사한 설문 결과에 따르면 의학 분야의 조사(Ing, 2021)에서는 연구 책임이 1순위, 최종 확인이 2순위로 나타났고, 사회과학 분야의 조사(Pruschak, 2021)에서는 연구 책임이 1순위, 논문 작성이 2순위로 나타났다.

한 논문을 작성하는 데 논문의 저자로는 충분히 기여하지 않았지만 도움을 준 연구자를 기여자contributor라고 별도로 구분한다. ICMJE (2021)는 위의 네 가지 기준 중 하나라도 충족하지 못한 연구자는 기여자로 감사의 글에 거명해야 한다고 권고하고 있다. 저자됨의 조건을 부분적으로만 충족한 경우의 예로는 연구비 획득만 한 경우, 연구팀을 총괄 지휘하거나 운영 지원만 한 경우, 논문 작성을 보조하거나 기술적인 편집, 문장 수정, 원고 검토만 한 경우를 들 수 있다(ICMJE, 2023).

1.3.3 저자 기여 사항

다양한 배경의 연구자가 참여하는 대규모 공동 연구가 증가하고 있는 현실에서, 지적인 공헌을 했다는 이유로 모든 연구자를 원고 작성이나 최종 원고 검토 및 승인에 참여하게 해서 결과적으로 모든 내용에 최종 책임까지 지게 하는 것은 무리라는 의견도 제시되고 있다. 이에 따라 점차 각 저자가 실제로 기여한 사항(역할)을 구분해 제시하고 각자의 역할과 관련된 부분에 대해서만 책임을 지게 하자는 주장이 힘을 얻고 있다.

CRediT(Contributor Roles Taxonomy)은 각 저자의 기여 사항을 밝힐 때 불필요한 논쟁을 줄여서 원활하게 협력할 수 있도록 열네 가지 항목으로 역할을 구분한 표준이다. 2012년에 처음 제안된 이후 설문 조사를 거쳐 열네 가지 항목이 확정 발표되었고(Allen et al., 2014), 2015년에 출판사 셀 프레스Cell Press와 플로스PLOS가 발행한 학술지에 처음으로 채택하기 시작하면서 엘스비어Elsevier 등 여러 출판사로 확산되었다. 결국 2022년에 ANSI/NISO Z39.104-2022, CRediT, Contributor Roles Taxonomy라는 명칭으로 국제 표준으로 확정 공표되었다. 현재는 플로스와 같이 CRediT 방식의 저자 기여 사항 명시를 필수로 지정한 경우, 엘스비어처럼 선택 사항으로 권장하는 경우 등 출판사마다 다양하게 활용되고 있다. CRediT의 열네 가지 저자 기여 사항은 다음과 같다.

1) 개념화Conceptualization: 아이디어 내기 또는 중요한 연구 목표나 목적을 공식화하거나 발전시키기.
2) 방법론Methodology: 방법론을 개발하거나 설계하기, 연구 모델 만들기.
3) 소프트웨어Software: 프로그램 작성하기 또는 소프트웨어 개발하기, 컴퓨터 프로그램 설계하기, 컴퓨터 코드 구현하기, 알고리즘 지원하기, 적용할 코드 컴포넌트 테스트하기.
4) 검증Validation: 실험 및 기타 연구 결과 전체 또는 일부의 복제/재현 가능성 검증하기.
5) 공식적인 분석Formal Analysis: 통계, 수학, 컴퓨팅 등을 비롯한 공식적인 기술을 적용해서 연구 데이터를 분석하거나 종합하기.
6) 조사Investigation: 실험이나 데이터/근거 수집을 비롯한 연구 및 조사 수행하기.
7) 자원Resources: 연구 재료, 시약, 자재, 환자, 실험실 샘플, 동물,

기기, 전산 자원 또는 기타 분석 도구 제공하기.

8) 데이터 큐레이션Data Curation: 처음 사용 및 재사용을 위해 연구 데이터(데이터 자체를 해석하는 데 필요한 소프트웨어 코드 포함)에 주석 달기(메타데이터 생성), 데이터를 정제하고 유지 관리하기.

9) 논문 쓰기Writing – 초고Original Draft: 출판된 저작물의 준비 과정에 참여하고 초고를 작성(실체적인 번역 포함)하거나 발표하기.

10) 논문 쓰기Writing – 검토 및 편집Review & Editing: 원래의 연구팀이 작업한 결과물을 가지고 특히 비평, 논평 또는 개정 작업과 관련해 출판물을 준비, 작성 및/또는 발표하기(출판 전 또는 출판 후 단계까지 포함).

11) 시각화Visualization: 특히 시각화, 데이터 표현 측면에서 출판물을 준비, 작성 및/또는 발표하기.

12) 감독Supervision: 핵심 팀 외부의 멘토링을 비롯해 연구 활동 계획과 수행에 대해 감독하고 책임지기.

13) 프로젝트 관리Project Administration: 연구 활동 계획과 수행에 대한 관리 및 조정 책임지기.

14) 연구비 확보Funding Acquisition: 연구 출판물로 이어진 프로젝트에 대한 재정적 지원 확보하기.

이상의 열네 가지 역할에 대해서 같은 저자가 동시에 수행하는 경향이 많은 역할끼리 묶어보면 <그림 3-4>와 같이 관리 업무, 공통 업무, 기술 업무의 세 가지로 나눌 수 있다(이재윤, 2023b). 관리 업무는 7) 자원, 12) 감독, 13) 프로젝트 관리, 14) 연구비 확보가 해당하며, 공동 저자 중에서 마지막 순서의 저자(대개는 교신 저자에 해당)가 주로 담당한다. 공통 업무는 1) 개념화, 2) 방법론, 10) 논문 쓰기 – 검토 및 편집이 해당하며 공동 저자들이 고르게 나눠 맡는 경향이 있다. 기술 업무는 9) 논문 쓰기

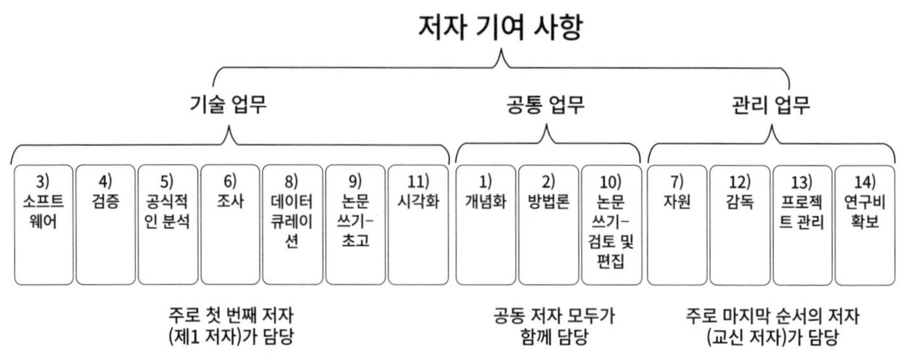

<그림 3-4> 분담 관행에 따른 저자 기여 사항 구성

- 초고를 포함한 나머지 일곱 가지 역할에 해당하며 다른 저자보다는 제1 저자가 맡는 비율이 훨씬 높다.

한편 분야에 따라서는 CRediT의 열네 가지 역할 구분을 그대로 적용하기가 적절하지 않다는 의견도 있다. 예를 들어 사회과학 분야에는 CRediT의 역할 중 관리 업무에 해당하는 역할이 적절하지 않다고 보고 그 대신 문헌 검토 역할과 결과 해석 역할을 추가해 별도로 '도서관학 저자 역할Library Science Author Roles'을 열두 가지로 정리한 사례(Fitzgerald et al., 2020)도 있으나 제안에 그치고 잘 활용되지는 않는다.

2 동료 심사

동료 심사peer review는 학술 커뮤니케이션과 학술지 출판 과정에서 가장 보편적이고 근본적인 요소로서 연구의 품질과 신뢰성을 보장하는 핵심 기제이다. 동료 심사의 기원은 근대 학문 태동기까지 거슬러 올라가며 여러 변형을 거쳐 현재 학문 체계의 필수적인 제도로 정착되었다. 특히 편집자가 주도하는 방식의 동료 심사는 비교적 최근에 제도화되었으며 20세기 중반을 기점으로 학술 출판 과정의 표준 절차로 자리 잡았다(Baldwin, 2015; Zuckerman & Merton, 1971). 일반적으로 연구 논문은 학술지에 제출된 후 해당 분야의 동료 전문가들로부터 연구의 독창성과 중요성, 방법론의 엄격성, 학문적 기여도 등에 대한 평가를 받는다. 동료 심사는 심사자의 정성적 판단을 바탕으로 연구 성과를 검토하고, 학술적 담론의 수준을 유지하기 위한 품질 관리 기제로 작동한다. 이를 통해 논리적 결함이 있거나 근거가 부족한 연구 결과가 출판되지 않도록 걸러낼 수 있으며, 연구의 객관성과 재현 가능성을 강화한다. 이러한 이유로 연구자들은 동료 심사를 과학적 연구 과정의 핵심적인 요소로 인식하는 경향이 있으며, 동료 심사는 연구 논문을 검증과 미검증이라는 두 가지 상태로 구분할 수 있는 황금 기준으로 받아들여지기도 한다(Tennant, 2018).

또한 동료 심사는 학술 커뮤니티에서 무료로 수행되는 자발적인 봉사라는 인식이 일반적이다. 이러한 인식을 세 가지 측면에서 살펴볼 수 있다. 첫째, 연구자는 동료 심사를 통해 서로 주고받는 학술적 기부 경제를 수행한다. 그들은 서로의 연구를 검토해 저자이자 심사자로서 연구의 질을 향상시키기 위해서 상호적 책임을 진다고 여긴다. 둘째, 연구자는 동료 심사에 참여함으로써 학술 공동체로부터 인정받는다는 비재정적 가치를 얻는다고 인식한다. 또한 심사 활동은 연구자에게 학문적 네트워크의 확장, 최신 연구 동향의 파악 등 여러 비재정적 혜택을 제공한다. 셋째, 동료 심사에 심사 비용을 지불하게 되면 심사자가 신속성과 심사 건수에 치중해 심사의 질을 저하시킬 수 있으며, 이는 심사의 객관성과 공정성을 해칠 우려가 있다. 또한 심사 비용을 지불하게 되면 출판사와 같은 발행 기관의 비용으로 반영되어 학술지 구독료 인상 등으로 이어질 수 있다.

동료 심사에 대한 학계의 인식을 조사한 보고서로 출판연구컨소시엄

Publishing Research Consortium의 '2015 동료 심사 설문 조사Peer Review Survey 2015'(Publishing Research Consortium, 2016)를 들 수 있다. 이 보고서는 다양한 학문 분야의 연구자가 참여한 국제적인 설문 조사 결과로, 총 2,004명의 연구자가 응답했다. 설문에 참여한 연구자의 대다수(82%)는 동료 심사가 학술 커뮤니케이션에 큰 도움이 된다는 데 동의하고, 동료 심사가 없다면 어떠한 통제도 없을 것이라고 응답했다. 또한 저자로서 연구자 대부분은 동료 심사의 주요 효과가 논문의 품질 개선이라고 응답했다.

그러나 동료 심사는 본질적으로 정성적 평가를 포함한 과정으로 태생적인 한계를 내포하고 있으며, 다양한 학문 분야에서의 실제적인 적용 과정에서 지속적인 비판을 받아왔다. 특히 최근 학술지의 급격한 증가로 인해 편집자와 심사자에게 과도한 부담이 가중됨에 따라 심사의 편의성을 추구하는 경향이 나타나고 있으며, 이와 함께 심사의 편견 가능성 및 부정확성, 시간 낭비, 피드백 부재, 다양성 부재 등과 같은 문제점이 제기되고 있다. 이러한 문제점을 해결하기 위해 최근에는 개방형 동료 심사Open Peer Review, OPR 모델이 도입되고 있으며, 학술 커뮤니티 내에서 점진적으로 활용되고 있다. 개방형 동료 심사는 전통적인 동료 심사와 달리 투명성과 피드백 과정을 개선하는 데 초점을 맞추고 있으며, 이는 동료 심사의 본래 목적을 효과적으로 구현하는 방안으로 평가된다.

2.1 동료 심사의 역사와 절차

2.1.1 동료 심사의 역사

동료 심사의 시작은 연구자들의 학술 커뮤니케이션 문화에서 찾아볼 수 있다. 학술 커뮤니티에서 연구자는 다른 연구자들과 서신을 교환하는 학술 커뮤니케이션 방식이 있었으며, 이러한 커뮤니케이션 문화에서 중요한 발전이 17세기 후반에 일어났다. 1660년 영국 왕립학회The Royal Society와 1666년 프랑스 과학아카데미Académie des sciences가 설립되어 연구자들이 과학 이론을 논의하고 실험과 연구 결과를 교환할 수 있는 장이 제공되었다. 그리고 최초의 근대적인 개념의 학술지인 『철학회보*Philosophical Transactions*』(1665)와 『주르날 데 사방*Journal des sçavans*』(1665)이 발간되었다. 이러한 학회 설립과 학술지 창간으로 인해 이전에는 거의 개인적인 비공식 서신을 통해 이루어졌던 지식의 공유가 공식화되었다. 왕립학회의 서기로 임명된 헨리 올덴부르크Henry Oldenburg는 『철학회보』의 초대 편집자가 되었고 다른 사람들의 논문 원고를 수집, 편집, 출판하는 책임을 맡았다. 당시 학술 논문의 출판 여부는 대부분 편집자와 그가 도움을 청할 수 있었던 주변 사람들의 판단에 맡겨졌으며, 이러한 논문 출판 과정은 약 100년간 지속되었다.

1731년부터 에든버러왕립학회의 전신인 에든버러의학학회가 학술지 『*Medical Essays and Observations*』에 적용한 심사 절차는 해당 분야에 전문성이 있는 선별된 회원들의 검토를 거치도록 했으며, 이들의 추천은 원고의 출판 여부를 결정하는 데 중요한 영향을 미쳤다. 1752년부터는 왕립학회가 『철학회보』의 편집 책임을 맡게 되면서 이러한 심사 절차를 채택했다. 이 절차는 과학적 발견 보고의 신뢰성을 유지하기 위한 장치로서, 공식적인 학술지 동료 심사 제도의 시작으로 볼 수 있다. 18세기에 공식적으로 시작된 동료 심사 제도는 이후에 많은 학술지에도 채택되었고, 제2차 세계대전 이후에 본격적으로 제도화되었다(De Silva & Vance, 2017; Drozdz & Ladomery, 2024; Shamoo & Resnik, 2022; Spier, 2002).

2.1.2 동료 심사의 기능

동료 심사는 20세기에 본격적으로 제도화되었으며, 대부분의 학문 분야에서는 동료 전문가가 연구 결과를 평가하며 그 평가가 연구 결과의 출판 여부와 연계된다. 따라서 동료 심사는 제출된 논문 원고에 대해 학문 분야의 동료들이 승인하는 과정일 뿐만 아니라 출판물의 품질을 통제하는 도구로 발전했다. 동료 심사 제도가 지니는 여러 가지 기능을 정리하면 다음과 같다(Hames, 2007).

- 잘못된 연구 결과물의 출판을 방지하고, 잘못 착안되고 설계되고 수행된 연구를 걸러내는 기능
- 보고된 연구가 잘 수행되었는지와 연구 설계 및 방법론에 오류는 없는지 점검하는 기능
- 기존 연구 결과를 충분히 파악하고 해당 연구 결과가 정확하고 분명하게 보고되도록 하는 기능
- 제시된 결과가 올바르게 해석되고 가능한 한 모든 해석이 고려되도록 하는 기능
- 지나치게 초기 단계의 결과나 추측에 기반한 연구 결과는 조심하지만, 동시에 혁신적인 연구와 이론이 억눌리지 않도록 균형을 유지하는 기능
- 독자에게 가장 흥미로운 연구 결과물을 선택하는 기능
- 편집자에게 해당 논문이 특정 출판물의 선정 기준에 부합하는지 여부를 판단할 수 있도록 근거를 제공하는 기능
- 일반적으로 출판물의 품질과 가독성을 향상시키는 기능

출판윤리위원회Committee on Publication Ethics, COPE는 '동료 심사자

를 위한 윤리 가이드라인Ethical Guidelines for Peer Reviewers'을 제시했다. COPE는 학술 출판에서 윤리 기준을 확립하고 실천을 지원하는 비영리 기관이다.[7] '동료 심사자를 위한 윤리 가이드라인'에서는 심사자가 학술 기록물의 무결성을 보장하는 중요한 역할을 담당한다고 지적했다. 그리고 심사자의 이러한 기본 의무와 역할에도 불구하고 많은 심사자가 명확한 가이드와 윤리적 책임에 대한 인식 없이 심사를 수행하는 경우가 많다고 보았다. 이 가이드라인에서 구체적인 윤리적 의무로 제시한 사항을 다섯 가지로 살펴볼 수 있다. 첫째, 심사자는 편견 없이 논문 평가를 수행해야 하며, 저자에게 객관적이고 건설적인 피드백을 제공해야 한다. 둘째, 심사 과정에서 알게 된 정보를 공개하지 말아야 하며, 연구 내용을 개인적인 이익을 위해 사용해서는 안 된다. 셋째, 재정적 이해관계, 개인적 관계, 학문적 경쟁 관계 등 이해충돌의 소지가 있는 경우 반드시 사전에 편집자에게 알려야 한다. 넷째, 가능한 한 빠른 시일 내에 평가해 출판 지연을 최소화해야 한다. 심사 지연은 중요한 연구 성과의 확산을 막고 저자의 학문적 경력에 부정적인 영향을 미칠 수 있기 때문이다. 다섯째, 심사자는 이러한 평가 과정에서 가장 높은 수준의 윤리 기준을 준수해야 한다.

동료 심사와 관련한 최근의 연구에서는 동료 심사 제도의 주요 문제점을 해결하기 위해 네 가지 사고 학파schools of thought로 나누어 논했다. 첫째는 품질 및 재현성 학파quality & reproducibility school로, 동료 심사가 연구의 품질과 재현성을 보장하는 데 중요한 역할을 해야 한다고 주장하며 심사 과정 개선(예: 검토 보고서의 질 향상, 통계 검토자 추가, 검토자 교육)과 연구의 재현성 확보에 초점을 둔다. 둘째는 민주주의 및 투명성 학파democracy & transparency school로, 동료 심사를 보다 개방적이고 투명하게 만들어야 한다는 입장이다. 심사자 공개와 개방형 동료 심사

7 https://publicationethics.org/

를 지지하며, 출판 후 심사post-publication review 방식과 같이 심사 과정에서의 민주적 참여 기회 확대를 강조한다. 셋째는 공정성 및 포용성 학파 equity & inclusion school로, 심사 과정에서 다양한 배경을 가진 연구자들이 공정하게 참여할 수 있도록 해야 한다고 주장한다. 그리고 예비 심사자와 편집위원회의 다양성 확대, 이중 익명 심사 강화 등의 접근 방식을 제안한다. 또한 특정 연구 분야 혹은 지역 출신 연구자들이 불리하게 평가받는 문제를 해결하고자 한다. 넷째는 효율성 및 인센티브 학파efficiency & incentives school로, 동료 심사 과정의 효율성 향상과 연구자들이 심사에 적극 참여할 수 있도록 하는 인센티브 제공에 초점을 둔다. 퍼블론스 Publons 및 오키드ORCID를 통한 심사 활동을 기록해 심사자의 기여도를 인정하는 시스템을 도입하고, 이전 가능 동료 심사transferable peer review 모델을 받아들여 여러 학술지에서 동일한 심사 보고서를 활용하는 방식을 제안했다(Waltman et al., 2023).

찾아보기

- 출판윤리위원회Committee on Publication Ethics, COPE는 연구와 학술 출판에서의 진실성 및 윤리성을 촉진하기 위해 편집자, 출판사, 학술 출판에 참여하는 사람들에게 모범 사례와 지침, 지원을 제공하는 국제적 비영리 단체이다. 다음 홈페이지에서 출판윤리위원회가 어떤 활동을 하는지 찾아보자.
  https://publicationethics.org/

2.1.3 동료 심사의 절차

학문 분야 또는 학술지에 따라 동료 심사 과정이 다를 수 있으나 보편적으로 수행되는 동료 심사의 절차는 <그림 3-5>와 같다. 이 중에서 주요 과정을 좀 더 자세히 살펴보자(Drozdz & Ladomery, 2024; Elsevier, 2025; Jana, 2019; Ma, 2023a).

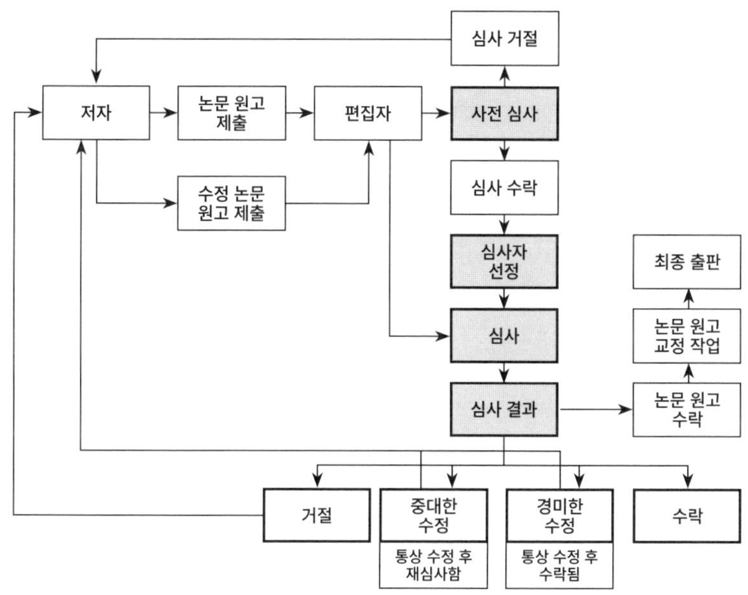

<그림 3-5> 전통적인 동료 심사 절차
(출처: Drozdz & Ladomery, 2024; Jana, 2019 재구성)

사전 심사

연구자가 논문 원고를 제출하면 일반적으로 바로 동료 심사자에게 전달되지 않고 편집자가 먼저 논문 원고가 학술지의 범위와 품질 기준에 부합하는지 검토한다. 학술지 정책에 따라 사전 심사를 두 단계로 구분해 시행하기도 한다. 첫 번째 단계는 비정성적non-qualitative 검토이며, 제출된 논문 원고가 학술지의 형식 가이드라인을 준수하는지 확인하는 단계이다. 이 단계를 통과한 논문 원고는 두 번째 단계인 정성적qualitative 검토를 거치게 되며, 해당 학술지에 적합한 내용인지 평가받는다. 이 단계에서 논문 원고가 적합하다고 판단되면 편집자가 동료 심사 대상으로 지정한다. 반면 이 두 단계에서 논문 원고가 적합하지 않다고 판단되면 바로 거절되는데, 이를 심사 거절desk rejection이라고 한다. 따라서 기준에 부합하지 않는 논문 원고는 거절되어 동료 심사 과정에 진입하지 못하게 된다. 심사 거절은 학술지 편집에서 중요한 부분으로, 저자에게는 더 적합한 학술지에 빠르게 다시 제출할 기회를 제공해 동료 심사자의 부담을 줄이게 된다. 대규모의 논문 원고가 제출되는 영향력 있는 학술지(『*Nature*』, 『*Science*』, 『*New England Journal of Medicine*』 등)의 경우에는 사전에 논문의 품질과 적합성을 평가해 심사할 논문을 일차적으로 선정하는 절차를 거친다. 따라서 제출된 논문 중에서 매우 적은 비율의 논문만이 심사자에게 보내진다.

심사자 선정

동료 심사의 또 다른 중요한 절차는 적절한 심사자를 선정하는 것이다. 일반적으로 편집위원장이 심사자를 선정하나 대규모 학술지의 경우 부편집위원장을 비롯해 편집위원이 심사자 선정을 돕기도 한다. 일반적으로 두세 명의 심사자를 선정하지만, 이는 학술지마다 다르다. 심사자는 해당 주제 분야의 이론, 방법론을 잘 아는 연구자로 선정하는 것이 이상적이다. 전문성과 경험뿐만 아니라 다양한 인식론, 관점, 방법론을 지닌 심사자가 가장 바람직하다. 일부 학술지에서는 저자가 적절한 심사위원을 추천할 수 있도록 허용하지만, 이는 편향성을 초래할 가능성이 있어 편집자의 재량에 따라 채택 여부가 결정된다. 편집자로부터 초청을 받은 심사자는 논문을 검토할 적절한 자격이 있는지 스스로 판단해야 한다. 이를 결정할 때 연구 주제에 대한 전문성과 이해도뿐만 아니라 잠재적 이해충돌 여부도 고려하는 것이 바람직하다. 만약 심사가 어렵다고 판단되면 심사자는 심사를 거절할 수 있다.

심사

심사자가 논문 심사를 수락하면 논문 원고와 함께 표, 그림, 부가 정보 등의 자료를 기밀 유지 조건하에 제공받는다. 심사자의 주요 역할은 논문의 연구 설계와 제시된 데이터를 면밀히 검토하고, 연구의 참신성과 해당 분야에서의 학문적 기여도를 평가하는 것이다. 또한 실험적 오류, 불분명한 데이터, 추가적인 대조군이나 실험의 필요성을 지적하며, 부정확한 참고 문헌, 철자 및 문법 오류 등을 검토한다. 일반적으로 학술지는 심사자에게 논문 평가를 위한 기준을 제공하지만, 실제로 심사자는 학술지의 공식적인 기준보다는 자신의 학문적 경험과 연구 분야의 전문성을 바탕으로 논문을 평가하는 경향이 있다. 논문의 심사 과정에서 심사자는 관련 문헌에 대한 고찰이 충분한지, 연구 방법이 적절한지, 논의와 결론이 논리적 타당성을 갖추었는지, 저자의 주장이 적절하게 정당화되었는지 등을 종합적으로 검토하고 의견을 제시한다. 심사자의 핵심 역할은 단순히 논문의 출판 가능 여부를 판단하는 것에 국한되지 않는다. 심사자는 논문 원고의 질적 향상을 도모하기 위해 건설적인 피드백을 제공하며, 이를 통해 연구자가 연구의 신뢰성과 학문적 기여도를 제고할 수 있도록 돕는다. 동료 심사 기준은 학술지별로 상이하며, 특정 질문에 대한 응답을 요구하는 구조화된 형식이나 자유로운 형식으로 진행될 수 있다. 그러나 많은 학술지의 경우 심사자가 논문을 평가할 수 있도록 몇 가지 핵심 기준을 제시한다. 일반적으로 다음과 같은 요소가 주요 평가 기준에 포함된다.

- 학술지의 주제 적합성: 논문이 해당 학술지의 연구 분야와 일치하는지 여부
- 연구의 독창성과 학문적 기여도: 연구가 기존 연구와 차별화되는지, 학문적 발전에 기여하는지 여부
- 연구 방법과 연구 설계의 타당성: 연구 목적에 적합한 방법론이 적용되었는지, 연구 설계가 적절한지 여부
- 연구 결과의 신뢰성과 해석의 적절성: 데이터 및 증거가 연구 결과

를 충분히 뒷받침하는지, 연구 결과의 해석이 논리적으로 타당한지 여부
- 논문 작성의 명확성과 논리적 전개: 논문이 명확하고 일관된 방식으로 서술되었는지, 학술적이고 논리적인 글쓰기 기준을 충족하는지 여부

동료 심사 과정은 일반적으로 몇 개월에서 길게는 1년 이상 소요될 수 있으며, 이는 논문의 복잡성, 심사자의 가용성, 학술지의 편집 프로세스 등에 따라 차이가 날 수 있다. 동료 심사 과정에서 중요한 고려 사항으로는 시간적 요소, 공정성, 심사의 효과성이 포함된다.

- 시간적 요소: 연구자는 직업을 찾거나 연구비를 신청하는 과정에서 논문 출판이 지연될 경우 불이익을 받을 수 있다. 따라서 동료 심사 과정의 기간이 적절한 수준에서 유지되는 것이 중요하다.
- 공정성: 심사 과정이 객관적이고 편향 없이 진행되는지 여부가 중요한 고려 요소가 된다.
- 심사의 효과성: 심사 결과가 단순한 승인 혹은 거절 결정이 아닌, 연구자가 논문의 질을 향상시킬 수 있도록 실질적인 피드백을 제공하는지 여부가 고려되어야 한다.

아울러 동료 심사는 연구의 신뢰성을 확보하는 역할도 수행한다. 심사자는 논문 원고가 연구 윤리를 준수하고 있는지 검토해야 하며 사기 논문, 페이퍼 밀paper mill 논문, 표절 등의 문제를 감지하는 데 중요한 역할을 한다.

심사 결과

모든 심사자의 심사 결과가 제출되면 편집자는 그들의 권고와 의견을 고려해 결정을 내린다. 심사자는 심사 후에 편집위원장에게 1) 현재의 논문 원고 상태로 수락, 2) 경미한 수정, 3) 중대한 수정, 4) 거절을 제시할 수 있다. 만약 심사자가 모두 강력하게 수락이나 거절을 추천한다면 편집위원장은 그들의 공통된 추천에 따르게 된다. 그러나 심사자 모두 수락이나 거절 결정에 대해서 미온적인 의견을 제시하거나 심사자의 의견이 서로 대립한다면 편집위원장이 의사 결정을 하거나 추가 심사자가 다시 심사하는 것이 일반적이다. 심사 결과가 '거절'인 경우에는 저자에게 거절 결과를 심사자의 심사 내용과 함께 전달한다. 심사 결과가 '현재의 논문 원고 상태로 수락'인 경우는 학술지 출판을 위한 원고 교정 작업이 시작된다. '경미한 수정' 혹은 '중대한 수정'의 경우 그 결과에 따라 논문 원고는 한 번 혹은 두 번 이상의 수정 과정을 거친 후 출판 수락이 확정된다. 제출된 논문 원고 중에서 학술지에 수록되는 논문 게재율acceptance rate은 학술지마다 다르지만, 최상위의 영향력 있는 학술지(『*Nature*』, 『*Science*』 등)는 대략 5% 내외이다.

찾아보기

- 문헌정보학 분야 학술지의 동료 심사를 위한 심사 판정표를 찾아보자.

2.2 동료 심사의 유형

동료 심사는 학술 출판에서 연구의 품질, 타당성, 무결성을 보장할 수 있는 도구로 학술 커뮤니티에서 보편적으로 사용된다. 동료 심사를 시행하는 데 있어서 몇 가지 유형이 존재하며, 각각 고유한 장단점을 가지고 있다. 동료 심사의 주요 유형으로는 단일 익명, 이중 익명, 삼중 익명 방식이 있다. 이러한 각각의 유형은 저자, 심사자, 편집자 간의 익명성 수준에 따라 구분된다(Baggs et al., 2008; Elsevier, 2025; Jana, 2019; Ma, 2023a; Moylan et al., 2014; Ware, 2008).

2.2.1 단일 익명 동료 심사

단일 익명 동료 심사single-blind peer review는 저자의 신원은 심사자에게 공개되는 반면, 심사자의 신원은 저자에게 숨겨지는 방식이다. 이 방식은 학술지 편집진이 저자의 신원을 숨기기 위한 복잡한 절차를 요구하지 않으므로 이중 익명 동료 심사에 비해 덜 번거롭다. 자연과학과 사회과학 분야에서 이 방식이 일반적으로 사용된다. 단일 익명 동료 심사의 장점은 심사 과정에서 잠재적 편견을 줄이고, 심사자가 저자의 명성이나 소속 기관 같은 외부 요인에 영향을 받지 않고 오직 작업의 품질과 과학적 엄격함에 기반해 평가하도록 함으로써 공정함을 가능하게 한다는 것이다. 심사자의 익명성은 심사자가 부당한 비판으로부터 보호받으며 심사의 엄격성을 보장한다는 점에서 긍정적인 측면이 있다. 심사자는 논문 원고를 자유롭고 비판적으로 평가할 수 있으며, 특히 유명한 연구자의 작업을 평가할 때 심사자의 익명성이 중요할 수 있다. 심사자가 저자의 이전 연구 결과물을 알고 있는 경우에 보다 구체적인 피드백을 제공할 수도 있다. 그리고 부차적으로 연구 진실성 문제를 감지하는 데 유용할 수 있다. 예를 들어 페이퍼 밀 연구 논문의 경우 저자의 소속 기관 부재나 저자 변경이 포함되기 때문에 저자의 신원 공개는 위조된 저자를 밝혀내는 데 도움이 될 수 있다.

그러나 이러한 단일 익명 동료 심사의 유형에서 여러 단점이 지적된다. 우선 심사자는 익명성을 악용해 저자의 논문에 불필요하게 비판적이거나 가혹한 평가를 할 수 있다. 그리고 심사자가 출판을 의도적으로 지연시키거나 관련된 주제의 논문을 심사자 자신이 먼저 출판할 기회를 가질 수 있다는 우려도 있다. 또한 이미 경력이 상당한 연구자에게 유리할 수 있으며, 저자의 소속 기관이나 기존 이력을 기반으로 평가될 가능성이 있다. 이러한 단일 익명 방식에서 제기될 수 있는 잠재적 문제점을 줄이기 위해 저자의 신원도 숨겨야 한다는 주장이 제기되었으며, 저자와 심사자의 신원이 모두 숨겨진 이중 익명 동료 심사가 다양한 학문 분야와 학술지에서 선택되는 대안적 방식이다.

찾아보기

- 다음 자료를 참고해 페이퍼 밀Paper Mill 논문의 특징과 이러한 논문이 학문 분야에 미치는 영향을 찾아보자.
  Byrne, J. A., Abalkina, A., Akinduro-Aje, O., Christopher, J., Eaton, S. E., Joshi, N., Scheffler, U., Wise, N. H., & Wright, J. (2024). A call for research to address the threat of paper mills. PLOS Biology, 22(11), e3002931. https://doi.org/10.1371/journal.pbio.3002931

2.2.2 이중 익명 동료 심사

이중 익명 동료 심사double-blind peer review는 저자와 심사자가 모두 익명인 방식으로, 저자나 저자의 소속에 대한 편견 없이 논문 원고의 내용과 질을 바탕으로 심사자가 공정하게 평가하는 방식으로 받아들여진다. 저자와 심사자가 서로의 신원을 모르는 방식으로 수행되기에 논문 원고 제출 시 저자는 이름과 소속을 삭제하며, 때로는 자기 인용도 익명화해야 한다. 이중 익명 동료 심사의 가장 중요한 장점은 익명성과 함께 내포된 공정성과 중립성이다. 심사자는 논문 원고의 내용과 질, 적절하고 새로운 방법론, 지식의 발전 기여도 등을 평가한다. 또한 저자의 소속 기관, 이력, 성별, 인종, 이전의 출판 기록 등에 대한 심사자의 편견을 줄일 수 있다. 특히 경력 초기의 연구자, 학문 주변부나 글로벌 사우스Global South[8]에 속하는 연구자에게 이점이 있다. 저자 정보가 익명으로 처리되기 때문에 심사자는 저자의 명성이나 소속 기관에 따른 선입견을 배제하고 논문 원고 자체의 학문적 기여도에 근거해 평가하게 된다. 그러나 이러한 장점에도 불구하고 이중 익명 동료 심사는 저자의 익명성을 유지·보장하기 위해 익명화 과정이 추가되어야 하므로 저자와 편집진의 절차적 부담도 더해진다. 또한 이러한 부가적인 절차를 거쳐 저자의 신원을 익명화해도 심사자는 저자의 문체, 특정한 주제 분야, 자기 인용 등을 통해 어느 정도는 저자가 누구인지 파악하는 것이 가능하므로 저자의 완전한 익명성을 보장하는 것은 상당히 어려운 일이다(Baggs et al., 2008; Elsevier, 2025; Moylan et al., 2014; Nalen, 2025; Ware, 2008).

2.2.3 삼중 익명 동료 심사

삼중 익명 동료 심사triple-blind peer review는 이중 익명 동료 심사의 변형이라고 볼 수 있다. 동료 심사 과정에서 저자와 심사자뿐만 아니라 논문 원고의 게재 여부를 결정하는 편집위원장의 신원도 익명화하는 방식이다. 삼중 익명 동료 심사는 심사자가 편집위원장의 신원을 알게 될 때 발생할 수 있는 잠재적인 편향을 제거해 심사 과정이 보다 더 공정하고 객관적일 수 있도록 한다(Brodie et al., 2021). 그러나 이 심사 방식은 아직은 널리 적용되는 것이 아니므로 단일 익명과 이중 익명 동료 심사보다 현실적으로 찾아보기 어렵다. 주된 이유로는 심사 과정 전반에 걸쳐

8 선진국을 일컫는 글로벌 노스Global North와 대비되는 개념으로 저개발국과 후진국, 제3세계 국가를 통칭하는 용어이다.

익명성을 유지하기 위해 추가 자원과 노력이 필요하기 때문이다.

2.3 동료 심사의 문제점

2.3.1 동료 심사의 편향

이상적으로 동료 심사는 논문 원고의 저자와 심사자의 사회적 정체성, 인지적·이론적 편향과 별개로 독립적으로 이루어져야 하고, 논문 원고는 온전히 독창성, 혁신성, 영향력 등의 학문적인 가치로만 판단되어야 한다. 그러나 동료 심사는 본질적으로 주관적인 요소를 내포하고 있기에 여러 종류의 편향 가능성이 제기되어왔다. 동료 심사의 편향을 인신 공격적 편향, 명성 편향, 이념적 편향, 미적 편향으로 구분할 수 있다(Budden et al., 2008a; Budden et al., 2008b; Ceci & Williams, 2011; De Silva & Vance, 2017; Drozdz & Ladomery, 2024; Engqvist & Frommen, 2008; Flowerdew, 2001; Garcia et al., 2020; Jana, 2019; Rasmussen et al., 2006; Shatz, 2004; Souder, 2011; Travis & Collins, 1991; Webb et al., 2008).

첫째, 인신 공격적 편향은 연구 내용보다는 저자의 개인적 특성이나 배경을 기준으로 평가하는 것이며, 가장 논란이 되는 것은 성별 편향적인 동료 심사이다. 현실적인 연구 환경에서 성별 불균형이 존재하며 특히 STEM(과학, 기술, 공학, 수학) 분야에서 여성 연구자의 비중이 작다. 연구 논문의 제1 저자는 대체로 남성이며, 여성 심사자와 편집위원장의 비율도 낮다. 이러한 차이는 여러 요인이 복합적으로 작용한 결과이지만, 연구비 선정이나 채용 평가 등에서 성별 격차로 이어지고 있어 동료 심사 과정에 성별 편향이 존재할 가능성이 제기되었다. 한 연구에서 학술지의 출판 동향을 장기적으로 분석한 결과, 이중 익명 동료 심사 방식을 도입한 이후 여성 연구자가 제1 저자로 등록된 논문의 비율이 7.9% 증가했음을 발견했다. 그리고 이는 기존의 단일 익명 동료 심사 방식에서 여성 연구자가 불리한 위치에 있었을 가능성을 시사한다고 밝혔다. 그러나 같은 데이터를 사용해 재분석한 연구에서는 동일한 결과에 도달하지 못해 비판을 받았으나 최초 연구자는 재반박하는 등 동료 심사에서 성별 편견 가능성에 대한 논의가 지속되고 있다.

둘째, 명성 편향은 연구자의 학문적 명성뿐만 아니라 그가 소속된 기관의 위상과도 밀접한 관련이 있다. 고소득 국가 또는 명성이 높은 기관에 소속된 연구자의 논문은 상대적으로 더 우호적인 심사 평가를 받을 가능성이 높다. 반면에 저소득 국가나 비교적 덜 알려진 기관에 소속된 연구자의 논문은 불리한 평가를 받을 위험이 크다. 이와 관련해 주목할 만한 사실은 전체 동료 심사의 약 50%가 10%의 심사자에 의해 수행되며, 이들 심사자의 상당수가 선진국 연구자로 구성되어 있다는 점이다. 또한 저자의 이름과 소속이 공개된 논문의 경우 게재율이 유의미하게 증가한다는 연구 결과도 보고된 바 있다. 이는 심사자가 글로벌 노스 중심의 내집단 선호in-group favoritism와 함께 부유한 기관이나 국가에서 수행한 연구를 상대적으로 더 신뢰할 만하다고 간주하는 심리적 요인이 작용한 결과로 해석될 수 있다. 이러한 편향이 존재할 경우 학문적으로 충분히 수정 가능하고 발전될 수 있는 연구 논문이 부당하게 거절될 위험이 있다. 이는 선진국에서 연구 활동이 상대적으로 활발하게 이루어지는 현실을 반영하는 측면도 있으나, 동시에 동료 심사에 글로벌 사우스의 연구자에 대한 구조적 불평등과 심사자의 잠재적 편견이 개입될 가능성이 있다는 것을 보여주기도 한다.

셋째, 이념적 편향은 특정한 이론적, 정치적, 학문적 관점의 차이로 인해 발생하는 것으로, 학술 출판에서의 이념적 편향을 연구한 사례를 스웨덴연구위원회에 제출된 84건의 연구비 신청서에 대한 동료 심사 결과에서 찾아볼 수 있다. 이 연구비 신청서를 심사하는 심사자와 연구비 신청서를 제출한 연구자의 이념적 성향을 구분해 분석한 결과, 연구비 심사 과정에서 심사위원의 배경과 연구 주제 간의 관계가 중요한 영향을 미칠 수 있다고 나타났다.

넷째, 미적 편향은 연구의 질과 관계없이 언어나 특정한 글쓰기 스타일 등을 선호해 평가하는 것이다. 글로벌 학술 커뮤니티에서 보편적으로 사용되는 영어를 모국어로 하지 않는 연구자의 논문 작성 방식에 대한 편견도 존재할 수 있다. 이상적인 동료 심사는 연구의 과학적 가치를 평가해야 하지만, 문법적으로 완벽하지 않은 영어 표현이 과도하게 강조되어 연구 논문의 본질과 관계없는 평가가 이루어질 수 있다. 또한 한 연구에서는 11개의 국제 학술지 편집자를 인터뷰해, 영어가 모국어가 아닌 저자들이 동료 심사에서 불리한 위치에 놓이는 이유가 단순히 영어 능력 부족 때문만이 아니라 글쓰기에 나타나는 저자의 정체성, 사회적·대화적 위치를 반영하는 저자적 목소리authorial voice와 문화적 차이 때문이기도 하다는 점을 발견해 보고했다. 이 외에도 학제 간 연구에 대한 편견은 연구자들이 주류 연구를 선호함으로써 학제 간 연구가 차별적으로 평가될 가능성으로 나타난다. 또한 학계에서는 일반적으로 긍정적인 연구 결과의 출판을 선호하기 때문에 부정적인 결과를 제시하는 연구 논문에 대해 비판적 견해를 표할 가능성이 제기되기도 한다.

2.3.2 동료 심사와 이해상충

이해상충Conflict of Interest, COI은 동료 심사 관행에서 활발하게 논의되는 사항 중 하나이다. 이해상충은 전문적인 판단이나 행동이 부차적 이해관계에 의해 부당하게 영향받을 위험을 초래하는 일련의 상황으로 정의된다(Lo & Field, 2009). 동료 심사 과정에서 이해상충은 여러 이해관계에 의해 발생할 수 있는데, 재정적 이해상충과 개인적, 정치적, 인식론적, 학문적, 이념적, 종교적 가치에 기반한 경쟁적 이해상충으로 구분할 수 있다(De Silva & Vance, 2017).

생의학 연구에서 드러난 재정적 이해상충은 학술 출판의 윤리적 문제를 적나라하게 드러낸 사례이다. 바이옥스Vioxx는 머크사Merck & Co.에서 개발한 비스테로이드성 항염증제로, 1999년에 출시되었다. 하지만 출시 후 연구에서 바이옥스가 심혈관 질환의 위험을 증가시킨다는 증거가 밝혀졌다. 그러나 이러한 부작용이 연구 논문에서 축소되거나 누락되었으며, 이는 동료 심사 과정에서의 재정적 이해관계 충돌과 관련이 있었다. 머크사가 연구비를 지원한 임상 시험 결과가 『*New England Journal of Medicine*』(NEJM)과 같은 저명한 학술지에 게재되었으나, 심혈관 질환 발생의 위험성을 나타내는 데이터가 선택적으로 보고되거나 아예 제외되었다(Psaty & Kronmal, 2008). 바이옥스 관련 논문의 일부 저자와 동료 심사자가 머크사와 금전적 관계를 맺고 있었으나 이에 대한 투명한 공개가 이루어지지 않았음이 밝혀졌다. 무엇보다도 머크사의 내부 문서에 따르면 기업 연구원이 논문 초안을 작성한 뒤 기관에 소속되지 않은 독립 학자들에게 저자 명의를 부여해 허위 저자로 만든 후 논문을 출판한 사례도 보고된 바 있다(Ross et al., 2008). 바이옥스는 2004년에 시장에서 철수했으나 동료 심사 과정에서의 재정적 이해관계 충돌 문제를 부각시켰으며, 학술 출판에서 이해관계 공개 의무 강화와 편집 윤리 기준 개선의 필요성을 강조하는 계기가 되었다.

정치적이고 인식론적인 가치에 기반한 경쟁적 이해상충의 사례로는 덴마크의 통계학자이자 정치학자인 비외른 롬보르Bjørn Lomborg의 『회의적 환경주의자*The Skeptical Environmentalist*』(2001)라는 영어판 출간을 들 수 있다(De Silva & Vance, 2017; Harrison, 2004; Rennie & Chief, 2002; Souder, 2011). 롬보르는 기후 변화, 삼림 파괴, 생물 다양성 감소, 자원 고갈 등 환경 이슈에 대한 기존의 '위기론적' 인식에 의문을 제기하며, 주요 지표의 장기적 변화와 통계적 증거에 초점을 맞추었다. 그러나 주류 과학계는 이 책에 대해 여러 비판을 제기했으며, 그 내용은 상당히 논쟁적이다. 우선 이 책은 사실적 오류를 포함하고 있으며 데이터를 잘못 해석하고 통계를 오용했다고 지적했다. 또한 이차적이고 일화적인 정보에 의존하는 선택적 인용을 사용하고 현재의 과학적 합의를 반영하지 않았다고 주장했다. 이 책의 출판 과정에서 환경공학 분야의 저명한 전문가인 4명의 동료 심사자들은 이러한 논쟁적인 학문적 관점을 수록한 원고임에도 불구하고 편집자의 출판 결정을 옹호해 최종적으로 출판이 이루어졌다. 이 사태는 동료 심사 과정에 참여한 전문가인 심사자와 편집자가 과연 정치적이고 인식론적인 가치에 기반한 경쟁적 이해상충 없이 독립적으로 의사 결정을 했는지에 대한 의문을 제기하는 계기가 되었다.

3 개방형 동료 심사

3.1 개방형 동료 심사의 출현 배경과 절차

최근 학술 출판 환경에서 전통적인 동료 심사 제도가 위기라고 지적하는 견해들이 제기되었다. 이와 같은 위기는 크게 두 가지 관점에서 살펴볼 수 있다. 첫째는 전통적인 동료 심사 제도가 본질적으로 익명을 기반으로 한 비공개 심사라는 특성으로 인한 위기이다. 동료 심사의 내용과 과정이 공개되지 않는 이른바 블랙박스 현상으로 인해 심사 결과의 신뢰성에 대한 문제가 지속적으로 제기되었다. 심사자와 편집자는 성별 편향, 명성 편향, 이념적 편향, 미적 편향의 가능성이 있으며, 심사 내용과 과정이 익명성으로 인해 공개되지 않기 때문에 신뢰성 문제로 연결될 수 있다. 두 번째로 지적되는 위기는 학술지 출판량의 가파른 증가로 인한 심사자의 부족이다. 이는 동료 심사 기간이 불필요하게 길어지거나 동료 심사의 품질 저하로 이어지게 된다. 연구에 따르면 10%의 심사자가 전체 동료 심사의 약 50%를 담당하고 있다. 70% 이상의 연구자가 자신의 전문 분야가 아니라는 이유로, 또는 너무 바쁘다는 이유로 평가 요청을 거절하거나 별다른 인센티브가 없는 자발적 동료 심사에 참여하기를 거절하는 상황이다. 심사 거절로 인해 동료 심사 기간이 불필요하게 길어지고 비전문가가 심사를 담당하게 되는 등 동료 심사의 품질 저하로 이어진다(Flaherty, 2022). 이러한 배경에서 동료 심사 제도를 개선하고자 하는 여러 노력 중의 하나로 개방형 동료 심사Open Peer Review, OPR가 제안되었다(Gould, 2010).

개방형 동료 심사는 전통적인 동료 심사의 다양한 문제를 해결하기 위한 개방 관행을 포괄하는 용어이다(Ross-Hellauer, 2017). 개방형 동료 심사는 저자, 심사자, 편집자 간 상호 작용이 이루어지는 동료 심사로, 심사자의 신원과 심사 보고서를 공개하거나 논문 원고를 공개한 후에 심사하거나 최종 논문 원고에 대한 논평을 수행할 수 있게 하는 등 동료 심사 과정을 투명하게 공개하고자 하는 제도이다. 개방형 동료 심사는 퍼블론스Publons, F1000리서치F1000 Research, 피어제이PeerJ, 이라이프 eLife 등 디지털 출판 플랫폼의 기술 발전과 오픈 액세스 출판과 함께 등장했으며 1990년대 후반에 처음 시도되었다. 1999년 『*British Medical Journal*』(BMJ)이 저자에게 심사자의 이름을 공개했는데, 이것이 주목할 만한 개방형 동료 심사의 시작이라고 볼 수 있다. 최근에는 개방, 공유, 협업에 기반을 둔 오픈 과학 패러다임과 함께 개방형 동료 심사를 채택하는 학술지의 수가 증가하는 추세이다(김나연, 정은경, 2024; Bar-Ilan et al., 2018; Flaherty, 2022; Petrescu & Krishen, 2022; Publons, 2018; Smith, 1999; Tennant, 2018; Walker & Rocha da Silva, 2015). 그러나 개방형 동료 심사는 근본적으로 심사자의 익명성을 폐지하는 방식이며, 이에 따른 잠재적인 부정적 결과에 대한 논의도 제기되고 있다. 주요한 쟁점 사항은 다음과 같다(Ross-Hellauer, 2017).

- 본인을 드러내는 것에 불편함을 느끼지 않는 심사자를 찾는 데 어려움이 있다.
- 영향력 있는 연구자, 동료, 특히 학계 선배 연구자의 연구를 비판하기를 꺼리는 심사자들로 인해 조심스럽고 모호한 심사 결과가 증가할 가능성이 크다.
- 이미 우수한 연구 성과를 거둔 저자들에게 좋은 심사 결과를 제공하고 앞으로 우호적인 상호 관계를 기대할 가능성이 있다.
- 저자 및 심사자 식별로 인한 성별, 국적, 인종, 소속 기관에 대한 편견이 확대될 가능성이 있다.
- 크라우드소싱 심사의 경우 심사자들의 의문스러운 전문성으로 인해 심사 의견의 타당성에 문제가 있을 수 있다.

개방형 동료 심사 제도가 개방을 지향하는 동료 심사 제도를 아우르는 용어이기 때문에 여러 변형을 지닌 절차에 따라 이루어질 수 있다. <그림 3-6>은 개방형 동료 심사의 절차를 나타낸 것으로, 1) 온라인 출판과 논문에 대한 공개 토론, 2) 공개 토의와 상호 작용적 동료 심사, 3) 저자 수정과 논문 최종본 제출, 4) 출판사 요구 시 공식적인 동료 심사, 5) 최종 논문 출판으로 구성된다. 저자가 논문을 제출하는 과정은 전통적인 학술지 논문 투고 과정과 동일하다. 그러나 논문이 제출된 후의 절차는 상당한 차이를 보인다. 우선 제출된 논문이 관련 데이터와 함께 출판되며, 출판 후에 개방형 논문 심사 과정이 이루어진다. 동료 심사 과정에서 생성된 심사 결과와 독자의 의견이 함께 최종 출판된다는 점도 개방형 동료 심사의 특징이라고 볼 수 있다.

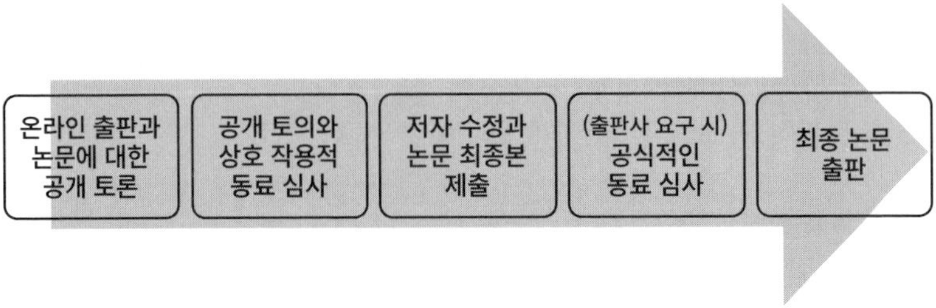

온라인 출판과 논문에 대한 공개 토론 → 공개 토의와 상호 작용적 동료 심사 → 저자 수정과 논문 최종본 제출 → (출판사 요구 시) 공식적인 동료 심사 → 최종 논문 출판

<그림 3-6> 개방형 동료 심사의 절차

(출처: Regazzi, 2015)

3.2 개방형 동료 심사의 유형과 특성

개방형 동료 심사는 전통적인 동료 심사의 투명성과 책임성을 향상하는 여러 대안적 심사 방식들을 포괄하는 상위 개념으로 볼 수 있으며, 단일한 정의나 구현 방식이 존재한다기보다는 여러 유형이 있다. 개방형 동료 심사는 이 방식을 채택하는 학문 분야나 학술지에 따라서 다양하게 이루어질 수 있다. 주요한 개방형 동료 심사의 유형을 일곱 가지로 구분해볼 수 있다.

첫째, 참여자 신원 개방open identities은 저자, 심사자, 편집자의 신원 공개를 뜻한다. 이는 책임감과 투명성을 강화할 수 있지만 의견을 절제하거나 갈등을 피하려는 경향이 생길 수 있다. 둘째, 심사 보고서 개방open reports은 해당 논문과 함께 심사 보고서를 공개하는 것이다. 이는 독자들이 논문 원고에 대한 심사자의 비판과 의구심을 고려하고 동료 심사 과정에서 놓친 오류를 확인하는 데 도움이 될 수 있다. 셋째, 참여 개방open participation은 심사 과정에 동료 연구자, 일반 대중 등 폭넓은 공동체 구성원이 참여하는 것이다. 이는 크라우드소싱 동료 심사, 커뮤니티 심사 또는 공개 심사로도 알려져 있다. 넷째, 상호 작용 개방open interaction은 저자와 심사자 간 또는 심사자 상호 간의 직접적인 토론을 허용하고 장려하는 것이다. 이러한 구조는 심사자와 편집자뿐만 아니라 저자와 심사자, 심사자 간의 상호 토론을 허용해 의견 불일치를 해결하고 심사 과정을 간소화할 수 있다. 다섯째, 심사 전 논문 원고 공개open pre-review manuscripts는 동료 심사 이전에 프리프린트 서버 등을 통해 논문 원고를 즉시 공개하는 것이다. 여섯째, 최종 논문 의견 제시open final version commenting는 최종 출판된 논문을 검토하거나 논평할 수 있도록 하는 것이다. 일곱째, 개방형 플랫폼open platforms 또는 분리형 심사decoupled review는 동료 심사를 해당 학술지의 출판사가 아닌 다른 조직이 수행함으로써 심사를 출판과 분리할 수 있도록 하는 것이다.

이와 같이 다양한 유형으로 이루어지는 개방형 동료 심사는 전통적인 동료 심사 제도에 투명성을 제고하고 학문적 성과를 공개적으로 평가하려는 공감대에 기반한다. 개방형 동료 심사는 주로 과학 및 의학 분야에서 채택되었으며, 2001년 이후 꾸준한 성장을 보여왔다. 그러나 개방형 동료 심사가 여러 학문 분야에서 다양하게 시행되고 있기는 하지만 명확하고 구체적인 정의가 없어 혼란스러운 상황이라고 볼 수 있다. 이에 따라 2023년 7월 미국 국립정보표준화기구National Information Standards Organization, NISO는 동료 심사 용어 표준에서 심사자와의 상호 작용, 심사 정보 출판, 출판 후 의견 제시와 같은 항목을 구분해 정의했다(김나연, 정은경, 2024; Horbach & Halffman, 2020; National Information Standards Organization, 2023; Ross-Heallauer, 2017).

3.2.1 심사자와의 상호 작용

심사자와의 상호 작용은 심사자가 직접적으로 의사소통하거나 정보를 교환하는 것을 의미한다. 심사자가 의사소통하는 대상은 <표 3-1>과 같이 편집자, 다른 심사자, 저자로 구분할 수 있다. 의사소통의 대상자가 편집자인 경우는 전통적인 동료 심사 제도에서도 가능하다. 개방형 동료 심사 제도에서는 저자나 다른 심사자와의 직접적인 상호 작용이 가능하다.

<표 3-1> 심사자와의 의사소통 대상

유형	설명
편집자	전통적인 방식으로 편집자와 심사자가 의사소통을 하며, 이는 '독립 심사'라고도 알려져 있다.
다른 심사자	편집자에게 심사 결과를 제출하기 전에 심사자 간에 직접적인 의사소통, 협력, 의견 수렴이 가능하다.
저자	편집자에게 심사 결과를 제출하기 전에 심사자와 저자 간에 직접적인 의사소통, 협력, 의견 수렴이 가능하다.

학술지 『바이오지오사이언스*Biogeosciences*』에 게재된 논문에서 저자, 심사자, 편집자 간에 의사소통이 이루어진 사례를 찾아볼 수 있다. 『바이오지오사이언스』의 경우 참여자는 저자(AC, author), 심사자(RC, referee), 커뮤니티 구성원(CC, community), 편집자(EC, editor), 책임 편집자(CEC, chief editor) 등으로 구분된다. 심사자의 코멘트에 대해 저자가 각각 답변을 제공해 심사자가 저자와 직접 의사소통하는 모습을 볼 수 있다. 또한 커뮤니티 구성원의 코멘트에 대해서도 저자가 답변하는 모습을 확인할 수 있다.

찾아보기

- 다음 『바이오지오사이언스*Biogeosciences*』 학술지 홈페이지에서 저자, 심사자, 편집자가 상호 작용하는 사례를 찾아보자.
  https://www.biogeosciences.net/

3.2.2 심사 정보 출판

심사 정보 출판은 심사 과정에서 생산된 심사 정보를 단계별로 기술해 보여준다. 전통적인 비공개 동료 심사 방식에서는 심사 과정이나 편집자의 의사 결정에 관한 정보를 전혀 공개하지 않는다. 반면에 개방형 동료 심사의 경우 다양한 유형의 심사 정보를 논문과 함께 게재한다. 심사 정보는 <표 3-2>와 같이 심사 요약본, 심사 보고서, 투고된 원고, 저자와 편집자 간의 커뮤니케이션, 심사자 정보, 편집자 정보 등으로 구분할 수 있다.

<표 3-2> 심사 정보 유형

유형	설명
심사 요약본	심사 과정 요약본이 게재된다.
심사 보고서	교신 저자가 결정하면 심사자의 보고서 전체 내용이 게재된다.
투고된 원고	동료 심사를 위해서 투고된 논문의 원고가 게재된다.
저자와 편집자 간의 커뮤니케이션	편집자의 심사 결정과 반박을 포함한 저자의 답변서가 게재된다.
심사자 정보	심사자 정보가 게재된다.
편집자 정보	편집자 정보가 게재된다.

심사 보고서는 F1000Research 등에서 찾아볼 수 있다. 심사 보고서에는 주로 심사자의 이름, 심사 결과(승인), 심사 내용 등이 수록되어 있다.

찾아보기

- 다음 F1000Research 홈페이지에서 심사 보고서 사례를 찾아보자.
  https://f1000research.com/

3.2.3 출판 후 의견 제시

출판 후 의견 제시는 온라인 출판본에 대해 의견을 제시하는 것을 말한다. <표 3-3>에서와 같이 출판 후에 논문에 대한 의견을 제시할 수 있는 참여자를 제한하지 않고 모두 허용하는 유형과 초청을 기반으로 해서 참여자를 한정하는 유형으로 구분할 수 있다. 편집자나 출판인의 초청을 받은 해당 분야의 전문가가 의견 제시에 참여할 수 있다.

<표 3-3> 출판 후 의견 제시 유형

유형	설명
공개	논문에 대한 의견 제시가 모두에게 허용된다.
초청 한정	편집자나 출판인이 초청한 특정인이 논문에 대한 의견을 제시할 수 있다.

3.3 기타 개방형 동료 심사의 유형

3.3.1 게재 후 동료 심사

게재 후 동료 심사post-publication peer review, PPPR[9]는 개방형 동료 심사의 한 형태로서 연구 논문 출판 후에 이루어진다. 출판된 연구 결과물을 독자, 연구자, 해당 분야의 전문가가 심사하고, 심사 의견에 대한 피드백을 제공할 수 있는 과정이다. 게재 후 동료 심사는 온라인에 게시된 연구 논문에 대한 댓글, 소셜 미디어 및 블로그 게시물, 토론, 포럼 등과 같은 다양한 형태를 취할 수 있다(Markie, 2015). 출판된 연구 논문을 읽은

9 게재 후 동료 심사를 비롯해 제3자 동료 심사, 이전 가능 동료 심사 등 기타 개방형 동료 심사의 유형과 관련해서는 다음 웹사이트를 참고하라. https://www.aje.com/arc/types-of-peer-review/

대중, 연구자, 전문가 등 누구나 댓글과 심사 의견을 작성할 수 있기 때문에 출판된 연구 논문의 오류나 결함을 식별하고 연구 결과에 대한 피드백을 제공할 수 있다. 또한 해당 분야 연구 커뮤니티에서 다양한 토론이 이루어지게 할 수 있다. 따라서 게재 후 동료 심사에서 제공된 피드백은 오류의 수정, 연구 방법의 개선, 새로운 연구 방향의 개발로 이어질 수 있다. 게재 후 동료 심사는 투명성과 책임성을 증가시키고 개방성과 협업을 촉진시킨다. 또한 출판된 연구 논문에 대한 개방된 토론과 피드백은 연구 결과를 신뢰할 수 있는지 확인하는 데 도움이 된다.

게재 후 동료 심사는 오랜 역사를 지녔다. 편집자에게 보내는 서신, 해설, 서평은 게재 후 동료 심사의 오래된 형태로 학술 커뮤니케이션을 풍성하게 만드는 중요한 요소로 여겨졌다. 이러한 게재 후 동료 심사 제도는 출판사의 출판 플랫폼 외에도 PubPeer(펍피어),[10] F1000Research, 일반 소셜 미디어 사이트 등의 제3자 플랫폼에서도 수행될 수 있다(Ma, 2023b; O'Sullivan et al., 2021).

그러나 게재 후 동료 심사도 몇 가지 단점을 지니고 있다. 첫째, 일반적으로 관련 분야의 전문가를 포함하는 표준적인 동료 심사와 달리 게재 후 동료 심사는 전문 지식이나 자격에 관계없이 누구나 수행할 수 있기 때문에 연구의 품질을 개선하는 데 도움이 되지 않는 편향되거나 무지한 비평으로 이어질 수 있다. 둘째, 게재 후 동료 심사는 전통적인 동료 심사에서도 동일하게 발생하는 편견과 이해충돌에 노출될 수 있다. 심사자는 저자와 개인적 혹은 전문적인 관계를 가질 수 있으며 연구의 품질 외에 다른 요인에 의해 심사 동기가 부여될 수 있다. 셋째, 게재 후 동료 심사는 일관된 기준이나 지침이 부족해 연구에 대한 일관되지 않거나 불공정한 평가로 이어질 수 있다. 이러한 사항은 저자가 자신의 연구 논문을 어

---

10 https://pubpeer.com/

떻게 개선해야 할지, 또는 독자가 어떤 심사 의견을 신뢰해야 할지 알기 어렵게 만든다.

3.3.2 제3자 동료 심사

제3자 동료 심사third-party peer review는 내부 심사자나 동료가 아닌 독립적인 제3자가 동료 심사를 수행한다. 이러한 유형의 동료 심사는 잠재적인 이해충돌이 있을 수 있거나 높은 수준의 전문성이 요구되는 경우에 종종 사용된다. 심사자는 일반적으로 학술지나 출판사에 의해 선정되며, 저자와 같은 분야나 관련 분야의 전문가일 수 있다. 제3자 심사자는 학술 기관 및 연구 기관에 소속되어 있거나 독립 컨설턴트 또는 전문가일 수 있다. 제3자 동료 심사는 규제 기관에 의해 제3자 심사가 요구되는 공학 등의 분야에서 사용될 수 있다. 또한 임상 시험과 같이 독립적인 심사가 환자의 안전을 보장하기 위해 필요한 의료 분야에서도 사용된다. 제3자 동료 심사는 연구나 제품에 대한 객관적이고 공정한 평가를 제공할 수 있다. 독립적인 제3자를 통해 객관적인 평가를 제공함으로써 잠재적인 편견을 줄일 수 있으며 연구의 품질을 향상시킬 수 있다.

그러나 제3자 심사자는 심사의 객관성과 품질에 영향을 줄 수 있는 심사자만의 편견이나 이해충돌이 있을 수 있다. 또한 전통적인 동료 심사와 다르게 제3자에게 지불하는 동료 심사 비용은 특히 자원이 제한된 소규모 연구 프로젝트나 기관의 경우에는 지나치게 부담스러울 수 있다. 그리고 제3자 동료 심사는 출판 과정에 더 많은 시간이 소요될 수 있으므로 가능한 한 신속하게 연구 결과를 발표하고자 하는 연구자들을 좌절시킬 수 있다. 특히 연구가 민감한 정보나 기밀 정보를 포함하는 경우 심사자가 연구를 완전하게 평가하는 데 필요한 모든 데이터 및 정보에 접근하지 못할 수도 있다.

3.3.3 이전 가능 동료 심사

이전 가능 동료 심사transferable peer review는 한 출판 그룹 내의 하나의 학술지에서 다른 학술지로 논문 원고의 동료 심사가 이전되는 경우이다. 이 과정은 동료 심사 과정의 효율성을 개선하는 데 도움이 되며, 저자에게 일관되고 고품질의 심사 경험을 제공할 수 있다. 저자는 출판 그룹 또는 네트워크 내의 학술지에 논문 원고를 제출한다. 만약 논문 원고가 해당 학술지에 의해 거부되는 경우 편집자는 논문 원고와 그에 대한 동료 심사 결과를 동일 그룹 또는 네트워크 내의 다른 학술지로 이전할 것을 제안할 수 있다. 논문을 받은 학술지는 기존의 동료 심사 결과를 검토해 논문 원고를 수락할지 거부할지 결정하는데, 필요에 따라 추가 동료 심사를 의뢰할 수 있다. 이전 가능한 동료 심사를 통해 논문 원고를 새로운 학술지에 제출할 때 동료 심사 과정을 처음부터 다시 시작할 필요가 없기 때문에 저자는 시간과 노력을 절감할 수 있다. 학술지는 동일 그룹 또는 네트워크 내에서 이미 수행된 학술지의 심사 결과를 사용할 수 있기 때문에 편집자와 심사자의 업무 부담을 줄일 수 있다.

이전 가능 동료 심사 제도는 학술 출판에서 점점 더 일반적 형태의 심사로 자리 잡고 있으며, 특히 대규모 출판 그룹 또는 네트워크 내에서 다양한 잠재적 이점이 있다. 그러나 심사자의 심사 내용과 심사 결과가 새 학술지의 편집자, 심사자와 공유되기 때문에 기밀 유지 및 윤리적 문제로 이어질 수 있는 가능성이 있다. 또한 논문 원고가 다른 주제 분야의 학술지로 이전되는 경우 심사자는 논문 원고를 적절하게 평가할 전문 지식이 없을 수 있으며, 이는 편향된 또는 불충분한 심사로 이어질 수 있다.

4장

오픈 액세스와 저작권

1 오픈 액세스의 의미와 등장 배경

1.1 오픈 액세스의 정의와 전략

1.1.1 오픈 액세스의 정의

2000년 이후부터 지금까지 연구자, 대학 도서관과 연구 도서관, 대학, 국립 혹은 민간 연구기금 지원 기관, 학술지 출판사, 애그리게이터 등 학술 커뮤니케이션 참여자들에게 오픈 액세스open access는 계속 뜨거운 주제였다. 오픈 액세스를 비롯해 오픈 아카이브open archive, 오픈 리포지터리open repository, 오픈 소스open source는 연구 결과물의 이용에 대한 제한을 최소화하거나 직접적인 비용을 지불하지 않고 이를 이용할 수 있는 것을 의미한다(Borgman, 2007, 100). 오픈 액세스는 일반적으로 학술 성과물을 온라인에서 누구라도 자유롭게 볼 수 있도록 만드는 과정(Sewell, 2020, 43-44), 온라인에서 디지털 형태의 문헌을 대부분 저작권 제한이나 라이선스 제한 없이 이용할 수 있는 것(Suber, 2012), 학술 콘텐츠를 자유롭게 읽거나 이용할 수 있게 하는 것(Anderson, 2018, 197)과 관련된다.

처음으로 오픈 액세스라는 용어에 대한 정의를 내린 부다페스트 오픈 액세스 선언Budapest Open Access Initiative, BOAI(2002. 2. 14)은 이를 다음과 같이 설명하고 있다.

> 온라인에서 자유롭게 접근 가능해야 할 문헌은 학자들이 보수를 기대하지 않고 세상에 제공하는 것이다. 이는 주로 동료 심사를 거친 학술지 논문을 포괄하지만, 연구자들이 동료들에게 의견을 구하거나 중요한 연구 결과를 알리기 위해 온라인에 게시하고자 하는, 동료 심사를 거치지 않은 프리프린트 또한 포함한다. 이러한 문헌에 더 넓고 더 용이하게 접근

할 수 있는 방식에는 많은 수준과 유형이 존재한다. 본 선언에서 '오픈 액세스'란 공공 인터넷을 통해 해당 문헌이 자유로운 이용 가능 상태로 제공됨을 의미하며, 누구나 해당 논문의 전문을 자유롭게 읽고, 내려받고, 복사하고, 배포하고, 인쇄하며, 검색하거나 링크할 수 있고, 색인을 위해 자동으로 수집하거나 소프트웨어에 데이터를 전달하는 등 기타 모든 합법적인 목적으로 이용할 수 있도록 허용하는 것을 말한다. 이는 인터넷 접속 그 자체에 필연적으로 수반되는 제약을 제외하고는 재정적·법적·기술적 장벽이 존재하지 않는 이용을 말한다. 이 영역에서 복제와 배포에 대한 유일한 제한이자 저작권의 유일한 역할은 저자가 자신의 연구 성과의 온전함integrity을 통제할 수 있도록 하고 그에 대한 정당한 인정과 인용을 받을 권리를 보장하는 데 있어야 한다.

이 정의는 오픈 액세스의 대상에 동료 심사를 거쳐 이미 학술지에 게재된 논문과 출판 전 논문이 모두 포함된다고 밝히고 있다. 재정적, 법적, 기술적 장벽 없이 자유롭게 이용할 수 있다는 것은 논문을 읽고 내려받는 데 직접적인 비용을 지불하지 않아도 되고, 이용 시점에서 저작권자로부터 허락을 얻지 않아도 되며, 불필요한 로그인 절차나 추가 프로그램 설치 없이 접근할 수 있음을 의미한다. '이용'한다는 것은 '읽기', '다운로드', '복사', '배포', '프린트', '검색', '링크', 색인을 위한 '자동 수집crawling' 행위를 말한다. 즉, 인터넷에 공개된 논문을 단순히 읽는 것에서 더 나아가 이를 파일로 내려받고, 프린트하고, 다시 인터넷에 재배포할 수 있는 것까지 포함한다.

'자유로운free'은 무료라는 의미와 어떠한 행위에 제한이 없다는 의미가 모두 포함되어 있다. 공짜로 먹을 수 있는 음식free food, 언론의 자유free speech에서처럼 서로 다른 의미로 사용된다. 오픈 액세스 정의에서 '자유로운'은 이 두 가지 의미를 모두 포함한 것이다. 즉, 논문에 무료로 접근할 수 있다는 것과 그 논문을 이용하기 위해 저작권자로부터 허락을 얻지 않아도 된다는 것을 의미한다. 공개된 논문을 내려받고 이를 재배포하는 방식으로 이용하는 것은 저작권자의 권리에 속하므로, 저작권법에서 예외적으로 허용하는 경우를 제외하고는 권리자로부터 허락을 얻어야 가능하다. 저작권자로부터 허락을 얻지 않고 논문을 재이용할 경우 저작권 침해가 발생하게 된다. 오픈 액세스는 이러한 침해가 발생하지 않도록 논문의 저자가 모두에게 이용을 허락하는 것을 말한다.

부다페스트 오픈 액세스 선언BOAI 이후 오픈 액세스는 매우 다양한 방식으로 전개되었다. 단순히 인터넷에 공개된 논문을 읽는 것만 가능한 상태와 다운로드, 재배포 등 재이용까지 가능한 상태가 모두 오픈 액세스로 간주되면서 이를 구분하기 위해 전자를 '무료 오픈 액세스Gratis OA', 후자를 '자유 오픈 액세스Libre OA'로 구분하자는 제안도 있었다(Suber, 2008). BOAI 선언[1]의 정의에 부합하는 오픈 액세스는 '자유 오픈 액세스'이지만 실제로는 이를 엄격히 구분하지 않고 '무료 오픈 액세스'까지 포괄하는 의미로 사용되는 경우가 많다.

오픈 액세스는 '유료 접근toll access', '닫힌 접근closed access'의 반대 의미로 사용되기도 하지만(Anderson, 2018, 197), 이용자들이 공개된 논문을 이용할 수 있는 범위가 매우 다양해지면서 반대의 의미보다는 연속체continuum의 개념(Morrison, 2009, 110)으로 이해할 필요가 있다. 재사용이 허용되지 않는 무료 오픈 액세스, 출판사의 엠바고 기간이 설정되어 있는 그린 오픈 액세스, 그리고 비영리 목적인 경우에만 재이용을 허용하는 오픈 액세스 등 제한된 범위에서의 오픈 액세스가 존재한다. BOAI 선언의 정의에 완전히 부합하는 정도의 자유로운 접근이 가능한

1 'BOAI'에서 'I'는 'Initiative', 즉 우리말 '선언'에 해당하므로 'BOAI 선언'이라고 하면 '선언'의 의미가 중복된다. 그러나 일반적으로 BOAI가 선언임을 드러내기 위해 국내에서는 'BOAI 선언'이라고 한다.

자유 오픈 액세스와 비용을 지불했음에도 재이용이 허용되지 않는 유료 접근 사이에는 여러 종류의 오픈 액세스 방식이 존재한다.

찾아보기

- **부다페스트 오픈 액세스 선언**(2002. 2. 14)
  2001년 12월 열린사회연구소Open Society Institute(OSI)는 학술지 접근 제약의 문제 해결을 위한 당시의 많은 협의체들이 서로 협력할 수 있도록 각 분야의 지도자들을 소집했다. 이 회의의 결과로 2002년 2월 오픈 액세스의 원칙, 전략, 책임을 밝히는 부다페스트 오픈 액세스 선언Budapest Open Access Initiative, BOAI이 발표되었다. 이후 당시 회의에 참여했던 이들과 연구자, 대학, 연구소, 도서관, 연구기금 기관, 출판사, 학회 등이 개인 혹은 조직의 이름으로 이 선언을 지지하며 서명했다.
  BOAI 선언문 한글판(https://openaccessprod.wpengine.com/wp-content/uploads/BOAI-Korean.pdf)을 읽어보고, 다음 BOAI 홈페이지를 방문해 이 선언에 대해 더 자세히 알아보자.
  https://www.budapestopenaccessinitiative.org/

1.1.2 부다페스트 오픈 액세스 선언의 두 가지 전략

부다페스트 오픈 액세스 선언BOAI은 오픈 액세스를 실천하기 위한 전략으로 셀프아카이빙self-archivig과 오픈 액세스 학술지open access journal 출판을 제시했다. BOAI 선언은 오픈 액세스 학술지를 새로 창간하거나 기존의 구독 학술지를 오픈 액세스로 전환하기 위해서는 이를 지원할 수 있는 제도적·기술적 체계가 마련되어야 한다고 보았다.

셀프아카이빙은 기존의 출판 시스템을 근본적으로 변경하지 않고 유통 단계의 일부를 조정함으로써 접근성을 확대하는 방식이다. 반면 오픈 액세스 학술지는 출판 과정의 생산 단계를 개편해 접근성 문제를 근본적으로 해결하려는 전략으로 제시되었다. 구체적으로 셀프아카이빙은 구독 학술지를 통해 논문을 출판한 뒤 저자가 이를 공개 아카이브나 리포지터리에 올리는 것을 의미한다. 오픈 아카이브 기준에 부합하는 셀프아카이빙 리포지터리를 구축해, 다양한 곳에 흩어져 있는 논문들도 통합적으로 검색할 수 있도록 하자는 제안이다.

셀프아카이빙 방식은 저자가 구독 학술지에 게재된 자신의 논문을 오픈 액세스 리포지터리에 제출할 때 출판사의 허락을 얻어야 한다는 문제가 있다. 구독 학술지는 논문을 출판하고 배포할 권한을 확보하기 위해 게재된 논문의 저자로부터 저작권을 양도받는다. 따라서 저자는 자신의 논문이라도 리포지터리에 공개하기 위해서는 출판사의 허락을 얻어야 한다. 학술지 출판사는 게재된 논문이 출판 즉시 공개되면 해당 논문이나 그 학술지로부터 얻을 수 있는 수입이 줄어들므로 저자의 셀프아카이빙 요청을 거부하거나 시장으로부터 회수하려 했던 수입이 최대한 확보된 이후에 허용한다.

설령 출판사가 허용하더라도 논문을 리포지터리에 제출하는 일은 다소 번거롭고 시간이 걸리기도 하므로 저자가 자발적으로 이를 실천하는 데는 한계가 있다. 또한 모든 저자가 오픈 액세스에 관심이 있는 것은 아니므로 저자의 자발성만을 기대하기는 어렵다. 이러한 문제는 누군가 저자에게 의무적으로 아카이빙을 하도록 강제할 경우 해결될 수도 있다. 따라서 대학과 연구기금 기관, 정부는 소속 구성원이나 연구비를 지원받은 연구자의 셀프아카이빙을 의무화하는 정책을 도입해 오픈 액세스를 실천해나갔다.

의학 분야의 대표적인 연구 기관이자 기금 지원 기관인 영국의 웰컴재단Wellcome Trust은 오픈 액세스 운동이 시작된 초기인 2005년에 오픈 액세스 의무화 정책을 발표해 웰컴재단으로부터 기금을 지원받은 연구자에게 셀프아카이빙 의무를 부여했다. 또한 미국 국립보건원NIH은 2008년에 공공 접근 정책을 발표해 이 기관으로부터 연구기금을 받아 발표한 논문을 펍메드 센트럴PubMed Central, PMC이라는 국립보건원 오픈 액세스 리포지터리에 기탁하는 것을 의무화했다. 이후 정부의 세금으로 조성된 연구기금을 받아 연구를 수행한 후 출판한 논문에 대한 오픈 액세스를 특별히 공공 접근public access이라고 구분해 부르기도 한다(Anderson, 2018, 204).

셀프아카이빙 방식의 오픈 액세스 전략은 구독 학술지 출판사의 허락과 연구기금 기관의 기금을 지원받은 연구자에 대한 기관의 오픈 액세스 의무화 정책이 전제되어야 한다는 점에서 한계가 있다. 설령 구독 학술지 출판사가 셀프아카이빙을 허용하더라도 그 시기는 수익을 위해 출판 즉시가 아니라 그 논문이 시장에서 가치를 상실한 시점이 되기 쉽다. 시장에서 논문의 가치가 상실되었다는 것은, 다시 말하면 최신성이 사라져 그 논문을 유용하게 읽을 독자가 많지 않게 되었음을 의미한다. 최근에는 연구기금 기관이 엠바고 없는 셀프아카이빙을 기금을 받은 연구자에게 요구하면서 일부 상업 출판사는 엠바고 없이 셀프아카이빙을 허용하는 대신 저자에게 비용을 요구하는 사례도 생기고 있다. 이러한 문제로 셀프아카이빙은 오픈 액세스를 실천하는 차선의 방법으로 간주되면서 그린 오픈 액세스Green OA라고 불린다.

오픈 액세스 학술지는 게재된 모든 논문에 누구나 자유롭게 접근해 이를 무료로 이용할 수 있는 학술지이다. 이러한 오픈 액세스 학술지는 셀프아카이빙 방식처럼 일정한 시점이 지난 후에 공개되거나 공개할 수 있는 논문의 버전에 대한 제한이 없으므로 더 완전한 오픈 액세스가 가능하다. 따라서 그린 오픈 액세스보다 더 나은 방식이라는 의미로 골드 오픈 액세스Gold OA로 불린다. 다만 오픈 액세스 학술지는 셀프아카이빙 방식에서 나타나는 한계는 없으나 보다 더 근본적으로 학술지 출판 비용을 어떻게 확보할 것인지의 문제가 있다.

일반적으로 구독 학술지는 구독료(그 대부분은 대학 도서관 및 연구 도서관이 지불함)와 개별 논문에 대한 판매비로 출판 비용과 이익을 확보한다. 학술지를 출판하기 위해서는 동료 심사 과정의 관리, 학술지 출판 시스템의 개발과 운영, 편집, 배포 비용, 그리고 이를 담당하는 직원의 인건비 등 다양한 출판 비용이 드는데 오픈 액세스 학술지에도 이러한 비용은 필요하다. 오픈 액세스 학술지는 구독료가 아닌 다른 방법으로 이러한 비용을 마련해야 한다. BOAI 선언은 연구기금을 지원하는 재단, 정부, 대학, 연구소가 오픈 액세스 학술지 출판 자금을 조달하되 각 연구 분야와 각국의 사정에 맞게 출판비 지원 모델을 개발해야 한다고 제안했다. 오픈 액세스의 두 가지 전략에 대해서는 5장에서 더 자세하게 다룬다.

1.2 오픈 액세스의 등장 배경[2]

1.2.1 핵심 학술지의 등장

1955년 『사이언스*Science*』에 인용 색인의 개념을 다룬 논문을 발표한 유진 가필드Eugene Garfield는 약 10년 후인 1964년에 과학인용색인Science Citation Index, SCI을 세상에 내놓았다. SCI는 원래 도서관이 최우선으로 구독해야 할 '핵심 학술지'를 파악하기 위한 도구였다. 그러나 학술지를 '핵심core'과 그 나머지로 구분함으로써 이 DB는 곧바로 정부, 대학, 연구비 지원 기관에 의해 과학자의 성과를 등급화하는 객관적인 척도로 사용되었고, 연구자에게는 경력 관리 도구가 되면서 학술 출판에서 경쟁적인 프레임워크가 만들어졌다.

'핵심' 학술지에 논문을 게재하려는 연구자, 여기에 논문을 게재한 연구자에게 연구비를 지원하려는 정부나 연구기금 기관, 이 학술지를 구독하려는 전 세계의 도서관이라는 안정된 시장이 만들어지자 학술지 출판은 빠르게 사업의 영역으로 이동했다. 그 결과 이미 1970년대 초반부터

2 이 절은 「지식공유운동으로서의 오픈 액세스」(박서현·정경희 편, 2022, 『지식을 공유하라』, pp. 33-46)의 일부를 요약 및 수정한 것이다.

학술지 가격 위기가 표면화되었다. 출판사들은 서로 인수와 합병을 해가며 '핵심' 학술지를 확보했고, 규모가 커진 출판사는 저자에게 출판 서비스를 제공하면서 1980년대 말 즈음에는 학술커뮤니케이션계에 확고히 자리를 잡게 된다. 그리고 생산 비용과 무관하게 학술지 가격을 부과했다. '핵심' 학술지를 구독해야 하는 안정된 시장인 도서관과 대체재가 없다는 학술 논문의 특징은 학술지 가격 상승을 더 부추겼다(Guédon, 2017).

1986-2004년에 미국 연구도서관협회Association of Research Libraries, ARL 회원 도서관의 단행본과 연속간행물 비용 지출을 보면 2000년까지 연속간행물 단가가 약 240%까지 상승했고 이에 따라 도서관의 연속간행물 비용 지출도 지속적으로 늘어났지만, 실제로 도서관이 사들인 연속간행물은 점차 줄어들었다(<그림 4-1> 참조). 이러한 가격 상승은 결국 학

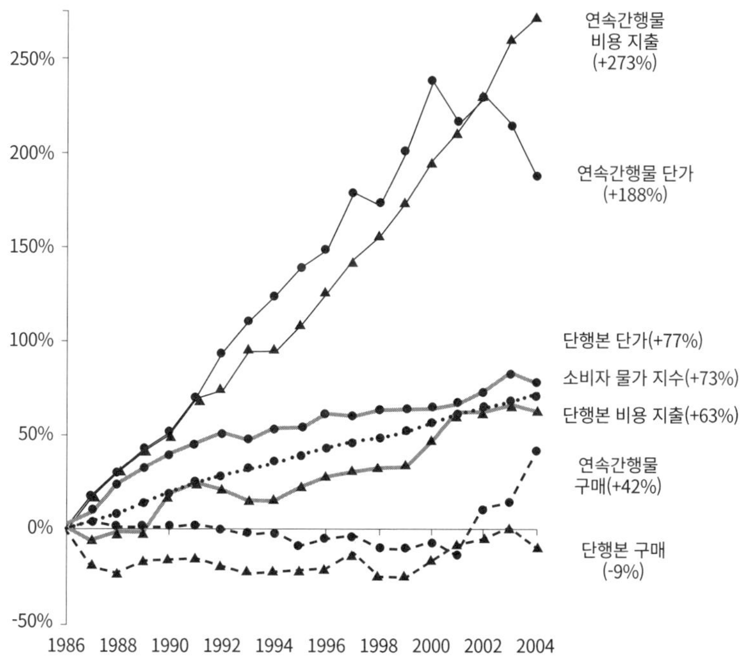

<그림 4-1> 1986-2004년 ARL 회원 도서관의 단행본과 연속간행물 비용 지출

(출처: Association of Research Libraries, 2005)

술 지식 접근의 카스트화를 초래했다(Taylor, 2013).

서구권의 대규모 대학에 소속된, 거의 모든 학술 지식에 접근할 수 있는 지식 접근 엘리트 계층이 형성됨과 동시에 소규모 대학 및 개발도상국의 연구자, 독립 연구자, NGO 단체의 활동가, 설교를 준비하는 성직자 등의 지식 접근 빈민층이 생겨났다(McPherson, 2003). 1990년대에는 이러한 지식 접근의 위기를 해결하기 위해 다양한 시도가 이루어졌다. 연구자들은 터무니없이 높은 가격을 책정한 비윤리적인 학술지로부터 독립 선언을 했으며, 웹을 기반으로 한 무료 온라인 학술지를 출판하면서 학술 지식 독점 문제를 해결하고자 했다. 또한 온라인 논문 아카이브를 만들면서 학술 지식의 생산과 배포를 위한 새로운 방향을 모색해나갔다.

1.2.2 학술지 독립 선언

> 연구 공동체에 기여하지 않는 출판사와 학술지로부터의 '독립 선언'에 동참해주십시오. (중략) 연구자들 스스로 우리 학술지를 관리할 수 있습니다. 우리는 학술지를 상업적인 소모품에서 교육과 연구에 기여하는 수단으로 바꿀 수 있습니다. 우리가 관리할 때 비로소 우리는 스스로와 사회, 우리가 속한 기관과 전 세계의 동료들에게 우리의 책임을 다할 수 있습니다. (중략) 우리가 해냈습니다. 당신도 할 수 있습니다. 나는 우리의 전략을 모두에게 권하지는 않지만 분명 상업 출판에 대한 대안이 있습니다. 우선 여러분의 학술지가 연구 공동체의 요구에 부응하는지를 파악하기 위해 이 핸드북을 검토하는 것부터 시작해주십시오.

이 글은 스팍Scholarly Publishing and Academic Resources Coalition, SPARC이 2001년 발표한 「독립 선언: 공동체 기반의 학술지 창간 가이드Declaring Independence: A Guide to Creating Community-controlled Science

Journals』(SPARC, 2001) 서문의 일부이다. 이 서문은 스프링거 출판사의 『*Evolutionary Ecology*』[3] 편집장이었던 마이클 로젠즈와이그Michael L. Rosenzweig가 출판사의 이해할 수 없는 학술지 가격 인상에 반대해 1998년 편집장직을 그만두고 대안 학술지 『*Evolutionary Ecology Research*』를 창간한 경험을 밝히며 동료 연구자들에게 동참을 권한 글이다.

헨리 하게돈Henry Hagedorn은 2000년 와일리 출판사의 『*Archives of Insect Biochemistry and Physiology*』 편집장직을 그만두고 애리조나 대학교 도서관과 공동으로 『*Journal of Insect Science*』를 창간하면서 동료들에게 공개서한을 보냈다(Hagedorn, 2001). 상업 출판사의 편집장으로 있던 자신은 결국 출판사의 날강도질에 협조한 것이었다고 반성하며 출판사의 지나친 학술지 가격 인상을 비판했다. 그리고 학자들이 자신의 정년 보장을 위한 논문을 출판하려고 저작권을 출판사에 넘기는 것은 파우스트의 거래와 같다고 지적했다. 또한 이러한 거래는 아이디어와 지식의 교류, 활발한 토론이라는 학계의 기본 동력을 시장이 왜곡하게 만든다는 점에서 특히 더 교활하다고 비판했다. 그러면서 독자가 논문을 자유롭게 읽을 수 있도록 도서관과 협력해 학술 출판에 관한 권한을 되찾자고 호소했다.

로젠즈와이그와 하게돈 등이 추진한 학술지 독립 선언은 상업 출판사가 야기한 학술지 가격 고공 행진에서 비롯되었다. 예를 들면 『*Archives of Insect Biochemistry and Physiology*』는 1986-1996년에 기관 구독료가 250달러에서 2,000달러로 8배가량 상승했는데, 해당 기간에 연간 게재된 논문 수는 65편으로 일관되었다고 한다(McPherson, 2003).

이러한 가격 인상은 특히 과학기술 및 의학 분야에서 심각했다. 위에서 언급한 로젠즈와이그나 하게돈의 독립 선언보다 약 10년 앞선 1989년,

---

3 이 장에서는 중요한 학술지 제목이 빈번하게 나온다. 일반적으로 단행본에서는 학술지 제목을 우리말로 옮기고 원어를 병기하나 여기서는 널리 통용되는 학술지의 경우 관행에 따라 원어로만 표기했다.

학술지 『*Vegetatio*』 편집장인 웁살라대학교 에디 마렐Eddy van der Maarel 교수와 당시 편집위원들 대부분이 이 학술지의 편집장직과 편집위원직을 사임하고 다음 해에 『*Journal of Vegetation Science*』(JVS)를 창간했다. 로젠즈와이그는 『*Evolutionary Ecology*』 편집장직을 그만두고 새로운 학술지 창간을 준비하면서 마렐에게 자문했다. 마렐은 장문의 이메일[4] (Marrel, 2001)을 보내 자신의 사임 및 학술지 창간 과정을 설명했다.

마렐에 따르면 『*Vegetatio*』가 1948년 국제식생학회International Association for Vegetation Science, IAVS의 공식 학회지로 창간된 후 정크Junk, 니호프Nijhoff, 클루버Kluwer 출판사로 옮겨 발간되면서 1980년대에는 클루버의 핵심적인 돈벌이가 되었다. 하지만 학회의 개인 회원이 점차 줄어들면서 연구 공동체가 해체되는 상황이 벌어졌다. 마렐은 새로운 학술지 창간을 준비하면서 저자와 편집자를 대상으로 가격이 비싸지 않은 새로운 학술지를 창간한다면 구독할 의향이 있는지, 투고할 의향이 있는지 조사했는데 95%가 긍정적으로 답했다.

마렐은 클루버로부터 경제적 손해를 입혔다고 고소당하기도 했으나, 동료 연구자들의 지지를 얻으며 다음 해 열린 IAVS 연차 학술대회에서 학회가 직접 소유하고 출판하면서 가격을 결정할 수 있는 새로운 기관지인 JVS 창간을 결정했다. 창간하자마자 약 300명의 개인 회원과 일부 도서관 회원을 모집한 것을 보면 마렐 교수의 취지에 공감하는 연구자와 도서관이 상당히 많았던 것으로 보인다. 당시 JVS 연간 구독료는 회비를 포함해 개인 30달러, 도서관 400달러였다. 이후 저자에게 게재료를 요구하거나 구독을 요청해 일부 저자가 분개하기도 했으나, 개별적으로 편지를 보내 상황을 설명하면 대부분은 진정했다고 설명하고 있다.

---

4 1998년 11월 에디 마렐이 마이클 로젠즈와이그에게 보낸 이메일을 피터 수버Peter Suber가 마렐의 허락을 얻어 2001년 10월 30일 FOS Forum 사이트에 게재했다.

마렐이 로젠즈와이그에게 이메일을 보낸 1998년에는 개인 회원이 900명, 도서관 회원이 400개에 이르렀다. 마렐은 도서관 회원이 이렇게 늘어난 까닭이 JVS가 SCI에 등재되었기 때문이라고 하며, SCI의 지배력이 지나쳐 학술지 가격 인상을 초래하는 문제는 있으나 이를 이용하는 것은 불가피하다고 조언하고 있다. JVS는 개발도상국의 연구자를 위한 '글로벌 기금'을 조성해 논문 투고와 학술지 이용이 가능하도록 했다. 편집 비용을 절감하기 위해 마렐 교수는 학교에 편집사무실을 두고 자원활동가의 지원으로 운영하다가 논문 투고 수가 증가하면서 점차 시간제 편집자, 전일제 편집사무실 책임자를 고용했다. 또한 첫 호부터 모든 원고를 파일로 제출받고 교정도 PDF로 하는 등 출판 전산화를 도입했다. 이와 같은 학술지 독립 선언은 1990년대 중반과 후반에도 계속되었다.

대학 도서관 및 연구 도서관 협의체인 미국 연구도서관협회ARL는 1998년 학술지 문제를 해결하기 위해 SPARC을 설립하고 위와 같은 학술지들의 창간과 초기 출판 과정을 지원했다. 1960년대 이후 급격히 상업 출판사에 종속되면서 그들의 돈벌이로 전락한 학술지를 구출하려 했던 연구자들의 행동을 SPARC은 학술 지식 독점으로부터의 '독립 선언'이라고 불렀다.

로젠즈와이그는 학술 지식 독점을 위해 상업 출판사가 강제했던 저작권 양도를 더 이상 허용하지 말고 논문 저자 스스로 자신의 저작권을 지킬 것, 폭리를 취하는 출판사와 거래하지 말 것, 그러한 출판사에 원고를 제출하지도, 동료 심사를 하지도 말고 편집위원으로도 활동하지 말 것, 그러한 출판사의 논문을 읽지도 말고 인용도 하지 말 것, 학회가 이들과 장사하는 것을 허락하지 말고 동료 편집자들이 그러한 학술지에서 벗어나도록 도울 것, 그리고 무지는 부도덕이니 학술지 출판과 관련해 현재 무슨 일이 벌어지고 있는지 주의를 기울이라고 하며 연구자를 위한 행동 강령(Rosenzweig, n.d.)을 발표한다. "지식이 납치당하고 있는 상황"을 멈추려

했던 연구자들의 독립 선언은 2000년대 이후 오픈 액세스 운동과 함께 지금도 계속되고 있다.

1.2.3 무료 온라인 학술지의 등장

웹이 등장하기 이전에는 리스트서브와 유즈넷이 인터넷 기반의 토론 공간으로 활용되었다. 1990년대 초부터 연구자들은 이 공간을 활용해 전 세계 동료들로부터 자신의 논문에 대한 공개 논평을 받고 이에 빠르게 응답할 수 있는 새로운 방식의 소통을 모색했다. 스테반 하나드Stevan Harnad는 초기 오픈 액세스 운동에 이바지한 주요 인물 중 한 사람으로 1989년 미국심리학회American Psychological Association, APA로부터 후원받아 『*Psycoloquy*』를 창간하고 편집장이 되었다.

하나드는 저자와 독자가 논문에 관해 신속하게 의견을 교환하고 학문 분야를 넘어 국제적 교류까지 활발히 이루어지도록 리스트서브와 유즈넷에서 이 학술지를 출판했다. 이 학술지는 기존과 달리 논문의 저자가 저작권을 소유하도록 하고 논문을 디지털 아카이브에 영구 보존해 누구라도 쉽게 검색하고 무료로 이용할 수 있게 했다. 저자가 저작권을 소유하고 있으므로 논문이 출판된 이후에도 온라인 출판물 또는 인쇄본으로 자신의 논문을 자유롭게 재출판할 수 있었다.

하나드가 "학문적 스카이라이팅scholarly skywriting"(Harnad, 1990)이라고 표현한 이 새로운 방식은 이후 오픈 액세스 운동에서 제안한 오픈 액세스 학술지의 자유로운 접근 및 재사용 방식과 유사하며, 개방형 동료 심사 등 연구자와 대중 간의 열린 소통을 추구하는 오픈 과학의 요소도 포함하고 있다. 이후 연구자와 학회를 중심으로 다양한 무료 온라인 학술지가 발행되었다. 인문사회과학 분야의 『*Postmodern Culture*』(1990), 『*Bryn Mawr Classical Review*』(1990), 『*Electronic Journal* of Communication』(1991), 『Education Policy Analysis Archives』(1993), 『Electronic Journal of Analytic Philosophy』(1993), 『Electronic Journal of Sociology』(1994), 『The Journal of Computer-Mediated Communication』(1995), 『D-Lib Magazine』(1995), 『Romanticism on the Net』(1996), 『The Nordic Journal of Philosophical Logic』(1996), 과학기술 분야의 『EJournal』(1991), 『Surfaces』(1991), 『Computer Science Technical Reports』(1992), 『Logic Journal of the IGPL』(1992) 등이다. 이 학술지를 출판한 연구자들은 새롭게 등장한 인터넷을 자유로운 지식 공유의 실천 공간으로 인식하면서 새로운 학술 커뮤니케이션의 가능성을 모색했다.

1990년대 중반에는 개별 학술지의 온라인 출판에서 한 발 더 나아가 인터넷 기술을 활용해 저렴한 비용으로 온라인 학술지를 배포하려는 움직임도 일었다. 생명과학 분야 학술지의 고가화로 인해 연구자들이 학술 논문에 접근하기 어려운 문제는 특히 개발도상국에서 심각했다. 노벨의학상 수상자 조슈아 레더버그Joshua Lederberg가 생명정보학 학술대회에서 이 문제를 제기하면서 정보기술에 익숙한 학자들이 주축이 되어 1993년 브라질의 환경정보참고센터Reference Center on Environmental Information와 함께 바이오라인 퍼블리케이션스Bioline Publications를 시작했다. 이들은 기존의 학술지를 스캔해 이메일로 전달하다가 1995년에는 25종의 학술지를 웹에서 서비스했다(Canhos et al., 2001). 비영리적인 학술지 유통 프로젝트인 바이오라인 퍼블리케이션스는 2000년 토론토대학교 도서관으로 이전하면서 도서관과 연구자의 협업을 기반으로 한 국제적 오픈 액세스 출판 플랫폼인 바이오라인 인터내셔널Bioline International로 재출범했으며, 이후 현재까지 연구자와 도서관의 협업을 기반으로 개발도상국의 생명과학 분야 오픈 액세스 학술지를 출판하고 있다.

상업 출판 영역에서도 무료 온라인 학술지 출판사가 등장했다. 리뷰 학술지로 출판 사업에 성공한 어떤 사업가는 독자보다 저자가 논문 출판에 관심이 더 많고 이미 인터넷이 연구자들에게 익숙한 기술이라는 점에 착안해 출판사를 거치지 않고 누구나 무료로 접근할 수 있는 온라인 무료 리포지터리인 바이오메드 센트럴BioMed Central, BMC[5]을 운영하기 시작했다. BMC는 무료 접근을 보장하면서 저자와 소속 기관 및 연구기금 기관이 출판비를 부담하는 수익 모델을 적용했다. 상업 출판사들이 온라인 학술지를 라이선스 방식으로 도서관에 제공하는 것이 일반적이었던 1990년대에 연구자와 학회가 다양한 온라인 무료 학술지를 출판하면서 상업 영역에서 이를 새로운 사업의 기회로 만들기 시작한 것이다.

1.2.4 프리프린트 아카이브 출현

무료 온라인 학술지가 등장한 1990년대 초반에 온라인 프리프린트 아카이브도 출현했다. 고에너지 물리학 분야에서 폴 긴스파그Paul Ginsparg가 만든 arXiv('아카이브')는 오픈 액세스 실천 전략의 하나인 셀프아카이빙의 실례로 자주 언급된다. 그런데 시작 당시 arXiv는 앞서 언급했던 상업 출판사에서 독립한 학술지나 무료 온라인 학술지처럼 지식 접근에 관한 비용 장벽을 해결하려는 목적을 가진 것은 아니었다.

학술지에 논문이 게재되어 배포되기까지는 상당한 시간이 소요되었기 때문에 연구자들은 인쇄 전 원고를 간단히 편집해서 신속하게 공유할 수 있는 프리프린트를 제작했다. 긴스파그가 만든 arXiv는 물리학 분야에서 오랫동안 유지되었던 아날로그 방식의 프리프린트를 디지털 방식으로 전환하기 위한 것이었다. arXiv는 시작과 동시에 전 세계 연구자들이 활발히

---

5 BMC는 2001년 12월부터 저자에게 출판비 500달러를 부과했다. 개발도상국의 저자와 재정이 어려운 저자에게는 출판비를 면제해주었다. BMC 회원 기관 소속 저자에게도 출판비가 면제되었다(Suber, 2001).

참여하면서 다른 학문 분야에서 더 혁신적인 시도를 하는 계기가 되었다.

프리프린트 아카이브의 기술적 실험과 연구자들의 참여를 확인하고 이를 지식 공유 운동을 위한 토대로 사용하고자 한 사람은 초기의 온라인 학술지 『*Psycoloquy*』를 창간하면서 '학문적 스카이라이팅'을 제안한 스테반 하나드이다. 하나드는 1994년 6월 상업 출판사와의 파우스트의 거래를 멈추고 전 세계 연구자가 공공 파일 전송 프로토콜File Transfer Protocol, FTP에 자신의 논문을 올려 모든 사람이 자유롭게 이용할 수 있는 순수한 전자 출판으로 바꿔가자는 '혁신적 제안Subversive Proposal' (Harnad, 1995)을 한 인터넷 토론 공간에 올린다.

이는 물리학 분야에서처럼 기존의 상업 출판을 전제로 한 프리프린트 아카이빙에 관한 제안이 아니었다. 또한 상업 출판사로부터 독립한 학술지나 온라인 무료 학술지와도 구별되는, 또 다른 방식의 지식 공유를 모색한 제안이었다. 하나드는 물리학 분야에서 긴스파그가 만든 프리프린트 네트워크에 전 세계 2만여 명의 이용자가 참여하고 있다고 설득했다. 하나드의 제안은 약 두 달간 학술커뮤니케이션계에 높은 관심을 불러일으켰다. 첫 번째 응답자는 학술지 전자 출판 시스템 관리자인 폴 사우스워스Paul Southworth였다. 그는 "좋아, 해보자! 내가 아카이브 공간과 네트워크 연결, 관리자 계정을 제공하겠다. (중략) 준비되면 나에게 알려달라. 파일럿을 출범시키면 바로 서버에 디스크 공간을 마련하고 계정을 주겠다"라고 응답했다. 이후 arXiv의 긴스파그를 비롯해 출판인, 학자가 참여해 이 제안에 관한 논의를 계속해나가면서[6] 인지심리학 분야의 CogPrints(1997), 경제학 분야의 RePEc(1997) 등 온라인

6 미국 연구도서관협회ARL는 이 논의를 정리해 1995년에 *Scholarly Journals at the Crossroads: A Subversive Proposal for Electronic Publishing* (Ann S. Okerson & James J. O'Donnell (Eds.), Washington, DC.: Association of Research Libraries)이라는 책으로 출판했다.

셀프 아카이브가 등장했다.

1.2.5 플로스PLOS

arXiv의 성공은 의학 분야에도 영향을 미쳤다. 1998년 데이비드 리프먼David Lipman 등 몇몇 생의학 분야 연구자들은 긴스파그를 초청해 arXiv에 관한 설명을 들은 뒤, 미국 국립보건원 원장 해럴드 바머스Harold Varmus와 함께 프리프린트 아카이브이면서 동시에 출판 후 논문도 아카이빙할 수 있는 이바이오메드E-biomed를 의학계에 제안한다.

그러나 검증되지 않는 논문의 공개를 염려하는 의학자들의 반대에 부딪히면서 의학 분야에서는 2000년에 출판 후 논문 아카이브인 펍메드 센트럴PMC이 등장하게 된다. 같은 해 바머스는 동료들과 함께 플로스PLOS(Public Library of Science)라는 단체를 만들고 2001년 8월에는 학술 논문에 적용할 공개 라이선스인 플로스 오픈 액세스 라이선스 1.0 PLOS Open Access License 1.0 또는 PLOS OAL 1.0(이에 대해서는 뒤에서 보다 상세히 다룬다)을 공개하고[7] '학술 출판사에 보내는 공개서한Open Letter to Scientific Publishers'을 발표하면서 지지 서명을 받기 시작한다.

이 서한은 의학과 생명과학 분야에서 출판된 논문을 자유롭게 이용할 수 있는 온라인 공공 도서관을 만들고, 이를 위해 학술지 출판사는 향후 출간한 모든 논문을 출간일로부터 6개월 이내에 PMC나 그와 유사한 곳에 제한 없이 무료로 배포하는 데 동의해야 하며, 연구자는 이를 허용하는 학술지를 통해서만 논문을 출판하고 편집과 동료 심사에 참여하자고 제안했다. 또한 상업 출판사와의 공존을 염두에 둔 6개월의 엠바고 기간

7 플로스PLOS 라이선스의 제목에 '오픈 액세스'라는 용어가 사용되었으나 이 라이선스에서 그에 대한 정의가 제시되지는 않았다. 이로부터 6개월 뒤에 공개된 BOAI 선언에서 '오픈 액세스'에 대한 정의가 명확하게 제시되었다.

이 지난 뒤 셀프아카이빙을 제안했다.

그러나 이들은 곧바로 접근 비용 없이 출간과 동시에 누구나 무료로 이용할 수 있는 오픈 액세스 학술지 출판이 가능함을 보여주기 위해 2003년 10월에 『플로스 바이올로지*PLOS Biology*』를 창간했다. 물론 여기에 게재된 모든 논문에는 PLOS OAL을 적용했으며 저자에게 논문 출판 비용을 부과했다. 플로스는 1990년대 진행된 접근 비용이 무료인 온라인 학술지와 셀프아카이빙, 두 가지 방식을 모두 적용하며 학술 지식 공유 운동을 추진해나갔다. 2001년 8월의 PLOS 선언에는 249개국 약 3만 6,000명의 생명과학 및 의학 분야와 그 외 다양한 학문 분야의 교수와 연구자, 대학원생, 사서가 서명했다(Hughes, 2008). 이 선언은 학술지 문제에 관한 언론의 관심을 끌어내는 계기가 되었고, 몇 개월 뒤인 2002년 2월 전체 학문 분야의 오픈 액세스 운동의 시작인 부다페스트 오픈 액세스 선언을 끌어내는 데 크게 이바지했다.

찾아보기

- 다음 웹페이지에서 플로스PLOS 창립 당시 학술 출판사에 보낸 공개서한을 읽어보자.
  https://plos.org/open-letter/

2 오픈 액세스의 전개와 확장

2.1 오픈 액세스의 전개 과정

2.1.1 부다페스트 오픈 액세스 선언: 1990년대 학술 지식 공유 운동의 집결지

1990년대 학술 지식의 생산과 배포에 대한 연구자와 학회의 주체성

회복을 강조하며 상업 출판사로부터 독립 선언을 한 연구자, 인터넷 기술을 지식 교류의 새로운 기회로 만들고자 했던 연구자, 이들을 지원한 도서관 단체, 무료 온라인 학술지를 새로운 비즈니스 모델로 만든 상업 출판사는 2001년 12월 열린사회연구소OSI가 소집한 회의에 다 함께 참석해 새로운 세기의 학술 커뮤니케이션 방향을 모색했다. 이들은 다음 해 2월 연구와 지식의 사회적 확산을 위해 대가 없이 학술지에 연구 결과를 게재해왔던 연구자들의 오랜 전통을 지키면서, 인터넷이라는 새로운 기술을 이용해 연구와 교육을 풍성하게 만들고 부자와 빈자가 배움을 공유하며 지적 탐구와 대화 속에서 인류 통합을 위한 토대를 만들어나가자는 부다페스트 오픈 액세스 선언BOAI[8]을 발표한다. 이를 위해 인터넷에서 전 세계의 누구라도 완전히 무료로 자유롭게 지식에 접근할 수 있도록 오픈 액세스를 실천해나갈 것을 다짐하면서 두 가지 전략으로 셀프아카이빙과 오픈 액세스 학술지를 제안했다.

셀프아카이빙은 긴스파그가 제안한 프리프린트 방식의 동료 심사 이전 원고 공개 모델과 하나드와 플로스가 제안한 포스트프린트 방식의 동료 심사 후 원고 공개 모델을 모두 수용해서 각 학문 분야의 특성에 맞게 연구 성과를 수집, 보존해 이에 대한 접근과 이용을 확산시키자는 제안이었다. BOAI 선언은 셀프아카이빙을 위해서는 연구자들이 자신의 논문을 쉽게 오픈 아카이브에 제출할 수 있는 소프트웨어 툴과 연구자 지원이 이루어져야 하고 각각의 오픈 아카이브는 마치 하나인 것처럼 연계되어 통합 검색이 이루어져야 한다고 제안했다. 오픈 액세스 학술지를 위해서는 연구자들이 이러한 학술지를 출판할 수 있도록 툴을 지원하고 기존의 학술지를 오픈 액세스로 전환하는 데 필요한 지원이 이루어져야 한다

8 'Budapest Open Access Initiative'(2002. 2. 14). https://www.budapestopenaccessinitiative.org/read/

고 보았다. 그리고 접근 비용이 무료이므로 출판에 필요한 비용을 연구비를 지원하는 재단이나 정부, 대학, 연구소 등이 지원해야 한다고 강조했다. 또한 오픈 액세스 학술지의 저작권은 더 이상 접근과 이용을 제한하는 수단으로 사용해서는 안 되며 오로지 저자의 인격적 권리를 지키면서 영구적인 오픈 액세스를 보장하는 목적으로만 사용할 것을 제안했다.

BOAI 선언이 제시한 두 가지 전략은 이전에 없었던 완전히 새로운 것이라기보다 이미 1990년대 각 분야에서 연구자들이 주도했던 지식 공유를 위한 노력이 오픈 액세스라는 이름 아래 집결된 것이다. 이 선언은 그동안 각자가 추진한 지식 공유 운동에 보다 다양한 학문 분야, 더 많은 연구자와 관련 주체를 참여시키고 그간의 한계와 앞으로 나아갈 방향을 논의하면서 향후 전개할 지식 공유 운동의 목표와 전략을 구체화했다.

2.1.2 베데스다 선언: 학술 커뮤니케이션 참여자에 대한 동참 호소

BOAI 선언 약 1년 후 의학 분야에서는 도서관, 출판사, 학회, 대학, 연구기금 기관에 오픈 액세스 운동에 동참할 것을 호소하는 '오픈 액세스 출판에 관한 베데스다 선언'(약칭 베데스다 선언)[9]을 발표했다. 이 선언에는 BOAI 회의에 참여했던 연구자와 단체 이외에 미국의 하워드휴즈의학연구소Howard Hughes Medical Institute와 영국의 웰컴재단 같은 의학 분야 연구 기관 및 연구기금 기관, 학회, 의과대학, 미국 국립의학도서관NLM과 의과대학 도서관, 오픈 액세스 출판사 등이 참여했다. 이들은 각자의 영역에서 오픈 액세스 출판과 셀프아카이빙을 위해 무엇을 해야 하는지를 명확히 하고 이를 실천하자고 제안했다.

9 'Bethesda Statement on Open Access Publishing'(2003. 4. 11). https://archive.org/details/jlis_it-8628

베데스다 선언에서 대학과 연구기금 기관에 요청한 것은 네 가지이다. 첫째, 교수와 연구기금 수혜자가 오픈 액세스 원칙에 따라 연구 결과물을 출판해 전 세계 학자와 대중이 접근하고 이용할 수 있도록 정책을 수립하라고 요구했다. 연구자가 자신의 연구물을 출판하는 것은 그 아이디어와 결과를 사회 구성원 모두와 공유해 사회에 유용하게 만들기 위한 것이므로 이것이 실현되지 않는다면 대학과 연구기금 기관의 임무는 그 절반만 완료된 것이라고 강조했다. 둘째, 동료 심사 학술지에 게재하는 논문에 대한 오픈 액세스 출판 비용을 지원해야 한다는 것이다. 셋째, 연구자 평가를 위한 기준을 기존의 학술지 단위에서 연구자의 논문 자체로 바꾸어야 한다는 것이다. 앞서 언급했듯이 상업 출판사에 의한 학술지 독점은 '핵심 학술지'가 연구자 평가의 도구로 잘못 사용되면서 촉발된 것이므로 연구자 평가의 주체인 대학과 연구기금 기관이 이를 개선하라는 요구였다. 넷째, 연구자의 오픈 액세스 출판 경력을 교원 임용, 승진 평가의 중요한 기준으로 적용해야 한다는 것이다. 연구자가 자신의 연구 결과를 오픈 액세스로 출판하는 것은 학문의 공공적 가치를 실현하는 데 이바지하는 것이므로 이러한 노력이 연구자 평가에 반영되어야 오픈 액세스가 확산될 수 있기 때문이다. 이러한 요청은 지식 공유를 실천하려는 연구자의 선한 의지만으로는 오픈 액세스가 실현될 수 없고, 연구자의 소속 기관과 기금 기관이 그 실천을 유도하는 연구 평가 제도를 개선하고 재정적 지원이 이루어질 때 가능함을 분명히 밝힌 것이다.

도서관에는 오픈 액세스 출판으로 전환할 수 있도록 인프라를 구축해 연구자 집단을 지원하면서 성공 사례를 만들어나갈 것, 오픈 액세스 출판의 가치를 교육할 것, 오픈 액세스 학술지를 도서관 자원으로 수집해 제공할 것을 요구했다. 출판사에는 학술지마다 논문별 오픈 액세스 옵션을 제공하고, 기존의 구독 학술지 모델을 오픈 액세스 학술지 모델로 전환하는 계획을 발표하고, 재정적 어려움이 있는 연구자에게 논문 출판비

Article Processing Charge, APC가 장벽이 되지 않도록 해야 한다고 요구했다.

연구자에게는 오픈 액세스 출판 모델을 지지하고 학술지의 동료 심사와 편집에도 참여해달라고 요청했다. 학회에도 향후 출판하는 모든 학술지를 오픈 액세스로 전환해달라고 요구했다. 대학과 연구기금 기관에 요청한 것처럼 연구자와 학회에도 학술지가 아니라 개별 논문이 연구자의 승진과 평가 기준이 되도록 같이 변화를 이루어가자고 제안했다.

PLOS 선언과 BOAI 선언이 연구자들에게 오픈 액세스를 알리고 동참을 요구하는 것이었다면, 베데스다 선언은 오픈 액세스가 연구자 집단의 의지만으로 해결될 수 없음을 지적하며 학술 커뮤니케이션의 각 주체가 그 역할을 재구조화할 것을 요청한 것이다. 대학과 연구기금 기관에는 더 이상 연구자들이 비윤리적인 학술지에 의존하지 않도록 새로운 평가 구조를 마련할 것을, 도서관에는 더는 학술지 소비자가 아닌 학술 지식 생산의 동반자가 될 것을, 출판사에는 더 이상 무한의 이윤 추구 집단이 아닌 지식 배포 기관으로서 본연의 역할을 다해달라고 요구한 것이다. 오픈 액세스는 표면적으로는 모든 사람이 무료로 학술 논문을 이용할 수 있도록 공개하자는 것이었지만 내적으로는 연구와 출판, 즉 지식의 생산과 유통이 분리되면서 만들어진 학술 커뮤니케이션 생태계의 위기 문제를 해결하자는 움직임이었다.

그러나 베데스다 선언의 요청이 이러한 문제를 해결하는 과정에서 새로운 한계를 드러내거나 또 다른 문제를 초래할 가능성이 있었다. 베데스다 선언에서는 오픈 액세스 학술지를 새로 창간하거나 기존 학술지를 오픈 액세스로 전환하는 것이 쉽지 않고 설령 그것이 가능하더라도 상당한 시간이 소요되리라는 판단에서 BOAI 선언과 달리 논문 단위의 오픈 액세스 출판을 제안했다. 베데스다 선언의 제안대로 이후 무수히 많은 상업 학술지가 오픈 액세스를 옵션으로 제공하는 하이브리드 학술지가 되었다. 그러나 이러한 유형의 학술지를 펴내는 출판사는 오픈 액세스 학술지에 비해 논문 출판 비용을 지나치게 높게 책정하거나 도서관의 라이선스 비용에 오픈 액세스 논문을 끼워 넣는 등의 비윤리적인 행태를 보이며 또 다른 학술지 문제를 초래했다.

2.1.3 베를린 선언: 정보 서비스 기관의 응답

베데스다 선언 발표로부터 약 6개월 후인 2003년 10월 독일의 대표적인 기초과학 연구 기관 연합인 막스플랑크협회Max Planck Society와 유럽의 디지털 문화유산 접근과 공유를 촉진하기 위한 협의체인 유럽문화유산온라인European Cultural Heritage Online은 도서관, 아카이브, 박물관 등 문화유산 기관, 연구 기관 및 연구기금 기관의 대표들을 소집해 3일간 회의[10]를 개최했다. 그리고 그 결과로 '과학과 인문학 지식의 오픈 액세스에 관한 베를린 선언'(약칭 베를린 선언)[11]을 발표했다.

이 회의 참석자들은 사회의 모든 구성원이 정보를 자유롭게 이용할 수 없다면 지식 배포를 책임지는 기관의 미션이 절반만 완성된 것이므로 오픈 액세스를 통해 이를 완성하자고 선언했다. 베를린 선언은 연구자와 기금 수혜자가 오픈 액세스로 논문을 출판하도록 독려하고, 오픈 액세스 출판물과 온라인 학술지 평가 수단 및 방법을 개발하며, 오픈 액세스 출판이 승진이나 정년 보장 평가에서 인정받을 수 있도록 지지하자는 내용을 담고 있다. 또한 오픈 액세스 출판이나 셀프아카이빙을 위한 소프트웨어 툴 개발, 메타데이터 생산, 개인 논문 출판 등 오픈 액세스 인프라 구

10 베를린 선언에 처음 서명한 기관들이 이 회의를 계속 개최하자고 합의했다. 이후 베를린 회의Berlin Conference는 2013년 11차 회의까지는 매해 개최되었고, 그 이후부터는 매년 혹은 격년 개최된다.

11 'Berlin Declaration on Open Access to Knowledge in the Sciences and Humanities' (2003. 10. 22). https://openaccess.mpg.de/Berlin-Declaration

축과 오픈 액세스를 위한 법적·재정적 기반을 만들어가자고 다짐한다. 프랑스, 독일, 네덜란드, 오스트리아, 노르웨이 등 주로 유럽의 국가 연구 기관, 대학 및 연구기금 기관이 이 선언에 서명했다.

베데스다 선언에는 의학 분야를 중심으로 주로 미국의 대학과 연구 기관이 참여했다면 베를린 선언에는 유럽의 학술 정보 서비스 기관이 참여해 오픈 액세스 운동에서 그들의 역할을 확인하고 참여 방안을 제시한 것이다. 이 선언을 주도한 막스플랑크협회는 지속적으로 베를린 회의를 개최하며 지금까지 유럽에서 오픈 액세스 관련 논의를 이끌어가고 있다. 2016년에는 대부분의 학술지를 구독형 출판에서 오픈 액세스 출판으로 전환하자는 비전을 제시한 '오픈 액세스 2020', 즉 OA2020을 발표했고, 2023년에는 오픈 액세스 전환 과정에서 드러난 고가의 논문 출판비로 인한 저자 장벽이나 저작권 문제 등에 대한 입장문을 발표하면서 오픈 액세스의 실천과 확산을 위한 새로운 방안을 지속적으로 제시하고 있다.

찾아보기

- 베데스다 선언문과 베를린 선언문의 원문을 찾아서 읽어보고, 선언에 참여한 사람들과 기관을 확인해보자.
  베데스다 선언문 https://archive.org/details/jlis_it-8628/page/6/mode/2up
  베를린 선언문 https://openaccess.mpg.de/Berlin-Declaration

2.1.4 오픈 액세스 실천을 위한 노력과 출판사의 대응

세 선언 이후 많은 대학과 연구 기관이 오픈 액세스 출판 및 셀프아카이빙을 의무화하는 정책을 발표하기 시작했다. 2004년 베를린 선언에 서명한 32개 이탈리아 대학의 총장들이 오픈 액세스 선언을 발표했고, 다음 해에는 영국의 연구 중심 대학을 대표하는 러셀그룹Russel Group과 전체 대학을 대표하는 영국대학협회Universities UK가 오픈 액세스 선언을 하고, 영국연구위원회RCUK가 오픈 액세스 정책을 발표했다. 이어서 핀란드대학총장협의회Finnish Council of University Rectors, 유럽대학연합회The European University Association도 오픈 액세스 정책을 채택했다. 2008년과 2009년에는 하버드대학교 인문과학부와 법대, 매사추세츠공과대학교MIT 등 수많은 대학이 오픈 액세스 의무화 정책을 채택했다. 대학의 연구자들은 학교 내에서는 대학 차원의 오픈 액세스 정책 도입을 추진해 연구자가 오픈 액세스를 실천할 수 있는 기반을 만들었고, 학교 밖에서는 학술지의 오픈 액세스 전환과 공공기금으로 연구해 발표한 논문의 오픈 액세스 의무화 법안 도입을 촉구했다.

2008년 미국의 보건복지부와 유럽연합 집행위원회European Commission가 각각 공공기금으로 작성한 논문의 셀프아카이빙을 의무화하는 정책을 발표했다. 이후 정부 산하의 연구소와 민간 연구소도 그들의 연구비를 지원받은 연구자에게 셀프아카이빙을 요구하거나 오픈 액세스 출판을 의무화하고 이를 위한 논문 출판 비용을 지원했다.

대학 도서관은 상업 출판사로부터 독립 선언을 하고 오픈 액세스 학술지를 창간하려는 연구자를 지원하거나 교내 각 연구소와 학과에서 발간하는 학술지의 오픈 액세스 전환을 지원했다. 또한 교내 연구자들이 셀프아카이빙할 수 있는 오픈 액세스 리포지터리를 운영하면서 연구자들의 논문 기탁을 지원했고, 그들이 오픈 액세스를 잘 이해하고 기금 기관의 요구를 제대로 이행할 수 있도록 필요한 정보를 제공하는 역할을 했다. OA2020이 제안된 이후에는 대학 소속 연구자의 논문 출판 비용과 학술지 구독 비용을 결합해 출판사와 라이선스 계약을 맺으면서 오픈 액세스 자원을 확대하려는 노력을 기울이고 있다.

기관 단위의 오픈 액세스 운동이 진행되는 동안에도 엘스비어, 와일리, 스프링거 네이처 등 대형 상업 출판사의 학술지 편집위원장과 편집위원의 독립 선언은 계속되었다. 인문학 분야에서는 독립한 학술지들의 안정적인 오픈 액세스 출판 모델을 만들기 위해 도서관과 협력해서 개별 저자에게 논문 출판 비용을 부과하지 않는 다이아몬드 오픈 액세스 학술지 모델을 개발했다.

인문사회과학 분야 연구자는 의학이나 과학기술 분야 연구자와 달리 연구비를 지원받는 경우가 상대적으로 드물다. 따라서 연구기금 기관의 지원이 없는 저자에게 논문 출판 비용을 부과하는 방식은 출판 과정에서 연구자에게 장벽이 될 수 있다. 이러한 문제를 해소하기 위해 다이아몬드 오픈 액세스 학술지는 저자에게 논문 출판 비용을 면제하고, 그 대신 도서관, 연구기금 기관, 정부 등이 출판비를 분담한다. 인문학 분야의 OLH(Open Library of Humanities), 언어학 분야의 LingOA, 수학 분야의 MathOA, 심리학 분야의 PsyOA 등이 저자의 논문 출판 비용 부담을 해소한 출판비 분담 사례이다. 이들은 도서관과 함께 공정오픈액세스연합Fair Open Access Alliance, FOAA을 조직하고 '공정한 오픈 액세스 원칙The Fair Open Access Principles'을 발표했다. 이 원칙은 학술지가 연구자 집단의 요구에 부합하도록 투명하게 소유·관리되어야 하고, 논문 저자가 저작권을 소유해야 하며, 오픈 액세스 논문에는 오픈 액세스 라이선스가 사용되어야 하고, 출판비가 연구자의 논문 투고와 출판을 가로막아서는 안 되며, 학술지 출판 비용은 저렴하고 투명하며 수행된 작업에 비례해야 한다는 것이다.

이 원칙은 2002년 BOAI 선언 이후 진행되어온 오픈 액세스 운동이 상업 출판사의 사업 모델로 자리 잡으면서 생겨난 문제를 드러내고 그 해결 방안을 제시했다. 이 원칙에는 상업 출판사로부터 독립해 연구자 집단이 관리하는 학술지를 만들고 인터넷 기술을 새로운 학술 지식 공유의 기회로 삼고자 했던 1990년대의 연구자들, 그리고 이 노력을 오픈 액세스 운동으로 확산시키려 했던 2000년대 초반 연구자들의 지식 공유 정신을 회복하자는 의지가 담겨 있다.

이후 학술출판계에서는 상업적인 오픈 액세스 학술지 출판사가 다수 등장했다. 의학 분야의 플로스는 오픈 액세스 학술지를 창간해 SCI에 등재하면서 오픈 액세스 학술지의 질적 수준에 대한 오해를 불식시키기 위해 노력했다. 처음부터 상업적인 오픈 액세스 학술지 출판을 목표로 했던 BMC 출판사는 학술지 수를 계속 늘려나갔다. 힌다위Hindawi, 엠디피아이MDPI 등 오픈 액세스 학술지 전문 출판사들이 다수 등장하면서 오픈 액세스 시장 규모는 더 커졌다. 대형 상업 출판사들은 구독 학술지를 하이브리드 학술지로 전환하고 BMC 등 오픈 액세스 출판사를 인수하면서 오픈 액세스를 새로운 출판 사업 모델로 키워갔다. 또한 구독 학술지들은 6-24개월 정도의 엠바고 기간을 두고 셀프아카이빙을 허용하면서 대학과 연구기금 기관의 오픈 액세스 의무 규정을 준수하려는 연구자의 논문을 확보해 사업의 손실을 막고자 했다.

찾아보기

- '공정한 오픈 액세스 원칙The Fair Open Access Principles'(Fair Open Access Alliance, FOAA)에 대해 찾아보자. 제시된 다섯 가지 원칙이 무엇인지 확인하고 그에 대한 설명을 읽어보자.

2.2 오픈 액세스의 확장과 도전 과제

2.2.1 오픈 액세스의 확장

학술 논문에 대한 자유로운 접근을 실현해 인류 공동의 지적 대화를 위한 기반을 만들기 위해 시작했던 오픈 액세스 운동은 단행본, 연구 데이터, 교육 자원 등으로 대상을 확장해나갔다. 이들은 각각 오픈 액세스 단행본open access book, 오픈 연구 데이터open research data, 오픈 교육 자원open educational resources으로 불린다.

학술 저서를 오픈 액세스로 출판해 누구나 자유롭게 접근하고 이용할 수 있게 한다는 오픈 액세스 단행본의 등장 배경과 이점은 오픈 액세스 논문과 유사하다. 특히 대학 도서관 및 연구 도서관이 자료 예산의 상당 부분을 학술지 구독에 지출하면서 상대적으로 단행본 구매는 줄어들 수밖에 없었고, 연구자들은 필요한 책을 쉽게 이용하기 어려워졌다. 또한 도서관의 단행본 예산 축소는 출판사의 단행본 간행 사업도 위축시켰다.

단행본은 특히 인문사회과학 분야에서 중요한 학술 자원이므로 학술지의 위기가 학문의 균형 있는 성장에도 영향을 미친 것이다. 오픈 액세스 단행본은 이러한 문제를 해결하기 위한 것이다. 기금 수혜자가 출판한 논문에 대한 오픈 액세스 의무화 규정을 앞장서 도입했던 영국의 웰컴재단은 2013년에 재단의 지원을 받아 출판한 학술 단행본 전체 혹은 단행본의 한 챕터에 대해서도 오픈 액세스 의무화를 적용하는 정책을 발표했다(Wellcome Trust, 2015).

오픈 액세스 단행본 출판을 위해 오픈 북 출판사Open Book Publishers, 푼크텀 북스Punctum Books, 오픈 인문학 출판사Open Humanities Press 등이 등장했다. 이들의 수익 모델로는 온라인 버전은 무료로 공개하고 인쇄본은 유료로 판매하는 인쇄본 보조 모델, 대학 도서관 등 기관의 지원을 받는 기관 보조 모델, HTML 버전은 무료로 공개하고 PDF 편집본은 유료로 판매하는 프리미엄 모델, 다수의 도서관으로부터 출판비를 받아 오픈 액세스 단행본을 출판하는 공동기금 모델(Eve, 2014, 130-135), 저자가 출판비를 부담하는 도서 출판 비용Book Processing Charge, BPC 모델 등이 있다(Ferwerda, 2014). 예를 들면 오픈 액세스 단행본 출판에 앞장섰던 널리지 언래치드Knowledge Unlatched는 출판사와 도서관이 협력한 공동기금 모델이다. 출판사가 출판할 책을 미리 제시하고 도서관은 해당 도서의 출판비를 지원할 의사를 밝히고, 일정 수의 도서관이 모여 출판비가 충족되면 출판사가 해당 도서를 무료로 공개하는 방식이다. 더 많은 도서관이 참여할수록 도서관이 분담하는 비용은 줄어들게 된다(Anderson, 2018, 217).

데이터는 연구의 시작인 동시에 결과이다. 연구 과정에서는 관찰 데이터, 계산 데이터, 실험 데이터, 기록 등 다양한 데이터가 생산된다. 유전자 정보를 분석하는 생명과학 분야나 입자물리학 분야에서뿐만 아니라 다른 분야에서도 데이터 집약형 연구가 이루어진다. 오픈 연구 데이터는 연구 과정에서 생산된 데이터를 누구나 자유롭게 접근해 이용할 수 있도록 공개하는 것을 말한다(Murray-Rust, 2008). 오픈 연구 데이터는 연구에 활용한 데이터를 공개해 연구 조작이나 도용과 같은 연구 부정행위를 막고, 고비용으로 만들어진 데이터가 한 번 사용되고 버려지는 문제를 해결하는 방안이 된다. 연구기금 기관은 기금 수혜자들에게 연구 결과인 논문을 공개하라고 요청하거나 의무화한 것처럼, 연구 과정에서 생산된 데이터도 공개하도록 요청하고 있다.

오픈 교육 자원OER은 가르치고 배우는 교육 과정에서 생산되는 교재, 수업 자료, 소프트웨어, 수업 도구, 기술 등을 공개해 자유롭게 이용하자는 운동이다(Atkins et al., 2007).

오픈 액세스 운동 이후에 등장한 연구와 학문의 개방을 추구하는 이와 같은 각 영역의 활동과 개념을 아우르기 위해 오픈 연구open research 또는 오픈 과학open science, 오픈 스칼라십open scholarship, 시민 과학citizen science이라는 용어가 사용된다. '오픈'으로 시작하는 이러한 운동들은 연구 생애 주기 전체에서 개방과 투명성을 가능한 한 확대하자는 것, 그리하여 연구의 효과와 가시성을 넓히고 또 다른 연구의 가능성을 확대하자는 것이다. 이는 연구자 개인 혹은 연구자가 소속된 집단에 폐쇄적으로 머물러 있던 연구 결과를 더 넓은 연구 집단과 이를 넘어 시민들에게까지 확장하자는 것이기도 하다.

2.2.2 오픈 액세스의 도전 과제

약 25년 동안 추진된 오픈 액세스 운동의 결과 자유롭게 이용할 수 있는 논문의 양은 분명히 증가했지만, 초기의 계획과 달리 약탈적 학술지의 등장, 고가의 논문 출판 비용으로 인한 저자 장벽은 오픈 액세스의 도전 과제들이다.

오픈 액세스 학술지는 논문 출판 비용이 보장되므로 논문이 가능한 한 많이 게재될수록 많은 이익이 발생한다. 과다한 논문 실적을 요구하는 대학, '핵심 학술지'에 게재된 경력을 요구하는 연구기금 기관, 그리고 이들이 통제하는 구조하에서 논문 출판 실적을 올리기 위해 쉬운 선택에 내몰리는 연구자에 힘입어 오로지 논문 출판비 수익만을 목적으로 하는 약탈적 학술지들이 대거 등장했다. 그 결과 오픈 액세스는 수준 낮은 논문을 양산할 뿐이라는 오해가 생기기도 했다. 전통적으로 연구자들에게 가치 있는 우수한 학술지를 선정해 그들에게 제공했던 도서관은 약탈적 학술지 리스트를 작성하고 이를 연구자에게 알리는 노력을 하고 있지만 이러한 정보 제공에 대한 출판사와 연구자들의 반발도 상당하다.

오픈 액세스 학술지를 출판하는 다국적 대형 출판사는 논문 출판비를 지나치게 높게 책정해 이러한 비용을 지원받지 못하는 연구자들이 원하는 학술지에 논문을 게재하지 못하는 문제가 등장했다. 이러한 저자 장벽은 특히 연구기금이나 논문 출판비를 제대로 지원받지 못하는 학문 분야나 연구 기관 소속의 연구자와 개발도상국 연구자에게 두드러진다. 높은 논문 출판비를 감당하기 어려워 구독 학술지에만 논문을 게재하게 될 경우 결과적으로 그들의 연구 가시성도 떨어지게 된다. 구독 모델에서 논문 독자의 접근 제한 문제가 이제는 고가의 논문 출판비로 인해 연구자가 출판을 하지 못하는 새로운 불평등으로 대체되고 있다.

이러한 오픈 액세스의 도전 과제를 해결하기 위해 연구자 집단이 중심이 되어 학술지의 질적 수준을 관리하면서 동시에 저자 장벽도 제거할 수 있는 다이아몬드 오픈 액세스 등 새로운 오픈 액세스 방식이 모색되고 있다.

3 학술 논문 저작권의 특성

3.1 학술 논문 저자에 대한 보상 체계의 특이성

하나의 재화에 대해서 한 사람이 이용하더라도 다른 사람들의 이용 가능성이 줄어들지 않는 성질을 비공제성이라 하고, 재화를 소비할 때 비용을 지불하지 않더라도 그 소비로부터 배제되지 않는 성질을 비배제성이라고 한다. 저작물에 표현되어 있는 지식은 그것을 누군가 이용한다고 해서 다른 사람이 그 지식을 이용하지 못하게 되는 것은 아니라는 점에서 비공제적 성질을 가진다. 또한 비용을 지불하지 않은 사람이라도 그 저작물에 담긴 지식을 이용하는 것을 배제하기 어렵다는 점에서 비배제적 성질도 지닌다. 저작권이라는 배타적 소유권을 창작자에게 부여한 것은 지식이 지니는 비공제성과 비배제성으로 무제한의 이용이 이루어질 수 있으므로 저작자가 그 창작에 기울인 노력에 대한 경제적 이익을 얻는 데 실패하지 않고, 새로운 창작을 유도하기 위한 장치이다.

그런데 모든 창작자에게 이용을 제어함으로써 얻어지는 경제적 보상이 인센티브가 될 수는 없다. 연구자는 저작권료 수입을 목적으로 논문을 출판하지는 않는다. 논문의 저자는 논문 출판을 통해 자신이 그러한 연구를 했음을 연구 집단에 공표해 등록함으로써, 그 연구를 선점하고 동일한 연구가 이루어지지 않도록 한다. 이는 가능한 한 더 많은 연구자가 그 논문을 읽을 때 실현될 수 있다. 또한 논문의 저자는 자신의 연구를 더 많은 연구자가 읽고 인용할 때 그 분야에서 인정받을 수 있고 연구자로서 권위를 얻게 된다. 이러한 인정과 권위는 연구자가 스스로 학문을 계속해 나갈 수 있는 원동력이자 또 다른 연구를 위한 연구비를 확보하거나 임용과 승진을 하기 위한 직접적인 동력이 된다. 이것이 다른 일반적인 창작자와는 다르게 학술 논문의 저자가 기대하는 보상이다. 연구자에게 부여되는 이러한 보상은 일반 저작물처럼 접근과 이용이 차단될 때가 아니라 그들의 논문이 완전히 자유롭게 이용될 수 있을 때 더 커질 수 있다.

영리를 목적으로 하는 상업 출판사가 학술지를 출판하면서 학술지, 학술 논문, 학술 논문 데이터베이스의 가격을 과도하게 책정하면, 저자로부터 저작권을 양도받은 출판사는 충분한 경제적 이익을 얻을 수 있다. 그러나 그 학술지에 논문을 게재한 저자에게까지 그 이익이 돌아가는 것은 아니다. 높은 가격이 만든 접근 장벽은 저자의 논문이 널리 이용되고 인용되는 것을 가로막기 때문이다. 오픈 액세스 학술지에서 저작권을 저자가 보유하도록 하는 것은 더 이상 출판사가 저자로부터 양도받은 저작권을 저자에 대한 보상과 상반되는 방식으로 사용하지 못하도록 하기 위함이다.

3.2 학술 논문 저작권 양도의 문제

학술 논문은 저작권법의 보호 대상인 저작물이며 논문을 쓴 저자가 원저작권자이다. 학술지 출판은 저작물의 복제와 배포, 온라인 출판에서는 공중 송신까지 수반하는 행위인데, 이러한 복제, 배포, 공중 송신 등은 법이 저작권자에게 부여한 고유한 권리이다. 따라서 출판 기관이 학술지를 출판하고 유통하기 위해서는 복제, 배포, 공중 송신할 수 있는 권한이 필요하다.

이 권한은 논문의 저자로부터 권리를 양도받거나 이에 대한 배타적 혹은 비배타적 이용 허락을 통해 얻을 수 있다. 만일 영리를 목적으로 학술지를 출판하는 경우라면 최대한의 이익을 얻을 수 있는 방식으로 출판과 유통을 제어하기 위해 논문 저자로부터 저작재산권 양도나 배타적 이용 허락을 얻을 필요가 있다. 그러나 비영리를 목적으로 발간하는 학술지라면 타인의 이용을 제어할 수 있는 독점적 권한이 반드시 필요한 것은 아니므로 권리자로부터 비배타적 이용 허락을 얻는 것으로 충분할 수 있다. 비용을 지불해야 이용할 수 있는 구독 학술지에서는 논문 저자로부터 저작재산권 일체를 독점적으로 양도받는 방식이 일반적이다.

학술지 출판을 위해 논문 저자가 출판사에 양도한 저작재산권은 영미권 학술지에서 가격 상승을 초래한 법적 근거를 제공하면서 학술 지식 독점 문제를 초래했다. 연구자들은 이런 독점을 가능케 한 저작권에 주목하면서 학술지에 논문을 게재하기 위해 저작권을 출판사에 넘기는 것은 파우스트의 거래와 같다는 비판을 했고(Hagedorn, 2001), 윤리적인 학술 논문 출판을 위해 저자가 더 이상 상업 출판사에 저작권을 양도하지 않아야 한다고 주장했다(Rosenzweig, n.d.).

이러한 인식이 오픈 액세스 운동으로 확대되면서 BOAI 선언은 저작권이 학술 논문의 복제와 배포를 제한하는 수단이 아니라 저작자의 인격적 권리, 즉 그 논문의 내용이 무단히 변경되지 않고 적절히 인용되며, 그 논문의 저자임을 보장하는 권리로 사용되어야 한다고 제안했다.[12] '공정한 오픈 액세스 원칙'의 두 번째 조항은 "학술지에 게재된 논문의 저작권은 저자가 보유해야 한다"라고 명시하고 있다. 유럽의 연구기금 기관 연합체인 cOAlition S가 그들이 연구비를 지원한 연구자에게 적용되는 오픈 액세스 의무화 원칙을 구체화한 정책인 플랜 S(Plan S)의 첫 번째 조항도 저자가 논문에 대한 저작권을 출판사에 넘기지 말고 보유해야 한다는 것이다.

12 https://www.budapestopenaccessinitiative.org/read/

4 오픈 액세스를 위한 지식 공유 라이선스

인터넷 기술은 학술 정보에 대한 배포와 접근을 촉진시켰으나, 지식재산권 체제는 오히려 이러한 접근을 제한했다. 오픈 액세스는 이러한 패러독스에 대한 일련의 해결책이었다(Borgman, 2007, 109). 즉, 오픈 액세스는 학술 논문에 대한 접근은 확장시키면서 동시에 저작권 침해의 책임으로부터도 자유로운 체제를 만들자는 제안이었다. 논문의 저자가 저작권을 출판사에 양도하지 않고 보유한다는 것은, 그 저자가 누군가에게 접근을 허용하고 허용하지 않을지를 결정할 수 있는 권한을 가지고 있다는 의미이다.

그런데 현대의 저작권법은 저작물 창작 이후 저작권 등록을 하지 않아도 권리자로서 권리를 행사할 수 있는 무방식주의를 취하고 있다. 따라서 설령 저자가 자신의 논문을 누구나 자유롭게 이용하도록 인터넷에 공개했더라도, 이용 허락에 대한 의사 표시를 하지 않는 한 저작재산권의 제한이나 공정한 이용의 범위를 벗어난 이용이 이루어지면 저작권 침해가 발생할 수 있다. 인터넷에 단순히 논문을 공개하는 것만으로도 사람들은 이를 읽을 수 있고 출력할 수 있다. 그러나 이러한 방식은 그 이상의 이용, 즉 논문을 재배포하거나 대학 도서관 혹은 정보 서비스 기관에서 이를 수집해 보존 및 이용하거나 데이터 분석을 위해 수집하는 등의 방식으로 사용하는 것까지 허용하는 것은 아니다.

따라서 저자는 자신의 논문이 어떤 조건에서 이용될 수 있는지를 명확하게 밝히고, 이에 근거해 지속적인 접근과 이용이 이루어지도록 할 필요가 있다(정경희, 2023, 235-236). 마치 저작권이나 이용 허락 계약에서 특정인에게 그 저작물을 이용할 수 있는 권한을 부여하듯이 오픈 액세스 논문 또한 누구라도 이용할 수 있도록 허용하는 허가 시스템이 필요한 것이다.

이제 오픈 액세스를 위한 허가 시스템으로 처음 만들어진 PLOS 라이선스와 그 이후 등장해서 지금까지 오픈 액세스 문헌에 널리 사용되고 있는 크리에이티브 커먼즈 라이선스CCL에 대해 살펴보자.

4.1 플로스 오픈 액세스 라이선스

오픈 액세스 학술지와 논문을 누구나 이용할 수 있도록 하는 라이선스를 처음 만든 것은 플로스PLOS(Public Library of Science)이다. 지금은 오픈 액세스 출판사로 알려진 플로스는 2000년 설립 당시에는 의학 및 생명과학 분야의 연구자들이 오픈 액세스 운동을 전개하기 위해 조직한 작은 모임이었다. 앞서 언급했듯이 이들은 2001년 8월에 학술 논문에 적용할 공개 라이선스인 플로스 오픈 액세스 라이선스 1.0, 즉 PLOS OAL 1.0을 발표했다. 이 라이선스는 출판사가 일정 기간 복제와 재배포를 독점하는 유예 기간을 설정할 수 있고 그 기간이 종료되면 논문이 공유 상태 또는 퍼블릭 도메인public domain이 되도록 했으며, 2차적 저작물에도 동일한 라이선스를 적용해야 한다는 조건을 두었다. 퍼블릭 도메인이라는 용어를 사용해 학술 논문을 마치 저작권이 만료된 저작물처럼 누구나 자유롭게 저작권자로부터 허락받지 않고 사용할 수 있는 상태로 만든 것이다. 이 라이선스는 다음 해 발표된 CCL과 비슷하지만, 출판사가 일정 기간 복제와 재배포를 독점할 수 있도록 만들었다는 점에서 근본적으로 다르다. 이러한 점으로 보아 PLOS 라이선스는 기본적으로 골드 오픈 액세스보다는 셀프아카이빙 방식의 그린 오픈 액세스를 위해 만들어진 것으로 보인다. 셀프아카이빙은 저자가 구독 학술지에 논문을 게재한 후 출판사의 허락을 얻어 오픈 액세스 리포지터리에 논문을 제출하는 방식이다. 즉, 출판사가 일정 기간 논문 배포를 독점하는 것을 허용하는 방식이기 때문에, 이 기간을 설정할 수 있도록 설계된 PLOS 라이선스는 그린 오픈 액세스에 잘 부합하는 것이었다.

PLOS OAL 1.0은 그 서문에서 향후 발간할 플로스 학술지 논문에 적용하기 위해 이 라이선스를 개발한다고 밝히면서, 다른 학술지와 출판사도 이 라이선스를 적용할 것을 권하고 있다. PLOS OAL 1.0은 2003년 플로스가 처음으로 창간한 오픈 액세스 학술지인 『플로스 바이올로지*PLOS Biology*』에 게재된 논문에 적용되었다. 그러나 그다음 해인 2004년 1월호부터는 플로스 오픈 액세스 라이선스 1.0 대신 공개 직후부터 세계적으로 확산되었던 CCL을 적용하면서 PLOS 라이선스는 거의 사라져갔다.

찾아보기

- 다음 웹페이지에서 PLOS OAL 1.0 원문을 읽어보자.
  http://korea.gnu.org/documents/copyleft/ploslicense.html
- 다음 웹사이트에서 2003년에 발간된 『플로스 바이올로지*PLOS Biology*』에 실려 있는 논문에 PLOS OAL 1.0이 적용되었는지 찾아보자.
  https://journals.plos.org/plosbiology/

4.2 크리에이티브 커먼즈 라이선스CCL[13]

4.2.1 CCL의 특징

크리에이티브 커먼즈 라이선스Creative Commons License, 즉 CCL은 크리에이티브 커먼즈라는 비영리 재단이 2002년 12월에 발표한 라이선스이다. 이 라이선스는 인터넷이 자유로운 정보의 배포와 공유의 공간임에도 불구하고, 기존의 저작권 체제가 저작권 보호 기간을 점점 더 길게 연장하는 등 권리자 보호라는 미명 아래 인터넷상에서의 정보 공유를 가로

13 이 절은 정경희(2023), 「KCI 등재지의 CCL 적용 현황 연구」, 『한국비블리아학회지』 34(2), 233-249, 제2장을 수정 및 보완한 것이다.

막는 문제를 개선하기 위해 고안된 것이다. CCL은 창작자가 자신의 권리를 보유하면서 일정한 조건하에서 다른 사람들이 자신의 저작물을 이용할 수 있도록 허락하는 라이선스이다. 이 라이선스는 독자가 다른 사람의 창작물을 토대로 새로운 창작물을 만드는 것을 더 쉽게 하고, 창작자가 다른 사람에게 자신의 창작물을 이용할 자유가 있음을 간편하게 알릴 수 있도록 해준다(Lessig, 2004, 426).

저작권이 저자가 '모든 권리를 보유한다All rights reserved'는 표시라면, CCL은 저자가 '일부 권리만 보유한다Some rights reserved'는 표시이다. 라이선스에서 구체적으로 밝힌 허락의 범위 내에서는 그 저작물을 이용할 수 있으나, 그 범위를 벗어난 이용에 대해서는 권리자로부터 허락을 얻어야 한다는 것이다. 따라서 CCL은 완전히 저작권 체제를 벗어난 것이 아니라 극단적인 저작권 보호층 위에 합리적인 저작권층을 구축한 것이다(Lessig, 2004, 426). CCL은 처음 소개된 이후 전 세계에서 가장 널리 사용되는 공개 라이선스가 되었으며 대부분의 오픈 액세스 학술지와 논문에도 적용되고 있다.

4.2.2 CCL 조건의 의미와 유형

CCL의 최근 버전은 2013년 11월에 발표된 4.0이다. CCL은 '저작자 표시', '동일 조건 변경 허락', '비영리', '변경 금지' 등의 조건을 조합한 여섯 가지 유형이 있으며, 모든 유형에 저작자 표시 조건이 적용된다. 크리에이티브 커먼즈 웹사이트는 이러한 조건을 다음과 같이 설명하고 있다.[14]

'저작자 표시Attribution, BY'는 저작자의 이름, 저작권 공지 등 저작물 창작자에 대한 적절한 귀속을 밝히고 저작물에 관한 링크 정보 등을 표시

14 https://creativecommons.org/licenses/

해야 한다는 조건이다. 이는 학술적인 글쓰기에서 인용한 글에 대해 적절한 출처를 밝혀야 한다는 학술 공동체의 규범과 유사한 것이다(Hagedorn et al., 2011). '동일 조건 변경 허락Share Alike, SA'은 저작물을 재구성, 변형, 2차적 저작물 작성의 방식으로 사용할 경우 원저작물과 동일한 CCL을 적용해야 한다는 조건이다. '비영리Noncommercial, NC'는 영리나 금전적 보상을 얻기 위해 해당 저작물을 이용할 수 없다는 것이다. '변경 금지No Derivatives, ND'는 저작물을 수정, 변형 혹은 2차적 저작물로 제작해 공유하는 것을 금지하며, 저작물 자체를 그대로 공유하는 것은 허용한다. 위의 네 조건을 조합해 만든 여섯 가지 유형의 라이선스별로 이용자에게 허용하는 사항을 정리하면 아래 표 <4-1>과 같다.

CC BY와 CC BY-SA는 변경과 영리 목적 이용이 가능하지만 CC

<표 4-1> CCL 유형과 이용 허락 범위

라이선스 이름	약자	이용 허락 조건 및 범위
저작자 표시	CC BY	• 저작자 표시 • 영리/비영리 목적 이용 허락 • 변경 허락
저작자 표시-동일 조건 변경 허락	CC BY-SA	• 저작자 표시 • 영리/비영리 목적 이용 허락 • 동일 조건 변경 허락
저작자 표시-비영리	CC BY-NC	• 저작자 표시 • 비영리 목적 이용 허락 • 변경 허락
저작자 표시-비영리-동일 조건 변경 허락	CC BY-NC-SA	• 저작자 표시 • 비영리 목적 이용 허락 • 동일 조건 변경 허락
저작자 표시-변경 금지	CC BY-ND	• 저작자 표시 • 영리/비영리 목적 이용 허락 • 변경 금지
저작자 표시-비영리-변경 금지	CC BY-NC-ND	• 저작자 표시 • 비영리 목적 이용 허락 • 변경 금지

BY-SA는 변경된 저작물에 원저작물과 동일한 CCL을 적용해야 하는 라이선스이다. CC BY-NC는 영리 목적의 이용은 제한되지만 변경을 허용하는 라이선스이며, CC BY-NC-SA는 영리 목적 이용은 제한되나 변경은 허용된다. 그러나 변경된 저작물에 원저작물에 적용된 CCL을 적용해야 하는 라이선스이다. CC BY-ND는 영리 목적 이용은 가능하지만 변경은 허용되지 않으며 CC BY-NC-ND는 영리 목적과 변경 모두 허용되지 않는 라이선스이다.

CC0(저작권 없음)는 저작인접권을 포함해서 저작권법이 부여한 일체의 권리를 포기해 저작물을 퍼블릭 도메인으로 만드는 라이선스이다. 따라서 누구라도 상업적인 목적을 포함해 어떤 목적으로도 저작물을 복제, 배포, 변경할 수 있는 라이선스이다.

CCL은 일단 적용된 후에는 일정 기간이 지나 마음이 변했다고 이를 철회할 수 없다. 설령 저작권자가 그 논문의 배포를 중단하더라도 이미 CCL이 적용된 저작물을 이용하는 사람은 누구라도 그 라이선스에서 허용한 범위 내에서 계속 자유롭게 이용할 수 있다. 어떤 학술 논문에 CCL을 적용하기 위해서는 저작권을 소유하고 있거나 저작권자로부터 그 관리에 대한 허락을 받은 주체여야 한다. 즉, 논문의 저자 혹은 그들로부터 저작권을 양도받은 학회 등이 논문에 CCL을 적용할 권한이 있다.

BOAI 선언은 오픈 액세스를 전 세계 누구나 인터넷을 통해 학술 논문을 읽고 다운로드하고 복제, 배포할 수 있으며 색인이나 데이터 분석을 위해 수집할 수 있는 것으로 정의하고 있다. 또한 저작권은 오로지 저작자의 인격적 권리를 보호하는 목적으로만 사용되어야 한다고 보았으므로 이에 부합하는 CCL 유형은 영리 목적 이용이나 변경에 대한 제한이 없는 CC BY 라이선스이다(Collins et al., 2013; Mallalieu, 2019). 반대로 가장 제한적인 라이선스는 CC BY-NC-ND이다(Braybrooke, 2021).

영국연구혁신청UKRI은 오픈 액세스 정책에서 기금 수혜 논문에 CC

BY-NC-ND를 적용하는 것을 금지했다(Mallalieu, 2019). 이후 2021년 8월에 발표한 새로운 오픈 액세스 정책에서는 기금 수혜 논문에 CC BY 적용을 의무화하고 예외적인 경우에 한해 CC BY-ND를 허용했다(UKRI, 2021). 이러한 의무 규정은 유럽의 연구기금 기관 연합체인 cOAlitions S가 2018년에 발표한 오픈 액세스 정책인 플랜 S의 원칙을 따른 것이다.

플랜 S는 10개의 기본 원칙을 제시하고 있는데 그 첫째가 기금 수혜 논문에 CC BY를 적용해야 한다는 것이다. 플랜 S 실행 지침에서는 CC BY에 대한 대안으로 CC BY-SA 혹은 CC0까지 허용했고, CC BY-ND는 기금 수혜자가 기금 지원 기관에 요청해 승인을 얻은 후 적용할 수 있다고 정했다. 즉, 공공기금을 사용해 이루어진 연구 논문에 대한 오픈 액세스 정책은 그 목적을 불문하고 누구라도 이용할 수 있어야 하며, 번역이나 변형 등 2차적 저작물도 작성할 수 있어야 한다는 원칙이다.

한편, 인문사회과학 분야 공정오픈액세스연합에서 발표한 '공정한 오픈 액세스 원칙'에서도 CC BY 라이선스를 적용할 것을 강력하게 권고하고 있다. 가장 대표적인 오픈 액세스 학술지 디렉터리인 DOAJ(Directory of Open Access Journals)도 등록이 가능한 오픈 액세스 학술지의 요건 중 하나로 CCL 적용을 제시하고 있다. 그러나 라이선스 유형을 제한하지는 않고 있다. 다만 DOAJ에 등록된 학술지 중에서 오픈 액세스 출판의 모범이 되는 학술지에 'DOAJ 인증 마크DOAJ Seal'를 부여하는데 이러한 모범 사례 선정 시 '변경 금지' 조건이 부여된 CCL을 적용한 학술지는 제외한다.

기금 기관의 오픈 액세스 정책은 공공기금, 즉 세금으로 지원된 연구 논문은 누구나 접근할 수 있어야 한다는 원칙에 따라, 영리 목적 이용까지 허용하는 라이선스를 적용하는 경우가 많다. DOAJ 또한 학술지 출판 기관의 비즈니스 모델 등 다양한 상황을 고려해서 영리 목적의 이용 제한에 대해 보다 관대한 입장을 취하고 있다. 한편, 저자가 오픈 액세스 출판비를 부담하는 상업적 출판사의 학술지와 달리 학회와 도서관, 연구비 지원 기관 등이 협력해 출판비를 분담하고 저자는 출판비를 지불하지 않는 다이아몬드 오픈 액세스 학술지는 엄격한 비영리 모델이므로 출판사 혹은 그 외 누구라도 금전적 이득을 취해서는 안 되기에 영리 목적을 허용하는 CCL을 적용해서는 안 된다는 주장도 있다(Fuchs & Sandoval, 2013).

4.2.3 CCL 적용 현황

DOAJ 학술지에 적용된 CCL 유형

2023년 11월 기준 DOAJ에 등록된 학술지에 가장 많이 사용된 라이선스는 CC BY로, 총 9,347종의 학술지가 이를 적용하고 있다. 그다음으로는 허용 범위가 가장 좁은 CC BY-NC-ND 라이선스를 적용한 학술지가 많았다. 반면, 영리적인 이용과 변경까지도 허용하는 라이선스(CC BY, CC BY-SA)를 적용하고 있는 학술지와 영리적인 이용을 허용하지 않거나(CC BY-NC, CC BY-NC-SA) 변경을 허용하지 않는(CC BY-ND, CC BY-NC-ND) 라이선스를 적용하고 있는 학술지로 양분하면 각각 10,799종과 9,834종으로 거의 비슷하다. BOAI 선언의 오픈 액세스 정의에 맞게 영리 또는 비영리 목적으로, 그리고 복제 및 배포를 넘어 변경까지 허용하는 라이선스를 적용하는 학술지가 절반 정도이다. 그리고 그에 유사한 정도의 오픈 액세스 학술지는 영리 목적의 이용 또는 변경을 허용하지 않는 라이선스를 적용하고 있다(<그림 4-2> 참조).

한국의 오픈 액세스 학술지에 적용된 CCL 유형

2020년 1월 기준 KCI 등재지에 적용된 CCL 유형은 앞서 살펴본 DOAJ 학술지의 CCL 유형과 매우 다르다. DOAJ 학술지에서는 영리 목적의 이용과 변경을 허용하는 CC BY, CC BY-SA를 적용한 학술지가 절반 정도였으나 국내 오픈 액세스 학술지에서는 10% 미만이었다(<그림

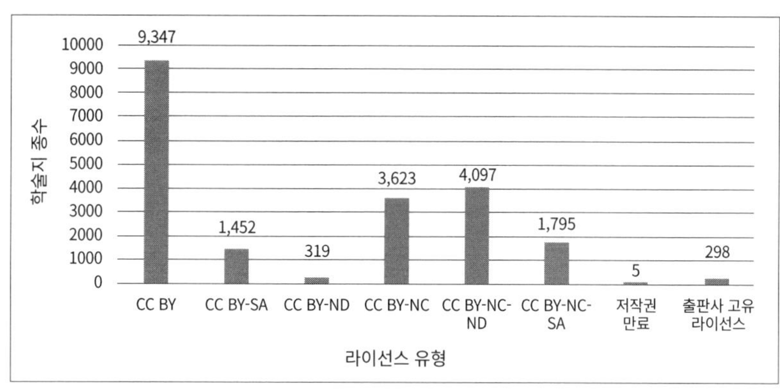

<그림 4-2> DOAJ 학술지의 CCL 유형

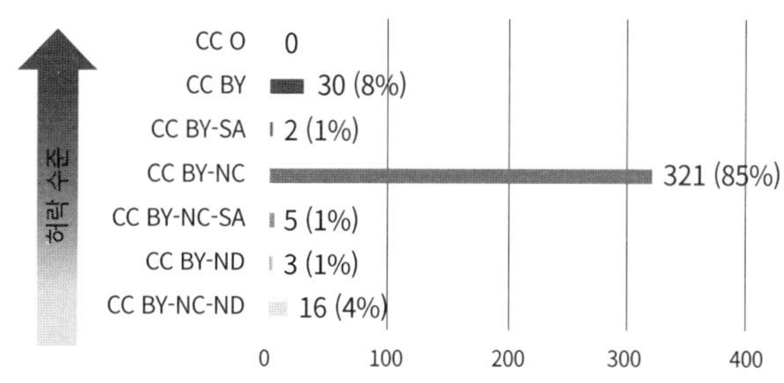

<그림 4-3> KCI 등재지의 CCL 유형
(출처: 정경희, 2023)

4-3> 참조). 등재지에 적용된 CCL 유형은 비영리 목적인 경우에만 허락하는 CC BY-NC가 85%로 가장 많았다. 이 외에 NC 계열 라이선스인 CC BY-NC-ND 적용 학술지까지 더하면 거의 90%에 이를 정도로 국내 오픈 액세스 학술지는 영리 목적의 이용에 대해서 엄격했다.

찾아보기

- DOAJ와 학술지저작권안내시스템KJCI에서 오픈 액세스 학술지에 적용된 CCL 유형을 찾아 비교해보자.
  [Directory of Open Access Journals] https://doaj.org/
  [Korea Journal Copyright Information] https://copyright.oak.go.kr

5장

오픈 액세스 출판과 셀프아카이빙

1 오픈 액세스 출판

1.1 오픈 액세스 출판의 유형 구분

오픈 액세스 출판의 유형을 구분하는 것은 복잡하다. 이를 쉽게 구분하기 위해 골드, 그린, 브론즈, 블랙, 다이아몬드(또는 플래티넘) 오픈 액세스 등 색으로 구분하기도 한다. 골드 오픈 액세스는 완전 오픈 액세스 학술지 또는 하이브리드 학술지에 오픈 액세스 논문으로 출판해 출판과 동시에 오픈 액세스가 가능한 것을 말한다. 그린 오픈 액세스는 구독 학술지에 논문을 게재한 후 출판사의 허락을 얻어 오픈 액세스 리포지터리에 기탁하는 것을 말한다. 브론즈 오픈 액세스는 출판사 웹사이트에서는 자유롭게 이용할 수 있으나 출판사의 의지에 따라 언제든지 다시 구독 상태로 변경 가능한 것을 말하며, 블랙 오픈 액세스는 저작권자나 저자의 동의 없이 합법적이지 않은 방법으로 유통되는 것을 말한다. 다이아몬드 또는 플래티넘 오픈 액세스는 출판사가 다양한 방식으로 학술지 출판 비용을 확보해 독자에게도 구독 비용을 요구하지 않고 저자에게도 논문 출판 비용을 요구하지 않는 것을 말한다.

아래에서는 오픈 액세스 출판을 보다 다각적으로 이해하기 위해 학술지 단위와 논문 단위의 오픈 액세스 출판, 자유 오픈 액세스와 무료 오픈 액세스 학술지, 창간부터 오픈 액세스인 학술지와 구독에서 오픈 액세스로 전환한 학술지, 골드 오픈 액세스와 다이아몬드 오픈 액세스 학술지, 메가 학술지와 오픈 액세스 플랫폼을 각각 비교하면서 설명했다.

1.1.1 오픈 액세스 학술지 출판과 오픈 액세스 논문 출판

오픈 액세스 출판은 누구나 무료로 자유롭게 접근하고 이용할 수 있도록 논문을 출판하는 것을 말한다. 게재된 모든 논문을 오픈 액세스로 출판하는 완전full 오픈 액세스 학술지 출판 방식과 게재된 논문 중 일부만을 오픈 액세스로 출판하는 하이브리드 학술지 출판 방식으로 구분할 수 있다. 완전 오픈 액세스 학술지는 학술지 간행 주체인 학회 혹은 출판사가 학술지를 오픈 액세스로 출판하기로 결정한 것이다. 이 학술지는 개별 저자에게 논문 출판비APC를 부과하기도 하지만, 학술 도서관과의 협력이나 정부의 지원 등을 통해 출판비를 확보해서 저자에게 부담이 될 수 있는 출판 비용이라는 장벽을 제거하는 사례도 많다.

하이브리드 학술지는 기본적으로 구독 학술지인데 연구기금을 지원한 기관이나 소속 대학의 오픈 액세스 의무화 정책을 따르기 위해, 또는 저자 개인의 선택으로 자신의 논문을 오픈 액세스로 출판하려는 저자를 위해 출판사가 오픈 액세스 옵션을 제공하는 것이다. 하이브리드 학술지가 오픈 액세스 논문에 부과하는 논문 출판비는 논문 저자에게 청구되거나 출판사와 기금 기관 또는 저자 소속 기관과의 협약에 따라 기관에 청구되기도 한다. 대부분의 대형 상업 출판사는 하이브리드 방식으로 구독 학술지를 출판하는데 이 과정에서 더블 디핑double dipping이 발생하고, 지나치게 높고 투명하지 않은 APC를 부과해 오픈 액세스의 문제가 되고 있다. 더블 디핑이란 출판사가 동일한 논문에 대해 한 번은 저자 혹은 연구기금 기관이나 저자 소속 기관으로부터 논문 출판 비용의 형태로 돈을 받고, 다른 한 번은 도서관에 구독료 형태로 돈을 받아 이중으로 이득을 취하는 현상을 말한다.

1.1.2 자유 오픈 액세스 학술지와 무료 오픈 액세스 학술지

오픈 액세스 학술지는 무료로 이용할 수 있으면서 동시에 자유로운 재사용이 가능하도록 CCL 등의 재사용 라이선스가 적용된 학술지와 단순히 무료로 읽을 수 있는 학술지로 나눌 수 있다. 이를 구분하기 위해 전자를 자유 오픈 액세스Libre OA 학술지, 후자를 무료 오픈 액세스Gratis OA 학술지라고 부른다. 자유 오픈 액세스 학술지는 적용된 CCL 조건에 따라 저자뿐만 아니라 이용자도 수록된 논문을 영리 혹은 비영리 목적으로 복제하거나 인터넷 웹사이트 및 각종 리포지터리에 올리거나 번역 등을 통해 2차적 저작물을 작성하는 것이 가능하다.

이에 비해 무료 오픈 액세스 학술지는 재사용에 대한 허락을 명시하지 않았으므로 이용자는 웹사이트에서 해당 논문을 읽을 수 있을 뿐이다. 따라서 복제나 재배포, 변형적 이용을 위해서는 저작권자로부터 허락을 얻어야 한다. 오픈 액세스 학술지 디렉터리인 DOAJ는 학술지 발행 기관이 등록을 신청하면 제출된 정보를 바탕으로 심사를 거쳐 오픈 액세스 학술지로 등록한다. 이때 저작물의 재사용 범위를 표현하는 CCL 적용 여부가 심사의 중요한 기준이 된다. 즉, 무료 오픈 액세스 학술지는 DOAJ에 등록할 수 없다. 오픈 액세스가 단순히 무료 공개만이 아닌 자유로운 재사용을 통해 학술 자원의 공유를 실천하는 것임을 보여주는 예이다.

1.1.3 Born-OA 학술지와 전환 OA 학술지

오픈 액세스 학술지는 창간부터 오픈 액세스로 출판한 Born-OA 학술지와 구독 학술지에서 오픈 액세스로 변경한 전환 OA(Converted OA) 학술지로 구분할 수 있다. 2000년대 초반 오픈 액세스 운동이 시작되면서 의학 및 과학 분야에서 오픈 액세스 전용 학술지 출판사가 등장했다. 구독 학술지가 오픈 액세스 출판을 논문 저자의 선택에 맡긴 것과 달리 이들은 게재된 모든 논문에 CCL을 적용해 출판했다. 맨 처음으로 등장한 Born-OA 학술지 출판사는 1999년에 시작한 의학 및 생명과학 분야의 영리 출판사인 바이오메드 센트럴BioMed Central, BMC이었다. BMC는 이 출판사가 무료로 공개한 아카이브의 이름이기도 했다. 2000년에 연구자들이 만든 비영리 조직인 플로스PLOS도 2003년부터 『플로스 바이올로지*PLOS Biology*』 등 오픈 액세스 학술지를 출판했다.

이 출판사들은 저자가 저작권을 소유하되 논문에 공개 라이선스를 적용하는 것을 의무화하고, 대학이나 연구소를 회원 기관으로 모집해 회원 기관 소속 연구자에게는 논문 출판비 할인 혜택을 제공하는 등 오픈 액세스 출판 사업 모델을 만들어갔다. 또한 다수의 학술지가 웹 오브 사이언스Web of Science, WoS 과학인용색인Science Citation Index, SCI에 색인되면서 오픈 액세스 학술지와 출판사로서의 권위를 확보해갔다(정경희, 2006, 397-399). 이후 힌다위Hindawi, 엠디피아이MDPI, 프론티어Frontiers 등 오픈 액세스 전문 출판사가 Born-OA 학술지를 창간했고, 스프링거, 와일리, 테일러 앤 프랜시스 등 기존의 대형 출판사도 오픈 액세스 전문 학술지를 출판했다. 이러한 상업적인 출판사는 종종 논문의 질적 수준을 엄격하게 관리하지 않고 게재 논문 수를 늘려 논문 출판비 수익만 올린다는 비판을 받기도 한다.

전환 OA 학술지는 기존의 구독 학술지를 동일한 이름 혹은 다른 이름으로 변경하고 오픈 액세스 학술지로 전환한 학술지를 말한다. 4장에서 살펴보았듯이 이미 1990년대 말부터 상업 출판사의 구독료 인상이나 저작권 독점 문제의 심각성을 알리며 출판사로부터 이탈하는 편집위원장들이 있었다. 이후 이들은 출판사로부터 독립해 독자적으로 오픈 액세스 학술지를 출판했고 이러한 학술지 독립 선언은 지금도 계속되고 있다.

국내에서는 의학 분야에서 CCL을 적용한 오픈 액세스 출판으로 전환한 학술지가 많다. 2017년에는 문헌정보학 및 기록학 분야의 일곱 학회가 상용 데이터베이스를 통한 유료 논문 배포를 중단하고 완전 오픈 액세스 학술지로 전환한다는 선언을 한 후 모두 CCL을 적용해 출판하고 있다(정경희, 2020). 2022년에는 한국심리학회 및 분과 학회가 그들이 발간하는 학술지 16종을 모두 오픈 액세스로 전환했다(정경미, 2023).

구독 학술지에서 오픈 액세스 학술지로 전환하는 데는 다양한 위험 요소가 존재한다. 논문 출판비를 부과하더라도 저자가 수준 높은 원고를 계속 투고할 것인지, 인용률이 유지될 수 있을지, 학술지 출판에 대한 공공기금 등 외부의 지원이 지속될 수 있는지, 학회의 회원 수가 유지될 수 있는지, 구독 학술지의 소득이 어떻게 대체될 것인지 등이 그것이다. 따라서 무료 혹은 저렴한 학술지 출판을 지원하는 출판 소프트웨어, 유럽이나 캐나다에서처럼 오픈 액세스 학술지 출판을 위한 공공 보조금 지원, 기금 기관이 연구비에서 논문 출판비를 사용할 수 있도록 허용하는 연구기금 기관이나 대학의 오픈 액세스 규정, 영국을 비롯한 일부 국가에서처럼 논문 출판비 전용 펀드 조성 등의 정책이 오픈 액세스 학술지 전환에 영향을 미치게 된다(Solomon et al., 2016).

오픈 액세스 학술지가 구독 학술지로 '역전환reverse flip'되는 경우도 있는데 이런 경향은 특히 구독 학술지에서 오픈 액세스로 전환한 학술지에서 더 많이 나타난다. 이러한 역전환은 학술지 출판을 위한 재정적인 안정성이 확보되지 않거나 투고되는 논문의 양이 줄고 학회가 스스로 출판하는 것이 어렵기 때문에 일어난다(Matthias et al., 2019). 비영리 목적의 오픈 액세스 학술지 출판이 지속되기 위해서는 출판 기관과 더불어 대학이나 대학 도서관, 연구기금 기관, 국가가 협력해 출판을 위한 인프라, 출판 비용 등을 해결해야 한다.

찾아보기

- 오픈 액세스 디렉터리Open Access Directory, OAD에서 전환 OA 학술지 및 역전환 학술지의 종수를 비롯해 연도별, 학문 분야별 현황을 파악해보자.
  https://oad.simmons.edu/oadwiki/Journals_that_converted_from_TA_to_OA
  https://oad.simmons.edu/oadwiki/Journals_that_converted_from_OA_to_TA

1.1.4 골드 오픈 액세스 학술지와 다이아몬드 오픈 액세스 학술지

논문 출판비Article Processing Charge, APC 기반의 골드 오픈 액세스는 출판 즉시 최종 출판 버전의 논문을 공개할 수 있다는 점에서 그린 오픈 액세스보다 더 나은 오픈 액세스 전략으로 여겨졌다. 유럽의 연구기금 기관은 골드 오픈 액세스 모델을 지지하며 기금을 받은 연구자에게 오픈 액세스 논문 출판을 의무화하고 논문 출판비를 지원했다. 그러나 글로벌 거대 상업 출판사의 하이브리드 학술지와 더불어 학술지 영향력 지수Journal Impact Factor, JIF가 높은 골드 오픈 액세스 학술지가 지나치게 높은 논문 출판비를 부과하면서 이들 학술지는 저자에게 출판의 장벽을 만들었다.

이러한 방식이 오히려 상업 출판사의 APC 사업만 키우고 학술 출판의 다양성을 훼손하면서 연구기금이 없거나 논문 출판비를 지원받지 못하는 연구자들에게 불평등을 초래하게 되었다. 그뿐만 아니라 연구자 집단이 아닌 시장 주도의 오픈 액세스 출판은 이윤 추구만을 위해 동료 심사 등의 과정을 생략하거나 형식적으로 수행하는 약탈적 학술지를 등장시켜 학술 커뮤니케이션의 신뢰성을 훼손했다.

구독 기반 학술지 출판의 한계를 보완하고 연구 결과에 대한 자유로운 접근과 재이용을 보장하려던 골드 오픈 액세스 전략은 글로벌 거대 상업 출판사의 지배하에 놓이면서 고액의 APC로 인한 저자 장벽과 약탈적 학술지 문제를 야기하며 학술 생태계의 신뢰성을 훼손했다(윤정원, 2024, 367). 이러한 문제 상황에 직면하면서 학문 공동체가 주도하며 저자와 독자 모두에게 지불 장벽을 만들지 않은 전략으로 다이아몬드 오픈 액세스가 주목받게 되었다.

다이아몬드 오픈 액세스 학술지는 저자와 독자 모두에게 비용을 부과하지 않는 학술 출판 모델로서 주로 각 지역의 학회 소유 학술지를 연구

기금 기관이나 대학 도서관이 지원해 발행한다. 현재는 대학 도서관이 출판사와 계약해 구독 기반 학술지의 구독료를 오픈 액세스 출판비로 전환해 지불하는 구독형 오픈 액세스Subscribe to Open(S2O) 모델이 다이아몬드 오픈 액세스 출판 모델로 주목받고 있다. 이 모델은 대체로 소규모이며 다양한 언어, 다양한 문화에 속한 학술 공동체를 지원하면서 '서지 다양성bibliodiversity'이라는 개념을 구현함으로써 본질적으로 공정성을 지닌다는 평가를 받는다(Ancion et al., 2022). 다이아몬드 오픈 액세스라는 용어는 학술 커뮤니케이션 생태계를 위해 골드 오픈 액세스보다 더 나은 모델이라는 점을 부각하기 위해 부여된 용어이다.

2021년 기준으로 전 세계 다이아몬드 오픈 액세스 학술지는 약 17,000–29,000종으로 추정된다. 이 학술지들은 전체 논문 출판량의 8~9%, 오픈 액세스 출판량의 45%를 발행하고 있다(Ancion et al., 2024). 그러나 다이아몬드 오픈 액세스는 출판을 위한 기술적 역량, 관리, 가시성, 지속 가능성 등의 문제도 가지고 있다. 따라서 연구자, 연구기금 기관, 연구 수행 기관, 대학 도서관, 대학, 연구소, 학술 단체, 정부, 서비스 제공자 간의 협력이 필요하다.

2022년 사이언스 유럽Science Europe, 유럽의 연구기금 기관 연합체인 cOAlition S, 유럽의 인문사회 분야 오픈 액세스 인프라인 오페라스OPERAS(Open Scholarly Communication in the European Research Area for Social Sciences and Humanities), 프랑스의 국립연구기관L'Agence Nationale de la Recherche, ANR은 연구자 집단 중심의 지속 가능한 다이아몬드 오픈 액세스 학술 커뮤니케이션 생태계 확장을 위한 실행 계획을 네 가지로 제시한 바 있다(Ancion et al., 2022).

첫째, 효율성과 규모의 경제를 키우기 위해 인프라, 기준, 정책, 재정 흐름을 공유하고 품질 기준을 유연하게 조정하며 학회 등 기존의 네트워크를 활용할 것, 둘째, 학술 출판을 위한 일곱 가지 핵심 요소, 즉 출판 사업 모델, 품질 보증, 편집 관리와 연구 윤리, 저작권, 커뮤니케이션과 마케팅, 다양성과 형평성 및 포용성, 오픈 과학 원칙과 실천 준수에 대한 기준을 기존의 기준과 모범 사례를 바탕으로 개발할 것, 셋째, 다이아몬드 오픈 액세스 학술지는 편집과 관리 역량이 다양하므로 이를 강화하기 위해 출판을 위한 도구 세트를 구축할 필요가 있으며 여기에는 편집자와 서비스 제공자를 위한 교육 자료, 학술지 품질 기준, 저자와 심사자 관련 정책과 지침이 포함되어야 하며, 또한 다이아몬드 출판 역량 센터를 설립해서 기술, 재정, 교육 서비스를 편집자에게 제공할 것, 넷째, 다이아몬드 오픈 액세스 학술지는 학계가 주도하면서 법적 지위와 거버넌스가 명확하지 않은 경우가 많고 수익 구조가 다양하며 임시 자금 지원에 의존하는 상태이므로 출판 생태계의 지속 가능성을 높이기 위해 연구기금 기관, 대학 도서관, 정부 등 다양한 기관이 출판비를 분담할 것 등이다.

찾아보기

- 다음 웹페이지에서 'Action Plan for Diamond Open Access'의 한국어 번역본인 '다이아몬드 오픈 액세스 실행 계획'(2022. 3)을 읽어보자.
  https://doi.org/10.5281/zenodo.13767397

1.1.5 메가 학술지와 오픈 액세스 플랫폼

메가 학술지를 정의하는 가장 큰 특징은 동료 심사 기간을 단축한 빠른 논문 심사에 있다(심원식 외, 2020). BOAI 선언 이후 생명과학 분야의 오픈 액세스 학술지를 출간해 WoS에 등재시키면서 오픈 액세스 학술지의 모범을 만들어가던 플로스 출판사는 2006년에 동료 심사 기간을 단축해 빠르게 논문을 출판하는 방식을 적용한 학술지 『플로스 원*PLOS*

One』을 창간한다. 이들은 동료 심사에서 논문의 중요성을 판단하지 않고 이를 블로그 포스팅이나 논문 단위의 계량 분석 등 독자의 몫으로 남기고자 했다(Willinsky & Moorhead, 2014, 197).

기존 학술지가 연구의 내용과 방법론의 참신성, 결과의 중요성을 중심으로 평가한다면, 메가 학술지는 연구 방법의 견실성soundness과 연구 윤리, 연구 방법 및 절차를 기준으로 논문을 평가한다. 따라서 연구 결과가 타 연구와 중복되거나 큰 의미가 없더라도 방법론이 타당한 경우 게재된다. 또한 일반 학술지와 달리 특정 학문에 한정하지 않고 모든 분야의 논문을 수용한다(심원식 외, 2020).

메가 학술지에는 논문 출판비가 부과된 논문이 연간 수천 혹은 수만 편이 게재되므로 출판사로서는 상당한 수익을 안정적으로 취할 수 있는 매력적인 사업 모델이라고 할 수 있다. 메가 학술지는 이와 같이 논문의 양과 경제적인 측면에서 기존 오픈 액세스 학술지와 그 규모가 다른 점을 강조하면서 부여된 이름이다(Anderson, 2018, 213). 『플로스 원』 이후 많은 대형 출판사가 『세이지 오픈*SAGE Open*』, 『사이언티픽 리포트*Scientific Reports*』, 『ACS 오메가*ACS Omega*』 등의 메가 학술지를 출판하기 시작했다.

오픈 액세스 플랫폼은 연구 결과를 오픈 액세스로 출판하는 플랫폼이다. 오픈 액세스 논문이 한곳에 모여 있다는 점에서 오픈 액세스로 출판한 논문을 수집하는 애그리게이터 플랫폼이나 셀프아카이빙을 위한 오픈 액세스 리포지터리와 혼동될 수 있다. 그러나 오픈 액세스 플랫폼은 연구 결과를 처음 출판한다는 점에서 학술지와 유사하다. 오픈 액세스 플랫폼은 연구기금 기관이 그 기관의 기금을 지원받은 연구를 신속하게 출판하기 위해 만들었다. 2016년 웰컴재단의 웰컴 오픈 리서치Wellcome Open Research, WOR 이후로 빌 & 멀린다 게이츠 재단(현 게이츠 재단)의 게이츠 오픈 리서치Gates Open Research, 유럽위원회의 오픈 리서치 유럽

Open Research Europe, 아일랜드 보건연구위원회Health Research Board의 HRB 오픈 리서치HRB Open Research가 등장했다.

이 기금 기관들은 2000년대 초반 이후 연구비를 받아 생산된 출판물에 대한 오픈 액세스를 장려하거나 의무화하는 정책을 도입해 연구 확산에 기여해왔다. 오픈 액세스 플랫폼은 여기에서 한 걸음 더 나아가 기금 기관이 직접 연구 출판에 참여해 신속한 출판, 개방적인 연구를 위한 공개 동료 심사, 합리적인 논문 출판비 책정, 보다 개방적인 라이선스 적용 등을 모색했다. 이 기관들은 학술 커뮤니케이션의 속도, 투명성, 재현성을 높이려는 취지로 오픈 액세스 플랫폼을 만들었고 어느 정도는 성공했으나 동시에 여러 가지 미해결된 문제도 품고 있다(Ross-Hellauer et al., 2018). 즉, 연구자가 자신의 논문을 게재할 학술지를 선택할 수 있는 학문의 자유를 침해할 수 있다는 점, 소규모 연구기금 기관은 이러한 플랫폼을 운영할 만한 여력이 없다는 점, 이들 플랫폼이 테일러 & 프랜시스 출판사에서 운영하는 F1000Research와 같은 민간 부문의 인프라를 활용함으로써 앞으로는 결국 하나의 중앙 플랫폼으로 통합될 수 있다는 점, 연구기금 기관의 이름이 그 자체로 연구 결과의 품질을 나타내는 상징으로 인식될 수 있다는 점 등이다.

찾아보기

- 다음 웹사이트에 방문해 오픈 액세스 플랫폼과 오픈 액세스 학술지의 차이를 찾아보자.
  https://wellcomeopenresearch.org/
  https://gatesopenresearch.org/
  https://open-research-europe.ec.europa.eu/
  https://hrbopenresearch.org/

1.2 오픈 액세스 학술지 출판 모델[1]

오픈 액세스 학술지는 게재된 모든 논문을 누구나 무료로 자유롭게 이용할 수 있다. 무료로 이용할 수 있기 때문에 학술지를 출판하는 데 드는 비용도 발생하지 않는다고 오해할 수 있으나 이용이 무료라고 해서 '출판 비용'까지 없는 것은 아니다. 오픈 액세스 학술지는 구독 학술지가 구독료나 라이선스 수입으로 확보했던 출판 비용을 다른 방법으로 마련해야 한다.

BOAI 선언에서는 연구기금 기관, 정부, 대학, 연구소가 조성한 기부금, 학문 분야별, 기관별로 조성된 기부금, 오픈 액세스 지지자들의 후원금, 학술지 이외의 추가 자료 판매 수익, 기존의 학술지 구독료, 연구자들의 자비 등이 오픈 액세스 학술지 출판 재원이 될 수 있다고 제안했다. BOAI 선언에서 제안된 이 방안들은 20여 년에 걸쳐 다양하게 시도되었다.

영국의 웰컴재단과 영국연구혁신청, 학회출판사협의회Association of Learned and Professional Society Publisher, ALPSP가 플랜 S 이행을 위해 공동으로 추진한 프로젝트(학회출판사의 오픈 액세스 및 플랜 S 가속화Society Publishers Accelerating Open Access and Plan S, SPA-OPS)는 오픈 액세스 학술지 출판에 적용할 수 있는 일곱 가지 모델을 제시했다(Wise & Estelle, 2019a). 또한 2018년 OPERAS는 인문사회 분야 연구자와 학술 출판을 지원하기 위한 열 가지 모델을 제시했다(Speicher et al., 2018).

이러한 모델은 크게 세 가지 유형, 즉 출판 비용을 논문별로 부과하는 APC 기반형, 연구 지원 기관이나 도서관 등 외부로부터 출판비를 확

---

1 이 절은 이재윤, 정경희(2020), 「해외 인문사회과학 학술지 오픈액세스 전환 동향 연구」, 『정보관리학회지』 37(3), 301-326, 제2장을 수정 및 보완한 것이다.

보하는 외부 지원형, 광고나 비용 절감, 공동체 구성원의 자원 활동, 인쇄본 판매 등 조직 내부에서 출판 비용을 마련하는 내부 조달형으로 구분할 수 있다(Solomon et al., 2016). 이 세 가지 모델을 기준으로 SPA-OPS, OPERAS의 모델을 정리하면 <표 5-1>과 같다.

APC 기반형 모델이 직접 논문 출판비를 부과하는 방식이라면 외부 지원형 모델과 내부 조달형 모델은 저자에게 논문 출판비를 부과하지 않는다는 점에서 다이아몬드 오픈 액세스 학술지 출판 방식이다. 그러나 각각의 모델은 상호 배타적이지 않고 실제 사례에서는 여러 모델의 요소가 조합되어 하나의 학술지 출판에 적용되기도 한다. 예를 들면 우리나라의 학회가 출판하는 오픈 액세스 학술지 중에는 공적 자금을 부분적으로 지원받으면서 동시에 저자에게 논문 출판비를 부과하는 경우가 있다. APC 기반형, 외부 지원형, 내부 조달형 모델을 OPERAS에서 제시한 방식을 중심으로 살펴보자.

<표 5-1> 오픈 액세스 학술지 출판 모델

출처 / 모델	SPA-OPS	OPERAS	Solomon, Laakso & Björk(2016)
APC 기반형 모델	• 논문 거래 모델	• 논문 출판 비용 방식	• 논문별 비용 부과
외부 지원형 모델 (커뮤니티 모델)	• 전환 모델 • 협력 인프라 및 펀딩 모델 • 오픈 액세스 출판 플랫폼	• 협력체/연합체 방식 • 기금 방식 • 기부금 방식 • 도서관 자금 지원 방식	• 컨소시엄 • 보조금 • 크라우드 펀딩 • 기부금 조성
내부 조달형 모델	• 셀프아카이빙 모델 • 변화와 비용 절감 모델 • 기타 수익 모델	• 기관 운영비 방식 • 프리미엄 방식 • 출판 대행 서비스 방식 • 공동체 방식 • 인쇄본 판매 방식	• 회비 • 자원봉사 • 프리미엄 방식

1.2.1 논문 출판비APC 기반형 모델

다양한 오픈 액세스 학술지 출판 모델 중에서 저자가 직접 출판사에 논문 출판비를 지불하거나, 저자의 소속 대학이나 도서관, 연구비 지원 기관이 저자를 대신해 이를 지불하는 방식이 가장 대표적인 것으로 여겨졌다. 이는 APC(Article Processing Charge) 방식이 출판 비용 회수를 위한 가장 안정적이고 현실적이며 비교적 쉬운 방법이기 때문이다. 그런데 사실 APC 기반형 모델은 생명과학 분야에서는 일반적이지만(Solomon et al., 2016), 연구기금을 지원받는 일이 흔하지 않은 인문학 및 사회과학 분야는 APC를 지급할 비용이 극히 제한되어 있어(Wise & Estelle, 2019a, 4) 이 모델이 모든 학문 분야에 동일하게 적용되기는 어렵다(Fuchs & Sandoval, 2013; Kozak & Hartley, 2013).

2020년 6월 현재 DOAJ에는 논문 출판비를 부과하는 학술지가 약 27%인데, 학문 분야별로는 생화학 및 분자생물학 64%, 의학 52%인 반면 사회과학은 9%, 예술 및 인문학은 4%에 불과하다. DOAJ 학술지 중에서 논문 출판비를 부과하는 학술지는 2018년에 28%였고(Morrison, 2018), 2014년에 26%였다(Morrison et al., 2015). 즉, APC는 더 이상 오픈 액세스 학술지의 대표적인 사업 모델이 아니며 오픈 액세스는 곧 APC라는 등식도 성립하지 않는다(Wise & Estelle, 2019b).

APC 기반형 모델은 특히 하이브리드 학술지에서 문제가 되고 있다. 2009년에 약 2,000종이었던 하이브리드 학술지가 2016년에는 10,000종으로 증가했으며(Björk, 2017), 이와 더불어 연구비 지원 기관의 논문 출판비 지원 금액도 급상승했다. 예를 들면 2007년에서 2014년 사이 영국 연구기금 기관의 논문 출판비 지원은 40,595파운드에서 1,784,892파운드로 약 44배 증가했다. 이는 상업 출판사의 하이브리드 학술지의 논문 출판비가 비영리 오픈 액세스 학술지의 논문 출판비보다 거의 두 배

정도 높은 것에 기인한다(Björk & Solomon, 2014). 하이브리드 학술지는 상업 출판사에서 출판하는 경우가 많은데 이들은 실제 출판 비용보다는 기존 구독 학술지 모델에서 거두었던 이익과 시장 지위를 유지하려는 목적으로 논문 출판비를 책정하기 때문이다(Laakso & Björk, 2016).

연구기금 기관이 지출하는 상당 부분의 논문 출판비는 하이브리드 학술지로 들어갔다. 예를 들면 웰컴재단이 2013-2016년에 지출한 논문 출판비의 약 5분의 1인 약 180만 유로만 완전 오픈 액세스 학술지에 지출했는데 이들의 논문당 평균 출판비는 1,604유로였다. 같은 기간 하이브리드 학술지에는 710만 유로 이상을 지출했는데 이들의 논문당 평균 출판비는 2,572유로로 완전 오픈 액세스 학술지의 약 1.5배에 해당한다(Ross-Hellauer et al., 2018). 게다가 하이브리드 학술지 출판사는 이미 논문 출판비를 지불한 논문에 대해서도 구독료를 부가해 이중 이득을 취하면서 문제를 더욱 악화시켰다는 비난을 받았다. 결국 하이브리드 학술지의 증가와 그 학술지에 게재되는 논문에 대한 논문 출판비 지원은 오픈 액세스 학술지 출판의 확산에 저해 요인이 될 수 있다(Björk & Solomon, 2014).

1.2.2 외부 지원형 모델

외부 지원형인 커뮤니티 모델은 다시 협력체/연합체 방식, 기금 방식, 기부금 방식, 도서관 자금 지원 방식으로 구분할 수 있다.

협력체/연합체 방식은 여러 기관 및 단체가 협력해 각자의 기술, 인력, 자금을 다양하게 결합하는 방식으로 학문 분야별 연합, 도서관 연합, 국가적 연합, 국제적 연합 등 다양한 수준에서 추진되고 있다. 개별적으로는 추진이 어려운 이해 집단이 공통의 목표를 가지고 각자의 자원을 공유함으로써 오픈 액세스 출판이 가능하다는 장점이 있으나 규모의 한계,

지속 가능성의 어려움이 존재한다.

기금 방식은 새로운 오픈 액세스 프로젝트를 위한 기금을 조성해 지원하는 방식으로 OLH(Open Library of Humanities), 앤드루 W. 멜런 재단Andrew W. Mellon Foundation 등이 지원한 다수의 오픈 액세스 지원 기금이 있다. 출판 시작 단계에서는 가장 확실한 지원책이지만 지속적인 지원이 보장되지 못한다는 한계가 있다.

기부금 방식은 고등 교육과 학술 출판을 지원하는 독지가의 기부금 출연을 받아서 운영하는 방식으로 MIT 출판사MIT Press 등 주로 미국의 주요 대학 출판사에서 사용된다. 기부금 출연으로 출판사 운영 비용이 충당되어 결과적으로 지속적인 오픈 액세스 출판이 가능해지나 안정된 수입원으로 보기 어려우며, 특수한 경우에만 적용할 수 있다.

도서관 자금 지원 방식은 오픈 액세스 자원을 이용할 도서관으로부터 비용을 지원받아 출판하는 방식이다. 출판 기관은 오픈 액세스로 출판하려는 학술지에 자금을 지원할 도서관을 모집하는데 이때 도서관은 학술지의 가치를 판단해 출판에 참여할지를 결정하게 된다. S2O라고도 불리는 이 모델은 학술지 빅딜로 잃어버린 도서관의 학술지 선정 기능을 회복시킨다는 장점이 있다. 또한 저자의 소속 기관을 불문하고 오픈 액세스 출판 비용을 저자에게 직접 부과하지 않는 다이아몬드 오픈 액세스로서 진정한 오픈 액세스 전환 계약이라고 할 수 있다.

1.2.3 내부 조달형 모델

내부 조달형은 기관 운영비 방식과 출판 대행 서비스 방식, 공동체 방식 등으로 구분된다.

기관 운영비 방식은 모기관으로부터 운영비를 받는 출판사가 오픈 액세스 출판을 하는 것으로 주로 모기관 소속 연구자의 저작물을 출판한다. 유럽의 대학 출판사(괴팅겐대학교 출판사, 유니버시티 칼리지 런던 출판사 등)에서 채택하고 있다. 모기관에서 생산된 연구 성과물을 확산시키는 것이므로 지속적인 예산 지원이 보장된다는 장점이 있으나, 일부 기관에서만 소규모로 가능한 방식이며 확장성이 낮고 외부 저자를 포용하기가 어렵다는 단점도 있다. 국내 정부 출연 연구소에서 발행하는 학술지와 대학 연구소에서 발행하는 학술지의 상당수가 기관 운영비 방식에 해당한다.

출판 대행 서비스 방식은 다른 출판사나 기관에 대행 서비스를 제공하는 전문 업체를 활용하는 것이다. 유니버시티 칼리지 런던 출판사UCL Press, 유비쿼티 출판사Ubiquity Press, 그리고 널리지 언래치드Knowledge Unlatched 등이 이에 해당한다. 대행사를 통해 출판에 대한 전문 기술과 플랫폼, 비용을 공유할 수 있으며, 일정 규모 이상을 유지한다면 지속 가능한 사업이 될 수 있으나 이 사업이 궤도에 오르기 위해서는 상당한 자원과 전문 기술 및 초기 투자 비용이 필요하다.

공동체 방식은 학회 구성원의 봉사로 출판하는 것으로 국내 대부분의 학회 출판 학술지가 이에 해당된다.

OPERAS는 이와 같은 다양한 모델 중에서 도서관 그룹이나 기관이 오픈 액세스 출판을 위한 기금을 조성하기 위해 협력하는 연합체 모델이 증가하고 있으며 OPERAS 파트너들이 이런 모델에 대해 고려해볼 만하다고 평가하고 있다. 또한 SPA-OPS 프로젝트는 그동안 기관이 출판사에 지출했던 비용을 오픈 액세스 학술지를 위한 지출로 바꾸는 전환 모델이 학회 출판사에 가장 적합하며, 논문 출판비 없는 오픈 액세스 모델이 성공하기 위해서는 컨소시엄이나 기관 수준의 기금 지원, 출판과 호스팅을 위한 디지털 플랫폼이 필수적이라고 평가했다(Wise & Estelle, 2019a).

2 오픈 액세스 출판의 도전

2.1 전환 계약과 R&P 계약

2.1.1 OA2020과 전환 계약

오픈 액세스 운동이 시작된 후 연구기금 기관이나 대학의 지원으로 오픈 액세스 출판이 지속적으로 증가해 2010년대 중반에는 학술 논문의 최소 28%가 오픈 액세스로 이용할 수 있는 상태였고, CCL이 적용되지 않고 공개된 것까지 포함하면 47%까지 증가했다(Piwowar et al., 2019). 그러나 논문 출판비APC가 지속적으로 인상되고, 출판사가 도서관에 청구하는 구독 라이선스 비용에 이미 APC를 받은 오픈 액세스 논문도 포함해 비용을 산정하는 더블 디핑 문제까지 발생했다.

이러한 상황을 개선하기 위해 학술지 구독 시스템에 갇혀 있는 돈을 오픈 액세스 출판을 위한 비용으로 전면 전환하자는 제안이 이루어졌다(Farley et al., 2021). 오픈 액세스 운동 초기에 베를린 선언을 이끌었던 막스플랑크디지털도서관Max Planck Digital Library, MPDL은 학술 커뮤니케이션 시스템에 할당된 자원, 즉 APC와 구독료를 합해 WoS 학술지를 모두 오픈 액세스로 전환하자는 '오픈 액세스 2020', 즉 'OA2020' 프로젝트를 제안했다(Schimmer et al., 2015). 도서관이 학술지 구독을 위해 지불하는 라이선스 비용을 모두 오픈 액세스 출판 지원비로 전환하자는 것이다.

이후 개별 도서관, 도서관 컨소시엄, 국가, 대형 출판사 간에 계약이 이루어졌다. 이러한 계약을 전환 계약Transformative Agreements이라고 한다. 전환 계약을 통한 오픈 액세스를 앞서서 이끌고 있는 MPDL은 이 방식이 학술지 출판 모델을 구독에서 오픈 액세스로 전환하고, 저자가 논문 출판비 부담 없이 자신이 선택한 학술지에 오픈 액세스로 논문을 출판하게 만든다고 보았다.[2] 전환 계약이 이러한 목적을 이루기 위해서는 몇 가지 지켜야 할 점들이 있는데, ESAC(논문 처리 비용의 효율성과 기준 Efficiency and Standards for Article Charges)는 이를 다섯 가지로 제시하고 있다.[3]

- 첫째, 전환 계약은 임시적이며 과도기적인 수단이다. 전환 계약은 구독 학술지 모델을 점진적으로 완전한 오픈 액세스로 전환해 구독 모델로 다시 되돌아가지 않도록 하는 것을 목표로 설정해야 한다.
- 둘째, 저자가 저작권을 보유한다. 논문의 저자가 저작권과 재사용 권리를 완전하게 보유해야 한다. 또한 저자가 2차적 저작물 작성과 상업적 이용을 제한하는 라이선스, 예를 들면 CC BY-NC, CC BY-NC-ND를 논문에 적용할 경우 출판사와의 계약에서 2차적 저작물 작성과 상업적 이용에 대한 독점적인 이용 허락이 부여되어야 한다.
- 셋째, 계약은 투명해야 한다. 계약에 따른 모든 비용과 가격 모델, 조건에 대한 세부 사항을 공개해야 한다. 이를 통해 학술 커뮤니티는 새롭게 투자하거나 투자를 축소해야 하는 영역을 비교·분석하고, 비용 효율성을 제고하고 관련 절차를 개선할 수 있다.
- 넷째, 전환 계약은 학술 커뮤니케이션 비용을 억제하고 학술 출판의 형평성을 증진하는 것을 목표로 한다. 전환 계약으로 인한 논문 출판비가 현재의 구독료 지출과 동일해야 하며 이중 지불을 억제할 수 있어야 한다.
- 다섯째, 계약에는 저자와 관리자의 요구 사항이 해결되도록 출판사의 서비스와 업무 절차가 규정되어야 한다.

---

2 https://esac-initiative.org/about/transformative-agreements/

3 https://esac-initiative.org/about/transformative-agreements/guidelines-for-transformative-agreements/

찾아보기

- 다음 웹사이트에서 OA2020은 오픈 액세스 학술지의 확산을 위해 어떤 제안을 했는지 찾아보자.
  https://oa2020.org/
- 다음 웹사이트를 방문해 ESAC에서 제공하는 전환 계약 관련 정보를 살펴보자.
  https://esac-initiative.org/

2.1.2 R&P 계약의 문제

출판사와 구독료를 지불하는 주체 간의 계약을 통해 오픈 액세스 논문 출판을 확대하려는 방식은 다양한 문제점도 드러내고 있다. 오픈 액세스 운동의 시작으로 알려진 BOAI 선언의 주체들은 2022년 이 선언 20주년을 맞아 다음 10년을 위한 권고 사항을 발표하면서 오프셋offset, R&P(Read & Publish) 등의 계약 방식에 이의를 제기했다. 여기에는 구독 학술지가 실질적으로 오픈 액세스 학술지로 전환되지 않는 계약이라는 것, 하이브리드 학술지가 지속된다는 것, 부자 출판사wealthiest publishers에 오픈 액세스 논문이 편중된다는 것, 저자 장벽을 만든다는 것, 지속 가능성이 없다는 것 등이 해당된다.[4]

그들은 우선 '전환 계약'보다 'R&P 계약'이라는 용어를 사용하자고 제안했다. 왜냐하면 R&P 계약은 구독 학술지를 완전하고 지속 가능성이 있는 오픈 액세스 학술지로의 전환을 보장하는 것이 아니므로 '전환 계약'을 미래의 더 정확한 전환 전략을 위해 아껴두자는 것이다. 현재의 R&P 계약은 약정 기간 동안 계약 대상인 국가나 대학 소속 저자가 계약을 체결한 출판사의 학술지에 오픈 액세스로 논문을 게재하게 만들지만 그 계약이 종결되면 해당 학술지는 다시 구독이나 하이브리드 모델로 되

4 https://www.budapestopenaccessinitiative.org/boai20/

돌아갈 수 있는 '일시적인' 전환 계약이기 때문이다.

R&P 계약 지지자들은 전환 계약 대상 학술지가 하이브리드 모델에서 완전 오픈 액세스 학술지로 전환될 것으로 예측했으나 실제 그러한 전환은 많지 않았고, 출판사도 그러한 의지를 보이지 않고 있으며 계약서에 이런 전환을 강제하는 조항도 추가하지 못하고 있다(Borrego et al., 2020). 결국 R&P 계약은 하이브리드 학술지를 점진적으로 완전 오픈 액세스 학술지로 전환할 목적으로 설계되었으나 실제로는 단기적으로 오픈 액세스 논문을 증가시킬 뿐 지속 가능성이 보장되지 않는다.

또한 현재의 R&P 계약 방식은 설령 하이브리드에서 완전 오픈 액세스로 전환되더라도 가격 문제를 해결하지 못한다는 것 또한 문제점으로 지적되고 있다. R&P 계약은 대부분 대형 상업 출판사와 이루어진다. 이 출판사들이 발행하는 학술지는 대부분 높은 논문 출판비를 부과하므로 R&P 계약은 이 모델을 고착시킬 가능성도 있다. 전환 계약에서도 저자가 직접 지불하지 않을 뿐 협약 기관이 논문 출판비를 선불하는 것인데 이 비용이 투명하고 공정하게 책정되지 않으면 결국 학술지 출판의 위기는 언제든지 되풀이될 수 있다.

일부 계약에서는 대학 소속 저자가 무제한으로 오픈 액세스 출판을 할 수 있도록 허용한다. 이 경우 더 많은 저자가 해당 학술지에 논문을 게재할수록 논문 출판비 단가가 낮아진다는 장점은 있으나 상업적으로 우위에 있는 출판사에 논문이 쏠리는 문제를 심화시킨다(Bansode & Pujar, 2022). R&P 계약은 오픈 액세스 출판에 대한 높은 수요가 출판사의 논문 출판비 인상을 정당화하고 출판사에는 어떠한 손실도 끼치지 않는다. 결과적으로 이 계약 방식은 '빅3' 출판사인 엘스비어, 스프링거 네이처, 와일리의 지배적인 위치를 더 견고하게 해서 이들이 오픈 액세스 출판의 가장 큰 수혜자가 되게 하고 새로운 경쟁 출판사에 대한 진입 장벽을 높인다(Schmal, 2024).

미국의 켄터키대학교 도서관의 R&P 계약 사례를 보면 2018년 약 234편이었던 오픈 액세스 논문이 계약 이후인 2022년에 이르러 약 392편으로 증가해 연평균 11% 성장했다. 이는 같은 기간 이 대학 저자의 논문 출판 전체 성장률인 2.6%에 비해 훨씬 높은 수치이다. 그러나 오픈 액세스 논문 증가에 따라 논문 출판비도 연평균 9.5%씩 증가했는데 이 비용은 상위 10개의 출판사에 84%가 쏠렸다. 또한 계약 기간 내 사용하지 않는 APC는 매년 말 만료되므로 출판사는 오픈 액세스 출판량과 무관하게 이익을 보전할 수 있는 대신 도서관에 모든 위험이 돌아갔다. 오픈 액세스 출판량이 증가할 경우 도서관에 상당한 비용을 증가시키고 전환 계약의 원래 목표였던 완전한 오픈 액세스로의 전환을 촉진하기도 어려웠다(Rawlins, 2024).

R&P 계약이 저자 불평등 문제를 강화시키는 것도 문제로 지적된다. 이러한 계약을 체결하지 못하는 기관 소속 저자는 고가의 논문 출판비 장벽에 가로막혀 오픈 액세스 출판의 기회를 얻지 못하게 되기 때문이다. 또한 R&P 계약은 저자나 도서관이 공정한 APC를 책정하는 소규모 비영리 기관의 학술지 또는 다이아몬드 모델에 무관심하게 만든다. 특히 저자가 자신의 논문을 출판할 최적의 학술지를 찾는 것을 포기하고 논문 출판비를 지불하지 않아도 되는 R&P 계약 리스트에 포함된 학술지를 선택하게 만들어(Parmhed & Säll, 2023) 서지 다양성을 훼손할 수 있다.

R&P 계약이 일시적으로 오픈 액세스 논문을 증가시키는 효과는 있었으나 소수 상업 출판사의 출판 독점, 연구자 형평성 문제, 해결되지 않은 논문 출판비 문제 등 학술 커뮤니케이션 생태계 전반에 문제를 야기하는 것도 사실이다. 이를 해결하기 위해 상업 출판사에서 벗어나 학회와 같은 연구자 공동체가 주도적이고 개방적이며 공정한 방법으로 오픈 액세스를 실천해나갈 수 있도록 도서관과 연구기금 기관, 정부가 지원할 필요가 있다(Chiarelli et al., 2024).

2.2 약탈적 학술지

2.2.1 약탈적 학술지의 등장 배경과 정의

약탈적 학술지란 논문 출판비 수익만을 우선시하고 허위 또는 잘못된 정보, 전통적인 편집 및 출판 관행 무시, 투명성 부족, 공격적이고 무차별적인 권유 관행이 특징인 학술지를 말한다(Grudniewicz et al., 2019). 양적인 연구 평가, APC 기반 상업 출판사의 골드 오픈 액세스 출판 모델, 취약한 동료 심사 시스템이 약탈적 학술지 출현의 동인이 되었다(IAP, 2022, 10). 20세기 중반 이후 대학이나 연구 기관, 연구기금 기관은 학문의 다양성을 외면하고 모든 분야에서 연구 논문의 양을 평가 기준으로 채택해, 연구자는 연구와 학문에 대한 지적 탐구 그 자체보다 평가를 받기 위해 가능한 한 많은 논문을 출판해야 하는 상황에 처하게 되었다. '출판하지 않으면 멸망한다publish or perish'로 대변되는 양적인 연구 평가 체제는 연구자가 약탈적 학술지의 유혹에 넘어가게 만들었다. 특히 승진이나 임용을 앞둔 연구자는 가능한 한 빨리 더 많은 논문을 생산해 실적을 쌓아야 한다는 압박을 받는데, 동료 심사 과정을 생략하거나 형식적으로만 진행하고 빠른 출판을 약속하는 약탈적 학술지는 이러한 약점을 활용해 연구자에게 접근한다(한국연구재단, 2023, 105).

APC 기반의 골드 오픈 액세스 출판 모델도 약탈적 학술지 등장 원인의 하나로 지적된다. 기존의 구독 모델 기반의 학술 커뮤니케이션 환경에서는 동료 심사를 부실하게 해서 질적 수준이 낮은 논문이 게재되는 학술지는 도서관의 선별과 구독 대상에서 배제되므로 설령 출판사가 이러한 학술지를 발행하더라도 수익 창출이 어려웠다. 그러나 오픈 액세스 학술지는 저자가 출판을 하면서 논문 출판비를 선지불하므로 출판사는 수익이 보장된 상태로 학술지를 출판하게 된다. 따라서 더 많은 논문을 출판할수록 수익은 더 커질 수 있으므로 연구자들에게 논문 투고 광고 이메일을 무차별적으로 보내 논문을 확보하려고 한다.

동료 심사는 학술 커뮤니케이션의 신뢰성을 보장하는 중요한 제도이다. 그러나 이 제도는 편향성을 최소화하기 위해 비공개를 기반으로 설계되어 불명확성과 불투명성이라는 한계 또한 내포하고 있다. 그럼에도 불구하고 오랫동안 동료 심사 제도의 존재 자체가 학술지의 품질을 가늠하는 중요한 기준으로 작동해왔다. 심사 결과를 공개하지 않더라도 이러한 인정을 받을 수 있었던 것은 각 분야의 권위 있는 연구자가 편집위원장 및 편집위원으로서 심사 제도를 운영하며 쌓아 올린 연구 공동체로부터의 신뢰에서 비롯된 것이다. 약탈적 학술지는 형식적으로는 동료 심사를 진행한다고 하지만 실제로는 편집위원회에서 심사를 제대로 할 수 있는 권위 있는 연구자를 심사자로 선정하지 않고 심사 내용에 대한 품질 관리도 하지 않는다.

약탈적 학술지는 품질이 보장되지 않은 연구 결과를 유통함으로써 연구 시간과 자원을 낭비하게 하고, 더 좋은 연구를 사장시키며, 왜곡된 연구 결과를 확산시키고, 연구 결과를 활용한 공공 정책을 훼손하게 만든다(IAP, 2022). 약탈적 학술지는 연구자를 속이고 연구자의 노력을 약탈할 뿐만 아니라 오랫동안 쌓아온 연구 생태계, 학술 커뮤니케이션 생태계의 신뢰성을 약탈하는 것이다.

2.2.2 약탈적 학술지의 특징과 유형

미국 콜로라도에 위치한 덴버대학교의 사서인 제프리 비올Jeffrey Beall은 2008년 출판사가 보낸 논문 투고 요청 이메일을 받고 신생 학술지 중에 투명하게 관리되지 않는 학술지가 있음을 발견했다. 그는 2010년에 '약탈적 출판사predatory publisher'라는 용어를 처음 사용하면서 약탈적 출판사와 약탈적 학술지 목록을 자신의 블로그에 공개했다. 이후 가짜 학술지pseudo-journals, 사기 학술지fake journals, 의심 학술지questionable journals 등이 약탈적 학술지와 유사한 문제를 지닌 학술지를 지칭하는 용어로 사용된다.

이러한 학술지들은 출판윤리위원회Committee on Publication Ethics, COPE나 국제의학학술지편집인위원회International Committee of Medical Journal Editors, ICMJE 등이 제시한 표준 정책을 따르지 않고 연구자에게 투고를 권유하는 이메일을 수시로 보내고 일반적인 논문 출판비보다 낮은 금액을 제시하며 신속한 출판을 약속한다. COPE는 약탈적인 출판물에 나타나는 공통된 특징으로 숨겨지거나 분명하지 않은 논문 출판비, 해당 분야 전문가에 의한 질적인 동료 심사 부족, 48시간 혹은 일주일 이내의 논문 출판 보증 등 신속한 출판을 약속한다는 점을 들었다. 과학, 공학, 의학 분야의 국제적인 연구자 단체인 국제한림원연합회InterAcademy Partnership, IAP는 약탈적 학술지의 특징을 다음과 같이 다섯 가지로 제시했다(IAP, 2022).

- 엄격한 동료 심사 없이 유료로 신속하게 논문을 게재할 수 있다.
- 저명한 과학자가 해당 학술지의 편집위원인 것처럼 가장한다.
- 사기성 학술지 영향력 지수JIF 등을 활용한다.
- 학술지명이 전통적인 학술지와 유사하다.
- 해당 학술지에 논문 투고를 부추기는 이메일을 적극적으로 발송한다.

위와 같은 특징을 모두 포함한 예도 있으나 이들 중 일부만 나타나는 경우도 있다. 국제한림원연합회는 약탈적 행동을 사기적, 기만적 행위에서부터 의심스럽거나 비윤리적인 행위, 혹은 의도는 좋지만 질적으로 미

<표 5-2> 학술지에 대한 약탈적 행위의 스펙트럼

<table>
<tr><td>사기성</td><td>기만성</td><td>학계에서 통용되기 어려운 저품질</td><td>저품질</td><td>저품질 가능성 내포</td><td>의심스러운 품질</td><td>품질 우수</td></tr>
<tr><td colspan="7">고위험 ● ● ● ● ● ● ○ 저위험</td></tr>
<tr><td colspan="2">[주요 지표]
• 동료 심사가 없거나 부적절함 또는 논문 선정 과정을 왜곡해 잘못 전달함
• 다른 학술지 또는 웹사이트를 모방
• 편집위원회가 없거나 명목상의 편집위원회만 존재함
• 대체 또는 가짜 JIF 사용
• 출판 기관에 색인되거나 가입되었다고 거짓 주장
• 출판 비용을 숨김
• 잠재적으로 불법적 운영</td><td colspan="3">[주요 지표]
• 낮은 품질의 동료 심사
• 좋은 편집 관행의 위반
• 저자 및 학계에 대한 지원 서비스 부족 또는 매우 열악
• 공격적이고 무차별적인 투고 권유 관행
• 출판 비용에 대한 불명확성
• 만족스러운 아카이빙 체계 부족
• 비활성 상태의 편집위원회</td><td colspan="2">[주요 지표]
• 철저한 동료 심사
• 강력한 편집위원회
• 연구 윤리와 철회를 보장하는 강력한 시스템
• 출판 비용을 명확히 안내
• 때때로 약탈적 행위에 연루될 수 있으나 비판을 받을 경우 적절한 조치를 취함</td></tr>
<tr><td colspan="2">언제 기만적 학술지가 되는가?
• 학술지의 실제 목적이나 상태, 비용, 제공 서비스에 대해 저자나 독자를 속이거나 오도할 때</td><td colspan="3">언제 저품질 학술지로 간주되는가?
• 더 많은 지표에 해당할 때 품질이 낮아짐
• 스펙트럼에서 오른쪽으로 갈수록, 질 높은 출판을 달성할 수 있도록 지원받을 가치가 더 큼</td><td colspan="2"></td></tr>
</table>

(출처: IAP, 2022 재구성)

흡한 관행에 이르기까지 여섯 가지 등급으로 구분하고, 각 등급별 특징을 설명했다.(한국연구재단, 2023; IAP, 2022).

- 첫 번째 등급 – 사기성 학술지Fraudulent journals
  저명한 학술지와 유사한 이름을 사용해 연구자를 속이는 등 부정한 방법을 사용하는 학술지. 국제한림원연합회는 이 유형에 속하는 대표적인 출판사로 오믹스출판그룹OMICS Publishing Group을 지목함.
- 두 번째 등급 – 기만성 학술지Deceptive journals

편집위원회의 구성을 속이거나 동료 심사, 출판 비용 등을 속이는 행위를 저지르는 학술지

- 세 번째 등급 – 학계에서 통용되기 어려운 저품질 학술지Unacceptable low-quality journals
  학계에서 받아들이기 어려운 주장을 펼치거나 제대로 된 증거가 없는 논문들을 출판하는 학술지
- 네 번째 등급 – 저품질 학술지Low-quality journals
  불투명한 출판 정책을 가지고 있으면서 청탁 등을 통해 논문을 출판해 논문의 질이 떨어지는 학술지
- 다섯 번째 등급 – 저품질 가능성을 내포한 학술지Well-intentioned, promising low-quality journals
  출판사에서 질 낮은 논문을 줄이려는 노력을 하므로 향후 발전할 가능성이 있는 학술지
- 여섯 번째 등급 – 의심스러운 학술지Questionalbe quality journals
  다른 약탈적 학술지에 비해 상대적 위험도는 낮지만 여전히 주의를 기울여야 하는 학술지. 빠른 동료 심사를 약속함으로써 논문의 질이 의심스러운 면이 있으나 전통 학술지와 유사하게 동료 심사를 진행함. 국제한림원연합회는 이 유형에 속하는 대표적인 출판사로 MDPI를 지목함.

약탈적 학술지는 그 수가 빠르게 증가해 2021년 기준 약 1만 5,000종 이상인 것으로 알려졌다(Laine et al., 2025). 처음에는 아프리카와 아시아 학자들에게 영향을 미쳤으나 이제는 전 세계적으로 널리 퍼지고 있고 경력 있는 연구자들 또한 사기를 당하기도 한다. 최근 국내외 학계에서 부실 의심 학술지와 관련해 찬반 논쟁이 가장 큰 출판사는 MDPI이다. 이 출판사는 2018년에 약 6만 7,000편의 논문을 출판했으나 2021년에는

3.6배가 증가한 24만 편을 출판했다. 이를 통해 MDPI는 2021년에 전 세계 연구자들로부터 약 8,477억 원의 논문 게재료를 받은 것으로 추정된다. 대한수학회는 2021년 학회 회원들에게 MDPI 출판사의 학술지에 게재된 논문을 연구 실적에서 불인정할 것이라고 권고했고, 일부 대학에서는 신임 교원 임용 시 MDPI의 특정 학술지에 게재된 논문을 연구 실적으로 인정하지 않은 사례도 있다.

2.2.3 약탈적 학술지 점검 요소들

약탈적 학술지의 등장은 학술 출판에서 투명성과 윤리를 더욱 강조하는 계기가 되었다. 국제적인 학술지 출판 및 오픈 액세스 단체들은 '학술 출판에서의 투명성 원칙과 업무 지침'(4판)을 발표해 학술 공동체가 지켜나갈 최소한의 기준을 제시했다(COPE et al., 2022). 이 지침은 학술지 콘텐츠, 학술지 운영 실무, 운영 주체, 사업 운영 실무 등 네 영역에 걸쳐 16개 항목을 제시하고 각 항목을 상세히 설명하고 있다. 약탈적 행위를 제어하기 위한 요소로는 다음과 같은 것들이 제시되어 있다. 학술지명이 다른 학술지와 혼동되지 않도록 고유해야 한다는 것, 저자나 독자가 학술지 발행처 및 주제 범위를 오인하거나 다른 기관과 혼동하지 않도록 해야 한다는 것, 출판 윤리 정책에 수정과 철회에 관한 내용이 포함되어야 한다는 것, 동료 심사의 수행 주체와 과정, 유형, 최종 결정 과정과 이에 참여한 관련자 등이 홈페이지에 공개되어야 한다는 것, 편집위원회나 자문위원회 위원들의 이름과 소속이 홈페이지에 계속 갱신되어 공개되어야 한다는 것, 저자 비용(APC, 페이지당 인쇄 비용, 편집 비용, 교정·교열 비용, 컬러 인쇄 비용, 투고 비용, 회비, 기타 부가 비용 등)은 그 비용을 정확히 홈페이지에 찾기 쉽게 공개해야 한다는 것 등이 그 예이다.

COPE, DOAJ, OASPA, STM 등 학술 커뮤니케이션 관련 기관은 연

<표 5-3> 학술 출판에서의 투명성 원칙과 업무 지침(4판)

	항목명	핵심 내용
학술지 콘텐츠	1. 학술지명	학술지명은 고유해야 한다.
	2. 웹사이트	웹사이트는 사용자를 보호하고 높은 전문성을 유지한다.
	3. 출판 일정	발행 일정이 명확하고 이를 잘 준수한다.
	4. 아카이빙	학술지 보존 여부를 명확히 표시한다.
	5. 저작권	저작권 조건이 명확해야 한다.
	6. 라이선싱	정책 문서와 출판된 논문에 라이선스 정보를 명시한다.
학술지 운영 실무	7. 출판 윤리 및 편집 정책	출판 윤리 정책을 마련한다.
	8. 동료 심사	동료 심사 정책이 명확해야 한다.
	9. 접근	논문 접근 비용, 등록 절차를 독자에게 명확히 안내한다.
운영 주체	10. 소유와 관리	학술지 소유권과 운영 정보를 명확히 밝힌다.
	11. 위원회	편집위원회 구성은 해당 주제 분야의 전문가여야 한다.
	12. 편집팀과 연락처	학술지 편집팀 연락처와 전체 편집자 정보를 제공한다.
사업 운영 실무	13. 저자 비용	원고와 관련된 모든 비용을 저자에게 명확히 안내한다.
	14. 기타 수입	모든 수익원을 명확히 밝힌다.
	15. 광고	투명한 광고 정책을 편다.
	16. 직접 마케팅	저자 대상 마케팅은 적절하고, 목표 지향적이며, 저자를 방해하지 않아야 한다.

(출처: COPE et al., 2022)

구자가 투고할 학술지를 확인할 때 사용할 수 있는 점검 도구로 '숙고하고, 확인하고, 투고하라Think. Check. Submit.'는 웹사이트를 개발하기도 했다. 국내에서는 KISTI에서 건전학술활동지원시스템Scholarly ecosystem Against Fake publishing Environment, SAFE을 운영하며 의심 학술지에 대해 안내하고 있다.

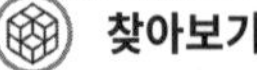

- 다음 웹사이트에서 약탈적 학술지와 관련해 어떤 정보를 제공하고 있는지 확인해보자.
  Think. Check. Submit. https://thinkchecksubmit.org/
  건전학술활동지원시스템 https://safe.koar.kr/koar/journal/journal.do
  한국연구재단 연구윤리정보포털 https://cre.nrf.re.kr

2.3 연구기금 기관의 오픈 액세스 출판 의무화 정책, 플랜 S

자유로운 접근이 보장되는 오픈 액세스 출판을 위해서는 저자가 논문 출판비에 대한 부담 없이 오픈 액세스 출판을 선택할 수 있도록 APC를 지원하고, 독자가 출판과 동시에 지속적으로 논문을 자유롭게 재사용할 수 있도록 저작권이 관리되어야 한다.

BOAI 선언 이후 연구기금 기관은 기금을 받은 연구자에게, 대학이나 연구소는 그 기관에 소속된 연구자에게 오픈 액세스 출판을 권고하거나 의무화하는 정책을 시행하고 있다. 영국의 웰컴재단과 영국연구혁신청, 유럽연구위원회ERC 등은 오픈 액세스 출판비를 저자에게 지원하거나 연구비 중 일부를 출판비로 사용하도록 허용하면서 오픈 액세스 출판을 유도했다. 오픈 액세스 운동 초기에는 오픈 액세스를 권장하다가 점차 의무화하는 방향으로 움직이고 있다. 특히 다국적 상업 출판사에서 발간하는 하이브리드 학술지의 높은 논문 출판비로 인한 저자 불평등의 문제, 더블 디핑 문제, 약탈적 학술지 문제 등 오픈 액세스의 부정적 측면을 해소하기 위해 연구기금 기관이 연합해서 지속적으로 새로운 오픈 액세스 정책을 마련하고 있다. 2018년 발표된 플랜 S(Plan S) 정책은 기금 기관의 오픈 액세스 지원 방향을 살펴볼 수 있는 좋은 사례이다.

2.3.1 플랜 S의 원칙

웰컴재단, 영국연구혁신청, 유럽연구위원회 등 유럽의 연구기금 기관들은 오픈 액세스 정책의 방향을 새롭게 설정하기 위해 cOAlition S를 구성해 2018년 9월 플랜 S 정책을 발표했다. 이 정책은 그동안 연구기금 기관이 개별적으로 추진했던 오픈 액세스 정책이 거대 상업 출판사의 과도한 논문 출판비와 이중 지불 등 기존의 학술 커뮤니케이션 문제를 해결하기에는 한계가 있다는 판단하에 기금 기관이 공동으로 추진해야 할 향후의 방향성을 제시한 것이다. 또한 이 정책은 대규모로 구독형 학술지를 오픈 액세스 학술지로 전환하자는 OA2020 프로젝트의 실현을 위한 연구기금 기관의 실천 전략이기도 했다. 플랜 S 정책에는 연구기금 기관의 기금을 지원받은 연구 논문의 오픈 액세스 출판 등과 관련된 10대 원칙, 이행을 위한 가이드라인, 기술적 안내, 요구 사항이 제시되어 있다(cOAlition S, 2019). 10대 원칙에는 저작권, 오픈 액세스 출판 비용, 적용 대상 간행물, 하이브리드 학술지 등에 관한 요구 사항이 담겨 있다. 이를 요약하면 다음과 같다.

1) 저자나 그들의 소속 기관은 저작권을 보유하고 모든 출판물에 가능한 한 CC BY를 적용해야 한다.
2) 기금 기관은 오픈 액세스 학술지, 오픈 액세스 플랫폼, 오픈 액세스 리포지터리가 갖추어야 할 강력한 서비스 기준과 요구 사항을 개발할 것이다.
3) 기금 기관은 오픈 액세스 학술지나 플랫폼이 없으면 적절한 시기에 이것이 가능하도록 지원할 것이다. 필요한 경우 오픈 액세스 인프라 구축도 지원할 것이다.
4) 오픈 액세스 출판 비용은 연구자 개인이 아니라 연구 기관이나 기

금 기관이 부담한다.

5) 기금 기관은 오픈 액세스 학술지 및 플랫폼에 대한 다양한 비즈니스 모델을 지지하지만, 오픈 액세스 출판 비용은 투명하게 시장에 공개되어야 한다. 이것은 기금 기관의 오픈 액세스 출판 비용 지원 표준화 및 지원 한도를 정하는 데 필요하다.

6) 기금 기관은 정부, 대학, 연구 기관, 도서관, 학계가 전략, 정책, 관행을 조정해 투명성을 보장하도록 권장한다.

7) 위 원칙들은 모든 유형의 학술 간행물에 적용되지만 단행본에 대한 오픈 액세스는 별도의 절차가 필요하다.

8) 기금 기관은 하이브리드 출판 모델은 지지하지 않는다. 그러나 명확한 기간 내에 완전 오픈 액세스 학술지로 전환할 때 '전환 협의 transformative arrangements'에 따라 재정적으로 지원할 수 있다.

9) 기금 기관은 기금 수혜자들의 의무 준수 여부를 감독하고 준수하지 않으면 제재를 가할 것이다.

10) 기금 기관은 연구비 지원 결정 시 학술지 영향력 지수JIF, 학술지나 출판사의 명성이 아니라 연구의 본질적 가치를 중시할 것이다.

2.3.2 플랜 S의 전략

기금 수혜자는 다음 세 가지 경로로 플랜 S의 의무 사항을 이행할 수 있다(cOAlition S, 2019). 첫째, 오픈 액세스 학술지나 플랫폼을 통해 논문을 출판하는 방법, 둘째, 구독 학술지에 게재하고 엠바고 기간 없이 최종 출판본을 오픈 액세스 리포지터리에 제출하는 방법, 셋째, 구독 학술지 중에서 완전한 오픈 액세스로 전환한다는 협의를 한 학술지에 오픈 액세스로 출판하는 방법이다. 하이브리드 학술지에 게재하는 것은 두 번째 혹은 세 번째 경로에 해당한다. 기금 기관은 위의 세 가지 방법 중에서 첫 번째와 세 번째 방법의 경우에만 저자에게 논문 출판비를 지원하며 하이브리드 학술지에는 오픈 액세스로 출판하더라도 논문 출판비를 지원하지 않는다. 결국 플랜 S는 투명하지 않은 고가의 논문 출판비를 부과하는 하이브리드 학술지와 엠바고로 인해 논문 출판 즉시 포스트프린트를 공개하지 못하는 그린 오픈 액세스를 더 이상 오픈 액세스 전략으로 받아들이지 않겠다는 선언이다.

<표 5-4> 플랜 S 준수를 위한 경로

	오픈 액세스 출판 (학술지/플랫폼)	구독 학술지	전환 협의 학술지
경로	저자가 오픈 액세스 학술지나 플랫폼을 통해 출판	저자가 구독 학술지에 게재하고 최종 출판본(또는 저자 접수 원고)을 출판 즉시 리포지터리에 공개	저자가 전환 협의를 한 구독 학술지에 오픈 액세스로 출판
APC	기금 기관이 지원함	기금 기관이 지원하지 않음	기금 기관이 2024년 12월 31일까지만 지원함

cOAlition S는 구독 학술지가 오픈 액세스 학술지로 전환하는 것을 지원하기 위해 전환 협의 프로그램을 운영하며 cOAlitions S 회원 기관이 전환 협의 학술지에 논문 출판비를 지원하되 2024년 12월 31일 이후에는 이를 중단하기로 했다. cOAlition S는 특히 다국적 거대 출판사와의 전환 계약에 대해서는 보다 구체적인 요구를 했다. OA2020에 따라 기관 혹은 도서관 컨소시엄이 전환 계약을 추진하는 것을 독려하지만, 2021년 1월 이후부터 ESAC 가이드라인을 준수하는 계약에 대해서만 재정적으로 지원한다는 것이다. cOAlition S에 참여하는 기관 중 스웨덴과 영국의 정부 연구기금 기관, 웰컴재단 등은 하이브리드 학술지에 오픈 액세스로 출판하는 논문에는 APC를 지원하지 않는 등 플랜 S 원칙이 발표되었던 초기부터 기존의 기관 오픈 액세스 정책을 수정해 기금 수혜

자에게 적용했고, 이후 다수의 기금 기관이 이러한 정책을 반영해 기존의 정책을 개정했다.

2.3.3 플랜 S의 다음 단계, 연구자 주도의 학술 커뮤니케이션

플랜 S 정책을 발표하며 하이브리드 학술지 문제를 해결하려 했던 cOAlition S 기관들은 플랜 S의 다음 단계를 위한 방향으로 상업 출판사가 아닌 연구자 공동체가 주도하는 학술 출판을 지원하는 방안을 모색하고 있다(cOAlition S, 2023). 이는 오픈 액세스 논문이 계속 증가하면서 연구기금 기관과 대학 등 연구 기관의 APC 지원 비용이 끊임없이 증가하고 있는데 이러한 비용이 전환 계약을 통해 다시 대형 출판사로 흘러가는 것을 제어하기 위한 것이다. 대형 상업 출판사 중심의 오픈 액세스 환경은 공정한 오픈 액세스 모델을 도입하고 있는 소형 출판사나 학회 출판사를 배제하게 된다. 연구자가 주도하는 학술 커뮤니케이션 생태계로의 전환은 구독 학술지 체제에서처럼 다시 상업 출판사의 지배하에 놓인 오픈 액세스 출판 환경을 개선하기 위한 것이다.

이를 위해 cOAlition S는 다섯 가지 원칙과 세 단계 활동을 다음과 같이 제안했다(cOAlition S, 2023). 먼저 다섯 가지 원칙을 살펴보면, 1) 저자가 자신의 연구 결과 전파에 책임을 지고, 2) 모든 학술 성과물을 즉시 공개 및 공유하고, 3) 논문의 품질 관리 과정은 신뢰성을 보장할 수 있도록 커뮤니티가 관리하되 개방적이어야 하고, 4) 모든 학술 성과물이 연구 평가에서 고려되어야 하고, 5) 학술 커뮤니케이션의 이해당사자들이 모두 연구자 주도의 출판 생태계가 지속될 수 있도록 지원해야 한다는 것이다.

이러한 원칙 아래 연구기금 기관과 대학은 세 단계 활동을 추진할 수 있다. 연구자 주도의 학술 커뮤니케이션을 장려하는 1단계에서는 동료 심사 이전의 연구 결과 공개를 확대하고 공개 이후 동료 심사 참여를 권장하며, 논문 출판비가 투명하게 책정되도록 관리하고, 다이아몬드 출판 모델과 인프라에 대한 재정을 지원해야 한다는 것이다. 2단계에서는 프리프린트 공개, 데이터 공개를 연구자 평가에 반영하고, 하이브리드 학술지와 구독 학술지를 위한 전환 계약이 폐지되도록 이들 학술지에 대한 논문 출판비를 줄이고, 연구자 주도 출판에 자금을 늘리겠다고 약속해야 하며, 이를 위해 기관, 학회 등 이해관계자와 연합체를 형성할 필요가 있다는 것이다. 3단계에서는 연구비 지원 신청서에 학술지 지표와 학술지명 항목을 삭제하고 동료 심사 보고서 등 학술 결과물이 공개될 경우에 연구비를 지급하고, 글로벌한 연구자 주도 학술 커뮤니케이션 공동체를 만들어간다는 것이다.

찾아보기

- 다음 웹사이트에서 플랜 S의 10대 원칙 원문을 찾아보고 어떤 기관들이 cOAlition S에 참여하고 있는지 확인해보자.
  https://www.coalition-s.org/
- ESAC에 공개되어 있는 오픈 액세스 전환 계약을 찾아보고 국내에서 이루어진 전환 계약의 내용과 해외의 전환 계약 내용을 비교해보자.

3 셀프아카이빙

3.1 셀프아카이빙의 정의와 배경

셀프아카이빙self-archiving은 자유로운 접근이 가능하도록 저자가 자신의 논문을 온라인 리포지터리에 기탁하는 행위로 BOAI 선언에서 제시한 두 가지 오픈 액세스 실천 전략 중 하나이다. 셀프아카이빙의 대상은 출판을 위해 제출하기 전 상태의 프리프린트이거나 포스트프린트일 수도 있다. 일반적으로 구독 학술지 출판사에 제출해 동료 심사를 통과하고 수정 지시 사항이 모두 반영된 원고를 셀프아카이빙하기 위해서는 출판사가 지정한 일정한 유예 기간이 지나야 한다.

셀프아카이빙은 골드 오픈 액세스에 비하면 출판사의 엠바고 등 몇 가지 제약 조건이 있으므로 오픈 액세스 실천을 위한 차선책이라는 의미에서 그린 오픈 액세스라고 불린다. 셀프아카이빙은 저자가 기탁한 논문을 영구 보존하면서 동시에 검색 가능성도 높은 리포지터리가 필요하다. 대학이나 연구소의 도서관들은 소속 기관 연구자들의 셀프아카이빙을 위한 리포지터리를 구축했다(Gadd & Troll Covey, 2019).

전통적인 그린 오픈 액세스는 주제별 리포지터리나 기관 리포지터리에 논문을 저장하는 것을 의미하지만(Björk, 2017), 리서치게이트ResearchGate와 아카데미아닷이디유Academia.edu 같은 학술 소셜 네트워크 사이트ASNs를 통해 연구자가 자신의 연구 결과를 공유하고 온라인으로 자유롭게 접근할 수 있게 하는 것도 오픈 액세스 리포지터리와 유사한 또 하나의 오픈 액세스 경로라고 보는 시각도 있다(Jordan, 2019). 그러나 이는 저작권을 침해할 가능성도 있으므로 '블랙 오픈 액세스 경로'로 간주되어야 한다는 시각도 있다(Björk, 2017).

셀프아카이빙은 스테반 하나드가 1994년 '혁신적 제안'에서 처음 사

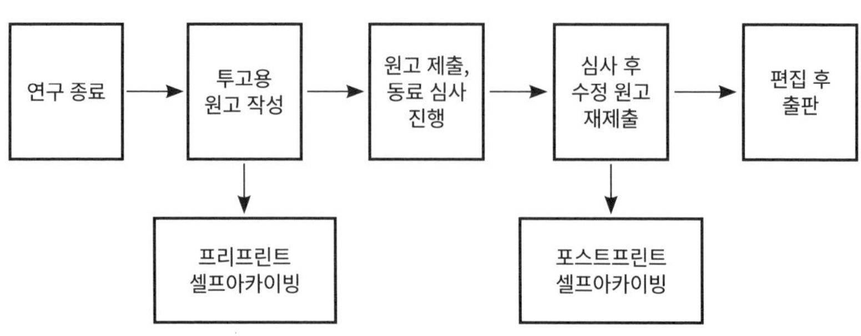

<그림 5-1> 그린 오픈 액세스 셀프아카이빙 경로

용한 용어이지만 출판 전 논문을 연구자들과 공유하는 방식은 그 이전부터 이미 이루어지고 있었다. 입자물리학 분야에서는 연구가 끝나면 논문을 출판하기 위한 동료 심사가 이루어지기 전에 기술 보고서 형태로 연구 결과를 정리해 각 실험실 도서관에 비치해두고 이를 돌려보는 경우가 많았다.

1991년에 시작된 arXiv라는 고에너지 입자물리학 분야의 프리프린트 아카이브는 30여 년간 지속되어온 이러한 전통에 기반해 성공적으로 운영될 수 있었다(Kling et al., 2004, 138). 컴퓨터과학 분야에서는 오랫동안 연구자들끼리 인터넷을 통해 기술 보고서 등을 주고받고 학과별 리포지터리에 이를 기탁하는 관행이 있었는데, 이를 기반으로 1995년에 앤세스트럴NCSTRL 리포지터리를 구축했다(Davis, 1995). 또한 1998년에는 컴퓨팅기계협회Association for Computing Machinery, ACM가 NCSTRL과 arXiv에 있는 컴퓨터과학 논문을 결합해 컴퓨팅 리서치 리포지터리Computing Research Repository를 구축했다(Borgman, 2007, 193-196). 인지심리학 분야에서는 하나드의 제안으로 1997년에 CogPrints 아카이브가 만들어졌다. arXiv와 더불어 이러한 리포지터리들은 BOAI 선언에서 셀프아카이빙을 오픈 액세스 전략의 하나로 채택한 배경이 되었다.

그러나 동료 심사가 이루어지기 이전의 논문을 공유하는 프리프린트 아카이브와 달리 심사가 이루어진 원고나 출판된 논문을 공유하는 것은 저작권 문제가 발생한다. 구독 학술지에 논문을 게재하는 저자는 일반적으로 출판사의 요구에 따라 저작재산권을 출판사에 양도하게 된다. 따라서 설령 저자라 하더라도 자신의 논문을 오픈 액세스 리포지터리에 셀프아카이빙하기 위해서는 저작권을 양도받은 출판사의 허락이 필요하다. 저자가 자신의 논문을 출판과 동시에 오픈 액세스 리포지터리에 올려 누구나 자유롭게 이용할 수 있게 만들면 출판사로서는 논문 판매를 통해 시장에서 거두려고 했던 수익에 상당한 손해가 발생할 수 있다. 따라서 출판사는 최대한 기대했던 이익을 거둔 이후에 셀프아카이빙을 허용하게 된다. 이렇듯 셀프아카이빙 전략은 구독 학술지 출판사와 불가피한 충돌이 발생할 수밖에 없다.

그럼에도 불구하고 BOAI 선언에서 셀프아카이빙을 오픈 액세스 전략의 하나로 도입한 이유는 일시에 모든 학술지가 오픈 액세스로 전환될 수 없다는 현실적인 판단이 있었기 때문이라고 보인다. 골드 오픈 액세스가 학술 커뮤니케이션 참여자들(특히 출판사)이 이전과 다른 새로운 출판 모델을 만들어가는 실험적인 방식이었다면, 셀프아카이빙은 연구 집단에서 오랫동안 자리 잡고 있었던 연구자 간 연구 공유 전통을 이어가고 확산시키려는 전략이었다.

3.2 셀프아카이빙을 위한 선결 과제

셀프아카이빙 방식의 오픈 액세스를 위해서는 저작권을 양도받은 출판사로부터의 허락과 저자의 자발성 그리고 개방적이면서도 영구적인 아카이빙이 가능한 안정적인 리포지터리를 구축하는 문제 등이 해결되어야 한다.

3.2.1 저작권

구독 학술지에 논문 게재가 확정되면 저자는 자신의 저작재산권을 출판사에 양도한다. 따라서 출판된 논문 또는 동료 심사가 종료된 포스트프린트 버전을 오픈 액세스 리포지터리에 공개하려면 출판사의 허락이 필요하다. 출판사를 비롯해 논문을 출판한 구독 학술지 발행 기관은 구독료를 받아 논문 출판 비용을 회수하고 수익을 올리는데, 논문의 저자가 출판 즉시 오픈 액세스 리포지터리에 자신의 논문을 기탁해 모두에게 공개하면 기대했던 이익을 얻기 어렵다. 이러한 이유로 출판사는 저자의 셀프아카이빙에 적극적으로 반대했으나 현재는 많은 출판사가 저자에게 프리프린트 및 포스트프린트 셀프아카이빙을 허용하고 있다. 오픈 액세스 리포지터리에 공개된 논문은 더 쉽게 찾을 수 있고 따라서 더 많이 인용될 수 있으므로 학술지나 출판사의 인지도를 높이는 데 기여할 수 있기 때문이다(Borgman, 2007, 233-243). 이러한 점을 고려해 출판사는 일정 기간이 지난 후에 저자가 아카이빙하는 것을 허용한다.

또한 출판사가 최종 편집한 마지막 버전보다는 게재 결정이 이루어진 원고에 대해 허락하는 경우가 많다. 그러나 오픈 액세스가 점차 확산되면서 출판사의 셀프아카이빙 허용 조건, 즉 언제, 어디서, 어떻게 아카이빙해야 하는지에 대한 제약은 점점 더 엄격해지고 있다(Gadd & Troll Covey, 2019). 엘스비어, 스프링거, 와일리 등 유럽의 오래된 10대 상업 학술지 출판사의 셀프아카이빙 정책을 조사한 결과에 따르면 모든 출판사가 구독 논문에 대한 셀프아카이빙을 허용하고 있었고 대부분은 출판사의 최종본Version of Record, VoR보다는 포스트프린트로 제한하고 있었다. 이들 출판사의 엠바고 기간은 학술지별로 다양한데 엠바고가 없는 경우부터 약 36개월까지 다양하다(Morrison et al., 2020, 17-18)

출판사가 이러한 제약 조건을 과도하게 설정하지 않도록 저자의 셀프아카이빙 권한을 제도적으로 해결하는 방법도 있다. 현재 독일, 프랑스, 네덜란드 등 유럽 7개국에서 채택하고 있는 2차 공표권(Moore, 2023)은 공공기금으로 수행된 연구의 논문 저자가 출판사에 저작권을 양도했더라도 엠바고 기간이 지나면 출판사의 허락 없이 셀프아카이빙 등을 통해 자신의 논문을 온라인으로 배포할 수 있도록 저작권법을 개정한 제도이다.

예를 들면 독일은 2013년 저작권법에 2차 공표권을 부여하는 조항을 신설해서 저자가 영리를 목적으로 하지 않는 범위 내에서 최초 공표 12개월 이후에는 포스트프린트를 일반인에게 공개할 수 있도록 했다. 다만

이 경우라도 최초 공표의 출처, 즉 출판사 최종본 논문이 게재된 학술지 정보를 명시하는 의무를 저자에게 부과하고 있다. 또한 이러한 권리를 제한하거나 저작자에게 불리하게 작용하는 계약은 그 효력이 없다고 규정했다. 이는 학술지 출판사가 임의로 저자와의 계약을 통해 저자의 2차 공표권을 무력화하는 특약 등의 조처를 할 수 없도록 명문화한 것이다(채종일, 2019, 26). 이러한 규정은 구독 학술지 출판사의 셀프아카이빙 허용 정책과 무관하게 저자가 출판 후 12개월이 지난 뒤에는 비영리 목적의 셀프아카이빙을 할 수 있게 한다는 점에서 안정적인 그린 오픈 액세스 확산에 기여할 수 있다. 다만 이러한 방식은 공공기금의 지원을 받아 수행한 연구의 결과로 출판된 논문으로 그 적용 범위가 제한되어 있다는 점에서 한계가 있다.

3.2.2 저자의 자발성

오픈 액세스의 주요한 동기 중 하나는 논문을 출판과 동시에 널리 이용할 수 있게 해서 저자와 논문의 가시성을 높이는 것이다. 오픈 액세스 리포지터리에 논문을 기탁하면 구독형 논문보다 더 많이 인용되므로(Harnad & Brody, 2004; Kurtz et al., 2005) 저자의 가시성이 높아질 가능성이 큼에도 불구하고 실제로 저자가 자발적으로 논문을 기탁하는 비율은 예상보다 높지 않았다. 오픈 액세스 운동이 시작된 직후 그 비율은 물리학과 컴퓨터과학 분야를 제외하면 약 15% 수준에 머물렀다(Poynder, 2008). 이렇듯 저자의 낮은 셀프아카이빙 참여율은 대학, 연구 분야, 연구기금기관 차원에서 의무적인 기탁 정책을 도입하는 계기가 되었다(Borgman, 2007, 193-196).

논문의 저자가 리포지터리에 셀프아카이빙하지 않는 이유는 셀프아카이빙을 오픈 액세스의 실천 방식으로 연관시키지 못하거나 그 가치에 대한 인식이 부족하거나(Björk, 2017; Zhu, 2017), 저작권과 출판사와의 계약 내용에 대한 이해가 부족하거나, 자신의 연구 분야에 적합한 리포지터리를 정확히 파악하지 못하거나, 단순히 시간이 부족한 경우 등이다. 또한 '스쿠핑scooping', 즉 자신의 연구를 다른 사람이 복사해 먼저 출판하게 되는 상황에 대한 두려움도 있다(Hadad & Aharony, 2024). 이렇듯 셀프아카이빙에 필요한 자원과 정보의 부족, 완료하기까지의 행정 절차의 복잡함은 저자의 셀프아카이빙 참여율을 떨어뜨린다(Holter, 2020; Lovett et al., 2017). 따라서 대학이나 연구소의 오픈 액세스 리포지터리를 운영하는 도서관은 셀프아카이빙에 어려움을 겪는 저자들을 위한 안내와 지원을 하는 것이 필요하다.

찾아보기

- 기관 소속 저자의 셀프아카이빙 참여율을 높이기 위해 리포지터리를 운영하는 도서관과 사서가 취할 수 있는 전략은 무엇이 있는지 찾아보자.

3.2.3 의무화

저자의 셀프아카이빙 참여율을 높이기 위해 연구자가 소속된 기관과 연구기금 기관은 셀프아카이빙 의무화 정책을 도입했다. 대학과 연구소의 오픈 액세스 의무화 정책은 그들의 사회적 역할을 확대하는 계기가 되기도 한다. 대학과 연구소는 연구자들이 속한 대표적인 기관이다. 이 기관들은 소속 연구자들이 가치 있는 연구를 수행하도록 지원하고 그 결과를 지식 공동체 및 전체 사회와 공유함으로써 학문의 발전을 이끌고 사회가 보다 나은 방향으로 나아갈 수 있도록 할 사회적 책무를 지고 있다. 이 기관들의 구성원이 생산한 연구 결과에 가능한 한 많은 사람들이 접근할 수 있도록 만드는 것은 그 책무를 충실히 수행하기 위해 필수적인 일이기도 하다. 동시에 소속 연구자들의 연구 결과를 오픈 액세스로 공개하면 더 많은 사람들이 이를 이용하고 인용함으로써 기관의 명성을 높일 수도 있다. 이 또한 대학과 연구소가 셀프아카이빙 의무화 정책을 도입하는 계기가 된다.

공공 또는 민간 연구기금 기관도 의무화 정책을 통해 셀프아카이빙 방식의 오픈 액세스를 확산시키는 중요한 주체이다. 이들은 학술 커뮤니케이션 생태계 내의 다른 주체들보다 더 큰 영향력을 가진다. 이러한 기관들은 연구비를 지원하거나 향후 기금을 제공하는 조건으로 논문이나 데이터 등의 연구 성과물 기탁을 요구할 수 있다. 기금 기관은 지원한 연구의 결과물에 대한 접근 가능성을 높임으로써 논문의 가치 사슬을 구축하고 유지하는 데 중요한 역할을 한다(Borgman, 2007, 233-243). 그러나 기금 기관이 셀프아카이빙을 의무화할 때는 학술 커뮤니케이션 내의 다른 이해관계자에 대한 책임을 균형 있게 관리해야 하므로 기금 수혜자들에 대한 요구 사항을 정책으로 도입하고 시행하는 데 신중을 기한다.

예를 들면 '미국 국립보건원 공공 접근 정책'은 2004년에 발표한 초안 단계에서는 포스트프린트에 대한 의무적 기탁을 요구했다. 그러나 출판사의 강력한 로비로 인해 의무가 아닌 자발적인 기탁으로 변경되었고 이를 따르지 않을 때도 불이익을 주지 않기로 타협했다(Borgman, 2007, 233-243). 그 결과 2005년에 NIH 연구기금을 지원받은 연구자는 동료 심사 후 최종 원고를 출판 즉시 미국 국립의학도서관의 PMC에 기탁하는 것을 강력히 '권장'하는 정책이 발표되었다(NIH, 2005). 그러나 이 정책은 상당한 노력과 광범위한 홍보에도 불구하고 기탁되는 논문이 매우 적었다. 이에 따라 2008년에는 셀프아카이빙을 의무화하는 제도로 수정되었다. 이후 미국출판사협회와 저작권연합단체 등 오픈 액세스를 비판하는 단체의 로비로 연방정부 자금으로 운영되는 연구에 대한 오픈 액세스 의무화를 금지하는 법안이 발의되는 등 이 제도를 둘러싸고 논란이 지속되었다. 그러다가 2022년 미국 바이든 행정부의 과학기술정책국Office of Science and Technology Policy, OSTP이 미국 연방정부의 기금을 지원받아 수행된 연구 결과로 출판된 논문을 지체 없이 무료로 이용할 수 있도록 의무화하는 제도를 도입함으로써 논란은 일단락되었다(Nelson, 2022).

영국연구위원회Research Councils UK, RCUK는 자국 내 주요 연구기금 기관을 총괄하는 기관으로 2012년부터 공공기금을 지원받아 출판하는 논문의 오픈 액세스를 의무화하는 정책을 도입했다. 영국연구위원회의 오픈 액세스 정책은 기금 수혜자가 포스트프린트를 출판한 후 최대 12개월 이내에 리포지터리에 기탁하도록 정하고 있다. 영국연구위원회는 현재 영국연구혁신청UKRI으로 명칭이 변경되었으며, 2021년에는 보다 강력한 오픈 액세스 의무 규정을 도입했다. 즉, 기금을 받아 수행한 연구 논문, 단행본 등을 CC BY 라이선스를 적용해 출판하거나 구독 학술지에 게재한 논문의 포스트프린트를 출판과 동시에 오픈 액세스 리포지터리에 기탁하도록 정하고 있다.

대학의 셀프아카이빙 의무화 규정은 BOAI 선언 다음 해인 2003년 1월에 처음으로 영국의 사우스햄튼대학교 전자컴퓨터대학에서 채택했으며, 같은 해 9월에 호주의 퀸즐랜드공과대학교도 의무화 규정을 도입했다. 이후 2008년 하버드대학교 인문과학부 교수들이 만장일치로 통과시킨 셀프아카이빙 의무화 규정은 전 세계 대학에 기관 리포지터리가 확산되는 전환점이 되었다(Xia et al., 2012, 88-90). 우리나라에서는 2007년에 카이스트의 기관 리포지터리인 KOASAS, 2008년에 서울대학교의 S-Space, 2009년에는 인하대학교의 INHA DSpace가 출범했으나 대학 차원의 오픈 액세스 의무화 또는 권고 규정을 도입한 곳은 아직 없다(정경희, 2010, 14-15).

찾아보기

- 아래는 캐나다연구도서관협회Canadian Association of Research Libraries, CARL가 2020년에 공개한 '기관 오픈 액세스 정책 템플릿과 툴킷' 안내 사이트이다. 셀프아카이빙을 위한 오픈 액세스 의무화 정책에 포함되어야 할 핵심 요소가 무엇인지 찾아보자.
  https://www.carl-abrc.ca/advancing-research/scholarly-communication/open-access/oa-policy-template-and-toolkit/
- 국내의 대학에서 셀프아카이빙 의무화 정책을 도입하기 위해 어떤 전략을 구사하고 있는지 찾아보자.

3.2.4 오픈 액세스 리포지터리

셀프아카이빙은 연구자가 자신의 연구 성과를 인터넷에 공개해 누구나 접근하고 검색하며 활용할 수 있도록 함으로써 연구의 가시성과 인용 가능성을 확대한다. 이를 위해서는 논문을 영구적으로 보존하고 누구나 자유롭게 접근할 수 있는 온라인 아카이브가 필요하다. 이러한 아카이브를 오픈 액세스 리포지터리라고 한다. 오픈 액세스 리포지터리는 오픈 액세스 문헌을 영구적으로 보존하고 그 문헌을 검색할 수 있도록 하며, 집중화된 플랫폼 역할을 맡는다. 더 나아가 대학과 연구 기관이 지식 확산 의무를 이행하도록 지원하고, 학술 도서관이 소속 기관 내 디지털 자원을 관리하도록 지원한다.

이러한 리포지터리는 수집해 보존하려는 자원이 무엇인지에 따라 연구소나 대학 등 기관 차원에서 운영하는 기관 리포지터리와 특정한 주제 분야의 논문을 위한 주제 기반 리포지터리로 구분된다. MIT의 DSpace@MIT, 이화여자대학교의 DSpace@EWHA 등이 기관 리포지터리의 예이다. 물리학과 수학 및 컴퓨터과학 분야의 arXiv, 생명과학 분야의 PMC, 경제학 분야의 RePEc 등이 대표적인 주제 기반 리포지터리이다. 또한 유럽연합 집행위원회는 2021년 3월에 호라이즌 유럽Horizon

Europe 및 호라이즌 2020 Horizon 2020 자금을 지원받은 논문을 위한 오픈 액세스 플랫폼인 오픈 리서치 유럽Open Research Europe을 개설했다.

도서관계는 오픈 액세스를 제공하는 수단으로 기관 리포지터리를 도입해 운영했으나 그 기능은 시각에 따라 조금씩 다르다(Crow, 2002). 오픈 액세스 강화 수단으로서 리포지터리는 출판의 기능을 분리해 학술 커뮤니케이션을 개혁하는 것이지만 동시에 기관의 연구 성과를 관리하는 도구이기도 하다. 각 대학은 기관 리포지터리를 통해 소속 연구자의 연구 성과를 선보일 수 있고, 이러한 리포지터리는 상호 운용성을 가짐으로써 접근성을 확대할 수 있다. 대학은 학술 커뮤니케이션 시스템에 대해 더 많은 통제권을 가질 수 있으며, 비용 절감도 가능하다. 또한 리포지터리는 인사 평가 위원회나 연구비 지원 기관에 제출할 출판 보고서를 관리하는 등의 추가 서비스를 제공할 수도 있다(Borgman, 2007, 102).

셀프아카이빙 방식의 오픈 액세스를 통한 논문의 보존과 공유 및 확산을 위해 시작된 기관 리포지터리는 실제로는 저자의 낮은 참여율로 인해 다양한 활용 방안을 모색하게 되었다. 연구 논문 이외에도 대학의 학술적·교육적 성과 보고서, 교육 자료, 데이터 세트, 디지털화 자료 등 보존과 공유가 필요한 다양한 디지털 콘텐츠를 수집해 보존함으로써 더욱 넓은 범위의 학술 커뮤니케이션에 기여했다. 이러한 다양한 콘텐츠는 도서관의 목표에는 부합하지만 셀프아카이빙 지지자들의 관점에서는 동료 심사 논문에 대한 즉각적인 접근이라는 목표를 약화시켰다. 오픈 액세스 리포지터리가 이처럼 디지털 도서관으로 기능이 확장되면서 더 이상 셀프아카이빙과 동일시하기 어려워졌다.

6장

인용, 인용 색인, 인용 지수

1 인용의 의미와 특성

1.1 인용의 개념과 목적

학술 문헌에서 인용citation이란 연구자가 저작 행위에서 본인의 주장, 증거, 반론 등을 제시하기 위해 과거에 이루어졌던 자신 또는 다른 저자의 논문의 주장이나 내용 또는 문장을 차용하는 것을 말한다(한국도서관협회, 2010). 연구자가 다른 문헌을 인용하는 목적이나 동기는 크게 학술적 동기와 전략적 동기의 두 가지 범주로 구분된다(Lyu et al., 2021).

학술적 동기에 의한 인용은 동료 연구자의 지적 영향이나 인지적 영향을 인정하기 위한 인용을 의미하며 다음과 같이 열 가지 유형으로 나눌 수 있다.

- 배경Background: 연구의 배경을 전달하기 위한 인용이다. 주제를 폭넓게 살펴보거나 사전 검토를 하는 관점이며, 선행 연구를 소개하는 과정에서 주로 활용한다. 과거로부터의 역사적인 흐름을 정리하거나 관련 연구의 최신 현황을 제시하는 경우가 많다.
- 빈틈Gap: 해당 분야에서 수행된 연구와 수행되지 않은 연구를 파악해 자신의 연구 영역을 확립하기 위한 인용이다. 선행 연구들 사이의 빈틈을 확인해 저자 자신의 주제 선택에 정당성을 부여하려는 의도라고 할 수 있다. 보통은 빈틈을 보여주는 인용 뒤에 자신의 연구 질문을 제시하는 경우가 많다.
- 토대Basis: 현재 연구의 출발점이나 디딤돌이 된 중요한 선행 연구에 대한 인용이다. 때로는 인용한 선행 연구를 기반으로 그 연장선상에서 현재 연구가 이루어지는 경우도 있다. 전체 연구의 토대까지는 아니더라도 중요한 사항의 토대가 되는 선행 연구를 인용하는 경우

도 이에 해당된다.

- 비교Comparison: 현재 연구와 인용한 연구를 비교하기 위한, 또는 인용한 연구들끼리 비교하기 위한 인용이다. 비교 목적의 인용은 흔히 연구 결과findings 부분에 많이 포함되어서 선행 연구와 일치 혹은 불일치하는 결과를 서술할 때 활용된다. 그 외에 연구 방법, 알고리즘, 데이터 등과 관련된 비교 인용은 주로 인용한 대상의 한계를 지적하고 현재 연구의 장점을 강조하기 위한 것이다. 때로는 한 문장 뒤에 여러 개의 인용 문헌을 나열하기도 한다.
- 적용Application: 선행 연구의 방법이나 기법, 도구, 데이터 등을 그대로 사용하기 위한 인용이다. 분석 기법, 도구, 알고리즘, 공식 등의 출처를 밝히는 경우와 데이터의 출처를 밝히는 경우로 구분할 수 있다. 메타 분석 연구에서 선행 연구의 실험 결과를 데이터로 활용하는 경우도 포함된다.
- 개선Improvement/수정Modification: 선행 연구에서 소개된 알고리즘, 실험 기법 등을 변형하거나 확장해서 사용하기 위한 인용이다.
- 증거Evidence: 현재 연구를 지지하기 위한 증거로 선행 연구를 활용하는 인용이다. 현재 연구의 주장이나 가설 지지, 연구 설계 정당화, 연구 결과의 설명이나 증명(주로 논의 부분에서), 연구의 의의 강조, 한계점 무마, 후속 연구 제안 등 다양한 기능을 한다.
- 창안자 확인Identification of originator: 특정한 아이디어나 개념 혹은 기법을 처음으로 제안한 원조를 밝히는 인용이다. 해당 분야의 개척자와 선구자에게 경의를 표하기 위한 인용도 이 범주에 해당한다.
- 추가 읽기Further reading: 흥미로운 다른 문헌을 추가로 소개하거나 더 완전한 세부 사항을 볼 수 있는 문헌을 안내해 지면을 절약하는 인용이다. 괄호 안이나 각주에 '참조see'라고 하면서 언급하는 경우가 많다.

- 평가Assessment: 선행 연구의 아이디어, 진술, 방법, 결과 등에 대한 저자의 비판적이거나 긍정적인 의견, 또는 둘 다에 해당하는 양가적인 의견을 표명하는 인용이다. 예를 들어 선행 연구의 결과나 주장에 이의를 제기하거나 동의하지 않는 경우, 방법이나 절차의 한계를 지적하거나 일부 오류를 지적하는 경우에 사용되는 인용이다.

이 열 가지 유형의 인용이 연구 논문의 기본 구성인 IMRaD(서론, 연구 방법, 연구 결과, 논의) 중 어느 부분에서 주로 사용되는지를 간략하게 정리해보면 <표 6-1>과 같다.

<표 6-1> 학술적 동기에 의한 인용이 주로 사용되는 논문의 구성 요소

논문 구성 요소	학술적 동기에 의한 인용 유형									
	배경	빈틈	토대	비교	적용	개선/수정	증거	창안자 확인	추가 읽기	평가
서론	○	○	○					○		○
연구 방법				△	○	○	○	○	○	
연구 결과				○						
논의							○			△

* ○는 주로 해당하는 경우, △는 부분적으로 해당하는 경우

전략적 동기에 의한 인용은 비학술적인 모든 동기에 의한 인용을 의미하는데, 주로 사회적인 압력에 의식적/무의식적으로 따르거나 실리적인 이득을 얻기 위한 인용이 여기에 해당한다. 이는 다음의 세 가지 유형으로 나눌 수 있다.

- 주관적 규범Subjective norm: 연구에 도움이 되었다고 학문적으로 판단한 것이 아니라 타인을 의식해서 이루어지는 인용이다. 주관적 규

범이란 합리적 행동 이론에서 유래한 용어로 행위자의 행동에 영향을 미치는 사회적 요인을 의미한다. 교수가 중요하다고 강조한 출처를 학생이 별다른 생각 없이 인용하는 경우, 논문 심사자나 학술지 편집자를 의식해서 잠재적인 심사자의 논문이나 자신의 글을 투고할 학술지의 논문을 일부러 인용하는 경우가 이에 해당한다.

- 홍보Advertising: 자신의 역량을 내세우거나 특정 문헌을 더 알리고자 하는 인용이다. 연구 주제와 관련된 저자 자신의 지식이나 수행 능력을 보여주는 논문을 인용하는 경우, 잘 알려지지 않은 (주로 자신의) 연구를 언급해 자신의 학문적 권위를 높이려는 경우가 이에 해당한다.
- 이익 추구Profit-seeking: 직업적 이익이나 개인적 이익을 얻기 위한 인용이다. 참고 문헌이 많아야 동료 심사를 통과하기에 유리하다고 생각해 불필요한 문헌을 더 인용하는 경우, 저명 학술지 편집자의 논문을 인용해서 그 편집자의 관심을 끌려는 경우, 저자 자신이 직업적으로나 경제적으로 종속되어 있는 상대의 문헌을 인용하는 경우가 이에 해당한다. 또한 유명하고 권위 있는 문헌이나 타인이 먼저 인용한 문헌을 인용하는 경우 등과 같이 다른 저자들의 인용을 모방함으로써 해당 분야에 대한 자신의 지식 부족을 감추려는 의도로 인용하는 경우도 있다. 저자 자신의 불필요한 이전 연구를 의도적으로 인용해서 인용 횟수를 늘리려는 인용도 직접적인 이익 추구 유형에 해당한다.

학술적 동기에 의한 인용 중에서 상대적으로 원문을 더 주의 깊게 읽고 인용하는 것이 필요한 경우는 서론과 관련된 빈틈, 토대, 평가 유형, 연구 방법에서 주로 나타나는 개선/수정 유형, 연구 결과에서 사용되는 비교 유형, 논의에서 사용되는 증거 유형의 여섯 가지이다. 창안자 확인 유형이나 적용 유형의 인용도 원문을 확인한 후 인용하는 것이 원칙이지만, 연구자들은 종종 선행 연구에서 창안자나 적용 기법을 언급한 인용문을 참고해 인용하기도 한다. 심지어는 배경 유형이나 추가 읽기 유형의 인용도 제3의 논문에서 인용된 것에만 의존해 서술하는 경우가 있다. 이 과정에서 원문 확인을 소홀하게 되면 참고 문헌 기술에 오류가 발생해 존재하지 않는 문헌을 인용하는 상황이 드물게 발생할 수도 있다. 이런 경우를 '유령 인용ghost citations' 또는 '유령 참고 문헌ghost references'이라고 부르기도 한다. 최근 생성형 AI에 기반한 챗GPT 등의 챗봇을 글쓰기에 활용하는 경우가 증가하면서 챗봇이 가상으로 만들어낸 참고 문헌을 사람이 그대로 가져다가 인용하는 오류가 늘어날 수 있다는 경고도 있다(Orduña-Malea & Cabezas-Clavijo, 2023).

학술적 동기에 의한 인용은 주로 일반적인 연구 논문에서 사용되는 논증을 위한 인용이라고 할 수 있는데, 이와 달리 선행 연구를 데이터로 삼기 위한 인용을 별도로 구분하기도 한다(Erikson & Erlandson, 2014). 리뷰 논문이나 텍스트 분석 연구에서는 선행 연구를 연구 데이터로 다루면서 인용하기 때문에 포함된 인용 중 대다수는 앞에서 소개한 학술적 동기 중 어느 것에도 해당되지 않는 경우가 많다. 이들은 학술적 동기 중에서 적용 유형에 해당하는 메타 분석 연구와 유사하지만 메타 분석 연구는 선행 연구의 결과만을 데이터로 활용하는 반면에 리뷰 논문이나 텍스트 분석 연구에서는 선행 연구 자체를 데이터로 활용한다는 점이 다르다.

학술적 동기 중 평가 유형의 인용에서 보듯이 모든 인용이 긍정적인 것은 아니며 원문의 내용에 대해 비판하기 위한 목적의 인용도 존재한다. 논증을 위한 인용 중에서 기존 연구의 오류를 적극적으로 지적하기 위한 인용을 적극적 비판Active criticism 유형으로 따로 구분하기도 한다(Erikson & Erlandson, 2014). 계량적 인용 분석이 연구 성과 평가에 큰 비중을 차지하고 있기 때문에 이런 다양한 인용 동기 유형을 구분할 줄 아는 것이 중요하기는 하지만, 전체적으로는 정량적 분석과 정성적 평가 사이의 상관성이 높은 편이므로 큰 문제가 아니라는 주장도 있다 (Bornmann & Daniel, 2008).

1.2 인용의 자동 구분

최근 여러 학술 정보 플랫폼에서는 단순히 인용 빈도를 제공하는 데서 벗어나 인용 유형을 구분한 정보 서비스를 제공하려는 시도가 점차 실용화되고 있다. 이를 위해서 기계 학습 기법과 텍스트 마이닝text mining 기법을 활용해 논문의 본문을 분석해서 인용된 위치나 맥락을 단서로 인용 유형을 자동으로 구분하는 기술이 개발되고 있다.

와일리 온라인 라이브러리Wiley Online Library, 에메랄드 퍼블리싱Emerald Publishing, 이프린트 아카이브e-Print arXiv 등에서는 사이트 에이아이Scite AI 서비스의 스마트 인용 기술을 활용해 논문이 인용된 맥락을 자동 분석해서 지지supporting 인용, 언급mentioning 인용, 대조contrasting 인용으로 구분해 인용 빈도를 알려주는 인용 명세Citation Statements 서비스를 제공하고 있다. 예를 들어 DOI가 10.1002/leap.1150인 논문 페이지에 접속해보면 2025년 9월 1일 현재 지지 인용 7회, 언급 인용 180회, 대조 인용 3회라고 표시되어 있다.

또한 학술 소셜 미디어인 시맨틱 스칼라Semantic Scholar에서는 본문 내에서 인용된 횟수와 맥락 및 위치 등의 정보를 기계 학습 기법으로 분석해 크게 영향받은 인용Highly Influential Citations, 배경 인용Background Citations, 방법 인용Methods Citations, 결과 인용Results Citations의 네 가지로 구분하고 있다. 크게 영향받은 인용은 대상 문헌이 인용하는 문헌의 본문 내에서 여러 차례 언급되면서 논문의 전반에 걸쳐 활용된 것으로 판단된 경우이다. 반면에 배경 인용은 인용된 논문이 인용하는 논문과 관련이 다소 있는 경우에 연구의 배경을 다루면서 언급한 경우이다. 앞에서 소개한 학술적 동기에 의한 인용 유형과 비교하면 크게 영향받은 인용은 토대 유형과 비슷하고, 배경 인용은 배경, 빈틈, 평가 유형과 가까우며, 방법 인용은 적용 유형과 개선/수정 유형, 결과 인용은 증거 유형에 가깝다. 이처럼 학술적 동기의 인용 유형은 어느 정도 기계적인 방법으로 구분하는 것이 가능하지만 비학문적인 전략적 동기의 인용 유형은 자동으로 식별하기가 매우 어렵다.

인용 색인 데이터베이스DB인 웹 오브 사이언스Web of Science에서는 최근 참고 문헌 인용 상세 사항enriched cited references을 일부 논문에 대해 적용하기 시작했다. 이는 논문의 본문에서 참고 문헌을 인용한 작성자의 의도를 알아볼 수 있도록 인용 맥락에 대한 추가 정보를 자동으로 생성해 제공하는 서비스이다. 논문의 참고 문헌 목록 앞에 참고 문헌이 인용된 위치와 유형을 나타내는 그림을 제공하는데, 본문의 내용을 연구 배경, 연구 데이터 및 방법, 논의 등으로 구분하고, 구분된 영역마다 참고 문헌이 인용된 위치를 점으로 표시한다. 또한 다음과 같은 다섯 가지 인용 유형으로 나누어서 각 유형에 해당하는 인용을 한 줄씩 별도로 구분해서 표시한다(Web of Science, 2024).

- 배경Background 인용: 현 논문으로 이어진 관련 분야 선행 연구 인용
- 토대Basis 인용: 현 논문에 사용했거나 토대로 삼은 데이터 세트, 방법, 개념, 아이디어 등과 관련된 문헌 인용
- 논의Discuss 인용: 현 논문에서 상세하게 논의하며 언급한 선행 연구 인용
- 지지Support 인용: 현 논문의 결과를 지지하기 위해 유사한 결과를 얻은 선행 연구 인용, 또는 방법론의 타당성을 지지하기 위해 같은

방법론을 사용한 선행 연구 인용

- 다름Differ 인용: 현 논문의 차별점을 강조하기 위해 현 논문의 결과와 다른 결과가 보고된 선행 연구 또는 방법론이나 표본이 다른 선행 연구 인용

이 유형들을 앞에서 언급한 학술적 동기에 의한 인용 유형과 비교하면 배경 인용은 배경 유형, 빈틈 유형과 가까우며, 토대 인용은 토대 유형, 적용 유형, 개선/수정 유형과 유사하다. 논의 인용은 평가 유형과 유사하고 증거 유형과 일부 겹친다. 지지 인용과 다름 인용은 비교 유형과 유사하고 증거 유형과 일부 겹친다. 인용 위치를 나타내는 점 위에 마우스를 가져가면 점이 어떤 참고 문헌을 나타내는지 확인할 수 있다. 동일한 참고 문헌이 여러 곳에 인용되었으면 한 점에만 마우스를 가져가도 인용된 모든 위치가 큰 점으로 표시된다. 이를 통해서 참고 문헌이 인용된 이유를 알 수 있고, 본문에서 자주 인용된 중요한 참고 문헌을 파악할 수 있다. 또한 그림 아래에 배치한 참고 문헌 목록을 본문에서 인용된 순서대로 정렬하거나 본문에서 인용된 횟수대로 정렬하는 기능도 제공하고 있다.

1.3 인용의 특성과 질적 평가

1.3.1 인용의 특성

앞서 살펴보았듯이 인용은 다양한 목적으로 이루어지기 때문에 정량적으로 접근할 때 주의해야 할 주요 특성은 다음과 같다.

- 인용의 다양한 의미: 앞에서 언급했듯이 인용 목적에 따라서 인용의

의미가 다르고 가치도 동일하지 않다.

- 문헌 유형별 차이: 리뷰 논문, 편집자 글, 서평 등도 학술지에 게재되지만 인용되는 정도가 일반 논문과 다르거나(리뷰 논문) 연구 성과로 인정되지 않는(편집자 글, 서평) 경우가 많다.
- 저자 수: 동일한 1회의 인용이라고 해도 어떤 논문은 단독 저술, 다른 논문은 저자가 수십 명인 공동 저술일 수 있다. 때로는 공저자 수에 따라서 인용 횟수를 분할해 셈하는 경우도 있다.
- 출판 후 경과 시간: 오래전에 출판된 논문이나 경력이 긴 연구자의 논문이 더 많이 인용될 가능성이 높다.
- 인용 반감: 출판된 후 주목받는 시기가 지나면 더 이상 최신 논문이 아니게 되고, 시간이 지남에 따라서 점차 인용은 줄어드는 추세를 보인다. 통계적으로 인용 횟수가 절반 정도로 줄어드는 시기를 인용 반감기Cited Half-life라고 부른다.
- 인용 데이터 출처: 학술 데이터베이스마다 수록 범위가 다르기 때문에 데이터 출처에 따라서 인용 횟수는 다를 수 있다.
- 선호적 연결 현상: 인용은 빈익빈 부익부 현상을 보여서 이미 많이 인용된 논문일수록 이후에 더 많이 인용될 가능성이 높다.
- 인용 지체 현상: 인용은 출판 이후 어느 정도 시간이 경과해야 발생하기 시작한다.
- 학문 분야별 차이: 학문 분야별로 주로 활용하는 문헌의 유형이 다르다.

이 중에서 마지막 세 가지 특성에 대해 좀 더 자세히 살펴보자.

선호적 연결 현상

일정 기간 동안 많이 인용된 문헌은 그렇지 못한 문헌보다 연구자들에게 더 자주 노출되고 알려져서 이후에 더욱더 많이 인용될 기회를 가지게 된다. 이는 선호적 연결preferential attachment이라고 불리는 현상이며, 마태 효과Matthew effect, 빈익빈 부익부 현상, 2080 법칙 등으로도 언급되는 특성이다. 이로 인해 평균에 비해서 극단적으로 높은 인용 빈도를 보이는 문헌이 존재하게 된다. 예를 들어 한국학술지인용색인KCI에 등록된 2005년부터 2022년까지 발행된 문헌정보학 분야 논문 7,301편이 2023년까지 인용된 누적 횟수는 논문당 평균 5.33회인데, 가장 많이 인용된 논문은 667회 인용되었고 2위 논문은 309회, 3위 논문은 154회 인용되었다. 1위, 2위, 3위의 인용 빈도 차이가 각각 두 배 정도이며, 평균에 비하면 3위 논문도 30배 가까이 인용된 것이다. 8회 이상 인용된 논문은 1,619편인데, 그 두 배인 16회 이상 인용된 논문은 절반인 800편 정도가 아니라 1/4에 가까운 461편으로 줄어드는 분포를 보인다. 이런 분포를 멱함수 분포라고 한다. 멱함수 분포는 그래프의 양 축에 로그를 취해서 로그 스케일로 나타내면 직선에 가까운 분포로 변환되는 것이 특징이다.

찾아보기

- 인용의 선호적 연결 현상 또는 빈익빈 부익부 현상에 대해서는 한국학술지인용색인KCI에서 특정 학술지의 논문을 모두 검색하거나 특정 연구자의 논문을 모두 검색해서 인용 빈도 내림차순으로 나열해보면 확인할 수 있다.

인용 지체 현상

일단 출판된 논문에 대한 인용은 바로 발생하지 않는다. 출판된 논문을 누군가가 읽고 이를 활용한 논문을 다시 작성해 투고한 후 게재되기까지 어느 정도의 시간이 걸리기 때문이다. 이를 인용 지체citation delay 현상이라고 부른다. 인용 지체 현상은 논문 심사 과정에서 여러 차례의 수정을 거치며 투고 후 출판되기까지 오랜 시간이 걸리는 인문사회과학 분야에서 더 심하게 나타난다.

인용 지체 현상이 완화될 수 있는 예외적인 경우도 있다. 한 연구자가 일련의 연구 문헌을 차례대로 출판하는 경우에는 아직 출판되지 않은 논문에 대한 정보를 미리 알고 후속 논문을 작성할 수 있으므로 인용된 논문과 인용한 논문 사이의 출판 시기 간격이 짧을 수 있다. 또한 학술지가 특집호를 기획하면서 함께 논문을 게재하게 되는 연구자들이 사전에 논문의 초고를 공유한 후 작성하는 경우, 또는 편집서문editorial을 작성하면서 같은 호에 게재되는 논문에 대해 언급하는 경우에는 예외적으로 인용 지체가 발생되지 않기도 한다.

인용 지체는 지금보다 출판된 논문을 입수하는 데 시간이 오래 걸렸던 인쇄 출판 시대에 더욱 심했던 현상이다. 전자 출판이 활성화되면서 학술 커뮤니케이션 속도가 빨라짐에 따라 대체적으로 인용 지체 현상은 완화된 것으로 알려져 있다(신은자, 2003). 어떤 논문이 같은 연도에 발행된 논문으로부터 인용되는 정도를 나타내는 웹 오브 사이언스의 즉시성 지수immediacy index는 2000년대 들어서 과거보다 상당히 향상된 것으로 나타났다. 출판 전 원고preprint나 권호 미확정 원고를 정식 출판 전에 미리 접할 수 있게 된 것도 이런 변화를 더욱 촉진한 원동력이 되었다.

학문 분야별 차이

학문 분야별로 인용 관행은 인용의 대상, 규모, 이유 등에서 차이가 있다. 의학 분야와 같이 관련된 논문을 빠짐없이 언급하는 것이 중요한 학문 분야에서는 한 논문의 참고 문헌 수가 많지만, 반면에 연관성이 큰 논문만 언급하기 때문에 참고 문헌이 적은 분야도 있다.

인용되는 문헌의 유형도 학문 분야에 따라서 큰 차이가 있다. 한국연구재단(2023)의 분석에 따르면 국내 학문 분야별 참고 문헌 유형 구성 비율은 <그림 6-1>과 같이 큰 차이를 보인다. 인문사회과학 분야는 학술지 인용 비중이 40%대에서 60%대 초반 수준에 머무는 반면, 과학기술 분야는 70%대에서 90%대까지로 매우 높다. 또한 인문학 분야는 다른 분야와 달리 학술지(40.6%) 못지않게 단행본(38.6%)을 많이 인용한다. 이는 심층적인 탐구 못지않게 종합적인 이해가 중요한 인문학 분야의 특성을 보여주는 것이다. 반면에 공학 분야는 최신 연구 성과의 습득과 빠른 연구 개발 속도가 중요하기 때문에 학술지 이외에도 학술대회 논문을 상대적으로 많이 인용하고 있다.

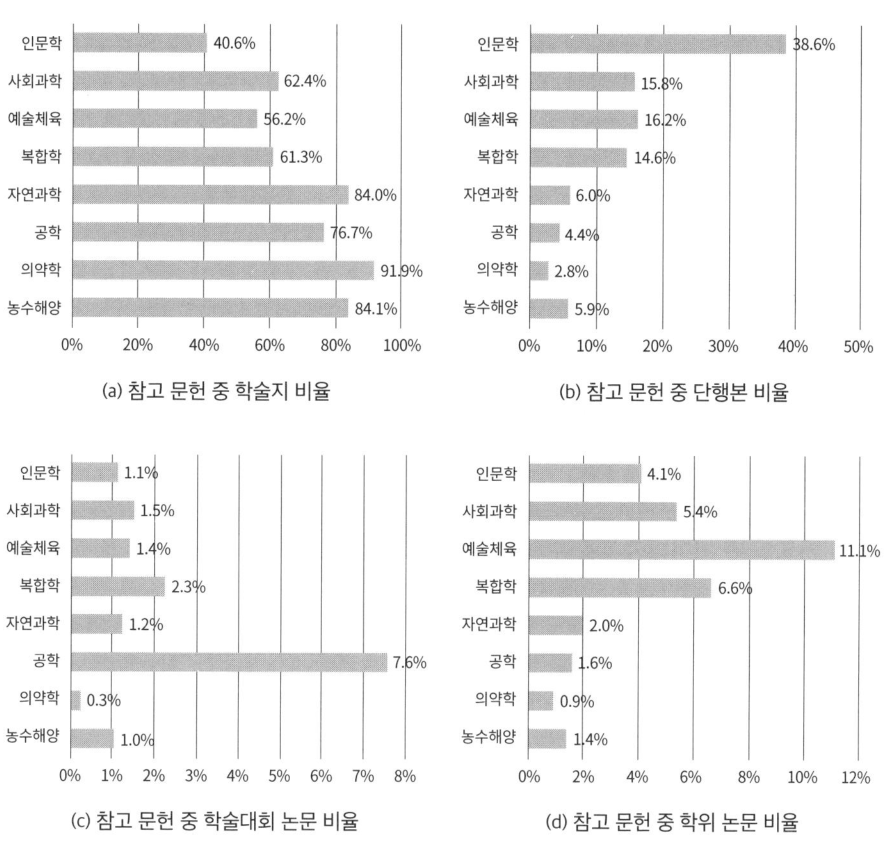

<그림 6-1> KCI 논문의 학문 분야별 참고 문헌 유형 구성 비율

(출처: 한국연구재단, 2023, p.23)

1.3.2 인용과 질적 평가

연구 문헌이나 연구자를 평가할 때 인용 횟수가 질적인 기준으로 활용되는 경우가 많다. 즉, 많이 인용된 문헌일수록 적게 인용된 문헌보다 더 우수하다는 관점이다. 저자들이 인용을 통해 선행 연구에 대한 가치를 인정한다는 것, 다시 말해 인용이 곧 가치를 인정하는 과정이라는 입장을 규범적 견해normative view라고 한다. 반면에 인용이란 사회적, 심리적 동기 등 다양한 요인들에 영향을 받는 복잡한 과정이므로 인용을 질적인 측정 데이터로 삼기 어렵다는 반대 입장을 미시사회학적 견해micro-sociological view라고 한다(정경희, 1999a).

킹(King, 1987)은 연구 성과 평가에 인용 지표를 사용하는 것에 반대하며, 그 이유를 다음과 같이 제시했다.

- 모든 인용이 반드시 필요해서 이루어지는 것은 아님.
- 부정적인 이유 때문에 인용 빈도가 높아질 수도 있음.
- 의도적으로 인용 빈도를 부풀리기도 함.
- 인용 데이터베이스의 저자 식별에 오류가 포함될 수 있음.
- 분야별로 인용 관행이 다름.
- 인용 데이터베이스가 영어권에 편향되어 있음.

또한 앞에서 살펴본 바와 같이 인용하는 목적에 따라서 중요하게 영향받은 문헌을 인용하는 경우와 의례적으로 인용하는 경우를 동일하게 취급하는 것은 공정하지 않다. 때로는 선행 연구에 대해 비판하거나 반론을 펴기 위해서 인용하는 경우도 있기 때문에 인용을 통해 얻어지는 명성에는 허명이나 악명도 포함될 수 있다. 예를 들어 연구 윤리를 위반한 대표적인 사례로 특정 문헌이 자주 인용되는 경우 이를 뛰어난 연구 성과로 인정할 수는 없는 것이다. 심지어 내용에 오류가 있거나 연구 윤리를 위반해 학술지로부터 게재가 취소되거나 저자가 철회한 논문 중에서도 빈번히 인용되는 사례가 있다. 철회된 논문 정보가 색인 데이터베이스에 반영되지 않는 경우가 많으며, 기관 리포지터리 등과 같은 제3의 저장소에서 철회된 논문의 원본 파일이 서비스되는 경우도 흔해졌기 때문이다. 그리고 질적인 수준이 높지 않더라도 인기가 높은(관심도가 높은) 연구 주제를 남들보다 먼저 선점한 논문은, 해당 주제를 다룬 후속 연구들로부터 인용될 가능성이 커지게 된다. 또한 저명한 연구자의 논문은 무명 연구자의 논문보다 더 널리 알려지므로 인용될 가능성도 더 높다. 결국 연구의 질적 수준이 높지 않더라도 연구 주제의 인기나 저자의 유명세 덕분에 논문이 더 많이 인용될 수 있다.

많이 인용된 논문이 질적으로 우수한가를 실증적으로 분석한 연구들에서는 대체로 긍정적 경향을 확인했으나 이를 반드시 보장할 수는 없다는 결론을 도출했다. 영국에서 정성적 평가를 거친 연구의 질적 수준과 인용 횟수 사이의 관계를 분석한 결과, 학문 분야에 따라서 매우 약한 정도(0.1)에서 강한 정도(0.5)까지 긍정적인 상관관계가 있는 것으로 나타났다(Thelwall et al., 2023). 심지어는 예술 및 인문학 분야에서도 연구의 질적 수준과 인용 횟수 사이에 약한 상관관계가 확인되었다. 다만 어떤 분야에서도 많이 인용된 논문이 반드시 우수한 논문임을 보장할 수는 없었다. 일정한 횟수 이상 인용된 논문이 모두 우수한 논문이라고 할 수 있는 임곗값은 존재하지 않는다는 것이다.

연구 품질research quality은 다차원적인 개념인데 그 모든 차원을 인용으로 살펴볼 수 있는 것도 아니다. 연구 품질을 구성하는 차원은 타당성plausibility/건전성soundness, 독창성originality, 학문적 가치scientific value, 사회적 가치societal value 등으로 구분해볼 수 있다. 인용은 이 차원들 가운데 학문적 가치 중 일부인 학문적 영향력 정도하고만 제한적으로 관련되어 있음이 인정된다(Aksnes et al., 2019). 따라서 연구 성과에 대해 평가할 때에는 동료 평가자의 질적인 평가와 인용 지표를 통한 양적인 평가를 상호 보완적으로 활용해야 한다.

2 인용 색인과 데이터베이스

2.1 과학인용색인의 발전

인용 색인citation index은 어떤 문헌을 인용한 문헌들의 정보를 목록화한 색인이다. 출판된 논문에는 인용된 논문이 참고 문헌으로 정리되어 있는데, 이 관계를 뒤집은 일종의 '도치 색인inverted index'이 인용 색인이다. 단행본의 권말 색인을 보면 특정 용어가 본문의 어느 곳에서 사용되었는지를 모두 알 수 있듯이, 인용 색인을 이용하면 특정 문헌이 어떤 문헌에 인용되었는지(참고 문헌으로 사용되었는지)를 모두 알 수 있다. 인용 색인의 창시자이자 선구자인 유진 가필드Eugene Garfield는 인용으로 연결된 두 문헌은 서로 주제적으로 유사하기 때문에 인용 색인은 주제 접근을 위한 도구가 될 수 있다고 주장했다(Garfield, 1955). 결국 인용 색인은 참고 문헌이나 인용 문헌 등의 인용 사항을 색인 표목으로 사용한 색인으로서, 인용을 통해 유사한 주제의 문헌들을 묶어주는 일종의 간접적인 주제 색인으로 볼 수 있다. 키워드를 단위로 하는 주제 색인에 비해 문헌을 단위로 하는 인용 색인은 자연 언어에서 발생하는 모호성을 방지할 수 있고, 다학문적인 주제를 다루고 있는 문헌에 대한 다차원적 접근을 가능하게 하며, 참고 문헌의 인용 사항 자체가 단순하면서도 일정한 패턴에 따라 형성되기 때문에 주제 색인보다 작성하고 관리하기가 쉽다는 장점을 가지고 있다. 그러나 수록 범위의 제한 때문에 일반적인 인용 색인으로 특정 주제 분야를 망라해서 검색하는 데에는 한계가 있다.

이와 같이 일종의 주제 접근 도구로 개발된 인용 색인은 오랫동안 인쇄 도서로 발간되어왔다. 그러다가 데이터베이스, 즉 DB로 구축되고 시디롬CD-ROM 형태로 오프라인 배포부터 시작해서 컴퓨터 통신을 통한 온라인 탐색 DB, 웹 DB 등의 단계를 거쳐 가면서 점차 DB 내 브라우징이나 외부 원문 연결과 같은 기능이 강화되었다. 다른 한편으로는 학술지 단위의 인용 빈도 집계부터 시작해 저자, 연구 기관, 주제 분야 등 다양한 단위의 인용 빈도를 확인하는 도구를 거쳐 집계된 인용 빈도를 활용한 연구 성과 평가 지원 도구로도 발전하게 되었다. 1997년에 서비스가 시작된 대표적인 인용 색인 데이터베이스인 웹 오브 사이언스는 처음에 색인지인 과학인용색인Science Citation Index, SCI으로 1964년에 출발한 이후, 학술지 단위의 인용 집계 데이터베이스인 저널 인용 보고서Journal Citation Reports, JCR를 1975년에 추가하고, 연구자/연구 기관/국가 단위의 연구 성과 분석 서비스인 인사이트 벤치마킹 & 애널리틱스InCites Benchmarking & Analytics를 2009년에 시작한 것이 이런 발전 흐름을 보여준다.

인용 색인의 시작부터 인터넷 서비스까지 연대기를 간략히 정리하면 다음과 같다.

- 1955년, 유진 가필드가 과학 문헌에 대한 인용 사항을 색인으로 구축하자는 논문을 『사이언스』에 발표
- 1960년, 유진 가필드가 미국 필라델피아에서 과학정보연구소Institute for Scientific Information(ISI) 창립
- 1964년, 과학인용색인Science Citation Index(SCI) 인쇄본 출판 시작
- 1972년, 인용 분석을 통해 학술지 평가가 가능하다는 내용의 논문(Garfield, 1972) 발표

- 1973년, 사회과학인용색인Social Sciences Citation Index(SSCI) 인쇄본 출판 시작
- 1976년, 학술지 영향력 지수Journal Impact Factor(JIF)가 포함된 저널 인용 보고서JCR 출판 시작
- 1978년, 예술·인문인용색인Arts & Humanities Citation Index(AHCI) 인쇄본 출판 시작
- 1988년, 과학인용색인 시디롬 버전 출판 시작
- 1997년, 인용 색인의 인터넷 서비스 버전인 웹 오브 사이언스 시작
- 2009년, 웹 오브 사이언스 데이터를 이용한 연구 성과 분석 플랫폼인 인사이트InCites 개시

현재는 웹 오브 사이언스 외에도 대형 학술 출판사인 엘스비어Elsevier에서 구축해 2004년부터 서비스하는 스코퍼스Scopus가 국제 학술지의 인용 색인 서비스로 널리 활용되고 있으며, 스코퍼스에 기반한 연구 성과 분석 플랫폼인 사이발SciVal이 자매 데이터베이스로 상용 서비스되고 있다. 웹 오브 사이언스와 스코퍼스는 자체적인 기준을 가지고 인용 색인 대상 학술지를 선정하고 있지만, 이에 포함되었는지 여부가 학술지의 권위를 나타내는 것으로 오해되는 현상도 발생하고 있다.

인용 색인의 창시자인 가필드는 인용 색인이 연구 성과 평가에 무분별하게 활용되는 것을 경계했다. 인용 색인의 본래 목적은 정보 검색을 위한 것이므로 연구자들은 과학인용색인SCI이 원래 계량 분석이나 영향력 지수의 산출 등과 같은 평가 및 분석을 위해서 개발된 것이 아님을 항상 유념해야 한다고 했다(Garfield, 2009). 그는 말년에 SCI를 둘러싼 동향이 "꼬리가 몸통을 뒤흔드는tail wagging the dog" 지경이라고 언급하기도 했다(Garfield, 1998, 2009). 물론 여기서 몸통은 정보 검색이고 꼬리는 계량 분석을 의미한다.

2.2 지역별·국가별 자체 인용 색인

동아시아 및 비영어권 유럽 국가들의 연구 활동이 활발해지면서 기존 영미권 중심의 인용 색인 데이터베이스와는 달리 자국의 인용 색인 데이터베이스를 구축하고자 하는 노력이 2000년 이후 나타나기 시작했다. 특히 과학기술 분야의 주요 강국으로 부상한 동아시아의 한국을 비롯한 중국, 일본, 대만 등과 함께 유럽의 스페인, 헝가리 등에서 이러한 노력이 두드러지고 있다. 이는 민간 회사의 상용 데이터베이스인 웹 오브 사이언스나 스코퍼스가 표면적으로는 전 세계를 대상으로 하고 있지만 실제로는 영어 문헌에 편중되어 있는 인용 색인 데이터베이스라는 본질적인 한계를 극복하기 위한 것으로, 개별 국가 차원에서는 당연하고도 필연적인 노력으로 이해할 수 있다.

한국의 KCI(Korea Citation Index)와 KoMCI(Korean Medical Citation Index), 중국의 CSCD(Chinese Science Citation Database), 일본의 CiNii(Citation Information by NII), 대만의 TCI(Taiwan Citation Index), 인도의 ICI(Indian Citation Index), 이란의 ISC(Islamic World Science Citation Center), 러시아의 RSCI(Russian Science Citation Index), 세르비아의 SCIndeks(Serbian Citation Index) 등을 비롯해 여러 국가 및 지역에서 다양한 자국의 학술 문헌 인용 색인이 구축되고 있다.

찾아보기

- 한국학술지인용색인KCI(http://www.kci.go.kr)에서 관심 있는 주제의 논문을 검색해 인용 논문과 참고 문헌을 확인해보자(인용 논문 정보는 회원 가입 필요).
- 관심 있는 국가나 언어권의 인용 색인 DB를 찾아서 전체 수록 범위, 제공 정보 등을 살펴보자.

2.3 공개 학술 인용 색인 오픈알렉스OpenAlex

과학인용색인SCI과 같은 인용 색인은 원래 색인 작업자의 인적 노동에 의해서 구축되어왔다. 하지만 스코퍼스는 구축 사업자가 대형 학술 출판사인 엘스비어였기 때문에 자체 보유한 출판 DB를 상당수 활용해 인적 노동을 줄일 수 있었다. 웹을 통한 학술 출판이 보편화된 이후에는 인터넷 검색 엔진 기술을 응용해 거의 자동으로 구축된 구글 스칼라Google Scholar, 마이크로소프트 아카데믹 그래프Microsoft Academic Graph와 같은 인용 색인 DB가 나오기도 했다. 그러나 검색 엔진 기술을 이용해 자동으로 구축된 인용 색인 DB는 중복이나 오류가 적지 않게 포함되어 있기 때문에 이를 정보 검색 용도가 아닌 분석 평가 용도로 활용하는 것은 더 문제가 될 수 있다.

21세기에 들어서 학술 논문마다 고유한 ID인 DOI(디지털 객체 식별자Digital Object Identifier)와 연구자마다 고유한 ID인 ORCID(오키드)를 부여하기 시작했는데, 이를 활용해 비교적 정확한 대규모 인용 색인을 (반)자동으로 구축하는 작업이 가능해지면서 구글 스칼라와 같은 검색 엔진 기반의 인용 색인이 점차 확산되고 있다. 그중에서도 완전히 무료로 제공되는 공개 학술 인용 색인 오픈알렉스OpenAlex(https://openalex.org/)는 점차 활용 기관과 사례가 늘어나며 주목받고 있다. 오픈알렉스는 마이크로소프트 아카데믹 그래프가 2021년 말 서비스를 종료한 이후 이를 승계해 2022년에 서비스를 시작한 오픈 액세스 인용 색인 DB이다. 2025년 현재 2억 4,000만 편 이상의 학술 논문과 18억 건 이상의 인용 관계를 포함해 웹 오브 사이언스나 스코퍼스와 비교할 만한 규모를 자랑한다.

오픈알렉스의 가장 큰 특징은 완전한 개방성이다. 모든 데이터가 CC0 라이선스로 제공되어 연구자들이 자유롭게 사용하고 재배포할 수 있으며, API(애플리케이션 프로그래밍 인터페이스Application Programming Interface)

를 통해 데이터에 접근할 수 있을 뿐만 아니라 전체 데이터를 무료로 다운로드받을 수 있다. 이는 기존의 상용 인용 색인 DB가 구독료나 라이선스 제약으로 인해 접근성에 한계가 있었던 문제를 해결한다. 또한 오픈알렉스는 웹 오브 사이언스나 스코퍼스보다 더 포괄적인 수록 범위를 유지하고 있으며, 특히 비영어권의 논문과 글로벌 사우스 지역의 연구 성과를 더 많이 포함하고 있어 지역적·언어적 편향성을 완화한다는 장점이 있다.

국내에서도 서울대학교 중앙도서관, 한국과학기술정보연구원 등 여러 기관에서 오픈알렉스를 활용하고 있다. 다만 오픈알렉스는 알고리즘에 의존해 구축된 인용 색인이기 때문에 저자 식별 오류를 비롯해서 다양한 오류 데이터나 중복 데이터가 포함될 수 있다. 정보 서비스 측면에서는 데이터의 포괄성과 최신성도 중요하기 때문에, 제공받은 정보에 오류가 일부 있음을 감안하면서 활용하는 것이 바람직하다. 그러나 오픈알렉스를 연구 성과 분석이나 평가 목적으로 활용할 때에는 반드시 입수한 데이터의 품질 개선 작업을 거친 후 활용해야 한다.

찾아보기

- 오픈알렉스OpenAlex(https://openalex.org/)에서 관심 있는 주제의 논문과 연구자를 검색한 후 제공되는 다양한 인용 정보를 살펴보자. 나아가 유사한 정보를 웹 오브 사이언스Web of Science나 스코퍼스Scopus에서 검색해서 비교해보자.

3 인용 지수

인용 지수citation indicator는 인용을 단서로 해서 학술 매체(논문, 학술지) 및 연구 주체(연구자, 연구 집단)에 대한 질적 평가에 활용되는 지표이다. 평가 대상에 따라서 논문 인용 지수, 학술지 인용 지수, 연구자 인용 지수로 구분된다. 평가 대상별 인용 지수마다 먼저 인용 지수 산출에서 고려해야 하는 요소와 인용 지수의 유형 및 사례를 살펴보면 다음과 같다.

3.1 논문 인용 지수

3.1.1 논문 인용 지수 산출 시 고려 사항

개별 논문의 성과를 평가할 경우에는 일반적으로 인용 영향력 평가를 사용한다. 논문이 게재된 학술지의 인용 지수를 근거로 해서 인용 지수가 높은 학술지에 게재된 논문을 우수한 성과로 평가하는 방식도 종종 사용되고 있으나 바람직하지 않다는 비판이 많다. 논문이 게재된 학술지가 개별 논문의 우수성을 보장하는 것은 아니기 때문이다. 학술지의 인용 지수는 과거에 게재된 논문들의 인용 빈도에 근거해 산출하는 평균적인 기댓값인데, 이는 많이 인용된 소수의 논문에 의해 부풀려지기 쉽기 때문에 앞으로 게재될 논문의 인용 수준을 보장하지는 못한다. 그 대신 개별 논문에 대한 인용 지수를 산출할 때 고려해야 하는 요소로는 논문 자체의 단순 인용 빈도 이외에도 여러 가지가 있으며, 다음과 같이 정리해볼 수 있다.

- 저자의 자기 인용: 저자가 활발히 논문을 발표하는 연구자라면 후속 연구를 통해 자신의 선행 연구를 인용할 가능성이 높다. 또한 단독 저자가 저술한 논문보다 저자가 많은 공동 연구 논문의 인용 빈도가 높은 경향이 나타나기도 한다. 여러 명의 저자가 각자 후속 논문에서 앞서 발표한 공저 논문을 인용할 가능성이 있기 때문이다.
- 학문 분야별 차이: 의학 분야처럼 논문마다 참고 문헌을 많이 수록

하는 학문 분야나 연구 논문이 많이 발표되는 학문 분야에서는 상대적으로 인용 빈도가 높게 나타난다.

- 공동 연구: 공저자가 많은 논문일수록, 공저자의 소속 기관이 다양할수록, 공저자의 소속 국가가 다양할수록 인용될 가능성이 높다.
- 논문이 발표된 이후의 경과 시간: 논문이 발표된 이후 시간이 경과할수록 논문의 인용 빈도는 높아지게 된다.
- 논문을 인용한 후속 논문의 중요도: 해당 논문을 인용한 후속 논문도 인용이 많이 되는 중요한 논문이라면 원 논문의 영향력이 큰 것으로 인정할 수 있다.

3.1.2 논문 인용 지수의 유형

인용 빈도

논문의 누적 인용 빈도로 질적 평가 기준을 삼을 수 있다. 그러나 인용 빈도는 기간이 오래될수록, 인용이 빈번한 분야일수록 높게 측정되기 때문에 무조건적인 비교는 적절하지 않다.

평균 기반 정규화 인용 지수

발행 시기에 따른 차이와 연구 분야별 차이를 보정하기 위해서 논문의 인용 빈도를 해당 분야의 동일 연도 평균 인용 횟수로 나누는 방식을 평균 기반 정규화 인용 지수Mean Normalized Citation Score, MNCS라고 한다. 흔히 연도뿐만 아니라 논문 유형(학술지 연구 논문, 학술지 리뷰 논문, 학술대회 논문 등)도 동일 유형으로 정규화 산출 범위를 제한하기도 한다. 웹 오브 사이언스의 범주 기반 정규화 인용 영향력Category Normalized Citation Impact, CNCI과 스코퍼스의 분야 가중 인용 영향력Field-Weighted Citation Impact, FWCI이 이에 해당하는 지표이다. 2023년 8월부터 KCI에서도

FWCI라는 명칭으로 평균 기반 정규화 인용 지수가 도입되었다(KCI 개별 논문 상세 페이지 참조). 예를 들어 어떤 논문의 FWCI가 2이면 KCI의 같은 분야에서 같은 연도에 발표된 논문 평균 대비 두 배 많이 인용되었다는 뜻이다.

평균 기반 정규화 인용 지수는 서로 다른 분야 간 인용 수준을 비교할 때에도 직관적으로 차이를 이해할 수 있다는 장점이 있다. 다만 논문의 인용 횟수는 빈익빈 부익부 현상을 보이므로, 타 분야에 비해서 학술지 종수가 많고 논문이 많이 발표되는 분야의 최상위 논문은 정규화 결과도 과대평가될 위험이 있다. 어떤 분야에서는 평균보다 10배 이상 인용되는 논문이 드물지만, 다른 분야에서는 흔할 수도 있는 것이다. 따라서 서로 다른 분야의 최상위 논문끼리 비교할 때에는 평균 기반 정규화 인용 지수를 사용해도 공정한 비교가 어려울 수 있다.

퍼센타일percentile

특정 논문 집합(주로 동일 연도, 동일 분야 논문)의 논문들에 대해서 인용 빈도 순위의 백분율(백분위 순위)을 산출하는 방식의 지표이다. 순위를 사용한 일종의 비모수통계 방식이며, 0–100% 사이로 범위가 일정하게 제한되어서 분야가 서로 다르거나 발행 시기가 다른 최상위 논문들의 상대적인 인용 수준을 비교할 때 유리하다. 예를 들어 퍼센타일을 기준으로 특정 연도에 발표된 각 분야별 인용 상위 1% 논문, 상위 5% 논문 등을 선정할 수 있다.

공동 연구를 고려한 분야 정규화 인용 지수

클래리베이트Clarivate의 인사이트InCites에서는 2025년부터 공동 연구 유형을 고려한 분야 정규화 인용 지수인 범주 기반 협업 정규화 인용 영향력Collaborative CNCI(Collab-CNCI)을 도입했다. Collab-CNCI는 발행 시기 및 학문 분야뿐만 아니라 연구에 참여한 저자들의 소속 국가나 기관 정보도 활용해 협업 유형을 고려해서 인용 빈도를 정규화한다. 일반적으로 연구에 참여한 저자들의 국가가 다양하고 여러 기관의 저자들이 참여할수록 연구 성과가 학계에 노출될 기회가 많아지므로 인용도 더 많이 된다고 알려져 있다(Potter et al., 2020). Collab-CNCI는 이를 감안해 각 논문에 대한 누적 인용 빈도를 발행 연도, 학문 분야, 문서 유형, 협업 유형이 같은 논문들의 인용 빈도 평균으로 나누어 정규화하는 지수이다. 협업 유형은 공동 연구에 참여한 저자들의 소속 국가 수와 기관 수를 기준으로 아래와 같이 다섯 가지로 나눈다(Filchenko, 2025).

- 국내 단일Domestic-Single 기관 내 협업: 모든 저자가 단일 기관에 속함.
- 국내 복수Domestic-Multiple 기관 협업: 저자들의 소속 기관이 모두 동일 국가의 기관임.
- 국제 양자International-Bilateral 협업: 저자들의 소속 기관이 두 국가의 별개 기관임.
- 국제 3자International-Trilateral 협업: 저자들의 소속 기관이 세 국가의 별개 기관임.
- 국제 4자 이상International-Quadrilateral+ 협업: 네 국가 이상의 저자가 참여함.

3.2 학술지 인용 지수

3.2.1 학술지 인용 지수 산출 시 고려 사항

학술지에 대한 인용 지수를 산출할 때 고려해야 하는 주요 요소는 다음과 같이 정리해볼 수 있다.

논문 수

학술지 인용 지수는 관점에 따라서 크게 평균 지수와 총량 지수로 구분할 수 있다(유소영, 이재윤, 2008). 총량 지수는 학술지가 인용된 총 횟수에 근거한 것이고, 평균 지수는 총량 지수를 논문 수로 나누어 학술지 규모에 따른 차이를 보정한 것이다. 일반적으로는 평균 지수 방식을 주로 사용해서 논문당 평균값을 학술지 인용 지수로 채택한다. 하지만 학술지의 전체적인 영향력을 측정하기 위해서 총량 지수 방식을 취하는 경우도 있다. 웹 오브 사이언스의 아이겐팩터Eigenfactor 지수, 스코퍼스의 학술지 h-지수, 구글 스칼라의 학술지 h5-지수 등은 총량 지수 방식을 채택하고 있어서 논문을 많이 게재하는 학술지에 유리한 지수이다.

인용 시간 범위

학술지 인용 지수는 최근에 발표된 논문이 인용되는 정도를 반영하는 것이 목표이다. 평가 연도에 인용된 논문 중에서 지난 몇 년 범위의 논문이 인용된 것을 평가에 반영할 것인가를 정해야 하는데, 이때 학문 분야별로 '최근'이 의미하는 바가 일치하지 않아서 평가에 적합한 충분한 인용이 발생하는 최소 기간이 다르다는 점을 고려해야 한다. 신속하게 인용이 발생하는 의학이나 공학 등의 분야에서는 2년 범위로도 충분히 학술지 간의 우열을 가릴 수 있다. 반면에 인문학 분야의 경우는 정확한 평가를 위해서 출판 후 최소 5년, 혹은 그보다 더 긴 기간이 지나야 정확한 평가가 가능하다. 웹 오브 사이언스에서는 2년 범위와 5년 범위 학술지 인용 지수를 함께 제공하며, 스코퍼스에서는 3년 범위(사이마고 저널 랭크SCImago Journal Rank, SJR)와 4년 범위(사이트스코어CiteScore) 학술지 인용 지수를 제공한다. 우리나라의 KCI에서는 2년 범위부터 5년 범위까지 네 가지 기간의 학술지 인용 지수를 모두 산출해 제공하고 있다.

학술지 자기 인용

학술지 자기 인용Journal Self-Citations은 논문이 수록된 학술지의 다른 선행 연구를 인용하는 것을 뜻한다. 상당수의 학술지는 다른 학술지보다 자체 학술지의 논문을 가장 많이 인용한다. 일반적으로 연구 분야나 학문적 견해가 유사한 연구자들이 학회와 같은 학문 공동체를 유지하면서 학술지를 발행하는 경우가 많기 때문이다. 따라서 일반적으로는 학술지 자기 인용을 굳이 배제하고 인용 지수를 산출하지는 않는다. 하지만 네트워크 분석 이론에서 유래한 인용 지수를 산출할 때는 자기 인용이 많은 학술지의 인용 지수가 과대평가되는 현상이 발생할 수 있다(이재윤, 2011). 이런 경우에는 학술지 자기 인용이 일정 비율(보통 1/3)을 넘는 것은 제외하거나(스코퍼스의 SJR, KCI의 중심성 지수 등), 아예 학술지 자기 인용 전부를 제외하기도(웹 오브 사이언스의 아이겐팩터) 한다.

학문 분야별 인용 관행 차이

의학 분야처럼 논문마다 참고 문헌을 많이 수록하는 학문 분야나 연구 논문이 많이 발표되는 학문 분야에서는 상대적으로 인용 빈도가 높게 나타난다. 따라서 분야 간 인용 관행 차이를 보정하기 위한 정규화가 반드시 필요하다. 학문 분야별 인용 관행을 고려해 상대적인 학술지 인용 지수를 산출하는 방법은 인용되는 측과 인용하는 측 중에서 어느 쪽의 정보를 활용하는지에 따라서 크게 두 가지 종류로 나눌 수 있다(<표 6-2> 참조).

- 피인용 측 정규화cited-side normalization: 인용된 학술지가 속한 주제 분류 범주를 기준으로 해서 동일 분류 범주에 속한 학술지들에 비

해 상대적으로 인용 수준이 어느 정도인지를 산출하는 방식이다. 분류(범주) 기반 정규화 또는 타깃 정규화target normalization라고도 한다. 이는 정규화 시점에 따라서 다시 두 가지 방식으로 나눌 수 있다. 첫째는 미리 논문별로 정규화를 수행한 후 정규화된 논문별 수치를 학술지 단위로 합산하는 방식이다. 웹 오브 사이언스의 학술지 인용 인디케이터Journal Citation Indicator, JCI가 이에 해당한다. 둘째는 영향력 지수와 같은 학술지 단위의 인용 수치를 먼저 산출한 후에 이를 소속 분야에 따른 상대적인 수준으로 정규화하는 방식이다. 표준화된 순위보정 영향력 지수Modified Rank Normalized Impact Factor, mrnIF(허정은 외, 2008)가 이에 해당한다. 피인용 측 정규화 방식은 산출 과정이 비교적 간단하고 직관적으로 이해하기 쉬우므로 흔히 사용되고 있지만, 학술지 주제 분류가 반드시 필요하며 학제적인 학술지나 학문 간 경계에 속한 학술지를 평가하기에는 적합하지 않다는 약점이 있다.

- 인용 측 정규화citing-side normalization: 인용하는 논문에서 발생한 인용 중에서 평가 대상 학술지를 인용한 비중을 고려해 상대적인 인용 비중을 합산하는 방식이다. 인용이 발생한 출처의 맥락을 반영하기 때문에 출처 정규화source normalization라고도 한다. 참고 문헌이 많은 논문으로부터 받은 인용보다 참고 문헌이 적은 논문으로부터 받은 인용을 더 중요하게 반영한다고 할 수 있다. 스코퍼스의 출처 정규화 평균 영향력Source Normalized Impact per Paper, SNIP과 같은 지수가 대표적이다. 네트워크 분석 방식을 사용하는 아이겐팩터나 SJR, KCI의 중심성 지수도 인용하는 학술지의 중요도를 해당 학술지가 내보내는 총 인용 수로 나누어서 인용되는 학술지에 전달하므로 인용 측 정규화에 가깝다. 인용 측 정규화 방식은 학술지 분류가 필요없기에 학제적인 학술지 평가에 유용하다는 장점이 있지만, 계산 과

정이 복잡하고 직관적으로 이해하기가 다소 어려우므로 널리 사용되지 못하고 있다.

<표 6-2> 피인용 측 정규화 방식과 인용 측 정규화 방식의 비교

비교 항목	피인용 측 정규화	인용 측 정규화
분석 대상	인용된 논문의 학문 분야 평균 인용	인용한 논문의 상대적 참고 문헌 수
분류 체계 필요성	필수	필요 없음
계산 복잡도	단순한 평균 계산	고도화된 네트워크 분석 필요
필요한 데이터	분야별 통계 데이터	전체 인용 네트워크 데이터
신생/학제적 분야 대응	제한적임	우수함
대표 지표	학술지 인용 인디케이터JCI	출처 정규화 평균 영향력SNIP

3.2.2 학술지 인용 지수 사례

학술지 영향력 지수와 사이트스코어

논문당 인용 횟수로 학술지를 평가하는 대표적인 지표인 학술지 영향력 지수Journal Impact Factor, JIF는 가장 오래된 학술지 인용 지수로서 영향력 지수Impact Factor, IF라고도 표기한다. 이 지표는 인용 색인의 창시자인 유진 가필드가 동일 분야에 속한 학술지의 상대적 중요성을 비교하기 위해서 개발했다. 평가 연도를 기준으로 특정 학술지에 직전 2년간 수록된 논문들이 그해에 인용된 횟수의 평균으로 계산된다. 일반적으로 직전 2년 동안 게재된 논문에 대한 인용을 측정하지만 그 이상으로 기간을 확대해 계산하기도 한다. 웹 오브 사이언스의 저널 인용 보고서JCR에서는 2년 단위 JIF와 5년 단위 JIF를 발표하고 있다.

엘스비어의 스코퍼스에서는 학술지 영향력 지수와 유사한 방식으로 산출하는 지수인 사이트스코어CiteScore를 발표하고 있는데, 이는 직전 2년이 아닌 4년 동안에 발표된 논문의 평균 인용 빈도를 반영하고 있다. 한국연구재단의 KCI에서는 2년, 3년, 4년, 5년 단위 평균 지수를 '영향력 지수'라는 이름으로 발표하고 있는데, 학술지 평가에서는 2년 영향력 지수와 5년 영향력 지수만 기준으로 삼고 있다. 데이터베이스의 포함 범위와 측정 기간이 약간 다르지만 웹 오브 사이언스의 2년 단위 영향력 지수와 스코퍼스의 CiteScore를 비교해보면, 문헌정보학 분야 학술지들의 경우 상관 계수가 0.952로 매우 상관성이 높게 나타났다 (Ali, 2021).

클래리베이트가 매년 발표하는 저널 인용 보고서에서는 이러한 영향력 지수에 근거해 학술지의 순위를 매기고 있으며, 이 순위는 분야별 학술지 순위로 가장 널리 사용되고 있다. 그러나 학술지 영향력 지수는 학문 분야별 인용률, 인용 수명, 반감기 등의 차이로 인해 다음과 같은 다양한 비판을 받아왔다.

- 분야별 특성을 고려하지 않으므로 학문 분야 간 비교가 어렵다.
- 최근 2년간의 데이터만 반영하므로 해마다 수치와 순위의 변화가 크다.
- 리뷰 논문처럼 긴 논문이 실리는 학술지에 유리하다.
- 인용하는 학술지의 중요도를 반영하지 않아 핵심 학술지와 비핵심 학술지에 의한 인용이 모두 동일하게 반영된다.

이 외에도 학술지 자기 인용이나 인용 동기, 출판 후 일정 기간이 경과해야 실제 인용이 가능한 것을 고려하지 않은 점, 대상 학술지의 영어권 편중 등 학술지 영향력 지수의 활용에 대한 여러 문제점이 계속 지적된다. 그리고 이러한 문제점을 보완하기 위한 다양한 대안 지표들이 제안되고 있다.

학술지 인용 인디케이터

학문 분야마다 다른 관행 때문에 서로 다른 분야의 학술지가 가진 영향력 지수를 직접 비교하는 것은 매우 부적절하다. 최근 웹 오브 사이언스도 학술지 영향력 지수의 단점을 보완할 수 있는 학술지 인용 인디케이터Journal Citation Indicator, JCI를 사용하기 시작했다. 학술지 인용 인디케이터는 앞서 언급했던 논문 단위로 측정한 CNCI 지수를 학술지 단위로 평균해서 사용하는 지표이다. 최근 3년간 출판된 논문이 인용된 횟수로 계산한다. 예를 들어 2022년 지푯값은 2019년부터 2021년 사이에 출판된 논문이 2022년까지 누적 인용된 횟수를 기반으로 각 논문의 CNCI 지수를 계산한 후, 학술지 게재 논문의 CNCI 평균을 학술지 인용 인디케이터로 삼는다. 이는 인용된 학술지가 속한 분야의 평균 인용 수치를 기반으로 정규화하는 피인용 측 정규화 방식에 해당한다. 학술지 인용 인디케이터는 학술지 영향력 지수와 달리 논문이 출판된 당해 연도의 인용을 빠뜨리지 않고 반영한다는 것도 장점이다.

네트워크 분석 기반의 SJR과 아이겐팩터

네트워크 분석 방식의 학술지 인용 지수는 학술지 인용 네트워크에서 각 학술지의 중요도를 나타내는 중심성 지수를 측정하는 방식이다. 이때 중심성 지수로는 대부분 페이지랭크PageRank 알고리즘(Page et al., 1999)을 응용한다. 원래의 페이지랭크 알고리즘은 웹페이지 간의 링크를 다루면서 링크의 가중치를 고려하지 않는다. 하지만 학술지 간의 인용 관계는 인용 빈도라는 가중치가 존재하므로 원래의 공식을 수정할 필요가 있다. 학술지 인용 네트워크에 적용하는 가중 페이지랭크 공식은 다음과 같이 표현할 수 있다(이재윤, 2011).

$$JPR_i = \frac{(1-d)}{N} + d \cdot \sum_{j=1}^{N} \frac{JPR_j \cdot C_{ji}}{C_j}$$

여기서 JPR_i는 학술지 i의 중요도, d는 받는 인용이 전혀 없는 학술지도 계산 과정에 포함되도록 고려한 감쇠 계수(보통 0.85), N은 전체 학술지 종수, C_{ji}는 학술지 j가 학술지 i를 인용한 빈도, C_j는 학술지 j에서 발생한 총 인용 빈도이다. 쉽게 말하자면 이 공식은 인용한 학술지의 중요도를 내보내는 인용의 비율만큼 인용되는 학술지에 전달하도록 고안된 것이다. 스코퍼스의 SJR처럼 실제 인용 DB에서 이 알고리즘을 적용할 경우에는 내보내는 인용이 전혀 없는 학술지, 받는 인용이 전혀 없는 학술지, 인용 DB 외부로 내보내는 인용, 학술지의 수록 논문 수 등을 고려하는 요소가 복잡하게 추가된 공식을 사용한다. 한편 페이지랭크와 유사한 아이겐벡터 중심성eigenvector centrality을 응용하는 JCR의 아이겐팩터 지수에서는 인용이 없는 학술지는 처음부터 배제하고 자기 인용은 모두 제외하는 등 문제가 생길 수 있는 요소를 대부분 미리 제거하는 방식으로 알고리즘을 단순하게 적용하는 전략을 채택했다.

학술지 게재 논문 수를 미리 공식에서 고려하는 SJR 지수는 평균 지수인 반면에 아이겐팩터는 그렇지 않다는 점에서 총량 지수라고 할 수 있다. 이 때문에 JCR에서는 아이겐팩터 지숫값을 논문 수로 나누어서 평균 지수인 논문당 영향력 점수Article Influence Score를 별도로 산출하고 있다. 또한 SJR은 직전 3년간의 논문에 대한 인용을 지수에 반영하는 반면에 아이겐팩터는 직전 5년간의 논문에 대한 인용을 반영한다는 점이 다르다. KCI의 학술지 중심성 지수는 SJR의 계산 방식을 그대로 따르고 있다.

학술지 h-지수

학술지 h-지수는 연구자의 인용 영향력을 측정하는 h-지수를 학술지의 전반적 영향력을 평가하기 위한 용도로 응용한 것이다. 학술지 h-지수는 해당 학술지에 게재된 논문 중 h편 이상이 각각 최소 h회 이상 인용되었음을 만족하는 최대 정수 h로 정의된다. 즉, 해당 학술지의 논문을 인용 빈도 내림차순으로 정렬했을 때 인용 빈도가 순번보다 크거나 같은 마지막 순번이 학술지 h-지수이다. 예를 들어 어떤 학술지에 게재된 논문 중 가장 많이 인용된 상위 논문 10편의 인용 빈도가 내림차순으로 85, 32, 17, 14, 11, 9, 7, 6, 5, 5일 경우, 이 학술지의 h-지수는 7이 된다. 이는 평균 지수가 아닌 총량 지수로서 게재 논문 수에 영향을 받으며 특정 학술지의 총체적인 영향력을 측정하는 지표가 된다.

연구자를 대상으로 측정하는 원래의 h-지수는 보통 전체 연구 업적을 h-지수 산출에 고려하지만, 학술지를 대상으로 측정할 때에는 최근 일정 기간 동안 게재된 논문만을 h-지수 산출에 고려하는 것이 일반적이다. 대표적으로 구글 스칼라 메트릭스Google Scholar Metrics의 h5-지수는 최근 5년 동안 게재된 논문의 인용 빈도를 사용해서 산출하는 지수이다. 구글 스칼라 메트릭스에서는 학문 분야별로 최상위 100개 학술지의 h5-지수를 발표하고 있다.

학술지 h-지수는 극단치에 민감하지 않아서 소수의 고인용 논문에 좌우되지 않는다는 장점이 있다. 평균 지수인 학술지 영향력 지수는 가끔 한두 편의 빅히트 논문 때문에 평균 인용 빈도가 크게 상승해 지숫값이 일시적으로 부풀려지는 사례가 나타나지만 학술지 h-지수는 그렇지 않다. 하지만 오래되었거나 논문이 많이 게재되는 대규모 학술지가 상대적으로 유리하고 신규 학술지나 소규모 학술지는 불리할 수밖에 없다. 또한 게재 논문 수가 많지 않거나 인용을 많이 받지 않는 중하위권의 학술지들은 상당수가 같은 값을 가지게 되므로 변별력이 약하다(김판준, 이재윤, 2010).

인용의 성격을 구분한 사이트 인덱스

최신 학술 서비스인 사이트Scite는 텍스트 마이닝 기법으로 인용의 성격을 구분해 수록 논문에 대한 지지/반대 인용 횟수를 측정한 결과를 반영하는 학술지 질적 평가 지수인 사이트 인덱스Scite Index를 제공하고 있다(https://scite.ai/journals). 이는 단순히 많이 인용된 학술지가 아니라 인용의 품질이 높은 학술지를 판단하려는 실험적인 시도이다. 다음과 같이 총 인용 중에서 지지 인용의 비율로 산출한다.

$$SI = \frac{\#Support\ Cites}{\#Support\ Cites + \#Contrasting\ Cites}$$

3.3 연구자 인용 지수

연구자 인용 지수는 개별 연구자의 학술적 영향력과 연구 성과를 정량적으로 평가하는 도구이다. 개별 연구자의 연구 성과를 평가하는 양적 지표로는 오랫동안 논문 수와 총 인용 빈도, 평균 인용 빈도 등과 같은 단순 지표만이 사용되어왔으나 h-지수(Hirsch, 2005)가 발표된 이후 h-지수와 그 변형 지수들이 급속히 확산되었다. 그렇지만 학술지 인용 지수에 비하면 연구자 인용 지수의 종류는 다양하지 않다. 연구자 인용 지수 산출에 있어서 주로 고려되는 요소는 연구의 양, 연구의 질, 연구 활동 기간, 학문 분야별 특성, 공저자 수와 저자 기여도, 자기 인용, 저자 식별 문제 등이 있다.

3.3.1 연구자 인용 지수 산출 시 고려 사항

연구의 양

연구자 인용 지수 산출에서 가장 기본적으로 고려되는 요소는 연구자가 발표한 논문 수이다. 논문 발표 편수는 연구자의 연구 생산성을 나타내는 직접적인 지표로서, 얼마나 활발하게 연구 활동을 수행했는가를 보여준다. 하지만 논문 수로는 연구의 질적 수준을 파악하기 어렵기 때문에 대부분의 연구자 인용 지수에서는 논문 수를 평균 지수를 산출하는 과정에 반영하거나 인용 빈도와 함께 복합적으로 반영한다.

연구의 질

연구의 질은 주로 피인용 횟수를 통해 측정된다. 연구자가 발표한 논문들이 후속 연구에서 얼마나 자주 인용되는지는 해당 연구의 학술적 영향력과 중요성을 반영한다. 특히 많이 인용되는 논문의 존재는 연구자의 학문적 기여도를 보여주는 중요한 지표가 된다. 일부 지수에서는 고인용 논문 위주로 지숫값을 산출해 연구의 질적 우수성을 강조하기도 한다.

연구 활동 기간

연구자의 연구 활동 기간은 인용 지수의 해석에서 매우 중요한 요소이다. 연구 활동을 시작한 지 오래된 연구자는 축적된 논문이 많고 인용될 시간적 여유가 있어서 상대적으로 높은 인용 지수를 획득할 수 있다. 반면에 신진 연구자가 발표한 논문은 인용될 기회가 충분하지 않아서 낮은 인용 지수에 머무는 경우가 많다. 일부 연구자 인용 지수에서는 이러한 편향을 보정하기 위해 연구 활동 연수를 지표 산출 과정에 반영하거나, 최근 일정 기간 동안에 발표된 논문만 고려하는 방법을 채택하기도 한다.

학문 분야별 특성

학문 분야에 따라 인용 관행과 연구 패턴이 현저히 다르다는 점도 중요한 고려 사항이다. 의학이나 공학 분야는 일반적으로 높은 인용 빈도를 보이지만, 수학이나 인문학 분야는 상대적으로 인용 빈도가 낮다. 심지어는 같은 학문 분야 내에서도 세부 연구 분야에 따라 인용 수준이 큰 차이를 보이는 경우도 있다. 또한 학문 분야별로 논문 발표 주기, 참고 문헌 수, 연구자 간 협력 패턴이 다르기 때문에 서로 다른 분야 연구자의 인용 지수를 직접 비교하는 것은 부적절하다.

공저자 수와 저자 기여도

현대에는 모든 학문 분야에서 공동 연구와 복수 저자 논문이 증가하고 있다. 국내 문헌정보학 분야를 예로 들면, 주요 학술지 4종에 실린 논문 중에서 2인 이상 공동 저자의 논문 비중은 2003년에 24.0%였으나 2022년에는 68.3%로 증가했고, 단독 저자의 논문보다 2인 공저 논문의 비중이 더 높아졌다(이재윤, 2023a). 이와 같이 공저자가 많은 논문이 일반적이므로 단독으로 저술한 논문과 공저자가 많은 논문의 영향력을 공정하게 비교하는 것이 필요하게 되었다. 제1 저자, 교신 저자, 공동 저자의 역할과 기여도가 다름에도 불구하고 많은 인용 지수는 이를 구분하지 않고 동일하게 계산한다. 이러한 한계를 보완하기 위해 저자 순서나 기여도를 고려한 수정된 지표들이 제안되고 있지만 아직까지는 공저를 고려하지 않은 인용 지수가 주로 사용되고 있다. 반면에 연구 성과의 양적인 측면만을 반영하는 지표 산출 과정에는 공저자 수나 제1 저자 여부 등이 흔히 고려되고 있다.

자기 인용

연구자가 자신의 이전 연구를 인용하는 자기 인용self-citation 문제도 고려해야 할 요소이다. 적절한 수준의 자기 인용은 연구의 연속성을 보여주는 긍정적 측면이 있지만 과도한 자기 인용은 인용 지수를 인위적으로 부풀린다는 오해를 받을 수 있다. 따라서 KCI를 비롯한 일부 데이터베이스에서는 자기 인용을 제외한 인용 지수를 별도로 제공하기도 한다.

저자 식별 문제

연구자 인용 지수 산출의 근거가 되는 저자 이름에 대한 전거 제어가 제대로 이루어지지 않은 경우에 신뢰성 있는 결괏값을 기대할 수 없다. 동일인이 다른 이름으로 표기되거나 다른 기관 소속으로 표기되는 것도 문제이지만, 동명이인을 구분하는 것이 더 어려운 문제이다. ORCID ID(오키드 ID)나 ResearcherID(리서처ID), ISNI(이즈니) 같은 저자 식별 기호의 사용이 점차 증가해 문제가 완화되고 있으나, 신진 연구자의 경우에는 동명이인으로 인한 식별의 어려움이 여전히 존재한다.

3.3.2 연구자 인용 지수 사례

연구자 인용 지수로는 총 인용 빈도나 논문당 평균 인용 빈도도 사용되지만 여기서는 복합 지표인 h-지수를 중심으로 살펴본다.

h-지수

h-지수h-index는 미국의 물리학자인 호르헤 허쉬Jorge Hirsch가 제안한 지표이다(Hirsch, 2005). h-지수는 개별 연구자의 연구 성과를 평가할 때 영향력 지표가 높은 학술지에 발표한 논문 수나 출판된 논문의 인용 빈도에 기반한 기존의 단순한 평가에서 진일보해서, 어떤 분야에서 꾸준히 그 연구자의 논문이 인용되고 있는지를 평가할 수 있는 새로운 지표로서 급속히 확산되었다. 다양한 변형 지표들이 속속 개발됨에 따라서 h-지수와 이의 변형 또는 대안 지표들을 h-유형h-type 지표 또는 허쉬-유형

Hirsch-type 지표라고 부르기도 한다. 허쉬는 h-지수를 다음과 같이 정의했다. "어떤 과학자의 Np개의 논문 중에서 h개의 논문은 최소 h번 이상씩 인용되었고, 나머지 Np−h개 논문은 모두 개별 인용 빈도가 h번 이하이면 그의 h-지수는 h이다"(Hirsch, 2005).

즉, 어떤 연구자의 논문을 인용 빈도가 높은 순부터 나열했을 때 논문의 인용 빈도가 논문의 순번보다 크거나 같은 마지막 논문의 순번이 h-지수이다(이재윤, 2006). 이때 인용 빈도가 같은 논문들에도 각기 다른 순번을 매긴다. 예를 들어 h-지수가 6이라면, 최소 6회 이상 인용된 논문을 6편 발표했다는 뜻이다. h-지수 산출에 반영되는 h위 이내의 논문들을 별도로 h-코어h-core 또는 허쉬-코어Hirsch-core라고 부른다. <표 6-3>을 보면 가상 연구자 A가 발표한 논문 10편 가운데 상위 6편의 인용 빈도가 6회 이상이므로 연구자 A의 h-지수는 6이 되며, 1위부터 6위까지의 논문 6편이 h-코어를 이룬다.

<표 6-3> 가상 연구자 A의 논문별 인용 빈도

논문 순번	인용 빈도
1	30
2	20
3	15
4	9
5	7
6	**6**
7	4
8	2
9	1
10	1
합계	95

h-지수는 원래 개별 연구자의 연구 성과를 평가하기 위해 개발된 지

표로서 산출 방식이 단순하면서도 강건하다는 특성을 갖는다. h-지수의 주요 장점은 다음과 같다.

- 산출의 용이성: 논문별 인용 빈도를 내림차순으로 정렬하면 손쉽게 산출할 수 있다.
- 직관적 해석 가능: h-지수는 그 결괏값이 정수로 표현되고 'h회 이상 인용된 논문이 h편'이라는 식으로 의미가 쉽게 전달된다.
- 복합적인 단일 지표: 연구 성과의 양과 질에 해당하는 출판량과 인용량을 복합적으로 고려한 단일 지표이다.
- 확장성: h 값 측정 대상과 범위의 조정이 쉽다. 즉, 목적에 따라 개별 연구자/연구 집단/연구 기관/국가 등으로 산출 대상을 통합·확대할 수도 있고, 출판 기간 및 인용 데이터 수집 기간을 무제한/10년/5년/3년 등으로 분할·축소할 수도 있다.
- 강건성robustness: h-지수는 두 가지 측면에서 강건성을 갖는다. 첫째는 데이터 수집 과정에서 오탈자에 의한 오류 데이터 또는 전거 미비로 인해 정확한 식별이 어려워 누락된 데이터가 일부 존재하더라도 산출되는 h 값에 크게 영향을 미치지 않는다. 따라서 인용 색인 데이터베이스가 완전하게 구축되지 않은 상황에서도 연구 성과의 영향력을 측정하는 유용한 도구로 사용할 수 있다. 둘째는 h-코어에 속한 논문들의 인용 빈도에 어느 정도 편차 또는 변화가 있다고 하더라도 산출되는 h 값에 거의 영향을 주지 않는다.

하지만 h-지수의 이러한 장점은 관점에 따라서 단점이 되기도 한다. h-지수의 주요 단점은 다음과 같다.

- 연구 생산성에 좌우됨: h-지수는 산출의 기본 단위가 되는 대상이

출판한 전체 논문 건수를 넘지 못하는 한계가 있다. 특정 연구자의 h-지수는 그 사람이 출판한 전체 논문 수를 넘지 못한다. 이로 인해 출판 건수가 상대적으로 적은 신진 연구자, 뛰어난 소수의 논문만 선별적으로 발표하는 신중한 연구자에게 불리하다.

- 자기 인용의 영향: h-지수는 자기 인용을 포함해 계산하므로 이의 영향을 받는다. 또한 이러한 맥락에서 단일 저자들에 비해 공저자들(예컨대 많은 협력 파트너를 가진 과학자들)이 자기 인용을 많이 받을 수 있어 상대적으로 유리할 수 있다.
- 낮은 변별력: h-지수는 영향력이 예외적으로 큰 소수의 최상위 논문의 가치를 제대로 반영하지 못하는 반면, 지속적으로 일정 정도의 인용을 받는 논문들의 영향에 크게 좌우되는 경향이 있다. 만약 h-지수가 동일하게 20인 연구자 두 명 중에 한 명은 1,000번 이상 인용된 10편의 논문이 있고 나머지 10편의 논문이 20회 이상 인용된 반면 다른 한 명은 20편의 논문이 모두 20회를 조금 넘게 인용되었다면 일반적으로 전자가 훨씬 영향력이 크다고 할 수 있다. 그러나 h-지수는 이들에게 동일한 값을 부여하게 되어 변별력이 떨어지는 문제가 있다.
- 분야 종속: 다른 인용 지표와 마찬가지로 h-지수도 인용 관행이 다른 분야 간에 직접적인 비교가 불가능하다. 분야별 참고 문헌 수 차이나 공저자 수 차이 등이 특히 큰 영향을 끼친다. 공저자가 많으면 공저자들의 자기 인용을 통해 h-지수가 향상될 가능성도 더 높다. 공저자가 많은 물리학 분야의 연구자가 공저자가 적은 수학 분야의 연구자보다 훨씬 높은 h-지수를 가진다. 어떤 분야에서 h-지수 20은 흔한 수치이지만 다른 분야에서는 최상위 수준의 연구자만이 가질 수 있는 수치일 수 있다.
- 둔감성insensibility: h-지수 산출의 기초가 되는 h-코어에 속한 논문

들의 인용 빈도가 아무리 크게 증가하더라도 h-지수는 변화하지 않는다. 또한 h-코어에 속하지 못한 논문들이 조금씩 추가로 인용되는 것도 대부분 반영하지 않는다. 지난 1년 동안 두 연구자가 동일하게 인용이 100회씩 증가했다고 하더라도 어느 순위의 논문이 인용되었는지에 따라서 한 연구자는 h-지수가 상당히 향상되는 반면에 다른 연구자는 h-지수가 전혀 변화하지 못할 수도 있다.

h-지수의 변형 지수

위에서 언급한 h-지수의 약점 때문에 h-지수를 변형하는 다양한 시도가 있었다. 주요한 일부 사례만 살펴보면 다음과 같다.

- g-지수: 일단 h-지수 산정에 포함된 인용 빈도 상위 논문이 추가로 인용되더라도 지수의 향상에 전혀 기여하지 못하는 점을 보완한 지수가 g-지수(Egghe, 2006)이다. 인용 빈도 상위 g개 논문의 인용 빈도 합이 g의 제곱 이상인 최하위 순위 g가 g-지수이다. 이 경우 상위 g+1개 논문의 인용 빈도 합은 (g+1)의 제곱보다 작다. 좀 더 쉽게 풀어보면, 인용 빈도 상위 g개 논문의 평균 인용 빈도가 g보다 크거나 같은 마지막 순위가 해당 연구자의 g-지수이다. 즉, g-지수가 20이라면 상위 20개 논문의 인용 빈도 평균이 20 이상이라고 이해할 수 있다. 하지만 g-지수는 오히려 소수의 최상위 논문 인용 빈도에 너무 좌우된다는 것이 약점으로 지적되고 있다.
- hs-지수: 최상위 논문의 인용 빈도에 전혀 영향받지 않는 h-지수와, 반대로 최상위 논문의 인용 빈도에 지나치게 영향받는 g-지수의 절충 방안으로, h위 이내 논문의 인용 빈도의 제곱근을 합해 산출하는 hs-지수가 있다(이재윤, 2006). h회 이상 인용된 논문의 인용 빈도에 제곱근을 취해 합산한 hs-지수는, h-지수와 달리 최상위 논문의 인

용 빈도 차이를 지숫값에 반영하면서도 g-지수처럼 한두 논문에 의해 지숫값이 좌우되는 상황은 방지하는 장점을 가진다. 하지만 값이 실숫값으로 산출되므로 직관적으로 이해하기가 어렵다. 따라서 h-지수의 보조 지표로만 사용하는 것이 바람직하다.

- hc-지수: 공저자 수를 반영하지 않는 h-지수의 단점을 보완하기 위해 제안된 지표로 '공저 보정 h-지수co-authorship corrected h-index'의 약칭이다(이재윤, 2016). 논문의 인용 빈도를 논문의 저자 수로 나눈 값을 원래의 인용 빈도 대신 사용한다는 점을 제외하면 h-지수와 산출 과정은 동일하다. 먼저 각 논문의 인용 빈도를 공저자 수로 나눈 보정 인용 빈도를 산출한 후에 보정 인용 빈도 내림차순으로 논문의 순위를 동률 순위 없이 산출하고, 순위가 보정 인용 빈도보다 작거나 같은 가장 큰 순위를 hc-지수로 삼는다. KCI DB를 대상으로 측정한 사례에 따르면 단독 저술이 흔한 인문학 연구자들의 h-지수 평균이 공동 연구가 흔한 복합학이나 예술체육학 분야 연구자들의 h-지수 평균보다 현저히 낮았지만, 공저를 고려한 hc-지수를 기준으로 비교하면 비슷한 수준으로 나타났다(이재윤, 2016).
- i10-지수: 구글 스칼라에서 사용되는 지표로 10회 이상 인용된 논문의 수를 뜻한다. 가장 단순하게 산출할 수 있는 지표이지만, 결국 연구의 질적인 수준보다는 연구 활동의 폭을 주로 반영한다는 한계가 있고 학문 분야에 따라 10회라는 기준이 전혀 다른 의미를 가지게 되는 것이 약점이다.

결국 연구자를 평가할 때 특정 지수 하나만을 사용하는 것은 매우 위험하며, 여러 지수를 활용해서 다면적으로 성과를 살펴보는 것이 바람직하다. 논문 수나 인용 빈도를 비롯한 주요 연구자 평가 지표의 강점과 약점을 정리해보면 <표 6-4>와 같다.

<표 6-4> 주요 연구자 평가 지표의 강점과 약점

지표	강점	약점
논문 수	(분야별로) 최소 기준에도 못 미치는 연구자/연구 집단을 파악하기에 유용함.	어느 수준 이상이 되면 논문 수 차이를 성과의 차이로 해석할 수 없음.
총 인용 빈도	개별 문헌의 중요도 판단에 유용함. 총 인용 빈도는 개별 문헌 인용 빈도의 분포와 무관하게 전체 연구 성과의 영향력을 반영함.	주제 분야, 출판 후 경과 시간, 연구 집단의 규모에 좌우됨.
논문당 인용 빈도	발표한 논문 수 대비 영향력 파악이 가능함.	주제 분야, 출판 후 경과 시간에 크게 좌우됨. 문헌 유형(연구 논문, 리뷰 논문 등)에도 좌우됨.
평균 기반 정규화 인용 지수	문헌 유형(연구 논문, 리뷰 논문 등)과 주제 분야, 출판 후 경과 시간 등을 고려해 비교 가능함.	분야 구분이 타당해야 함. 규모의 차이가 크거나 매우 특정한 주제 분야에서 활동하는 연구자를 비교할 때 특히 주의해야 함.
퍼센타일	중요한 논문에 초점을 맞춤. (편향된) 인용 빈도 분포를 사용하지 않음. 예외값에 둔감함.	모든 실제 값을 0에서 100 사이로 바꿈. 값의 실제 차이가 전해지지 않으며 아무리 특출난 사례가 있더라도 100을 못 넘겨서 과소평가될 수 있음.
JIF와 기타 학술지 지표	논문이 어느 학술지에 게재되었는가도 나름대로의 성과 기준으로 간주할 수 있음.	학술지 지표로 실제 인용 영향력을 대신할 수는 없음. JIF가 개별 논문의 인용률을 예측하지는 못함.
h-지수	양적인 면과 질적인 면을 결합해 측정함. 지나치게 예외적인 고인용 논문이나 중요하지(인용되지) 않은 논문에 둔감함.	경력이 오래된 연구자에게 유리함. 최상위 논문의 인용 빈도가 아무리 높더라도 거의 반영되지 않음.

(출처: Moed & Halevi, 2015 일부 수정)

찾아보기

- ORCID 웹사이트(https://orcid.org/)에서 알고 있는 한국인 연구자의 이름을 검색한 뒤 동명이인 등의 문제를 확인해보고, 연구자 정보를 찾아보자.
- 한국학술지인용색인KCI(http://www.kci.go.kr)의 인용 정보 검색 메뉴에서 학술지, 연구자, 논문의 인용 정보를 찾아보자.

4 인용 지수의 올바른 활용

4.1 인용 지수에 대한 연구자의 인식

인용 지수가 연구 성과를 평가하는 핵심 도구로 자리 잡게 되면서 연구자들은 인용 지수를 다면적이고 복합적인 관점에서 바라보게 되었다. 특히 한국과 중국을 비롯한 동아시아권에서 인용 지수를 활용하는 정량적인 평가가 주류를 이루게 되면서 이에 대한 반발도 커지고 있다. 2025년 2월 한국과학기술한림원과 한국차세대과학기술한림원이 공동 주최한 '연구 성과의 가치, 어떻게 평가할 것인가'라는 주제의 토론회에서, 정진호 한림원 원장은 "논문 수, 저널 영향력 지수IF, 피인용 횟수 등 정량적 지표에 의존하는 현재의 평가 방식은 연구자들의 혁신성과 사회적 파급력을 온전히 반영하지 못한다"며 "보다 유연하고 창의성을 장려하는 평가 체계로의 전환이 시급하다"라고 강조했다(박정연, 2025).

바커 외(Bakker et al., 2020)가 435명의 연구자를 대상으로 실시한 조사에 따르면, 인용 지수에 대한 연구자들의 인식은 다음과 같은 특징을 보인다.

- 연구자들은 학문 분야별 차이에 대한 인식의 중요성을 강조하고 있다. 연구 영향력 지표를 고려할 때 학문 분야에 대한 인식이 핵심적인 역할을 하며, 동일한 지표라도 분야에 따라 다르게 해석되어야 한다는 목소리가 높다.
- 연구자들은 인용 지수를 정보 탐색 활동과 자기 평가의 수단으로 활용하고 있다. 이는 인용 지수가 단순한 평가 도구를 넘어서 연구자들의 학술 활동 전반에 걸쳐 실용적인 가치를 제공함을 시사한다. 또한 연구자들은 다른 연구자의 성과를 평가할 때도 인용 지수를 활

용하고 있어, 동료 평가와 학술적 네트워킹에서도 중요한 역할을 하고 있음이 확인되었다.

- 연구자들은 인용 지수가 연구자 영향력의 전체 범위를 대리할 수 있는 지표가 아니라는 점을 명확히 인식하고 있다. 이러한 인식은 인용 지수의 한계에 대한 이해가 연구 커뮤니티 내에서 점차 확산되고 있음을 보여준다. 특히 연구자들은 관리자들이 연구자 평가에서 인용 지수를 사용하는 데 대한 우려를 표하고 있으며, 부적절한 인용 지수 사용이 부정적인 결과를 초래할 수 있다는 점을 인지하고 있다.
- 연구자들은 또한 인용 지수에 관한 의사 결정에서 공유된 의사 결정의 필요성을 강조하고 있다. 이는 인용 지수의 활용이 개별 연구자의 선택을 넘어서 학술 커뮤니티 전체의 합의와 협력을 통해 이루어져야 함을 의미한다. 이런 인식을 기반으로 다음으로 소개할 DORA 선언이나 라이덴 선언과 같은 국제적인 연구 평가 개선 활동이 나타나고 있다.

4.2 인용 지수 오남용에 대한 경계

인용 지수의 광범위한 활용과 함께 이에 대한 오남용 문제도 심각하게 대두되고 있다. 전 세계의 여러 학문 공동체와 기관에서는 이러한 문제를 해결하기 위해 다양한 선언과 권고안을 발표하며 책임감 있는 연구 평가 문화가 자리 잡을 수 있도록 노력하고 있다. 주요 사례는 다음과 같다.

DORA 선언

DORA 선언은 '샌프란시스코 연구 평가 선언San Francisco Declaration on Research Assessment'을 줄여 부르는 명칭으로, 2012년 12월 16일 미국 세포생물학회 연례 학술대회에서 학술지 편집자와 출판사가 모여 연구 평가 방법에 대한 권고안으로 제안한 것이다(https://sfdora.org/). DORA 선언의 핵심은 학술지 기반 측정 지표를 개별 연구 논문의 품질에 대한 평가 측정 기준으로 사용하지 않겠다는 것이다.

DORA 선언에서는 총 18개의 권고 사항을 제시하고 있는데, 연구 성과 평가 전반을 아우르는 일반 권고 사항 1(DORA 1)은 연구자 평가를 위해 개별 연구 논문의 질을 측정할 때 학술지 영향력 지수와 같은 학술지 단위의 지표를 사용해서는 안 된다는 것이다. 일반 권고 사항 이외에 연구 평가와 관련된 이해당사자인 연구비 지원 기관(DORA 2, DORA 3), 연구 수행 기관(DORA 4, DORA 5), 출판사(DORA 6 – DORA 10), 평가 지표 제공 기관(DORA 11 – DORA 14), 연구자(DORA 15 – DORA 18)에 대해서 특화된 권고 사항을 총 17개 제시하고 있다.

DORA 선언은 학술지 영향력 지수를 개별 논문이나 연구자의 성과 및 영향력을 평가하는 지표로 잘못 이용하는 관례로 인한 문제점에 대해 학계와 출판계의 폭넓은 공감대를 형성하는 데는 성공했으나, 이를 해결하기 위해서 좀 더 구체적이고 실현 가능한 대안을 제시해야 한다는 과제가 남아 있다(유소영 외, 2015). 전 세계 수천 개의 단체와 수만 명의 개인이 DORA 선언에 서명했는데, 한국에서는 2026년 1월 현재 대한수학회Korean Mathematical Society를 비롯한 9개 단체와 개인 239명이 참여하고 있다.

라이덴 선언

라이덴 선언은 '연구 평가 지표에 관한 라이덴 선언Leiden Manifesto for Research Metrics'을 줄여 부르는 말로, 2015년 4월 22일 『네이처』에 발표된 연구 평가 지표의 올바른 사용을 위한 열 가지 원칙을 제시한 권고안이다(https://www.leidenmanifesto.org/).[1] 이 선언은 2014년 네덜란드 라이덴에서 열린 제19회 국제 과학기술 지표 컨퍼런스에서 다이애나 힉스

Diana Hicks 등에 의해 초안이 제안되었다. 라이덴 선언의 열 가지 원칙을 간략하게 나열하면, 1) 정성 평가 우선, 2) 목표 기반 평가, 3) 지역성 고려, 4) 과정의 투명성, 5) 피평가자에게 결과 검증 방법 제공, 6) 분야별 다양성 고려, 7) 총체적 평가, 8) 정확성 과신 주의, 9) 다면적 평가 지표 사용, 10) 평가 지표 지속 관리 등이다.

라이덴 선언은 DORA 선언보다 더 포괄적인 관점에서 연구 평가의 전반적인 개선 방안을 제시하고 있으며, 특히 학문 분야별 특성을 고려한 차별화된 평가의 중요성을 강조하고 있다. 열 가지 원칙 중에서 특히 한국의 연구 환경에서는 1), 2), 3), 6), 7), 9) 항목을 더 우선적으로 고려할 필요가 있다(유소영 외, 2015).

메트릭 타이드의 권고

영국고등교육재정위원회HEFCE는 2015년 '메트릭 타이드The Metric Tide' 보고서를 통해 연구 평가에서 지표 활용에 대한 포괄적인 권고 사항을 발표했다. 주요 권고 사항은 다음과 같다. "연구 커뮤니티는 정량적 지표의 역량과 한계에 대한 보다 정교하고 미묘한 이해를 키워야 한다. 기관 차원에서 고등 교육 기관의 리더는 정량적 지표의 역할을 포함해 연구 관리 및 평가에 대한 접근 방식을 설명하는 명확한 원칙 선언문을 개발해야 한다. 기관 내에서 연구 관리자와 경영자는 이러한 원칙을 옹호하고 책임감 있는 지표 사용을 장려해야 한다. 데이터 제공자, 분석가, 대학 순위표 작성자는 서로 다른 측정 시스템 간의 투명성과 상호 운용성을 향상시키기 위해 노력해야 한다."

2022년에는 '메트릭 타이드 활용Harnessing the Metric Tide'이라는 후속

---

1 라이덴 선언의 한국어 번역본은 다음 링크에서 확인할 수 있다. https://www.leidenmanifesto.org/uploads/4/1/6/0/41603901/leidenmanifesto_kor.pdf

보고서(Curry et al., 2022)가 발표되어, 2015년 권고안의 진전 상황을 검토하고 영국의 향후 연구 평가 시스템의 개선을 위한 새로운 열 가지 권고 사항을 제시했다.

웹 오브 사이언스 연구자 프로필 제안

상용 인용 색인 회사의 대표 격인 클래리베이트도 인용 지수 오남용에 대해 경고해왔다. 클래리베이트에 인수되기 이전의 톰슨 로이터 또한 올바른 인용 분석을 위한 가이드라인을 백서로 출간하면서 다양한 척도 사용, 비교 가능한 대상끼리만 비교 등을 비롯한 열 가지 유의 사항을 제시한 바 있다(Pendlebury, 2010). 이런 내부의 목소리가 구체적인 결실을 맺은 것은 2022년부터 시작된 클래리베이트의 웹 오브 사이언스 연구자 프로필Web of Science Researcher Profiles 서비스이다. 이 서비스에서는 연구자들의 출판물, 인용 지표, 편집 활동, 동료 심사 등의 다양한 활동과 성과가 반영된 프로필을 제공하면서 단일 인용 지표 대신 활용할 것을 권장하고 있다. 웹 오브 사이언스 연구자 프로필의 접근 방식은 연구자의 영향력을 숫자 하나로 나타내지 말고 다면적인 관점에서 평가해야 한다는 철학을 시스템 수준에서 뒷받침하려는 시도라고 할 수 있다.

찾아보기

- 유소영 외(2015)의 원문을 찾아서 DORA 선언을 비롯한 주요 연구 성과 평가와 관련된 선언 및 지침의 세부 내용을 확인하고 국내 연구 평가 제도의 바람직한 개선 방향에 대해서 알아보자.
- 영국에서 발표된 '메트릭 타이드 활용Harnessing the Metric Tide' 보고서(Curry et al., 2022)의 요약 페이지에서 영국의 연구 평가 시스템 개선을 위한 열 가지 새로운 권고 사항을 알아보자.

7장

알트메트릭스와 학술 소셜 미디어

1 알트메트릭스

1.1 알트메트릭스의 개념과 역사

1.1.1 알트메트릭스의 개념

알트메트릭스altmetrics는 인용 이외의 수단으로 학술 연구의 영향력을 측정하는 새로운 접근법이다. 인용을 단서로 사용하는 전통적인 계량서지학의 대안적인alternative 측정법metrics이기 때문에 alt+metrics로 조합된 신조어이다. 2010년 제이슨 프림Jason Priem이 트위터에서 처음 제안했으며, 이후 여러 문헌에서 사용되기 시작했다. 프림은 2010년에 발표한 논문(Priem & Hemminger, 2010)에서 웹 2.0 시대에 도서관 2.0이 대두된 것처럼 소셜 웹에서의 학술적 영향력을 측정하는 방법론에 사이언토메트릭스Scientometrics 2.0이라는 명칭을 사용하자고 제안하기도 했으나, 이후의 논문에서는 알트메트릭스만 사용했다. 알트메트릭스는 전통적인 인용 횟수나 영향력 지수와 달리, 연구 산출물이 인터넷상에서 얼마나 주목받고 활용되는지를 반영한다. 예를 들어 소셜 미디어, 블로그, 뉴스, 온라인 데이터베이스 등에서의 언급 횟수, 다운로드 횟수, 공유 횟수, 저장 횟수 등을 고려한다. 린과 페너(Lin & Fenner, 2013)에 따르면 일반적으로 알트메트릭스로 활용되는 데이터의 출처는 크게 다음과 같이 다섯 가지로 나눌 수 있다.

- 열람: 원문을 온라인에서 보거나 다운로드한 경우
- 논의: 학술지 웹사이트, 학술 블로그, 위키피디아, X(옛 트위터)나 페이스북과 같은 소셜 미디어에서 논문이 언급된 경우
- 저장: 멘델레이Mendeley, 사이트유라이크CiteULike 등의 소셜 북마크

서비스에 이용자가 저장한 경우

- 인용: 웹 오브 사이언스Web of Science나 스코퍼스Scopus와 같은 인용 DB에서 확인되거나 크로스레프Crossref를 통해 다른 학술 문헌으로부터의 인용이 파악된 경우
- 추천: H1 커넥트H1 Connect(옛 F1000Prime)와 같은 개방형 동료 심사 체제에서 심사자가 논문을 추천한 경우

알트메트릭스가 성장하기 위해서는 인터넷상의 학술 자원을 일관되게 식별하고 그러한 자원에 지속적으로 접근할 수 있도록 보장하는 것이 필수적이다. 1999년 비영리 기관인 크로스레프가 설립되고 학술 논문과 출판물에 디지털 객체 식별자Digital Object Identifier, DOI를 부여하기 시작한 것이 알트메트릭스의 핵심 기반이 되었다.

1.1.2 알트메트릭스의 역사

알트메트릭스는 초기에는 이용 기반 척도usage-based metrics라는 이름으로 학술지 웹사이트의 이용 기록을 분석하는 방식으로 출발했다. 마레크와 발라우스카스(Marek & Valauskas, 2002)는 웹 기반 학술지인 『퍼스트 먼데이*First Monday*』에 게재되었던 역대 논문들 중 권위 있는 논문을 선별하기 위해 인용 분석을 사용하는 대신에, 1999년부터 2001년 사이에 논문이 다운로드된 횟수를 분석하는 방식을 대안으로 제시했다.

이후 몇몇 연구에서 논문이 발행된 이후 초기에 다운로드되는 횟수가 나중에 인용되는 횟수와 상관관계가 있는 것으로 나타났다. 예를 들어 페르네게르(Perneger, 2004)는 학술지 BMJ에 게재된 논문의 경우 발행 직후 일주일 동안의 원문 보기 횟수와 이후 5년간의 인용 횟수 사이에 0.54의 상관관계가 있다고 보고했다. 그 후에 왓슨(Watson, 2009)은 『저널 오

브 비전*Journal of Vision*』에 게재된 논문에서도 출간 후 1,000일 동안 다운로드된 횟수와 이후 5년간의 인용 횟수 사이에 0.62의 상관관계가 확인되었다고 보고했다. 이에 힘입어 플로스PLOS 출판사는 자사 학술지에 2009년부터 '논문 수준 지표Article-level metrics'라는 이름으로 논문 열람 횟수를 제공하기 시작했고 몇 년 후에는 알트메트릭닷컴Altmetric.com의 지수를 채택했다. 또한 중국 학술지 데이터베이스에서 논문별 다운로드 횟수와 인용 횟수의 순위 상관 계수를 구해본 결과도 0.72로 높게 나타났는데, 분야별로는 약간 차이가 있었다(Vaughan et al., 2017). 사회과학 분야의 상관 계수가 0.83으로 가장 높았고, 인문학 분야가 0.75였으며, 의학 분야가 0.60으로 가장 낮게 나타났다. 여러 연구를 종합해보면 대체로 사회과학 분야에서 이용 기록과 인용 횟수의 상관관계가 0.8 정도 수준으로 가장 높고, 의학 분야에서 상관관계가 0.5-0.6 수준으로 가장 낮은 것으로 보고되고 있다. 이처럼 알트메트릭스에 대한 초기의 관심은 단기간에 측정한 이용 기록이 장기적인 인용 횟수를 예측하는 데 도움이 될 수 있을 것이라는 기대로 시작되었다(Brody et al., 2006; Priem et al., 2011).

한편 볼렌과 반 더 솜펠(Bollen & Van de Sompel, 2008)은 인용을 단서로 하는 학술지 영향력 지수와 유사하게 다운로드 횟수를 단서로 하는 이용 영향력 지수Usage Impact Factor, UIF를 제안했다. UIF는 직전 2년 동안 발표된 논문이 한 해 동안 다운로드된 평균 횟수로 산출한다. 이들은 2003년부터 2005년까지 집계된 캘리포니아주립대학교의 이용 데이터를 바탕으로 UIF 순위를 산출한 후 웹 오브 사이언스의 영향력 지수와 비교해보았는데, 통계적으로 유의미한 상관관계는 나타나지 않았다고 보고했다. 그 이유는 인용 데이터는 국제 학술지 전반의 인용을 반영한 것인데 이용 데이터는 캘리포니아주립대학교에 제한된 데이터였기 때문일 것이라고 추정했다. 따라서 전 세계적인 이용 데이터를 확보하는 것이 알트메트릭스의 핵심 과제라고 할 수 있다.

2010년대에 들어서 학술적인 목적의 소셜 미디어 활용이 크게 증가하고 디지털 객체 식별자DOI 표기가 확산되었으며, 웹 오브 사이언스의 경우는 2013년부터 논문 DOI 정보를 필드로 포함하기 시작했다. 소셜 미디어를 비롯한 인터넷상의 다양한 매체에서 학술 논문이 언급된 경우를 추적하는 알트메트릭스 서비스도 이 시기에 등장했다. 알트메트릭스를 측정하는 대표적인 기업으로 2011년에 알트메트릭닷컴, 2012년에 플럼 애널리틱스Plum Analytics가 창업되었으며, 오픈 과학에 초점을 맞추고 논문, 데이터, 소프트웨어 등 다양한 학술 자원의 공개와 활용을 온라인상에서 추적하는 비영리 단체인 임팩트스토리Impactstory가 2011년에 발족했다. 알트메트릭닷컴은 알트메트릭 관심도Altmetric Attention Score, 플럼 애널리틱스는 플럼X(PlumX)를 개발했는데, 이들이 알트메트릭 지수altmetric indicator로 최근까지 다양한 플랫폼과 서비스에서 활용되고 있다. 2013년부터 알트메트릭스 표준화를 위한 미국 국립정보표준화기구NISO의 선도 사업이 시작되었고, 2016년에는 대안적 측정 지표 프로젝트Alternative Assessment Metrics Project 결과 보고서를 출간해 알트메트릭스 사용 지침을 제시했다. 2017년에 엘스비어Elsevier가 플럼 애널리틱스를 인수하면서 알트메트릭스가 학술 DB에 적극적으로 도입되기 시작했다. 알트메트릭스와 관련된 주요 사건을 연대순으로 정리하면 <표 7-1>과 같다.

이와 같이 2010년대에 개발된 알트메트릭 지수와 도구는 2000년대처럼 인용을 예측하거나 대체하기 위한 목적보다는 사회적 언급social mention을 관찰해 학술적 영향력과는 다른 차원인 사회적 영향력social impact을 측정하는 것을 강조했다. 이는 다운로드 횟수 이외에 다양한 온라인 미디어로부터 논문이 인용되거나 언급되는 것을 추적하게 되면서 알트메트릭 지수가 인용과는 상관관계가 크지 않다는 연구가 계속 발표

<표 7-1> 알트메트릭스 발전 연대기

연도	사건	내용
1999	크로스레프 설립	디지털 객체 식별자DOI를 통해 온라인상의 학술 자료를 식별하고 연결할 수 있는 시스템을 구축하기 시작
2002	다운로드를 인용의 대안으로 최초 사용	마레크와 발라우스카스가 웹 기반 학술지인 『*First Monday*』의 논문들 중 권위 있는 논문을 선별하는 방법으로 인용 횟수 대신 다운로드 횟수를 분석
2008	이용 영향력 지수 제안	볼렌과 반 더 솜펠이 인용 대신 다운로드 횟수로 학술지 영향력 지수와 유사한 방식의 이용 영향력 지수를 제안
2009	플로스PLOS가 논문 수준 지표Article-level metrics 시작	플로스가 자사의 학술지에 게재된 논문마다 이용 횟수를 인용 횟수와 함께 표기하기 시작. 이후 알트메트릭닷컴의 지수를 채택
2010	'알트메트릭스'라는 용어 최초 사용	제이슨 프림이 학술 연구의 영향력을 평가하는 새로운 지표로 신조어를 제안
2011	알트메트릭닷컴 창업	알트메트릭스를 측정하는 대표 기업인 알트메트릭닷컴이 창업되면서 다양한 출처로부터 수집한 데이터를 조합한 알트메트릭 점수 측정 시작
	임팩트스토리 출범	비영리 단체인 임팩트스토리가 출범하면서 개별 연구자의 연구 성과물이 온라인상에서 얼마나 영향력을 미치는지를 평가하는 플랫폼인 임팩트스토리 프로필을 개발
2012	플럼 애널리틱스 창업	학술 자료의 다양한 온라인 활동을 측정·분석하는 서비스를 제공하는 회사인 플럼 애널리틱스가 창업되고 PlumX 측정 시작
2013	알트메트릭스 표준화를 위한 미국 국립정보표준화기구NISO의 이니셔티브 발족	NISO가 슬로언재단의 후원을 받아 알트메트릭스의 표준화와 권장 가이드라인 개발을 위한 이니셔티브를 발족하고 대안적 측정 지표 프로젝트Alternative Assessment Metrics Project를 시작하면서 자체 발간 학술지 『*Information Standards Quarterly*』의 알트메트릭스 특집호 출판
2016	NISO에서 대안적 측정 지표 프로젝트 결과 보고서 출간	3년간 수행된 대안적 측정 지표 프로젝트의 결과 보고서에 사서, 연구 행정가 등 다양한 주체들이 알트메트릭스를 사용할 때 참고할 지침을 제시
2017	엘스비어의 플럼 애널리틱스 인수	엡스코 정보 서비스EBSCO Information Services가 2014년에 인수했던 플럼 애널리틱스를 다시 엘스비어가 인수한 결과, 플럼 애널리틱스의 알트메트릭 지수인 PlumX가 스코퍼스, 사이언스다이렉트, 멘델레이 등과 같은 여러 엘스비어 제품에 채택되기 시작

되었기 때문이다. 이에 대해서는 뒤에서 상세히 살펴볼 것이다.

1.2 알트메트릭스의 장단점과 논점

1.2.1 알트메트릭스의 장점과 단점

알트메트릭스는 인용에 비해서 다음과 같은 장점이 있다.

- 인용과 달리 학술적 영향력뿐만 아니라 교육적으로 활용되거나 사회적 주목을 받은 논문을 파악할 수 있다.
- 인용은 문헌 출판 후 발생하기까지 시간차가 있지만 알트메트릭스 데이터는 출판 후 즉시 발생한다. 종양학과 약학 분야 학술지를 조사한 연구에 따르면 전체 인용 횟수의 절반이 발생하는 기간은 발행 후 약 6년 정도 걸리지만, 전체 다운로드 횟수의 절반은 발행된 그해나 이듬해에 발생하는 것으로 나타났다. 구체적으로 종양학 분야 학술지의 경우 인용 반감기 평균은 5.6년, 이용 반감기 평균은 1.7년이었다(Schloegl & Gorraiz, 2010, 2011).
- 일반적으로 인용에 비해서 알트메트릭스 데이터가 풍부하다. 중국 학술지 데이터베이스인 CAJD(China Academic Journal Network Publishing Database)에 등재된 150종 학술지의 7,500편 논문에 대해서 인용과 다운로드 횟수를 비교해본 결과, 인용 횟수 평균은 12.1회인데 다운로드 횟수 평균은 약 49배인 592.2회로 나타났다(Vaughan et al., 2017). 인용 횟수가 0회인 논문은 적지 않지만 대부분의 학술 DB에서 다운로드 횟수가 0인 경우는 극히 드물다.
- 일반적으로 인용은 과학기술 분야가 인문사회과학 분야보다 활발하지만 알트메트릭스 데이터는 인문사회과학 분야에서도 활발하게 발생한다.

그러나 알트메트릭스는 다음과 같은 단점도 존재한다.

- 고의적으로 조작하기 쉽다. 품질 관리가 어렵고 누가 논문을 이용했는지가 잘 드러나지 않으며 반복적인 클릭만으로도 관심도를 쉽게 부풀릴 수 있다
- 의도치 않은 부풀림이 발생할 수 있다. 단순히 제목이 우스운 논문이 소셜 미디어를 통해 소문나서 주목받을 수도 있고, 2023년의 상온 초전도체 관련 논문처럼 학술적 진실성이 밝혀지기 이전에 대중적으로 화제가 될 수도 있다. 또한 강연자가 자신의 연구를 언급하는 것이 지표를 부풀리는 결과를 낳을 수도 있다.
- 학술 논문에 대한 관심은 개인적인 만남이나 오프라인 학술 활동, 이메일, 메신저 등 사적인 영역에서 훨씬 더 많이 표현되지만 이를 추적하지는 못한다.
- 인용과 마찬가지로 알트메트릭 지수는 학문 분야에 따라서 차이가 클 수 있으므로 서로 다른 분야의 성과를 비교하는 것은 적절하지 않다.
- 인문사회과학 분야의 경우 북미 연구자들의 영문 출판물에 유리하게 알트메트릭 지수가 측정되는 편향성이 있다(Yang et al., 2021).
- 인용과 마찬가지로 소셜 미디어에서 논문이 언급되는 것도 반드시 긍정적인 이유 때문만은 아니다. 『플로스 원*PLOS One*』 논문 중 알트메트릭 점수가 가장 높은 논문 25편의 트윗 2,521건을 분석한 연구(김병규, 강지훈, 2018)를 보면 트윗의 성격이 단순한 '내용 기술'인 경우가 과반을 넘었고, '동의'(약 12%), '흥미'(5% 이상), '추천'(5% 미만), '반문'(약 4%), '제안', '비판' 등의 순서로 나타났다.

일부 연구에서는 논문의 제목이 가진 언어적 특성이 알트메트릭 지수에 영향을 미친다고 보고하기도 했다. 학술지 『사이언스』에 게재된 논문

의 제목이 가진 특성과 알트메트릭닷컴의 알트메트릭 관심도를 비교해 본 결과, 제목에 사용된 단어가 짧을수록, 쉬운 어휘일수록, 제목이 짧을수록, 긍정적인 제목일수록 알트메트릭 관심도가 높아지는 경향이 있는 것으로 나타났다(Zhu & Liu, 2024). 즉, 제목이 어렵지 않다는 이유로 알트메트릭 지수가 높아질 수도 있는 것이다.

1.2.2 알트메트릭스 관련 주요 논점

알트메트릭스와 관련된 주요 논점에 대해 홀름버그(Holmberg, 2016)가 제시한 것을 재정리해보면 다음과 같다.

알트메트릭스의 의미와 관련된 논점은 다음과 같다.

- [누가] 여러 소셜 미디어 사이트에서 알트메트릭스의 기반이 되는 이벤트를 생성하는 주체는 누구인가?
- [왜] 알트메트릭스를 생성하는 동기는 무엇인가?
- [어떻게] 온라인 관심도는 영향력을 어떻게 반영하는가?
- [무엇을] 알트메트릭스에는 연구 영향력이 반영되는가?
- [무엇을] 알트메트릭스는 다양한 유형과 수준의 영향력을 반영하고 있는가?

즉 알트메트릭스 데이터는 누가 왜 생성하고 무엇을 어떻게 반영하고 있는가에 대한 탐구가 꾸준히 이루어지고 있다.

알트메트릭스의 타당성과 관련된 논점은 다음과 같다.

- [수치 처리] 알트메트릭스를 어떻게 정규화할 것인가?
- [보편성/호환성 확보] 알트메트릭스를 어떻게 표준화할 것인가?
- [신뢰성 확보] 알트메트릭스가 연구자나 학술지에 의해 조작되고

있는가?

- [게임화 방지] 알트메트릭스가 왜곡된 평판 향상 게임으로 변질되는 것을 어떻게 감지할 것인가?
- [통제력 확보] 특히 소셜 미디어와 같이 역동적인 환경에서 알트메트릭스의 다양성을 어떻게 통제할 수 있을까?

즉 알트메트릭스를 유용한 측정 도구로 활용하기 위해서 어떻게 데이터를 다루어야 하고 어떻게 지표 생산과 활용 절차를 관리해야 할 것인지에 대한 고민이 계속되고 있다.

1.3 알트메트릭스와 인용, 학문적 평판의 관계

1.3.1 알트메트릭스와 인용의 관계

알트메트릭스와 인용의 관계는 알트메트릭스 데이터 출처에 따라서 조금 다르게 나타난다. 일반 소셜 미디어와 주류 미디어 등에서 이루어지는 사회적 언급의 경우는 피인용 횟수와 전반적으로 미약하거나 의미 없는 상관성을 나타내거나, 심지어는 부정적인 상관성이 나타난다는 연구 결과도 보고되고 있다(조재인, 2022; Bornmann, 2014; Costas et al., 2015; Zahed et al., 2014). 블로그, 뉴스, 페이스북에서의 언급과 피인용 간의 관계에 있어서도 약한 관련성만이 설명된 바 있어(Bornmann, 2014; Costas et al., 2015), 사회적 언급으로는 피인용 횟수를 예측하기 어렵다고 할 수 있다. 이에 관해서 출판사의 트윗은 마케팅을 목적으로 하는 경우가 다수이며, 연구자보다는 학계와 관련 없는 일반 대중의 관점에 편향되어 있다는 주장도 있다(Liu et al., 2020).

알트메트릭 지수 최상위 논문과 인용 최상위 논문을 비교해본 결과 거의 겹치지 않는다는 보고도 있다(Banshal et al., 2018). 웹 오브 사이언스의 2016년 인용 최상위 논문 100편과 알트메트릭닷컴의 2016년 알트메트릭 지수 최상위 논문 100편을 비교해본 결과 중복되는 논문은 12편에 불과했으며, 그중 언론에 널리 보도된 지카 바이러스 관련 논문 5편을 포함한 9편이 의학 및 생명과학 분야 논문이었다. 의학 및 생명과학 분야가 아닌 나머지 3편 중 물리학 분야의 중력파 검출에 관한 논문, 컴퓨터과학 분야의 바둑 딥러닝에 관한 논문은 언론을 통해 일반 대중에게도 널리 알려진 사건과 관련된 것이며, 통계학 분야의 논문은 통계적 유의성 검증과 연관된 미국통계학회의 선언에 대한 논문으로서 사회과학 전반에 큰 영향을 끼친 논의와 관련된 것이다. 이처럼 예외적으로 두드러진 사건과 관련된 일부 논문을 제외하면 알트메트릭 지수 최상위 논문은 인용 최상위 논문과 겹치지 않았다.

또한 알트메트릭 지수 최상위 논문과 인용 최상위 논문의 학문 분야 차이도 상당했다(Banshal et al., 2018). 물론 비중이 가장 큰 의학 및 생명과학 분야는 알트메트릭 지수나 인용에서 모두 상위 100위 중 절반에 조금 못 미치는 정도를 차지하는 현상은 비슷했다. 그러나 물리학이나 재료과학, 공학과 같은 여타 과학기술 분야 논문의 경우 인용 상위권을 차지하는 정도가 알트메트릭 지수 상위권을 차지하는 비중보다 훨씬 높게 나타나는 경향이 있었다. 반면에 역사학, 연구 방법론, 지구과학 및 환경과학 등 인문사회과학 성향의 연구 분야는 인용 상위권보다는 알트메트릭 지수 상위권에서 더 높은 비중을 차지했다.

영국 '연구 우수성 프레임워크REF' 데이터와 알트메트릭 지수를 비교해본 결과, 알트메트릭 지수는 연구 성과 평가자들의 평가 결과와 통계적으로 상관이 없거나, 오히려 약간 부정적인 상관관계가 있는 것으로 나타났다(Bornmann et al., 2019). 이런 결과를 보면 알트메트릭스는 연구 업적을 평가하는 평가자들의 관점과는 다른 측면에서 연구의 사회적 영향력을 포착하는 접근법이라고 볼 수 있다.

1.3.2 학술 소셜 미디어와 인용의 관계

알트메트릭 지수는 인용과 관련이 낮다는 보고가 많지만, 알트메트릭스에 반영되는 데이터 출처 중에서 학술 소셜 미디어의 데이터는 피인용과 관련이 있다는 보고도 있다. 텔월과 윌슨(Thelwall & Wilson, 2016)은 의학 분야에서 멘델레이 독자 수와 피인용 수 간에 r=0.7의 강한 상관성이 존재한다고 설명했다. 조재인(2022)은 대규모 알트메트릭스 데이터를 활용해 멘델레이의 독자 수가 피인용에 영향을 미칠 수 있으며, 공개된 최근 논문에서 이를 더욱 잘 예측할 수 있음을 확인했다. 이와 더불어 언론 보도, 트윗 등의 사회적 언급은 피인용을 잘 예측할 수는 없지만, 학술 연구가 대중적 독자에게 미치는 사회적 영향을 다면적으로 이해하는 데 활용될 수 있다고 주장했다. 마주렉 외(Mazurek et al., 2022)는 연구자의 SNS 사용은 학술 인용률과 긍정적인 상관관계가 있으며 SNS에서 연구자의 존재감이 높을수록 학술적 성공 수준도 높다고 언급했다. 이에 따라서 알트메트릭 지수는 점차 다운로드 횟수보다는 학술 소셜 미디어에서의 언급을 더 많이 고려하게 되었다.

1.4 주요 알트메트릭스 서비스

알트메트릭 지수는 각 학술지나 플랫폼에서 자체 데이터를 활용해 직접 산출해서 서비스하는 것으로 시작되었다가, 점차 외부 정보원으로부터 얻은 수치를 모아서 논문의 상세 지표에 포함해 제공하는 방향으로 발전했다. 최근에는 다양한 출처의 데이터를 종합해서 전문적으로 알트메트릭 지수를 산출해주는 알트메트릭닷컴과 같은 제3자 서비스가 확산되면서, 각 학술지나 플랫폼에서 이런 외부 서비스를 채택하는 사례가 증가하고 있다. 여기서는 플랫폼별 자체 알트메트릭스 서비스를 먼저 살펴보고, 대표적인 알트메트릭스 측정 서비스인 알트메트릭닷컴에 대해서 상세히 다룬 다음 기타 서비스를 살펴보기로 한다.

1.4.1 플랫폼별 자체 알트메트릭스 서비스

자체 알트메트릭 지수를 앞서서 도입한 학술지 중 하나인 『플로스 원』에서는 논문 수준 지표Article-level metrics라는 이름으로 논문에 대한 원문 열람viewed 횟수, 학술 소셜 미디어에서의 저장saved 횟수, 소셜 미디어에서의 언급discussed 횟수, H1 커넥트H1 Connect(옛 F1000Prime) 추천recommended 횟수, 여러 인용 DB의 인용cited 횟수 등 다섯 가지 수치를 논문별로 제공하고 있다.

인용 색인 DB인 스코퍼스에서도 논문별 지표 서비스를 제공한다. 논문에 대한 학술 소셜 미디어 멘델레이에서의 저장 횟수, 언론 매체에서의 노출 횟수, 블로그와 X(옛 트위터)에서의 언급 횟수, H1 커넥트에서의 리뷰 횟수 등을 공개하고 있다.

이와 같이 학술지 홈페이지나 학술 DB 플랫폼에서 자체적으로 각 논문의 알트메트릭 지수를 제공하는 경우에는 다양한 정보원으로부터 산출된 수치를 하나로 통합하기보다는 정보원마다의 개별 수치를 각각 공개하는 경우가 많다.

1.4.2 알트메트릭닷컴

알트메트릭 지수를 통합 측정하는 서비스에서는 여러 출처로부터 얻어진 수치를 하나로 종합한 통합 지표를 제공하는 경향이 있다. 대표적인 알트메트릭 지수 측정 서비스로 가장 폭넓게 활용되고 있는 알트메트릭닷컴Altmetric.com 사이트에서는 데이터 출처별 관심량quantity과 중요도

quality를 반영해 하나의 알트메트릭 지수를 산출한다. 알트메트릭 지수를 산출하는 데이터의 출처는 공공 정책 문서(정부 기관, NGO, IGO, 싱크탱크 등이 생산하는 정책 문서), 일반 소셜 미디어(X, 페이스북 등), 지금은 서비스나 데이터 공개가 중단된 일부 소셜 미디어(구글 플러스, 시나 웨이보, 핀터레스트), 31개 언어 버전의 위키피디아, 특허, 9,000여 개의 엄선된 학술 및 비학술 블로그, 전 세계 4,000여 개의 주류 미디어, 출판 후 개방형 동료 심사 관리 플랫폼인 퍼블론스Publons(현재는 웹 오브 사이언스 연구자 프로필Web of Science Researcher Profiles에 통합), 이 외 다양한 온라인 플랫폼(유튜브, 레딧, 스택 익스체인지 등)이다.

이러한 여러 출처로부터 얻은 데이터를 출처별 가중치를 반영해 합산하는 방식으로 알트메트릭 관심도Altmetric Attention Score를 산출한다. 알트메트릭 관심도를 '알트메트릭 주목 지수'라고 번역한 경우(박혜진, 박한우, 2018)도 있다. 원래 알트메트릭 점수Altmetric Score라는 명칭이었으나 얼마나 많은 주목을 받고 있는지를 명확히 드러내는 알트메트릭 관심도라는 명칭으로 2016년 6월 말부터 변경되었다(Williams, 2016).

출처별 가중치는 각 매체의 접근성(또는 노출도)을 고려해 산정되며, 기본 가중치는 <표 7-2>와 같다. 예를 들어 주류 언론(가중치 8)에 한 번 언급된 논문은 페이스북이나 유튜브(가중치 0.25)에 32번(8/0.25) 노출된 것과 같은 관심도 점수를 얻게 된다.

알트메트릭 관심도는 알트메트릭 도넛이라는 배지 형태로 시각화해서 표현하고 있다. 논문마다 데이터 출처별로 관심을 받은 비중이 다르면 알트메트릭 도넛의 모양도 달라진다. 알트메트릭 도넛 배지를 클릭하면 알트메트릭 관심도 값의 상세 정보 페이지로 연결되어 데이터 출처별, 지역별 상세 데이터를 확인할 수 있다. 알트메트릭 관심도는 『네이처』, 『사이언스』를 비롯한 다수의 학술지와 출판사에서 채택하고 있다.

한편 알트메트릭닷컴에서는 자신들이 제공하는 알트메트릭 관심도

<표 7-2> 알트메트릭 관심도 구성 데이터의 출처별 기본 가중치

데이터 출처	가중치
뉴스	8
블로그	5
정책 문서	3
특허	3
위키피디아	3
퍼블론스Publons, 펍피어PubPeer(공개 동료 심사)	1
시나 웨이보(2015년 이후 데이터는 없음)	1
구글 플러스Google +(2019년 이후 데이터는 없음)	1
H1 커넥트H1 Connect(옛 F1000Prime)	1
실러비Syllabi(공개 실러버스)	1
링크드인LinkedIn(2014년 이후 데이터는 없음)	0.5
X(게시글과 재게시글)	0.25
페이스북(엄선된 계정만 수집)	0.25
레딧	0.25
핀터레스트(2013년 이후 데이터는 없음)	0.25
스택 익스체인지(Q&A)	0.25
유튜브	0.25

에 대해 다음과 같이 주의 사항을 밝히고 있다(Altmetric, 2023). 첫째, 알트메트릭 관심도는 논문의 질적 수준을 측정한 것이 아니라 사람들이 논문에 주목하는 정도를 측정한 것이다. 사람들은 다양한 이유로 논문에 관심을 가지지만 모든 관심이 긍정적인 것은 아니다. 둘째, 공적인 차원의 관심만 추적하고 있다. 사적 포럼이나 오프라인 연구 모임, 이메일 등 다양한 경로로 논문에 대한 논의가 이루어지지만 이를 추적하지는 못하

고 있다. 셋째, 논문의 디지털 객체 식별자**DOI**, 펍메드**PubMed** DB의 논문 PMID(PubMed identifier) 등 식별 기호가 언급되어 있거나 서지 사항이 텍스트 마이닝 기법으로 명확하게 식별되는 직접적인 관심의 경우만 추적한다. 넷째, 단일 점수로 논문에 대한 관심도를 제시하고 있으나 서로 다른 분야 논문들의 관심도를 비교하는 것은 무리이다. 학문 분야에 따라서 인용 수준이 다르듯이 논문이 주목받는 정도도 분야마다 다를 수 있으므로 관심도 비교는 같은 분야 논문들 사이에서만 타당하다.

알트메트릭스는 출판물의 사회적 영향력을 측정할 뿐만 아니라 영향력을 획득하도록 부추기는 역할도 한다(Nishikawa-Pacher, 2023). 논문에 부여된 알트메트릭스 마크의 색상과 점수는 시각적으로 눈에 잘 띄기 때문에 연구자 및 기타 관련 이해관계자의 주목을 끌 수 있다. 연구 논문의 독자는 알트메트릭 점수 순위를 통해 가장 많이 논의된 연구 결과를 빠르게 찾아 다양한 미디어에 배포하게 되며, 이는 해당 논문이 대중에게 더 많이 노출되게 하는 선순환 효과를 낳는다. 심지어는 OOIR과 같이 특정 분야에서 최근 알트메트릭 관심도 점수가 최상위권에 속하는 논문

찾아보기

- 다음 웹페이지에서 알트메트릭 도넛의 세부 구성과 사례를 찾아보자.
  https://www.altmetric.com/about-us/our-data/donut-and-altmetric-attention-score/
- 알트메트릭 관심도의 상세 페이지 견본은 다음 웹페이지에서 볼 수 있다.
  https://help.altmetric.com/support/solutions/articles/6000241362-introduction-to-the-details-page
- 『네이처*Nature*』 기사에서 인용 횟수와 함께 알트메트릭 관심도와 상세 정보를 제공하는 화면은 논문 페이지 윗부분에서 'metrics' 링크를 클릭하거나 논문 페이지 주소 뒤에 '/metrics'를 붙이면 볼 수 있다. 기사 한 건을 사례로 제시하면 다음과 같다.
  [논문 페이지] https://www.nature.com/articles/529115a
  [논문 관심도 상세 정보] https://www.nature.com/articles/529115a/metrics

들의 다채로운 배지를 나열하는 전용 웹사이트가 생겨났다. 이는 마치 음원 사이트나 OTT 사이트가 최근 일정 기간 동안의 음원이나 영상 스트리밍 순위를 게시하는 것과 유사하다. 이런 웹사이트는 일부 연구자들이 자신의 논문을 적극적으로 홍보해 더 높은 점수를 얻고, 결과적으로 더 넓은 영향력을 행사하도록 부추긴다.

찾아보기

- 다음 OOIR의 웹사이트에서 최근 주목받는 논문 순위를 찾아보자.
  https://ooir.org/

알트메트릭닷컴에서는 알트메트릭 관심도의 올바른 활용 방법에 대해 활용 주체별로 다음과 같이 제안하고 있다(Williams, 2016).

- 연구자의 경우, 임용 지원이나 연구비 신청을 위한 이력 사항에 알트메트릭 관심도 점수를 포함하고 이에 대한 설명과 함께 관련 상세 페이지로 연결되는 링크를 걸어둘 수 있다.
- 기관의 경우, 학문적 의사소통 활동을 활발히 하는 연구자나 부서를 파악할 수 있고, 반대로 학술 커뮤니케이션 부서와 같이 대외 활동을 지원하는 팀이 도움이 필요한 대상을 찾아낼 수도 있다.
- 출판사의 경우, 출판 콘텐츠 중에서 관심도가 높은 것을 모니터링할 수 있고, 갑자기 주목받는 콘텐츠는 별도의 조사를 수행해 원인을 파악한 뒤 후속 마케팅에 활용할 수도 있다.

1.4.3 기타 알트메트릭스 측정 서비스

알트메트릭닷컴 이외에 알트메트릭스를 측정해주는 주요 서비스를 살펴보면 다음과 같다.

플럼X

플럼X(PlumX)는 엘스비어의 자회사로 펜실베이니아주 필라델피아에 기반을 둔 플럼 애널리틱스Plum Analytics의 서비스이다. 플럼 애널리틱스는 학술 논문뿐만 아니라 단행본, 비디오, 발표 자료, 학술대회 자료집, 데이터 세트, 소스 코드 등 다양한 유형의 성과물이 인터넷상에서 언급되는 것을 추적하고 있으며, 연구 집단(연구실, 학과 등)이나 컬렉션 수준의 지표로 플럼X를 산출하고 있다. 플럼X에 반영되는 주요 데이터는 다음과 같이 분류할 수 있다.

- 캡처Captures: 디지털 도서관이나 정보 사이트에서 이용자들이 논문을 북마크하거나 읽기, '좋아요' 체크하기, 참고 문헌 관리기에 추가하기 등의 행동을 통해 능동적으로 필요한 논문임을 표현한 데이터이다. 슬라이드셰어, 유튜브, 깃허브, 비미오, 멘델레이, 엡스코 등 다양한 출처가 활용된다.
- 인용Citations: 스코퍼스, 크로스레프, 의학 분야의 펍메드, 라틴계 학술지 DB인 사이엘로SciELO 등에서 확인된 인용을 활용한다.
- 언급Mentions: 학술 블로그 포스트, 학술지 사이트 코멘트, 개방형 동료 심사 등의 학술적 의견 표출 플랫폼에서 소개된 횟수를 활용한다.
- 소셜 미디어Social Media: 페이스북, X(옛 트위터), 아마존닷컴, 유튜브 등의 일반 소셜 미디어에서 발생한 '좋아요' 횟수, 트윗 횟수, 공유 횟수 등을 활용한다.
- 이용Usage: 초록 보기, 원문 다운로드, 링크 클릭 등과 같은 이용 기록을 활용한다.

임팩트스토리 프로필

임팩트스토리 프로필Impactstory Profiles은 주로 연구자의 오픈 과학 활동을 지표로 측정해주는 비영리 서비스이다. 추적되는 오픈 과학 활동은 연구자가 공개한 OA 논문, 오픈 데이터, 오픈 소스 소프트웨어 등이다. 임팩트스토리 프로필은 온라인 논문, 뉴스, 데이터 세트, 블로그, 파워포인트 발표 자료 등에서 언급된 정보를 수집해 연구자 단위로 지표화해준다. 2011년 비욘드 임팩트Beyond Impact 워크숍의 해커톤 프로젝트로 시작되어 오픈소사이어티재단, 슬로언재단, 미국 국립과학재단NSF 등의 지원을 받아서 성장했으며, 비영리 오픈 소스 사이트 형태로 운영되고 있다. 이 서비스의 개발팀은 언페이월Unpaywall 서비스를 개발하기도 했다.

임팩트스토리 프로필은 개방 성취도, 타임라인, 출판물의 세 가지 하위 범주로 구성되어 있으며, 첫 화면에서는 전체를 요약한 전반적인 개요를 제공한다. OA 비율, 공개한 소프트웨어의 활용도가 상위 몇 퍼센트 수준인지 알려주고 지난 1년 동안의 연구 성과물 언급 비율, 등록된 최근 논문 목록 등을 보여준다. '성취achievements' 페이지에서는 연구 성과물 중 OA 비율, 공개한 오픈 데이터의 활용도, 공개한 오픈 소스 소프트웨어의 활용도(예: Top 10%)를 종합한 오픈 과학 영향력 수준을 '오픈 과학 철인 3종Open Science Triathlete'이라는 명칭으로 함께 보여준다.

찾아보기

- 임팩트스토리 프로필 샘플 페이지는 다음 웹페이지에서 볼 수 있다.
  https://profiles.impactstory.org/u/0000-0001-6728-7745

2 학술 소셜 미디어

2.1 학술 소셜 미디어의 개념과 특징

학술 소셜 미디어Academic Social Media는 학술 활동을 주목적으로 활용되는 소셜 미디어를 의미하며 학술 SNS(Academic Social Networking Services)로 부르기도 한다.

학술 활동에 활용되는 소셜 미디어는 일반 소셜 미디어와 학술 소셜 미디어로 구분할 수 있다. 일반 소셜 미디어는 X(옛 트위터), 유튜브, 페이스북, 링크드인 등이다. 2010년대 초반에 이루어진 여러 설문 조사에서는 75-80% 정도의 연구자들이 소셜 미디어를 연구 활동에서 이용하고 있다고 보고된 바 있다(Sugimoto et al., 2017). 영어권 연구자들은 일반 소셜 미디어 중에서 페이스북을 가장 널리 활용하는 것으로 알려져 있다. 트위터도 다양한 방법으로 학술 활동에서 활용되어왔으나 X로 변경된 이후 지나친 상업화의 추진으로 일부 연구자들의 이탈 움직임이 나타나고 있다.

학술 소셜 미디어로 흔히 언급되는 것은 아카데미아닷이디유Academia.edu, 구글 스칼라Google Scholar, 리서치게이트ResearchGate, 멘델레이Mendeley 등이며 오키드ORCID도 연구자 정보가 확장되면서 점차 학술 소셜 미디어의 성격을 갖추어가고 있다. 일부에서는 학술 소셜 미디어를 연구자 정보 제공 위주의 프로필 플랫폼과 소통 및 협업 기능이 추가된 소셜 네트워크 플랫폼으로 구분하기도 한다. 학술 소셜 미디어가 발전하면서 프로필 플랫폼에서 소셜 네트워크 플랫폼으로 성장하는 경우가 많아지고 있다.

프로필 플랫폼에서는 사용자가 ORCID와 같은 고유한 연구자 ID가 할당된 프로필을 만들고 자신의 정보를 관리할 수 있다. 연구자 프로필

페이지에는 연구자의 소속, 경력, 관심 주제 등과 함께 연구 출판물이 주요 정보로 포함된다. 이를 통해 다른 사람들이 연구자의 출판물에 접근하거나 연구자와 직접 연락을 취해서 질문을 하거나 사적인 부탁을 전할 수도 있다. 이런 소통 기능을 플랫폼 내부에서 제공할 경우 단순한 프로필 플랫폼에서 벗어나 소셜 네트워크 플랫폼의 성격을 갖추게 된다. 또한 이러한 사이트 중 일부는 연구자의 성과나 활동의 영향력을 측정하는 데 도움이 되는 기능을 제공하기도 한다.

2.2 학술 소셜 미디어의 역사

학술 소셜 미디어의 시작은 1990년대로 거슬러 올라갈 수 있다. 학술 소셜 미디어의 원시적인 형태로 1991년에 시작된 아카이브arXiv와 1987년에 시작된 유즈넷Usenet의 사이닷피직스sci.physics 뉴스 그룹을 들기도 한다. arXiv는 물리학, 수학, 컴퓨터과학, 경제학 등 다양한 분야의 오픈 액세스 아카이브인 동시에 문헌 공유 중심의 학술 소셜 미디어이다. sci.physics는 물리학 분야의 학자들이 논문, 토론 등을 공유하는 공간으로, 소통 중심의 학술 소셜 미디어라고 할 수 있다. 1990년대에는 학술 소셜 미디어를 통해서 이전과는 비교할 수 없이 빠른 속도로 학술적 아이디어의 전파가 이루어지게 되었다. 이때의 소통 방식은 일대일 또는 일대다 방식에 가까웠다.

2000년대 중반에 개방, 참여, 공유의 정신을 바탕으로 사용자가 직접 정보를 생산해 쌍방향으로 소통하는 웹 2.0이 대세로 부상하면서 본격적인 학술 소셜 미디어가 등장하게 되었다. 2008년에 리서치게이트, 아카데미아닷이디유와 같은 연구자 프로필 기반의 학술 소셜 미디어와 멘델레이와 같은 서지 정보 기반의 학술 소셜 미디어가 거의 동시에 서비스를 시작하면서, 다대다 방식의 네트워크형 학술 커뮤니케이션이 활성화되었다. 리서치게이트는 과학기술 분야의 연구자들에게 더 인기가 있으며, 연구자 프로필을 만들고 학술 문헌, 데이터, 소스 코드 등을 공유하고 소통할 수 있는 수단을 제공하고 있다. 아카데미아닷이디유는 상대적으로 인문사회 분야의 연구자들이 더 많이 사용하며 연구자들의 커뮤니티 형성과 정보 공유 서비스 위주로 운영되고 있다. 멘델레이는 서지 정보 관리 플랫폼으로 출발했으며 연구자들이 학술 문헌, 데이터, 소스 코드 등을 저장하고 공유하며 협업하는 것을 지원한다.

2010년대에는 구글, 마이크로소프트 등의 빅테크 기업들이 자신들의 검색 엔진을 활용해 학술 소셜 미디어 시장에 뛰어들었다. 2004년 말에 시작되었으나 검색 기능 위주로 운영되던 구글 스칼라는 2011년 말 스칼라 인용 프로필Scholar Citations Profiles(또는 구글 스칼라 프로필Google Scholar Profiles)을 도입하면서 연구자들이 자신의 프로필을 관리할 수 있도록 함으로써 프로필 기반 학술 소셜 미디어의 모습을 갖추었다. 마이크로소프트에서는 이와 유사한 기능을 가진 사이트인 마이크로소프트 아카데믹Microsoft Academic을 2016년 개설해 경쟁에 뛰어들었으나 2021년 말에 운영을 중단했다. 한편 2010년대 중반까지는 아카데미아닷이디유가 리서치게이트보다 더 많은 사용자를 확보했었지만, 2010년대 후반에 들어서 리서치게이트가 기존 회원 논문의 공저자를 추가 회원으로 자동으로 추천하는 등 연구자 네트워크를 활용한 공격적인 사용자 확보 기법을 시행하면서 회원 수가 역전되었다.

2020년대에는 크로스레프와 ORCID 등 공개된 자원을 기반으로 하면서 텍스트 마이닝 및 네트워크 분석 등의 발전된 기술을 사용하는 다양한 지능형 문헌 검색 서비스가 속출함에 따라서 학술 소셜 미디어가 새로운 도전에 직면하고 있다. 코로나19 팬데믹으로 인해 온라인 학술 커뮤니케이션의 중요성이 더욱 부각되면서 학술 소셜 미디어는 질적인 변화와 함께 성장하고 있다.

2.3 학술 소셜 미디어의 활용 목적과 장단점

2.3.1 학술 소셜 미디어 활용의 이점

연구자들이 학술 소셜 미디어를 사용하는 주요 목적에 대한 설문 조사(Meishar-Tal & Pieterse, 2017)에 따르면 정보 소비와 정보 공유가 핵심이고 다른 사람과의 상호 작용을 목적으로 하는 경우는 일부에 불과했다. 구체적으로 학술 소셜 미디어를 사용하게 만드는 주요한 심리적 동기는 지식을 나누고 연구 성과를 더 알림으로써 자기 홍보 및 자아 강화 효과를 얻고자 하는 것이 가장 컸다. 그다음으로는 새로운 논문이나 연구 동향을 추적하려는 전문 지식 습득 동기, 그리고 연구자 공동체에 동참하고 인정받고자 하는 공동체 참여 동기의 비중이 높았다. 이 외에 일부는 다른 연구자와의 관계를 확장하면서 연구에 대한 피드백을 받거나 질문에 대한 해답을 얻고자 하는 동료와의 교류 동기를 가지고 학술 소셜 미디어를 사용하는 것으로 나타났다.

학술 활동에 소셜 미디어를 활용해서 얻는 구체적인 이점은 자기 홍보 및 자아 강화, 공동체 참여, 전문 지식 습득, 동료와의 교류로 구분해 살펴볼 수 있다(Allen et al., 2023).

자기 홍보 및 자아 강화 동기와 관련된 이점은 다음과 같다.

- 연구에 대한 정보 및 링크를 공유해 연구를 빠르고 폭넓게 홍보하고 노출시킬 수 있음.
- 공개한 연구 성과물이 더 많이 인용될 수 있음.
- 내 연구 성과물을 열람하거나 인용하는 연구자와 인용 문헌을 추적함으로써 연구의 영향력을 구체적으로 파악할 수 있음.

공동체 참여 동기와 직접적으로나 부분적으로 관련된 이점은 다음과 같다.

- 같은 분야 동료 연구자와의 새로운 관계 개발 및 네트워크 구축에 유리함.
- 다른 여러 분야 전문가와 학제 간 협업 구축이 가능함.
- 연구 주제에 대해 동료 학자들 외에 실무자나 정책 담당자 등 여러 이해관계자 또는 일반 대중과 상호 작용할 기회를 가질 수 있음.

전문 지식 습득 동기와 관련된 이점은 다음과 같다.

- 관심 분야와 관련된 최신 뉴스, 문헌, 동향을 파악하고 아이디어를 얻기에 유리함.
- 연구의 핵심 내용만 제공하거나 제공받을 수 있어서 더 살펴볼 필요가 있는 것만 걸러낼 수 있음.

동료와의 교류 동기와 관련된 이점은 다음과 같다.

- 출판이나 학술 행사와 같은 공식적인 학술 활동 채널보다 더 개인적인 소통이 가능함.
- 동료 연구자와의 신속한 소통을 통해 조언이나 피드백을 즉각적으로 주고받을 수 있음.

2.3.2 학술 소셜 미디어 활용의 문제점

하지만 일부 학자들은 소셜 미디어가 마치 달콤한 설탕과 같이 유혹적이지만 지나치면 위험하기도 하므로 특히 학생들에게는 사용을 자제할 수 있도록 지도해야 한다고 주장하기도 한다(Egan, 2016). 연구자들의 소셜 미디어 활용이 가지고 있는 문제점, 혹은 연구자들이 소셜 미디어를 통한 학술 활동에서 겪게 되는 구체적인 문제점은 활용 부담, 지표, 콘텐츠, 권리 침해, 공공성 관련 문제점으로 다음과 같이 정리해볼 수 있다(Allen et al., 2023; Radford et al., 2020).

활용 부담 관련 문제점은 다음과 같다.

- 뒤처지지 않고 최신 기능과 도구를 활용할 수 있으려면 끊임없이 노력해야 하는 부담이 있음.
- 소셜 미디어 활용에 지나치게 많은 시간이 소요됨.

지표 관련 문제점은 다음과 같다.

- 학술 소셜 미디어에서 측정된 인용 횟수 등의 지표가 불완전하거나 부정확할 수 있음.
- 학술 소셜 미디어가 산출해주는 지표의 향상에 신경 쓰면서 연구 활동의 본질적인 측면을 소홀히 하는 주객전도 상황이 올 수 있음.

콘텐츠 관련 문제점은 다음과 같다.

- 온라인에 공개된 학술 자료의 신뢰성과 품질을 보장하기 어려움.
- 학계에서 검토되지 않은 가짜 뉴스나 수준 이하의 연구임에도 불구하고 비전문가인 대중이 선호하는 콘텐츠라는 이유로 선택되어 확산되거나 공유될 위험이 있음.
- 민감한 이슈에 대해 오해의 소지가 있는 댓글을 달거나 논쟁거리인 주제에 대한 의견을 표명할 경우 학자로서의 평판이 손상될 위험이 있음.

권리 침해 관련 문제점은 다음과 같다.

- 콘텐츠가 표절될 위험이 커짐.

- 저작권이 출판사에 있는 파일을 허락받지 않고 공개해 저작권을 침해할 위험이 있음.
- 연구자 자신의 프라이버시 또는 공동 연구자의 프라이버시가 침해될 수 있음.

공공성 관련 문제점은 다음과 같다.

- 영리 목적의 민간 기업이 운영하는 학술 소셜 미디어는 연구자들의 자발적인 학술 정보와 데이터 제공을 통해 성장하면서 이윤을 얻고 있는 반면, 공공 기관이 운영하는 오픈 액세스 리포지터리는 상대적으로 소외되고 있음.

이런 문제점을 부분적으로라도 해결하기 위해서는 다음과 같은 노력이 필요하다. 기술적인 면에서 학술 소셜 미디어의 최신 기능과 도구에 대한 이해를 높이고, 학술 콘텐츠의 신뢰성과 품질을 보장하기 위한 노력이 필요하다. 그리고 학술 소셜 미디어에서 측정되는 지표가 가지는 한계를 이해하고 연구 활동의 본질적인 측면에 집중할 필요가 있다. 민감한 이슈에 대한 의견 표명은 신중할 필요가 있다. 공공성 부족을 문제 삼아서 영리 목적의 학술 소셜 미디어를 외면할 수는 없지만, 공공 기관이 운영하는 오픈 액세스 리포지터리와 학술 소셜 미디어를 연계해 함께 성장하는 방안을 모색할 필요가 있다. 또한 활용 부담과 지표 및 콘텐츠가 가지는 문제점에 대해 연구자 개인이 대처하는 것은 한계가 있으므로 도서관을 비롯한 연구 지원 담당자가 컨설팅, 교육, 프로필 관리 서비스 등을 제공하는 것도 방안이 될 수 있다. 일부 기관 리포지터리에서는 소속 연구자의 프로필을 제공하기도 하는데, 이를 학술 소셜 미디어와 연계하는 것도 보완책이 될 수 있다.

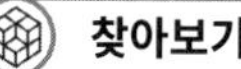

• 알렌 외(Allen et al., 2023) 등의 문헌을 참고해 학술 소셜 미디어의 활용 사례와 구체적인 활용 방법을 알아보자.

2.4 주요 학술 소셜 미디어 서비스

2.4.1 리서치게이트

리서치게이트ResearchGate(https://researchgate.net)는 2008년에 시작되었으며 상대적으로 과학기술 분야 연구자에게 더 인기가 있는(Katy, 2019) 학술 소셜 네트워크 플랫폼이다. 2024년 초 현재 전 세계 2,500만 명 이상의 회원을 확보하고 있다. 초기에는 경쟁 플랫폼인 아카데미아닷이디유보다 회원 수와 접속 건수가 적은 편이었으나, 다양한 소셜 네트워킹 기능을 강화하고 무료 이용 조건을 꾸준히 유지하면서 2020년경부터 접속 건수가 앞서기 시작했다. 특히 리서치게이트에 등록된 원문이 구글 스칼라에 색인되도록 검색 엔진 최적화를 수행함으로써 연구자가 등록한 원문에 대한 외부 접근을 적극적으로 유인한 것이 성장에 큰 도움이 되었다.

리서치게이트는 단순히 연구자 프로필과 성과물을 공개하는 데 그치지 않고 관심 연구자를 팔로우하는 기능, 공저자를 플랫폼에 신규 회원으로 초청하는 등의 네트워크 형성 기능을 원클릭으로 실행할 수 있도록 함으로써 급속하게 성장했다. 특히 관련 분야 연구자나 인용한 논문의 연구자에 대한 최근 소식을 자동으로 알려주는 기능, 본인의 논문을 읽거나 인용한 연구자에 대한 정보 제공 기능, 연구 분야 관련 신규 채용 기회 안내 기능, 공개되지 않은 논문의 원문 요청 기능, 정기적인 이용 및 인용

통계 요약 제공 기능 등이 효과적으로 개발되어 작동하고 있다.

2012년에 'RG 점수RG Score'라고 하는 연구자 단위의 종합적인 대체 영향력 지표를 개발해서 사용해왔으나, 지표의 투명성과 안정성이 부족하다는 지적이 계속되면서 10년 만인 2022년 7월에 사용을 중지하고 '연구 관심도Research Interest Score'라고 하는 지표로 대체했다. 리서치게이트의 연구 관심도는 다른 연구자들이 논문을 읽은 횟수, 추천한 횟수, 인용한 횟수(자기 인용 제외)를 종합한 지표이다.

찾아보기

- 리서치게이트가 RG 점수RG Score에서 연구 관심도Research Interest Score로 영향력 지표를 변경한 경위와 연구 관심도의 상세한 산출 방법은 다음 웹페이지에서 볼 수 있다.
  https://www.researchgate.net/researchgate-updates/research-interest-score
  https://help.researchgate.net/hc/en-us/articles/14293473316753

2.4.2 아카데미아닷이디유

아카데미아닷이디유Academia.edu(https://www.academia.edu/)는 옥스퍼드대학교에서 철학박사 학위를 받은 리처드 프라이스Richard Price가 간편한 연구자 홈페이지 운영 플랫폼의 개념으로 시작했으며, 샌프란시스코에 본부를 둔 운영사인 아카데미아Academia가 회사 도메인명과 동일한 명칭으로 2008년에 학술 소셜 미디어 플랫폼을 개설했다. 서비스 시작 후 한동안 지속적으로 성장하다가 2010년대 중반에 회원 증가가 정체 상태를 보였다. 2019년경부터 다시 회원 수가 크게 증가했으며, 2024년 초 현재 리서치게이트와 비슷한 규모인 전 세계 2,500만 명 이상의 회원을 확보하고 있다고 한다. 창립자의 전공이 철학이기 때문인지는 몰라도 리서치게이트에 비하면 상대적으로 인문예술 분야 연구자들에게 더 인기가 있는 편이다(Katy, 2019). 아카데미아는 대학이나 고등 교육 기관이 아니고 영리 기업이므로 원래는 edu 도메인을 사용할 수 없으나, 1999년 도메인 등록 당시에는 제한이 없어서 edu 도메인으로 등록해 현재까지 사용하고 있다. 이 때문에 간혹 비영리 기업으로 잘못 인식되기도 한다.

리서치게이트와 달리 등록된 문헌의 본문을 읽으려면 회원으로 가입해야 하는 단점이 있다. 회원 가입은 무료이지만 프리미엄 회원으로 업그레이드되면 본문 검색, 벌크 다운로드, 타 연구자의 내 논문 언급 알림, 내 논문을 읽은 타 연구자의 정보 알림 등 여러 고급 기능을 사용할 수 있는 유료 회원 제도도 운영하고 있다. 비록 플랫폼의 미션 페이지에서는 자유로운 오픈 액세스를 천명하고 있으나, 이런 정책 때문에 상업성이 지나치다고 비판받고 있기도 하다. 또한 적극적인 검색 엔진 최적화 정책을 채택하고 있는 리서치게이트와는 달리 등록된 원문을 외부 검색 엔진이 색인하는 것을 허용하지 않으므로 구글 스칼라나 언페이월과 같은 학술 문헌 검색 사이트를 통한 접근이 어려운 것도 성장에 걸림돌이 되고 있다.

2.4.3 멘델레이

멘델레이Mendeley(https://www.mendeley.com)는 2008년 참고 문헌 관리 서비스로 출발했으나 부가 기능으로 도입했던 협업을 위한 소셜 네트워킹 기능이 점차 주목을 받으면서 학술 소셜 미디어로 성장하고 있다. 이와 비슷한 참고 문헌 관리 플랫폼인 조테로Zotero가 2006년에 먼저 서비스를 시작했으나 소셜 네트워킹 기능은 멘델레이보다 늦은 2009년에야 도입하면서 오히려 멘델레이에 뒤처지게 되었다. 2013년에 엘스비어에 인수된 이후 2015년을 전후해서 멘델레이 프로필Mendeley Profile이라는 연구자 프로필 기능을 추가하고, 2016년에는 데이터 공유 기능인 멘델레이 데이터Mendeley Data, 구직 기회를 넓혀주는 멘델레이 커리어 Mendeley Career 등을 추가하면서 본격적인 학술 소셜 미디어로서의 모습을 갖추게 되었다.

2.4.4 구글 스칼라 인용

구글 스칼라 인용Google Scholar Citations(https://scholar.google.com/citations)은 2004년부터 학술 문헌 검색 엔진으로 널리 사용되어온 구글 스칼라에 연구자 프로필 기능인 인용 프로필Citations Profiles이 2012년에 도입된 것이다. 구글 스칼라에서 검색한 논문의 저자명에 링크가 있는 경우, 저자명을 클릭하면 해당 저자의 프로필 페이지로 연결된다. 연구자가 자신의 프로필을 관리하고 싶은 경우에는 구글 ID로 로그인한 웹브라우저로 구글 스칼라 인용에 접속하면 자동으로 자신의 프로필 관리 페이지로 연결된다. 도입된 프로필 기능은 스칼라 인용 프로필 또는 구글 스칼라 프로필로 불리기도 한다. 이를 통해 연구자들의 성과물 목록과 인용 정보 관리가 편리해지면서 대표적인 프로필 플랫폼 중 하나로 자리 잡게 되었다. 특히 성능이 뛰어난 구글 검색 엔진을 통해 파악된 신규 논문을 자동으로 업데이트하거나 저자의 확인을 거쳐 업데이트하는 절차를 선택적으로 제공하며, 내 논문을 인용한 문헌과 저자를 광범위하게 파악할 수 있게 해주는 것이 경쟁력의 기반이다. 자동 수집 이외에 저자가 자신의 연구 성과물을 직접 등록할 수도 있다.

구글 스칼라 인용에서는 연구자의 소속, 사진, 공동 저자 명단, 성과물 목록을 관리할 수 있으며, 구글 스칼라를 통해 확보된 인용 정보를 활용해서 각 논문의 인용 빈도와 다양한 연구자 인용 지표를 확인할 수 있다. 제공되는 인용 지표는 연도별 인용 횟수, 총 인용 횟수, 연구자 h-지수, i10-지수(10회 이상 인용된 논문 수)가 기본이며, 전체 누적 인용이 아닌 5

년 이내의 인용만 고려하는 지표들도 별도로 산출하고 있다. 구글 스칼라 검색 엔진의 성능이 뛰어난 만큼 리서치게이트와 같은 다른 학술 소셜 미디어에 비해서 최신 인용을 더 잘 파악하는 것이 가장 큰 장점이다. 하지만 다양한 정보원에서 추출된 서지 정보와 인용 정보의 품질 관리가 제대로 되지 않아 연구 성과물이 중복 포함되는 경우가 흔하다. 그에 따라서 인용 횟수도 중복 계산되어 부풀려지는 문제가 있다.

2.4.5 오키드

가장 널리 알려진 연구자 식별 기호 플랫폼인 오키드ORCID(http://orcid.org/)는 동명의 비영리 기관이 운영한다. 'ORCID'는 연구자와 기여자의 공개 ID라는 의미의 'Open Researcher and Contributor ID'의 약자이다. 연구자 정보로 웹사이트와 소셜 링크, 키워드, 국가, 경력, 소속, 학력 및 자격증 항목과 같은 이력 정보와 연구 성과물 정보인 저작Works 항목을 제공하며, 심사 활동 이력도 동료 심사 항목에서 제공하고 있다. 정보는 연구자 본인이 입력하거나 다른 플랫폼과 연계되어 자동으로 수집되는 경우가 대부분인데, 제공받은 모든 정보의 출처를 항목마다 명확하게 밝힘으로써 신뢰도를 높인 것이 가장 큰 장점이다. ORCID는 학술 논문의 저자 식별 기호로 가장 널리 활용되고 있으므로, 이를 연계해 활용하는 여러 플랫폼으로부터 자동으로 수집되는 정보가 늘어나고 있어서 연구자 프로필 기반 학술 소셜 미디어로 성장할 가능성도 크다.

찾아보기

- 다양한 정보가 포함된 ORCID 프로필 사례로 네트워크 과학의 선도자인 얼베르트-라슬로 버러바시Albert-László Barabási 교수의 프로필을 다음 웹페이지에서 찾아보자.
  https://orcid.org/0000-0002-4028-3522

8장

오픈 과학

1 오픈 과학의 등장 배경과 이니셔티브

1.1 오픈 과학의 등장 배경

학술 커뮤니티의 발전 과정은 개방적 의사소통을 중심으로 한 지식 교류의 역사라고 볼 수 있다. 근대 학문의 태동기에는 서신 교환을 통한 비공식적 학술 커뮤니케이션이 형성되었으며, 1660년 영국 왕립학회The Royal Society 설립은 이러한 교류를 제도화하는 중요한 전환점이 되었다. 이는 학술 커뮤니티가 본질적으로 상호 작용과 지식 공유를 통해 발전한다는 점을 보여준다. 학술지의 등장은 이러한 의사소통을 체계화하고 확장하는 데 결정적인 역할을 했다. 특히 1990년대 이후 글로벌 정보화 사회의 도래는 학술 연구의 개방적 교환을 위한 새로운 환경을 조성했다. 이는 과학기술 혁신에 대한 대중의 관심 증대로 이어져, 유전자 변형이나 기후 변화와 같은 주제가 학계를 넘어 사회적 담론의 대상이 되는 현상을 초래했다.

이러한 맥락에서 등장한 오픈 과학open science 패러다임은 학술 지식의 생산과 공유 방식에 근본적인 변화를 불러왔다. 오픈 과학은 디지털 시대의 투명하고 접근 가능한 지식 체계로 정의된다. 이는 단순히 연구 결과물의 공개를 넘어 지식 생산 과정 자체의 포용성, 공정성, 지속 가능성을 추구한다. 오픈 과학의 주요 장점으로는 학제 간 협력 증진, 다국어 학술 자원의 접근성 향상, 그리고 전통적 학술 커뮤니티를 넘어선 사회적 참여 확대 등을 들 수 있다. 이는 학문의 과정을 더욱 투명하고 민주적으로 만드는 잠재력을 지니며, 궁극적으로 연구자와 사회 전체에 이익을 제공하는 것을 목표로 한다. 이러한 변화는 학술 커뮤니티의 본질적 특성인 개방적 의사소통이 디지털 시대에 맞춰 진화한 결과로 볼 수 있다. 오픈 과학은 학문적 지식의 생성, 평가, 소통 프로세스를 재정의하며, 이를 통해 학술 연구의 사회적 영향력과 책임성을 강화한다(UNESCO, 2023).

오픈 과학은 원칙과 실천을 아우르는 학문 분야로, 그 기원은 무료 소프트웨어, 오픈 소스, 오픈 액세스 등 다양한 오픈 운동에서 찾을 수 있다(Willinsky, 2005). 무료 소프트웨어 운동의 핵심은 사용자의 자유와 커뮤니티를 중시하는 데 있으며, 이는 소프트웨어의 사용, 복제, 배포, 연구, 수정, 개선에 있어 사용자의 자유를 보장하는 것을 의미한다. 이러한 맥락에서 '무료'는 비용의 측면이 아닌 자유의 개념으로 이해되는 경향이 있다. 오픈 소스 운동은 차별 반대와 진보적 실천을 지향하는 운동으로, 자유로운 재배포, 소스 코드에 대한 접근성, 그리고 소스 코드의 수정과 파생 작업을 장려하는 특징을 지닌다. 한편, 오픈 액세스 운동은 디지털 온라인 학술 자료에 대한 비용 장벽과 저작권 및 라이선스 제한을 제거함으로써 자유로운 이용을 촉진하는 것을 목표로 한다. '오픈'의 근본적인 정의는 누구나 자유롭게 접근, 이용, 수정, 공유할 수 있는 환경을 조성하는 것이다.

오픈 과학 운동에서 가장 두드러진 요소는 오픈 데이터로, 이는 인터넷의 발전과 빅 데이터의 출현으로 인해 더욱 중요성을 갖게 되었다. 데이터가 현대 사회의 삶과 생산에서 차지하는 중요성이 증대됨에 따라 오픈 데이터는 새로운 경제적 요소로 인식되며 오픈 과학 촉진의 핵심 동력으로 작용하고 있다(Gong, 2022). <그림 8-1>에서는 연구 패러다임의 진화에서 데이터의 역할을 살펴볼 수 있다. 1세대 실험 연구는 수천 년 전에 이루어진 연구 패러다임으로 관측과 관찰을 통해 자연 현상을 기술했다. 2세대 이론 연구는 수백 년 전에 수행된 형태의 연구 패러다임이며, 수학적 모델링을 통한 자연 현상의 기술이라고 볼 수 있다. 3세대 계산 연구는 컴퓨팅 기술과 함께 생겨난 연구 패러다임으로 컴퓨터 시뮬레이션을 통한 자연 현상의 기술이다. 4세대 데이터 집약형 연구는 오늘날과 미래 세계의 패러다임으로서 방대한 데이터 분석을 통한 자연 현상의

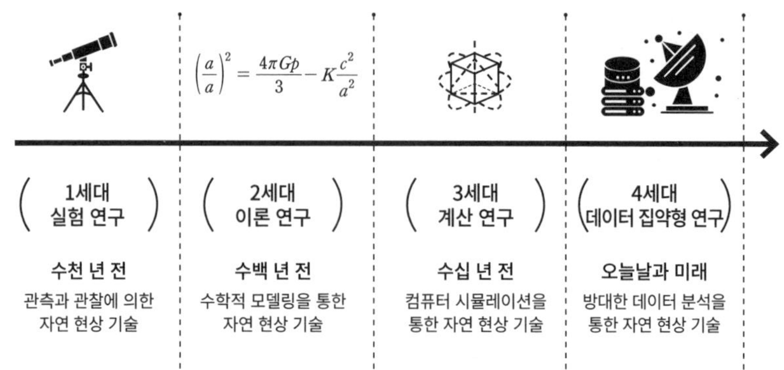

<그림 8-1> 연구 패러다임의 진화
(출처: 최희윤, 서태설, 2020)

기술이다(최희윤, 서태설, 2020). 오픈 데이터에 대해서는 9장에서 자세히 살펴볼 것이다.

1.2 오픈 과학의 이니셔티브

유럽의 여러 나라들은 21세기 초부터 오픈 과학의 추세를 인식했으며, 그 시작과 발전을 위한 여러 선언 및 정책을 발표했다. 오픈 과학은 <표 8-1>에서 볼 수 있듯이 오픈 액세스 운동을 근간으로 해서 발전했다. 따라서 2002년 유럽의 부다페스트 오픈 액세스 선언을 시작으로 최근에는 유네스코 오픈 과학 권고안으로 이어진 것을 확인할 수 있다. 이러한 선언 및 정책은 오픈 과학의 촉진뿐만 아니라 개방 과정에서의 규정 제정과 거버넌스 등에 관한 논의를 포함한다.

- 부다페스트 오픈 액세스 선언

  부다페스트 오픈 액세스 선언Budapest Open Access Initiative, BOAI은 학술 연구의 오픈 액세스를 최초로 정의하고 촉진한 획기적인 선언

<표 8-1> 오픈 과학 관련 주요 선언 및 정책

연도	문서
2002	부다페스트 오픈 액세스 선언Budapest Open Access Initiative (https://www.budapestopenaccessinitiative.org/)
2003	베데스다 선언Bethesda Statement on Open Access Publishing (http://legacy.earlham.edu/~peters/fos/bethesda.htm)
2003	베를린 선언Berlin Declaration on Open Access to Knowledge in the Sciences and Humanities (https://openaccess.mpg.de/Berlin-Declaration)
2012	21세기를 위한 오픈 과학Open Science for the 21st Century (https://allea.org/portfolio-item/open-science-for-the-21st-century/)
2014	호라이즌 2020 Horizon 2020 (https://wayback.archive-it.org/12090/20220124075100/https:/ec.europa.eu/programmes/horizon2020/)
2016	오픈 액세스 2020 OA2020 (https://oa2020.org/be-informed/)
2018	플랜 S Plan S (https://www.coalition-s.org/why-plan-s/)
2021	스팍 유럽: 새로운 전략 2021-2024SPARC Europe: New Strategy 2021-2024 (https://sparceurope.org/who-we-are/about-us/our-strategy/)
2021	유네스코 오픈 과학 권고안UNESCO Recommendation on Open Science (https://unesdoc.unesco.org/ark:/48223/pf0000379949)

으로, 2001년 12월 부다페스트에서 개최된 오픈 소사이어티 이니셔티브가 소집한 회의에서 그 시작을 찾을 수 있다. 2002년 2월 14일 공식 출범한 BOAI 선언은 오픈 액세스를 연구 가속화, 교육 증진, 그리고 인류의 지적 대화와 지식 탐구 참여를 위한 기반으로 인식했다. BOAI 선언의 등장 배경에는 2000년대 초반의 환경적 요인이 작용했다. 연구자들이 연구 성과를 학술지에 무료로 공개하는 오랜 학술 전통과 인터넷이라는 새로운 기술의 융합이 그 핵심이었다. BOAI 선언은 동료 심사를 거친 학술지의 무료 또는 제한 없는 온라

인 이용을 옹호하며, 이를 실현하기 위한 두 가지 주요 전략으로 셀프아카이빙과 오픈 액세스 학술지 지원을 제안했다. BOAI 선언은 오픈 액세스 운동의 시발점으로 널리 인정받으며, 전 세계적으로 수천의 개인과 기관이 서명함으로써 그 영향력을 입증했다. 10주년과 20주년을 맞아 발표된 기념 성명은 BOAI 선언의 원래 가치를 재확인하고 새로운 권고안을 제시해서, 이 선언이 지속적으로 전 세계 학술 커뮤니케이션의 정책과 관행을 안내하는 기초 문서로서의 역할을 수행하고 있음을 보여준다.

찾아보기

- 다음 웹사이트를 방문해 부다페스트 오픈 액세스 선언문을 읽어보자.
  https://www.budapestopenaccessinitiative.org/

- 베데스다 선언

베데스다 선언Bethesda Statement on Open Access Publishing은 2003년 4월 11일 메릴랜드주 체비체이스에 있는 하워드휴즈의학연구소에서 열린 회의에서 작성된 오픈 액세스 출판에 관한 성명이다. 이 선언의 주요 내용은 다음과 같다. 첫째, 오픈 액세스 출판의 정의를 제시했다. 이는 이용자에게 저작물에 대한 자유롭고 영구적인 접근권과 사용, 배포, 파생 저작물 제작 등의 권한을 부여하는 것을 의미한다. 둘째, 생의학 학술 커뮤니티 내에서 오픈 액세스로의 신속한 전환을 위한 논의를 촉진하는 것이다. 셋째, 연구 기관, 연구자, 출판사, 도서관 등의 이해관계자들에게 오픈 액세스 출판으로의 전환을 위한 구체적인 단계를 제시했다. 넷째, 부다페스트 오픈 액세스 선언과 베를린 선언과 함께 '오픈 액세스'라는 용어를 확립하는 데 기여했다. 다섯째, 연구 결과물을 즉시 온라인 리포지터리에 기탁해 자유롭게 접근할 수 있도록 하는 것을 권장했다.

베데스다 선언문은 오픈 액세스 운동의 핵심 문서 중 하나로, 학술 커뮤니케이션의 미래에 오픈 액세스가 필수적인 요소가 될 것이라는 비전을 제시했다.

- 베를린 선언

베를린 선언Berlin Declaration on Open Access to Knowledge in the Sciences and Humanities은 2003년 10월 22일 발표된 과학 및 인문학 분야의 지식에 대한 공개 접근을 촉진하는 국제적 성명으로, 오픈 액세스 운동의 주요 이정표이다. 이 선언은 부다페스트 오픈 액세스 선언의 정신을 계승해 인터넷이 학술 지식과 문화유산의 배포 방식에 근본적인 변화를 가져왔음을 인식하고 있다. 베를린 선언의 핵심 목표는 인터넷을 통한 지식 확산에 있어서 오픈 액세스 패러다임을 지원하고, 미래 웹 콘텐츠의 지속 가능성, 상호 작용성, 투명성을 보장하는 것이다. 이 선언은 오픈 액세스의 대상을 포괄적으로 정의해 데이터, 메타데이터, 멀티미디어 자료 등을 포함한다. 이러한 자원들에 대해 사용자들에게 자유로운 접근권, 복사, 배포, 사용권을 부여하되 적절한 저자 표시를 조건으로 제시하고 있다. 베를린 선언의 주요 권고 사항은 연구자들의 오픈 액세스 출판을 장려하고, 오픈 액세스 출판을 학술적 평가에 반영하는 것이다.

2024년 12월 기준으로 804개 기관이 베를린 선언에 서명했는데,[1] 이는 선언의 지속적인 영향력과 중요성을 보여준다. 베를린 선언은 그린 OA와 골드 OA 개념의 기초를 제공함으로써 오픈 액세스 실천 방식의 다양화에 기여했다. 결론적으로 베를린 선언은 부다페스

1 https://openaccess.mpg.de/signatories-en

트 오픈 액세스 선언, 베데스다 선언과 함께 오픈 액세스 운동의 핵심 선언으로 자리 잡아 전 세계 학술 커뮤니케이션에 지속적인 영향을 미치고 있다. 이는 학술 지식의 개방적 공유와 접근성 향상을 통해 과학 발전과 인류 지식 증진에 기여하고 있음을 시사한다.

- 21세기를 위한 오픈 과학

  2012년 로마에서 개최된 ALLEA(ALL European Academies) 총회에서 발표된 '21세기를 위한 오픈 과학Open Science for the 21st Century' 선언은 과학 분야에서의 디지털 혁명이 지닌 변혁적 잠재력에 주목하며, 과학적 진보를 공유할 권리의 중요성을 강조했다. 이는 국제 인권 문서에서 언급된 과학 발전의 혜택을 공유할 권리와 맥을 같이 한다. 이 선언에서 제시하는 오픈 과학의 주요 목표는 다음과 같이 요약할 수 있다.

1) 최적의 연구 결과 공유
2) 디지털 인프라를 통한 온라인 협업 및 새로운 발견 촉진
3) 과학 연구의 투명성과 무결성 강화
4) 일반 시민과의 지식 교환 활성화

이러한 목표 설정은 오픈 과학이 단순히 연구 결과의 공개를 넘어 과학 지식 생산과 공유의 전 과정을 포괄하는 패러다임 전환을 지향함을 시사한다. 특히 디지털 기술을 활용한 협업 연구와 지식 확산의 가능성을 강조함으로써, 21세기 과학 연구의 방향성을 제시하고 있다. ALLEA의 선언은 유럽 학술계에서 오픈 과학의 중요성을 공식적으로 인정하고 이를 추진하기 위한 기본 원칙을 제시했다는 점에서 의의가 있다. 이는 이후 유럽뿐 아니라 전 세계적으로 오픈 과학 정책과 실천을 위한 기초를

마련하는 데 기여했다고 평가할 수 있다.

- 호라이즌 2020

  호라이즌 2020 Horizon 2020은 연구기금 기관들이 주체가 되어 2014년부터 2020년까지 시행한 유럽연합의 대규모 연구 혁신 프로그램이다. 약 800억 유로의 예산을 투입해 유럽의 과학적 우수성 증진, 산업 경쟁력 강화, 사회적 도전 과제 해결을 목표로 했다. 이 프로그램은 다음의 세 가지 우선순위를 중심으로 구성되었다.

1) 우수 과학 지원을 통한 유럽 연구 영역 강화
2) 혁신적 산업 육성 및 기업 경쟁력 제고
3) 건강, 식량 안보, 에너지, 기후 변화 등 주요 사회적 문제 해결을 위한 연구 수행

이 프로그램은 유럽연합의 정책 목표를 지원하며, 다양한 분야의 연구자와 기업이 참여할 수 있도록 장려했다. 호라이즌 2020의 오픈 액세스 정책은 유럽연합의 공적 자금으로 수행된 연구 결과에는 누구나 자유롭게 접근할 수 있어야 한다는 원칙에 기반한다. 오픈 액세스의 대상으로는 동료 심사를 거친 연구 논문과 연구 데이터를 모두 포함하며, 온라인에서 무료로 접근 가능할 뿐만 아니라 읽기, 다운로드, 인쇄, 복사, 배포, 검색, 링크, 크롤링, 데이터 마이닝을 포함해 재사용까지도 보장하는 것이다(Guedj & Ramjoué, 2015). 호라이즌 2020은 약 3만 5,000개의 프로젝트에 연구기금을 지원했다. 이러한 프로젝트는 유럽 전역에서 연구와 혁신을 촉진하는 데 기여했으며 호라이즌 유럽Horizon Europe 프로그램으로 계승되었다.

- 오픈 액세스 2020

오픈 액세스 2020 OA2020 선언은 2016년 3월 21일 막스플랑크협회에 의해 시작되었으며, 학술지를 구독 기반 모델에서 오픈 액세스 출판으로 바꾸는 글로벌 전환을 가속화하는 것을 목표로 한다. 2015년 제12차 베를린 오픈 액세스 컨퍼런스의 결과로 등장한 이 선언은 오픈 액세스에 관한 베를린 선언을 기반으로 하며 오픈 액세스OA를 학술 커뮤니케이션의 기본으로 만들고자 했다. OA2020은 다음의 네 가지 주요 목표를 정했다.

1) 커뮤니티별 출판 선호도를 존중하면서 대다수의 학술지를 구독 기반 모델에서 OA 출판으로 전환
2) 현재 학술지 구독에 사용되는 자금을 지속 가능한 OA 비즈니스 모델 지원으로 전환
3) 학술 출판과 관련된 비용과 프로세스의 투명성 보장
4) 대학, 연구 기관, 연구기금 기관, 도서관, 출판사 등 이해관계자들의 원활한 OA 출판 전환을 위한 협력과 노력 및 참여 독려

OA2020은 출범 당시 전 세계 많은 연구 기관과 단체로부터 지지를 받았으며, 연구와 사회 전반의 이익을 위해 학술 출판의 체계적 변화를 주장했다.

- 플랜 S

2018년에 발표된 플랜 S Plan S의 원칙은 2021년부터 공공 및 민간 연구기금으로 수행된 모든 연구 결과를 오픈 액세스 학술지, 플랫폼 또는 리포지터리를 통해 즉시 공개하도록 했다. 저자와 기관은 저작권을 유지하며, 출판물은 CC BY 라이선스로 공개되어야 한다. 연구

기금 지원 기관은 고품질의 오픈 액세스 출판을 위한 기준을 마련하고 오픈 액세스 인프라를 지원하며, 출판 비용은 연구자가 아닌 연구자 소속 기관이 부담하도록 한다. 하이브리드 학술지에는 원칙적으로 출판 비용을 지원하지 않지만, 완전한 오픈 액세스로 전환하기 전 과도기적 조치로 2024년 12월까지만 지원했다. 또한 연구기금 지원 기관은 연구 평가 시 출판 채널이나 학술지 지표가 아닌 연구의 본질적 가치를 평가할 필요가 있다고 제시했다.

- 스팍 유럽: 새로운 전략 2021–2024

2021년 스팍 유럽SPARC Europe은 '새로운 전략 2021–2024New Strategy 2021-2024'를 통해 유럽에서 오픈 과학, 오픈 스칼라십 및 오픈 교육을 촉진하며 연구 논문, 단행본, 연구 데이터, 소프트웨어 등 다양한 연구 산출물에 대한 오픈 액세스를 지원한다. 그리고 FAIR 원칙을 장려해 연구 및 교육 자원의 재사용을 촉진하고, 오픈 교육 자원OER의 성장과 정책 개발을 지원한다. 주요 목표는 오픈 액세스를 표준화하고, 관련 정책을 강화하며, 유럽의 고등 교육 및 연구 커뮤니티를 위해 오픈 인프라를 지속 가능하게 만드는 것이다. 재정은 비영리 재단과 유럽위원회의 프로그램/프로젝트 자금, 주로 유럽의 연구 및 도서관 커뮤니티의 연간 기부금으로 충당된다.

- 유네스코 오픈 과학 권고안

2021년 발표된 유네스코 오픈 과학 권고안UNESCO Recommendation on Open Science은 과학 연구를 모두에게 개방해 과학자와 사회 전반에 혜택을 주기 위한 원칙과 실천을 담고 있다. 모든 사람이 과학 발전과 혜택을 공유할 권리를 증진시키며, 기술 및 지식 격차를 줄이기 위한 국제적 정책과 실천의 틀을 제공한다. 이 권고안은 품질, 무결성, 형평성, 공정성, 다양성, 포괄성을 기반으로 하며 투명성, 검증, 재현 가능성, 기회 평등, 협력, 유연성, 지속 가능성을 원칙으로 삼는다. 그리고 정부, 연구 기관, 도서관 등 다양한 이해관계자들이 참여하는 오픈 과학을 촉진하고, 이를 위한 인프라와 정책 환경을 조성하며, 교육과 디지털 리터러시를 지원할 것을 권장한다. 오픈 과학은 공공의 이익을 위한 글로벌 공공재로, 모든 사람이 과학적 정보와 그 혜택에 공평하게 접근할 수 있도록 한다.

찾아보기

- 다음 웹페이지에서 유네스코 오픈 과학 권고안UNESCO Recommendation on Open Science의 내용을 읽어보자.
  https://unesdoc.unesco.org/ark:/48223/pf0000379949

2 오픈 과학의 개념과 범위

2.1 오픈 과학의 개념

오픈 과학은 세계적으로 부상하고 있는 혁신적인 패러다임으로서 연구의 설계, 실행, 기록, 평가 과정에서 개방성과 연결성을 중심으로 사회적, 문화적, 기술적 변화를 일으키고 있다. 오픈 과학의 핵심 개념인 '오픈'을 투명성, 과학적 규범, 윤리적 책임, 질의의 자유, 비용으로부터의 자유, 저자 권리, 이용자 권리, 마음가짐, 기술적 진보로 정의한다(Martin, 2022). 오픈의 투명성은 새로운 연구 수행 방식을 의미하며, 연구 수행 과정의 데이터, 절차, 결과 등을 관심 있는 사람들에게 공개한다는 의미이다. 오픈을 과학적 규범으로 정의하면 공동체 중심의 커뮤니즘과 관련이 깊다. 윤리적 책임으로서의 오픈은 연구자가 수행한 연구 결과를 동료 연구자에게 평가받고 실험 결과를 재현할 수 있도록 하는 것이다. 질의의 자유로서의 오픈은 정부나 공적 단체의 공적인 정보에 접근할 수 있는 공공의 권리라고 볼 수 있다. 비용으로부터의 자유는 오픈의 의미가 이용자 관점에서 자원을 사용하는 데 있어 비용을 내지 않아도 되는 의미로서의 무료와 유사하다. 저자 권리 측면에서의 오픈은 저자 권리 운동과 관련이 깊다. 전통적인 학술 출판에서 저자는 논문을 출판하기 위해 논문에 대한 저작권을 출판사에 양도한다. 이는 학술 출판에서 이루어지는 일반적인 방식이다. 저자 권리 운동은 이러한 학술 저작물에 대한 저자의 권리를 다시 저자에게 귀속시키고자 하는 것이다. 이용자 권리로서의 오픈은 이용자가 저작물에 무료로 접근할 수 있을 뿐만 아니라 자유롭게 이용하고 재이용할 수 있도록 하는 것이다. 오픈은 또한 상상력, 지적인 겸허함, 새로운 생각 수용 등과 같은 마음가짐을 의미한다. 이러한 맥락에서 오픈 과학은 "투명하고 접근 가능한 지식으로, 협업 네트워크를 통해 공유되고 발전되는 것"이라고 체계적인 문헌 고찰을 통해 정의되었으나(Vicente-Saez & Martinez-Fuentes, 2018), 본질적으로 광범위한 영역이 포함된다. 따라서 오픈 과학을 정의하는 데 있어서 다양한 관점이 있을 수 있다.

오픈 과학이 다루는 광범위한 범위를 이해하기 위한 노력으로 <그림 8-2>와 같은 유럽연합이 제시한 오픈 과학 택사노미Open Science Taxonomy가 활용될 수 있다. 오픈 과학은 아홉 가지 하위 영역으로 구성되는데, 오픈 액세스, 오픈 데이터, 재현 가능 오픈 연구, 오픈 과학 정의, 오픈 과학 평가, 오픈 과학 가이드라인, 오픈 과학 정책, 오픈 과학 프로젝트, 오픈 과학 도구이다. 오픈 과학 택사노미에서 제시한 오픈 과학의 하위 영역 중 오픈 액세스는 오픈 액세스 정의, 오픈 액세스 이니셔티브, 오픈 액세스 유형(골드 OA와 그린 OA), 오픈 액세스 이용과 재이용을 포함한다. 오픈 데이터는 오픈 빅 데이터, 오픈 데이터 정의, 오픈 데이터 학술지, 오픈 데이터 표준, 오픈 데이터 이용과 재이용, 오픈 정부 데이터를 다룬다.

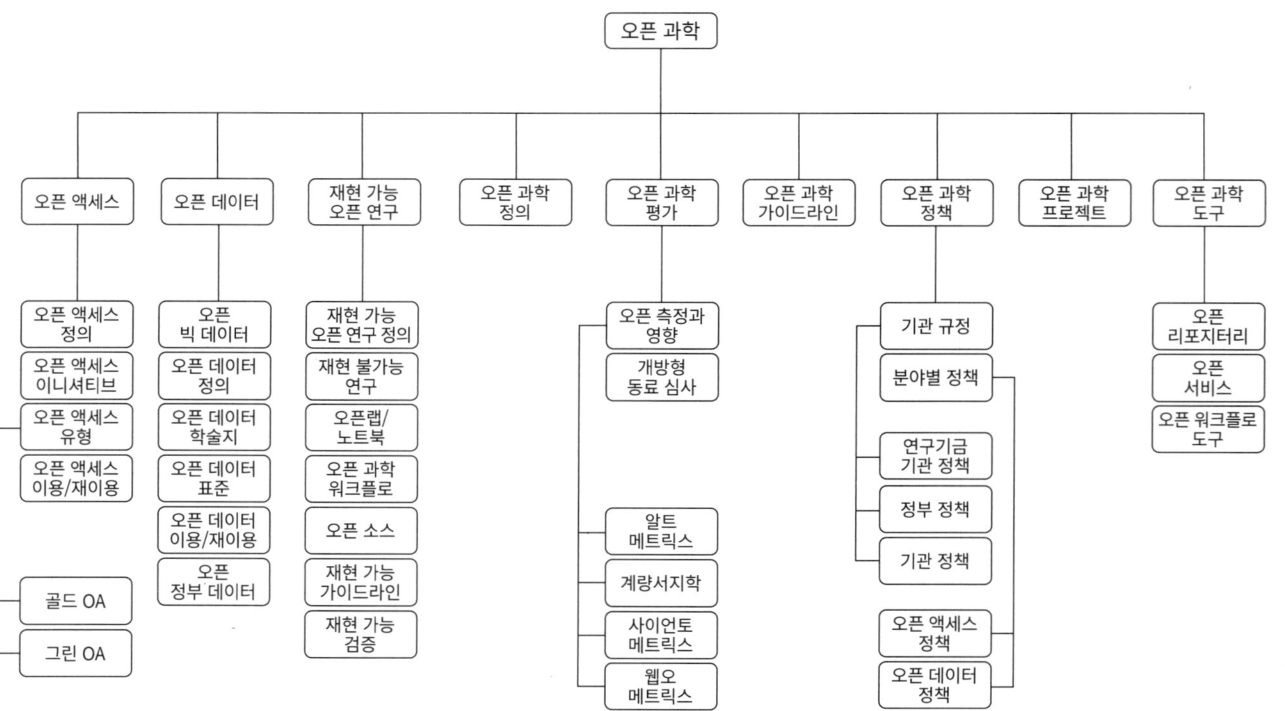

<그림 8-2> 유럽연합의 FOSTER 오픈 과학 택사노미

(출처: Knoth & Pontika, 2015 재구성)

재현 가능 오픈 연구는 재현 가능 오픈 연구의 정의, 재현 불가능 연구, 오픈랩/노트북, 오픈 과학 워크플로, 오픈 소스, 재현 가능 가이드라인, 재현 가능 검증을 포함한다. 오픈 과학 평가는 오픈 측정과 영향, 개방형 동료 심사로 구성된다. 오픈 측정과 영향은 알트메트릭스, 계량서지학, 사이언토메트릭스, 웹오메트릭스를 다룬다. 오픈 과학 정책은 기관 규정과 분야별 정책으로 구분된다. 기관 규정은 연구기금 기관 정책, 정부 정책, 기관 정책으로 나뉘며, 분야별 정책은 오픈 액세스 정책과 오픈 데이터 정책으로 나뉜다. 오픈 과학 도구는 오픈 리포지터리, 오픈 서비스, 오픈 워크플로 도구를 포함한다.

2.2 오픈 과학의 범위

오픈 과학은 오픈 과학 택사노미를 활용해 설명되는 것처럼 하나의 고정된 정의로 설명되기보다는 오픈 과학이 아우르는 여러 현상을 다각적인 측면에서 포괄하는 정의로 설명되는 것이 일반적이다.

우선 유네스코 오픈 과학 권고안은 <그림 8-3>과 같이 오픈 과학은 다언어 과학 지식을 모든 사람이 자유롭게 이용 가능하고 접근 가능하며 재사용할 수 있도록 하는 다양한 운동과 실천을 포함하는 포괄적 개념으로 정의한다. 이를 위해서 기초과학과 응용과학, 자연과학과 사회과학, 인문학을 포함한 모든 학문 분야와 학술 활동의 측면을 포괄하며 개방형 과학 지식, 개방형 과학 인프라, 사회적 행위자의 개방적 참여, 다른 지식 체계와의 개방적 논의와 같은 핵심 축에 기반한다.

개방형 과학 지식은 출판물, 연구 데이터, 오픈 교육 자원, 오픈 소스 소프트웨어 및 소스 코드, 오픈 하드웨어를 포함한다. 출판물은 동료 심사를 거친 학술지 논문과 도서, 연구 보고서, 학술대회 발표문 등이 포함된다. 연구 데이터는 디지털 및 아날로그 데이터(가공 전후의 원시 데이터),

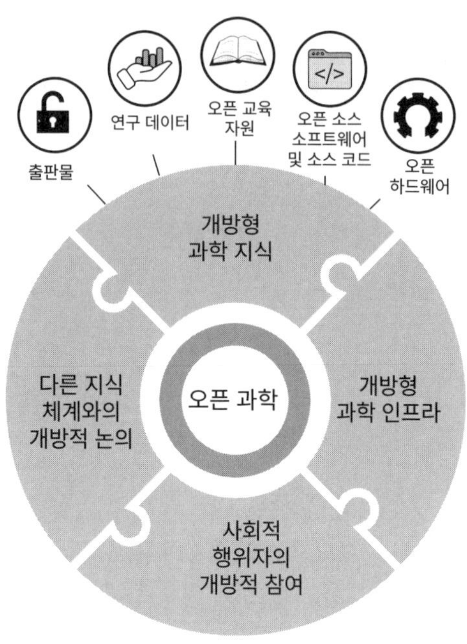

<그림 8-3> 오픈 과학의 정의
(출처: UNESCO, 2023)

관련 메타데이터, 수치 데이터, 텍스트 기록, 이미지 및 음성 자료, 프로토콜, 분석 코드 및 워크플로어 등을 의미한다. 오픈 교육 자원은 디지털 여부와 관계없이 교수, 학습, 연구에 사용되는 모든 자료가 포함된다. 오픈 소스 소프트웨어 및 소스 코드는 소스 코드가 대중에게 공개된 소프트웨어를 말하며 이는 적시에, 사용자 친화적으로, 인간과 기계가 모두 읽고 수정할 수 있는 형식으로 제공되는 것을 의미한다. 오픈 하드웨어는 일반적으로 물리적 객체의 설계 명세를 포함하며, 해당 객체를 누구나 연구, 수정, 제작, 배포할 수 있도록 허용하는 방식으로 라이선스가 부여되어야 한다. 그리고 이를 통해 가능한 한 많은 사람들이 하드웨어 설계 및 기능에 대한 지식을 구축, 재구성, 공유할 수 있어야 한다.

또한 페허와 프리지케(Fecher & Friesike, 2014)는 <그림 8-4>에서 보

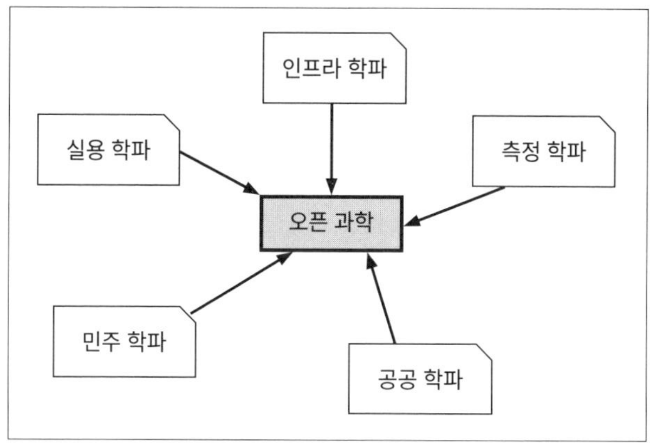

<그림 8-4> 오픈 과학의 다섯 학파
(출처: Fecher & Friesike, 2014)

듯이 오픈 과학의 다섯 학파 관점으로 오픈 과학을 규정했다.

- 인프라 학파Infrastructure School

  가정: 효율적인 연구는 이용 가능한 도구와 애플리케이션에 달려 있다.

  목표: 연구자를 위해서 공개적으로 이용 가능한 플랫폼, 도구, 서비스를 구축한다.

  키워드: 협업, 플랫폼, 도구

- 공공 학파Public School

  가정: 과학은 공공에게 접근 가능하도록 만들어질 필요가 있다.

  목표: 시민이 접근 가능한 과학을 구축한다.

  키워드: 시민 과학, 과학 PR, 과학 블로깅

- 측정 학파Measurement School

  가정: 오늘날의 과학적 기여는 대안적인 영향력 측정이 필요하다.

  목표: 과학적 영향력 측정을 위해서 대안적 측정 체계를 개발한다.

키워드: 알트메트릭스, 동료 심사, 인용, 영향력 지수

- 민주 학파Democratic School

  가정: 지식의 접근은 불공평하게 배포되었다.

  목표: 지식을 모든 사람이 자유롭게 이용 가능하게 한다.

  키워드: 오픈 액세스, 지적 저작권, 오픈 데이터, 오픈 코드

- 실용 학파Pragmatic School

  가정: 과학자들이 협력한다면 지식의 창조는 보다 효율적으로 이루어진다.

  목표: 지식 창조의 과정을 보다 효율적이고 목표 지향적으로 만든다.

  키워드: 집단 지성, 네트워크 효과, 오픈 데이터, 오픈 코드

기존의 주요한 오픈 과학 연구들을 분석해 오픈 과학의 주제 영역 범위를 규명하는 시도도 찾아볼 수 있다. 오픈 과학의 범위를 다룬 주요 논문 6편을 분석해 오픈 과학을 공공 개방, 공유, 투명성, 협업, 표준, 기타로 구분했다(<표 8-2> 참조). 모든 논문이 공통적으로 다루는 오픈 과학의 범위는 공공 개방과 공유로 나타났다. 그다음으로는 투명성이 오픈 과학의 주요한 주제 영역이라고 5편의 논문에서 제시했다. 또한 협업은 3편의 논문에서 오픈 과학의 범위로 제시했으며, 표준은 2편의 논문에서 범위로 포함했다. 이 외에도 측정, 지식, 연구 확산 등이 오픈 과학의 주제 영역 범위로 제시되었다(Lee & Chung, 2022).

또한 오픈 과학의 범위를 규명하기 위해서 기존의 오픈 과학 연구 1,000건에 대해 키워드 결합 분석 기법과 네트워크 시각화를 수행한 연구를 찾아볼 수 있다(Lee & Chung, 2022). 분석 결과 밝혀진 9개의 오픈 과학 연구 영역은 <그림 8-5>와 같이 오픈 액세스, 재생산 가능성, 데이터 공유, 사전 등록과 등록된 보고서, 연구 데이터, 오픈 동료 심사, 재생산 가능한 도구와 플랫폼, 오픈 혁신과 과학 정책, 프리프린트로 나타났다.

<표 8-2> 오픈 과학의 주제 영역 범위

주제	Fecher & Friesike (2014)	Vicente-Saez & Martinez-Fuentes (2018)	Levin et al. (2016)	Nosek et al. (2015)	Whyte & Pryor (2011)	Cook et al. (2018)
공공 개방	공공 개방	공유 지식	일반인 이용자 관점에서 연구 요소에의 접근 제공	프리프린트	공공 공유	프리프린트
공유	민주적	접근 가능한 지식	적절한 시점에 연구 요소의 공유	데이터 공유	협업적 공유	데이터 공유
투명성	–	투명한 지식	투명한 동료 심사 체계	연구 결과 재현	투명한 관리	연구와 분석 계획의 사전 등록
협업	실용적	협업 지식	협업과 동료 및 커뮤니티와의 협력	–	–	–
표준	인프라	–	연구 요소에 대한 포맷과 품질을 위한 표준	–	–	–
기타	측정	지식	연구 확산	–	–	–

(출처: Lee & Chung, 2022)

첫째, 오픈 액세스 연구 영역은 오픈 소스, 학술 출판, 협력, 학술 커뮤니케이션, 연구 평가와 같은 하위 영역으로 구성된다. 둘째, 재생산 가능성 연구 영역은 다시 재생산 가능성, 투명성, 재현 가능성 연구 영역으로 구분할 수 있다. 재생산 가능성 연구 영역은 코로나19, 연구 방법론, 정책, 윤리, 학술지 정책과 같은 하위 영역으로 구성된다. 투명성 연구 영역은 메타 연구, 메타 과학과 연계되어 있는 것으로 나타났으며, 재현 가능성 연구 영역은 메타 분석과 연계된 것으로 나타났다. 셋째, 데이터 공유 연구 영역은 오픈 데이터, 데이터 공유, 빅 데이터, 메타데이터와 같은 하위

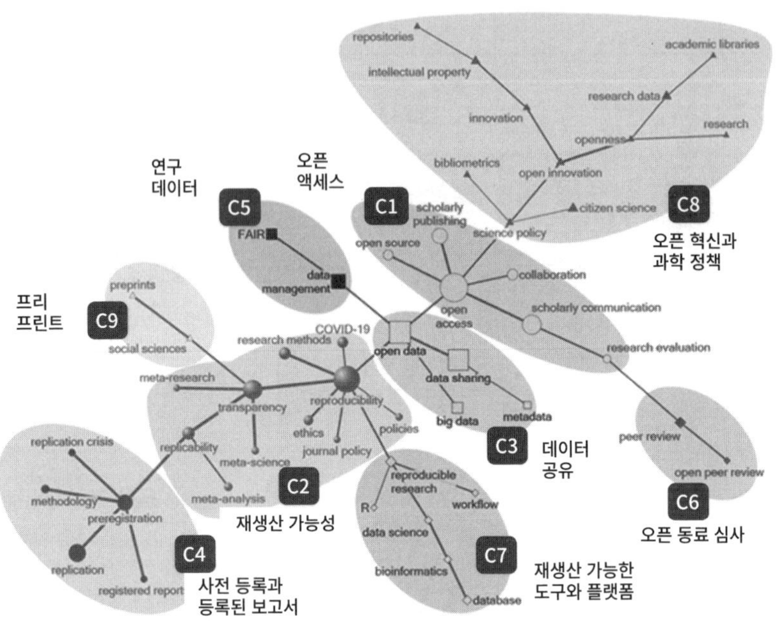

<그림 8-5> 오픈 과학의 주요 연구 영역
(출처: Lee & Chung, 2022)

영역을 찾아볼 수 있다. 넷째, 사전 등록과 등록된 보고서 연구 영역은 사전 등록, 재현, 등록 보고서, 재현 위기, 방법론과 같은 하위 영역으로 구성된다. 다섯째, 연구 데이터는 비교적 작은 규모의 연구 영역으로 FAIR 원칙과 데이터 관리 등의 하위 영역으로 구성된다. 여섯째, 오픈 동료 심사 연구 영역 역시 규모가 작으며, 동료 심사와 오픈 동료 심사와 같은 하위 영역을 찾아볼 수 있다. 일곱째, 재생산 가능한 도구와 플랫폼 연구 영역은 재생산 가능한 연구, R 언어, 워크플로, 데이터 과학, 생명정보공학, 데이터베이스와 같은 하위 영역으로 구성된다. 여덟째, 오픈 혁신과 과학 정책 연구 영역은 가장 큰 규모이며, 하위 영역으로는 시민 과학, 계량서지학, 오픈 혁신, 개방, 연구, 연구 데이터, 학술 도서관, 혁신, 지식재산권, 리포지터리를 찾아볼 수 있다. 아홉째, 프리프린트 연구 영역은 소규모이며, 프리프린트와 사회과학과 같은 하위 영역으로 구성된다.

3 오픈 스칼라십[2]

3.1 오픈 스칼라십의 정의와 개념

오픈 스칼라십open scholarship은 개념적 정의와 실제적 연구 수행 방식을 포괄하는 복합적 용어로, 디지털 스칼라십, 디지털 인문학 등 다양한 명칭으로 사용되고 있다. 멀리건(Mulligan, 2016)이 지적한 바와 같이, 이 분야의 연구자와 실무자 사이에는 명확한 정의를 부여하는 것에 대한 저항이 존재한다. 이는 오픈 스칼라십이 광범위한 활동을 포괄하는 특성을 가지고 있기 때문에 제한적 정의가 연구자의 학술적 활동과 실무를 부당하게 제한할 수 있다는 우려에서 비롯된다. 이러한 맥락에서 오픈 스칼라십에 대한 이해는 세 가지 관점에서 접근할 수 있다.

1) 연구 문헌에서 제시되는 오픈 스칼라십의 정의
2) 오픈 스칼라십 실무자들의 인식을 통해 드러나는 실용적 정의
3) 실제 오픈 스칼라십 활동과 실천을 통해 구현되는 운용적 정의

이러한 다면적 접근은 오픈 스칼라십의 복잡성과 다양성을 포괄하며, 이론과 실제 사이의 간극을 좁히는 데 기여할 수 있다. 또한 오픈 스칼라십의 개념이 지속적으로 진화하고 있음을 시사하며, 학계와 실무 영역에

2 이 절은 정은경, 이재윤, 이정연, 윤정원, 서선경(2020), 「국립중앙도서관 디지털스칼라십 정보서비스 개발 연구」의 일부 내용을 요약한 것이다.

서의 유연한 적용과 해석의 필요성을 강조한다. 앞서 제시된 오픈 스칼라십의 관점에 대해 구체적으로 살펴보면 다음과 같다.

첫째, 연구 문헌에 나타난 오픈 스칼라십/디지털 스칼라십의 정의로서 광범위하게 사용되는 것은 "디지털 증거와 방법, 디지털 저작, 디지털 큐레이션과 보존 등 스칼라십의 디지털 이용과 재이용이다"(Rumsey, 2011, 2). 슐로서(Schlosser, 2013)는 '디지털 기술을 이용하거나 디지털 기술로 인해 가능해진 연구와 교육'이라고 정의했다. 초크와 밀러드(Tzoc & Millard, 2017)는 기존의 다양한 정의를 분석해서 '디지털 스칼라십은 연구와 혁신을 발전시키기 위해 새로운 기술을 적용해서 스칼라십의 전통적인 방법과 기법을 넘어서는 것'이라고 정의했다. 에임스(Ames, 2019)가 제시한 디지털 스칼라십의 주요 구성 요소는 <그림 8-6>와 같이 컬렉션, 연구 활동, 컴퓨팅 방법론이다. 연구 활동과 컬렉션이 연계되는 지점이 전통적인 연구가 수행되는 영역이며, 컬렉션과 컴퓨팅 방법론이 연계되는 지점이 컬렉션에서 추출된 데이터의 분석 도구나 소프트웨어이다. 연구 활동이 컴퓨팅 방법론으로 이루어지게 되면 이 영역이 디지털 스칼라십DS이 된다. 특별히 연구자가 속한 기관의 디지털 스칼라십은 컬

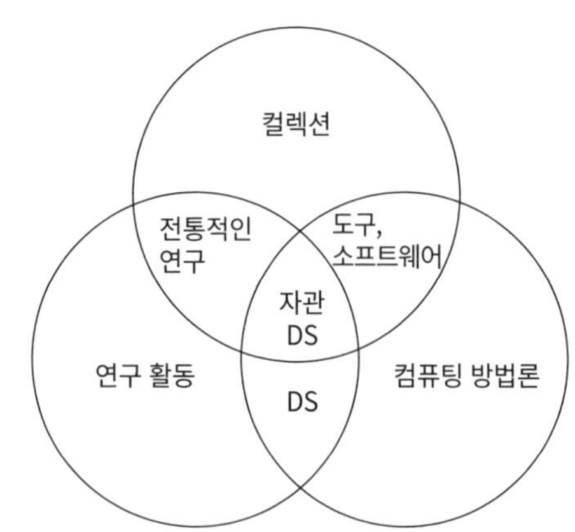

<그림 8-6> 오픈 스칼라십/디지털 스칼라십의 구성 요소
(출처: Ames, 2019)

렉션, 연구 활동, 컴퓨팅 방법론이 모두 연계된 자관 디지털 스칼라십 활동이라고 볼 수 있다.

둘째, 오픈 스칼라십 업무 담당자의 인식에서 나타난 정의를 살펴보기 위해 영국의 연구 도서관을 대상으로 수행한 설문 조사를 분석했다. 2019년 1월부터 4월까지 영국의 연구 도서관을 대상으로 수행한 설문 조사 '디지털 스칼라십과 연구 도서관의 역할Digital Scholarship and the Role of the Research Library'(Greenhall, 2019)에 참여한 연구 도서관의 업무 담당자가 제시한 디지털 스칼라십의 정의는 다음과 같다.

- 컴퓨터적 방법론을 연구 분야에 적용하고, 디지털 컬렉션을 활용하며, 디지털 출력을 생성하는 데 중점을 둔다.
- 연구 주기 전반에 걸쳐 디지털 기술을 사용한다.
- 디지털 스칼라십의 정의는 디지털 인문학을 넘어서 예술, 사회과학, STEM 전반에 걸친 광범위한 주제를 포괄한다.
- 디지털 스칼라십은 디지털 인문학을 포함하며, 보다 일반적으로는 오픈 스칼라십이라 볼 수 있다.

셋째, 오픈 스칼라십의 정의는 실제적으로 이루어지는 활동을 통해 규명될 수 있다. 에임스(Ames, 2019)는 오픈 스칼라십의 활동을 텍스트와 데이터 마이닝, 기계 학습, 데이터 시각화, 디지털 맵핑, 디지털 에디션 등이라고 파악했다. 이러한 오픈 스칼라십 활동에 기반을 두어 정의하고자 하는 보다 광범위한 노력은 미국 연구도서관협회Association of Research Libraries, ARL가 디지털 스칼라십 지원과 관련해 수행한 설문 조사 결과인 'SPEC Kit 350: Supporting Digital Scholarship'(Mulligan, 2016)에서 찾아볼 수 있다. 이 조사에서 밝힌 오픈 스칼라십/디지털 스칼라십 활동은 총 19건이다.

이러한 활동은 크게 5개의 그룹으로 살펴볼 수 있다. 첫 번째는 디지털 자료의 생성, 가공, 관리에 해당하는 활동이며, 아날로그 자료의 디지털화/이미지화, 메타데이터 생성, 데이터 큐레이션과 관리, 디지털 보존, 콘텐츠 인코딩(TEI 마크업 등)이다. 두 번째는 디지털 컬렉션 및 출판과 관련된 활동으로 디지털 컬렉션 구축, 디지털 출판, 디지털 전시가 포함된다. 세 번째는 분석과 연구 지원 관련 활동으로 GIS와 디지털 맵핑, 통계 분석과 지원, 텍스트 분석과 지원, 시각화이다. 네 번째는 기술 개발 및 응용과 관련된 활동이며, 데이터베이스 개발, 디지털 스칼라십 소프트웨어 개발, 3D 모델링과 프린팅, 인터페이스 설계와 유용성 분석, 기술 지원이 포함된다. 마지막으로 다섯 번째는 프로젝트 관련 활동으로 프로젝트 기획과 프로젝트 관리이다.

3.2 오픈 스칼라십의 동향

3.2.1 해외 오픈 스칼라십의 동향

해외 오픈 스칼라십의 동향을 살펴보면 <그림 8-7>와 같이 크게 세 단계의 발전 방향을 찾아볼 수 있다. 첫 번째 단계는 아날로그 형태의 자원을 디지털화해서 축적하는 디지털 컬렉션을 구축하는 것이다. 두 번째 단계는 디지털 컬렉션에서 데이터화로 진화해 데이터를 분석하고 시각화하며 해석하는 작업이다. 마지막으로 세 번째 단계는 기존의 디지털 컬렉션과 데이터가 개별적으로 이용되거나 분석되기보다는 다양한 관점으로 통합되어 제공되는 것이다. 디지털 컬렉션 구축과 소장 기관 간의 경계 없이 개방과 공유로 다양한 분석과 재구성이 이루어진다. 이를 통해 단일 디지털 컬렉션과 데이터만으로는 밝히지 못한 새로운 분석과 통찰을 발견할 수 있다.

<그림 8-7> 해외 오픈 스칼라십/디지털 스칼라십 동향

디지털화

디지털화를 통해 디지털 컬렉션을 구축한 사례를 살펴보면 크게 두 가지 경향으로 구분할 수 있다. 첫 번째 경향은 초기의 디지털화 프로젝트 방식으로 아날로그 자원을 디지털화하는 것이다. 대표적으로 1971년에 시작된 구텐베르크 프로젝트Project Gutenberg[3]를 들 수 있다. 구텐베르크 프로젝트는 인쇄술의 발명으로 지식 전파의 획기적인 전환을 이룬 요하네스 구텐베르크의 이름에서 따온 것이다. 이 프로젝트는 수많은 자원봉사자의 자발적인 입력 작업으로 구축이 시작되었다. 2025년 2월 현재 75,000여 권의 저작권이 소멸된 텍스트의 디지털 컬렉션을 소장하고 있다. 일반 이용자들이 편리하게 이용할 수 있는 환경을 갖추기 위해 지속적으로 업데이트하고 있으며, 킨들과 같은 대중적인 전자책 포맷으로도 제공한다. 두 번째 경향은 디지털화 이외에도 부가적인 작업이 함께 이루지는 것이다. 1985년에 시작된 페르세우스 프로젝트Perseus Project[4]를 대표적인 사례로 살펴볼 수 있다. 구텐베르크 프로젝트가 자발적인 개인이 모여서 이룬 성과라면, 페르세우스 프로젝트는 터프츠대학교의 프로젝트이며 지금까지도 지속적으로 운영되고 있다. 페르세우스 프로젝트는 구텐베르크 프로젝트에서 한 단계 더 나아가 번역 과정이 부가적으로 포함되었다. 인문학 자원인 서양 고전 문헌은 그리스어, 라틴어, 아랍어 등으로 작성되어 있으며, 페르세우스 프로젝트는 이러한 서양 고전 문헌

3 https://www.gutenberg.org/

4 https://www.perseus.tufts.edu/hopper/

을 현대 영어로 번역해 디지털 컬렉션으로 구축했다. 페르세우스 프로젝트는 현대 영어로 번역된 텍스트를 분석과 가공이 용이한 형태인 TEI와 XML 마크업 형태로 제공하고 있다.

디지털 데이터의 분석과 시각화

디지털 컬렉션의 구축 이후 상당한 시간이 흐르고 나서 디지털 컬렉션을 데이터로 변환해 이를 분석하고 시각화해서 새로운 통찰을 도출하는 작업이 이루어졌다. 디지털 데이터의 분석과 시각화 사례는 다양하게 찾아볼 수 있으며, 이러한 사례는 대체로 대학과 연구 기관이 주관하거나 참여한 것으로 나타났다. 미국 스탠퍼드대학교에서 수행한 편지 공화국 프로젝트 사례[5]는 16세기부터 18세기까지 미국과 유럽의 지식인들이 주고받은 편지를 대상으로 했다. 이 시기 서양의 지식인들이 주고받은 편지는 인류 문화적 가치를 지니는 자원이다. 이러한 자원은 우선 디지털화되었고, 디지털 텍스트로 연구되는 측면도 있지만 한 단계 더 나아가 편지의 수신과 발신이 데이터화되어 네트워크로 분석되었다. 이러한 지식인들 간의 편지 네트워크 시각화 구현은 새로운 관점을 제시한다. 16-18세기 지식의 교류를 분석할 수 있으며, 하나의 지식이 미친 영향 관계를 파악할 수 있는 새로운 기제를 제공한다. 교육과 연계된 분석과 시각화 사례로는 2002년 미국 MIT에서 수행한 문화 시각화 프로젝트[6]를 들 수 있다. 무료 온라인 교육 자료를 구현하고자 하는 의도에서 시작된 이 프로젝트는 표준 교과 과정에 맞추어 교과 내용이 디지털 이미지 자료 기반으로 제공된다. 개별 교과 과정은 단원에 최적화된 디지털 이미지 자료가 관련 설명과 함께 연계된다. 이를 통해서 단순히 축적된 디지털 이미

5 http://republicofletters.stanford.edu/

6 https://visualizingcultures.mit.edu/home/about.html

지가 제공되는 것이 아니라 관련 교과 과정 및 단원에 연관된 디지털 이미지가 제시된다. 문화 시각화 프로젝트는 텍스트로만 교육과 연구가 수행되는 것이 아니라 텍스트와 연계된 디지털 이미지가 연결되어 시각화 자료 기반의 교육과 연구 수행이 가능하다.

디지털 데이터의 통합, 개방, 공유

디지털 컬렉션의 구축에서 시작되어 디지털 데이터의 분석과 시각화, 해석을 넘어서 데이터의 통합, 개방, 공유가 이루어지고 있다. 유럽연합의 사례로 가장 대표적인 것은 2008년에 시작된 프로젝트인 유로피아나 Europeana[7]이다. 유럽의 3,000여 도서관, 아카이브, 박물관, 미술관으로부터 수집된 천만 건 이상의 디지털 문화 유물 컬렉션을 통합해 제공하는 서비스이다. 디지털 자원의 광범위한 통합 서비스는 교육과 연구에 활용될 수 있도록 주제별로 제공되거나 주제와 하위 영역으로 체계를 갖추어 제시된다. 이러한 통합 서비스를 통해서 시대와 사회가 필요로 하는 다양한 주제로의 통합적인 접근이 가능하다. 미국에서는 유로피아나와 유사한 서비스로 2013년에 시작된 미국디지털공공도서관Digital Public Library of America, DPLA[8]이 있다. 미국 전역의 도서관, 박물관, 아카이브의 디지털 유물 및 자료를 통합해 제공하는 서비스이다. 디지털 콘텐츠는 해당 주제의 탐구에 도움이 되는 강의 계획 및 활동 등을 포함하며, 구글 클래스룸Google Classroom을 통해 쉽게 공유할 수 있다. 따라서 전국적인 디지털 컬렉션의 통합과 연구, 교육 등 다양한 활용이 가능하도록 공유를 장려하고 있다. 특정 주제 분야에 관한 전 세계적인 통합과 공유의 사례로는 영국도서관The British Library, BL에서 구축한 국제 둔황 프로젝트[9]를 들 수

7 https://pro.europeana.eu/about-us/mission

8 https://dp.la/

9 https://idp.bl.uk/

있다. 전 세계에 흩어져 있는 기원전 100년경에서 기원후 1200년경 시기의 둔황 유물 컬렉션을 통합해 제공하는 서비스이다. 20개 이상의 언어로 작성된 그림, 동전, 벽화 및 문서를 포함하고 있다. 이 프로젝트 역시 연구와 교육 프로그램 등 다양한 활용을 목적으로 한다.

3.2.2 국내 오픈 스칼라십의 동향

국내의 오픈 스칼라십은 1990년부터 시작해 2000년대 초반까지 대단위 디지털 컬렉션을 구축하는 시기를 1차 흐름으로 볼 수 있다. 이후에 2차 흐름은 디지털 컬렉션과 컴퓨터 도구를 결합해 분석한 결과를 제시해서 새로운 통찰로 이끄는 단계이다. 국내 오픈 스칼라십의 동향을 해외와 비교해 살펴보면 <그림 8-8>과 같이 디지털 컬렉션 구축과 디지털 데이터의 분석과 시각화를 수행하고 있음을 확인할 수 있다. 그러나 통합, 개방, 공유라는 관점으로 디지털 컬렉션을 분석해 재구성하는 작업의 오픈 스칼라십/디지털 스칼라십 동향은 찾아보기 어렵다.

<그림 8-8> 국내 오픈 스칼라십/디지털 스칼라십 동향

디지털화

대단위 디지털 컬렉션 구축 사례는 고전 문헌의 디지털화와 현대어 번역 작업으로 특징지을 수 있다. 우선 국사편찬위원회 한국사데이터베이스는 한국사 자료의 디지털화와 온라인 제공을 목적으로 1997년부터 역사정보화 계획을 수립해 서비스하고 있다. 대표적인 디지털 컬렉션으로 '조선왕조실록', '승정원일기', '고려사', '삼국사기', '삼국유사' 등을 포함하고 있다. 2024년 1월 기준 모두 117종, 1,100만여 건, 16억 5,000만 여 자의 자료를 제공하고 있다. 또한 한국학자료통합플랫폼은 한국의 역사 자료를 체계적이고 종합적으로 제공하고자 하는 목적을 지니고 있으며 한국사데이터베이스와 연계되어 있다. 25개의 한국학 관련 기관, 38개의 데이터베이스를 연계하고 통합했다. 그리고 총 1,381만여 건의 한국학 자료를 수록하고 있다. 한국학중앙연구원 디지털장서각은 조선의 궁궐에서 보관하던 약 12만 권의 왕실 도서와 전국에서 수집한 민간 고문헌 6만여 점을 소장하고 있다. 디지털장서각은 고문서 8만 4,761점, 고서 3만 1,215점이 디지털화되어 서지, 원문, 이미지, XML 데이터로 제공하고 있다.

디지털 데이터의 분석과 시각화

국내 오픈 스칼라십 2차 흐름의 시기에는 디지털 데이터를 분석해 시각화하는 작업들이 이루어졌다. 우선 고려대학교 민족문화연구원의 물결21 사업은 2008년에 시작되었다. 동아일보, 조선일보, 중앙일보, 한겨레신문 등 네 신문사의 2000년 이후의 신문 기사를 형태소 분석한 코퍼스로 데이터화해 다양한 분석을 수행했다. 매년 기사 18만 건, 4,200만 어절이 새로 구축되고 있는 물결21 코퍼스는 21세기 국어의 어휘 사용 양상을 파악할 수 있는 객관적 기반이 될 뿐만 아니라 어휘 사용의 이면에 내재된 사회적·문화적 변화의 트렌드를 파악할 수 있는 중요한 디지털 데이터이다. 또 다른 디지털 데이터의 분석과 시각화 사례로는 '지암일기: 데이터로 다시 읽는 조선시대 양반의 생활' 디지털 아카이빙 연구[10]를 들 수 있다. 조선시대 호남 지역 양반인 지암 윤이후尹爾厚가 쓴 『지암일기支菴日記』(1692-1699)의 디지털 아카이브를 구축하고 일기 속에 흩어진 정보의 연계적 요소들을 시각적으로 밝히는 새로운 차원의 역사

---

10 http://jiamdiary.info/

연구를 시도했다. 연구 결과물은 날짜별 원본과 번역본 연계 서비스, 인물, 사건, 공간, 생활, 노비 등의 시각화 서비스, 표준화된 온톨로지 데이터 구축 및 공개, 교육 자료 콘텐츠 제공 등 각각의 서비스로 개발되었다. '지암일기: 데이터로 다시 읽는 조선시대 양반의 생활'은 2020년 디지털 인문학 어워즈에서 시각화 부문 수상 후보로 지명되었다(김지선, 유인태, 2022).

 **찾아보기**

- 다음 웹사이트를 방문해 디지털 인문학 어워즈Digital Humanities Awards에 대해 알아보자.
  http://dhawards.org/

3.3 오픈 스칼라십의 도구

오픈 스칼라십을 수행하기 위해서는 컴퓨터 분석 도구 및 소프트웨어 사용이 일반적이다. 오픈 스칼라십의 도구로는 미국 노스웨스턴대학교 도서관이 제시한 아카이브와 전시 도구, 데이터 시각화 도구, 연구 도구, 텍스트/데이터 분석 도구[11]를 살펴볼 수 있다.

3.3.1 아카이브와 전시 도구

- Mukurtu
  https://mukurtu.org/
  디지털 문화유산을 관리하고 공유할 수 있도록 지원하는 오픈 소스

11 https://libguides.northwestern.edu/dh/tools

플랫폼

- Omeka
  https://www.omeka.net/
  디지털 컬렉션을 공유하고 온라인 전시 구축을 위한 오픈 소스 웹 출판 플랫폼
- Reclaim Hosting
  https://www.reclaimhosting.com/
  유료 웹 호스팅 서비스이며, 무료 웹사이트 도메인 이름, 이용자 지원이 포함됨. 다양한 디지털 인문학 플랫폼 서비스를 제공함.
- Scalar
  https://scalar.me/anvc/
  무료 오픈 소스 저작 및 출판 플랫폼이자 디지털 학술 저작물의 저술을 지원하는 온라인 출판 지원 플랫폼
- Wax
  https://minicomp.github.io/wax/
  디지털 전시를 위한 미니멀 컴퓨팅 프로젝트이며 지속 가능성, 낮은 비용, 유연성에 초점을 둠.
- WordPress
  https://sites.northwestern.edu/
  웹사이트, 블로그, 앱 생성을 위한 오픈 소스 소프트웨어

3.3.2 데이터 시각화 도구

- ArcGIS Online
  https://northwestern.maps.arcgis.com/home/index.html
  인터랙티브 웹 지도 생성 도구

- Palladio

  https://hdlab.stanford.edu/palladio/

  복잡한 역사 데이터를 지도, 네트워크 그래프 등으로 시각화하는 웹 기반 도구

- StoryMapJS

  https://storymap.knightlab.com/

  지역 기반 이야기에 이미지, 비디오, 텍스트 등을 포함시킬 수 있는 무료 저작 도구

- TimelineJS

  https://timeline.knightlab.com/

  시각적으로 풍부하고 인터랙티브한 타임라인을 생성할 수 있는 오픈 소스 도구

3.3.3 연구 도구

- Atlas.ti

  https://atlasti.com/

  질적 데이터 분석 패키지로서 복잡한 텍스트와 멀티미디어 데이터를 정리하고 분석할 수 있음.

- Conifer

  https://conifer.rhizome.org/

  이용자가 탐색하는 웹페이지의 인터랙티브 아카이빙 서비스이며, 비디오, 오디오, 스크롤링, 클릭 등을 모두 포함함.

- Documenting the Now

  https://www.docnow.io/

  소셜 미디어에 등장하는 역사적으로 중요한 디지털 콘텐츠를 연대

기화할 수 있는 도구

- Tropy
  https://tropy.org/
  연구 사진 자료 정리 도구
- Zotero
  https://www.zotero.org/
  무료 연구 지원 도구로서 연구 자료의 수집, 정리, 인용, 공유가 가능함.

3.3.4 텍스트/데이터 분석 도구

- AntConc
  https://www.laurenceanthony.net/software/antconc/
  텍스트 분석을 위한 무료 코퍼스 분석 도구
- Gale Digital Scholar Lab
  https://www.gale.com/intl/primary-sources/digital-scholar-lab
  텍스트, 데이터 마이닝 자원, 시각화 도구 제공, 방법론 제안.
- OpenRefine
  https://openrefine.org/
  복잡한 데이터 처리 및 분석 도구
- Tableau Public
  https://public.tableau.com/app/discover
  데이터 시각화를 위한 무료 플랫폼
- TDM Studio
  https://tdmstudio.proquest.com/home
  ProQuest 데이터베이스의 신문, 잡지, 학술지, 학위 논문 등 대규모

출판 콘텐츠 분석 도구

- Voyant
  https://voyant-tools.org/
  웹 기반의 텍스트 분석 도구

4 오픈 교육 자원

4.1 오픈 교육 자원의 등장 배경과 특성

오픈 교육 자원Open Educational Resources, 즉 OER은 교수와 학습에 활용되는 교육 자료이며, 누구나 저작권자에게 허락을 구하지 않고도 자유롭게 무료로 이용할 수 있다. OER 중에서 가장 보편적인 것은 오픈 교재이지만, 일반적으로 교과 과정, 교과 자료, 모듈, 교재, 스트리밍 동영상, 시험, 소프트웨어 등을 포괄적으로 포함한다(Allen & Seaman, 2014). 즉, 교수법을 지원하는 어떤 형태의 인쇄 혹은 디지털 도구, 자료, 플랫폼이 모두 포함된다. OER의 역사를 간략하게 살펴보면, 1990년대 중반 웨인 하진스Wayne Hodgins가 학습 객체Learning Object 개념을 제안하며 시작되었으며, 디지털 자료의 재사용 가능성에 대한 관심을 불러일으켰다. 1998년 데이비드 와일리David Wiley가 오픈 콘텐츠라는 용어를 만들며 오픈 소스 운동의 원칙을 교육 콘텐츠에 적용하는 아이디어를 확산시켰다. 2001년 크리에이티브 커먼즈Creative Commons가 설립되어 오픈 콘텐츠의 법적 신뢰성이 강화되었고, 같은 해 MIT의 오픈코스웨어OpenCourseWare 프로젝트는 교육 자료의 무료 공개 모델을 제시했다. 2002년 유네스코가 오픈 교육 자원OER이라는 용어를 채택하면서 OER은 전 세계적으로 교육 자원의 개방과 접근성을 향상시키는 중요한 역할을 하게 되었다(Wiley, 2006).

유네스코는 OER과 관련해서 일련의 선언, 활동 계획, 권고문, 가이드라인 등을 발표해 OER의 발전을 견인했다. 우선 2012년에 발표된 '파리 OER 선언'[12]은 유네스코가 주최한 세계 오픈 교육 자원 회의에서 채택되었으며, 양질의 교육에 대한 보편적 접근을 촉진하는 OER의 역할을 강조했다. 선언문은 국가들이 OER에 대한 인식을 높이고 이를 활용할 것을 권장하며, 정보통신기술ICT 인프라 개발, 오픈 라이선스 체계 도입, 다양한 언어와 문화적 맥락에서 OER 제작 및 적응을 장려할 것을 제안했다. 또한 OER에 대한 연구를 통해 교육의 효율성, 형평성, 포용성을 향상시키는 것을 목표로 했다(UNESCO, 2012).

2015년 발표된 '교육 2030: 인천 선언과 실행계획'(UNESCO, 2015)은 2030년까지 모두를 위한 포용적이고 평등한 양질의 교육을 보장하고 평생 학습 기회를 촉진하는 '지속가능발전목표 4'(SDG 4)를 달성하기 위한 세계적인 약속을 담고 있다. 2015년 세계교육포럼에서 채택된 이 선언은 포괄적인 교육 의제를 통해 교육을 모두에게 제공하겠다는 과제를 해결하겠다고 표명했다. 그리고 접근성, 형평성, 교육의 질, 평생 학습을 강조하며, 성평등, 포용적 교육, 전문성을 갖춘 교사의 중요성을 강조했다. 또한 목표를 달성하기 위해 강력한 협력, 충분한 재정 지원, 취약 계층을 위한 정책 마련의 필요성을 주장하며, 특히 분쟁 지역 등에서 가장 취약한 사람들을 대상으로 하는 교육 지원의 중요성을 언급했다. 그리고 무엇보다도 OER의 효과를 극대화하기 위해 이를 뒷받침할 정책과 인프라의 필요성을 제기했다.

'류블랴나 OER 행동 계획Ljubljana OER Action Plan'(UNESCO, 2017)은 2017년 제2차 세계 OER 회의에서 채택된 문서로, '지속가능발전목표

---

12 https://unesdoc.unesco.org/ark:/48223/pf0000246687_kor

4'인 양질의 교육을 달성하기 위해 OER을 주류로 통합하기 위한 전략을 제시했다. 이 계획은 OER이 개방성, 협력, 지식 공유를 통해 포용적이고 공평하며 질 높은 교육을 촉진할 수 있는 잠재력이 있음을 강조했다. OER 통합의 다섯 가지 주요 과제로는 사용자 역량 강화, 언어적·문화적 장벽 극복, 형평성 있는 접근 보장, 지속 가능한 모델 개발, 지원 정책 환경 구축이 있다. '류블랴나 OER 행동 계획'은 정부, 교육 기관 및 이해관계자가 이러한 과제를 해결하고 OER 채택을 글로벌 차원에서 확대해나가기 위한 구체적인 행동을 권장하고 있다.

'2019년 유네스코 오픈 교육 자원 권고안'(UNESCO, 2019)은 전 세계적으로 OER의 창작, 활용 및 보급을 지원하는 포괄적인 틀을 제공하며, 포용적이고 평등한 양질의 교육을 목표로 하는 '지속가능발전목표 4'를 달성하는 데 기여하고자 한다. 이 권고안은 다섯 가지 주요 행동 영역을 강조했다. OER을 창작하고 사용할 수 있도록 이해관계자들의 역량을 강화하는 것, 지원 정책을 개발하는 것, 양질의 OER에 대한 포용적이고 형평성 있는 접근을 보장하는 것, 지속 가능한 OER 모델을 촉진하는 것, 그리고 국제적 협력을 증진하는 것이다. OER 교육 자료에 대한 개방적 접근을 촉진하고, 지식 공유를 강화하며, 문화적·언어적 경계를 넘어 협력 촉진을 강조했다.

OER의 특징으로 다섯 가지 R(5R)을 꼽을 수 있다(Wiley, 2006). 자료의 획득Retain, 재이용Reuse, 재편집Revise, 재구성Remix, 재배포Redistribute의 개방이다. '획득'은 자료의 사본을 만들고 소유하며 통제하는 것으로 주로 다운로드해서 사본을 획득하는 것을 의미한다. '재이용'은 자신의 원본, 수정된 또는 재편집된 자료의 사본을 공개적으로 사용하는 것으로 웹사이트, 프레젠테이션, 수업 등에서의 사용을 의미한다. '재편집'은 자료의 사본을 편집, 변형, 수정하는 것으로 대표적으로 다른 언어로 번역하는 것을 포함한다. '재구성'은 자신의 원본이나 수정된 자료의 사본을 기존 자료와 결합해 새롭게 생성하는 매시업이 이에 해당한다. '재배포'는 자신의 원본, 수정된 또는 재편집된 자료의 사본을 다른 사람들과 공유하는 것으로 온라인에 게시하거나 친구에게 전달하는 것이다.

4.2 오픈 교육 자원의 도구

다양한 교육 수준과 학문 분야를 지원하며 학습자와 교육자가 고품질의 교육 자료에 자유롭게 접근할 수 있도록 돕는 오픈 교육 자원OER 플랫폼은 중요한 역할을 한다. OER의 범위와 이용 가능성은 가파르게 증가하고 있으나 적절한 OER을 찾을 수 있는 통합된 도구가 부재한 상황이기 때문에(Butcher, 2015) OER 탐색 기능을 포함하는 경우가 대부분이다. 우선 국제적으로 잘 알려진 OER 플랫폼으로는 Commons, Curriki, DOER, KlasCement, MOM, MERLOT, MIT OCW, OASIS, OER Commons, OER World Map, OpenLearn, OpenStax, Open Textbook Library 등을 들 수 있다(Perifanou & Economides, 2022). 국내 OER 플랫폼으로는 에듀넷Edunet, 한국오픈코스웨어KOCW, 한국교육방송공사EBS 등이 있다.

4.2.1 국제 오픈 교육 자원 플랫폼과 탐색 도구

Commons

https://lor.instructure.com/

Commons는 캔버스Canvas에서 제공하는 학습 객체 리포지터리Learning Object Repository, LOR이며, 교수자가 강의 자료를 효율적으로 개발하고 수업의 질을 높일 수 있도록 돕는 OER 공유 플랫폼이다. 교수자는 강의 자료, 코스, 모듈, 퀴즈, 과제, 문서, 멀티미디어 등 다양한 교육 자료를 검색해서 캔버스 코스에 바로 가져올 수 있고, 자신이 만든 자료도 공유할 수 있다. 전 세계 캔버스 이용자들이 올린 자료가 모여 있어 키워드, 저자, 기관, 자료 유형 등으로 원하는 자료를 찾고, 수업 목적에 맞게 수정하거나 활용할 수 있다. 또 기관별, 그룹별로 공유 범위를 세밀하게 설정할 수 있어 협업이나 자료 재활용이 편리하다.

Curriki

https://www.curriki.org/

Curriki는 비영리 OER 플랫폼으로, 교사와 교육자가 직접 제작하거나 선별한 다양한 K-12(초중등) 교육 자료와 커리큘럼을 무료로 공유, 검색, 활용할 수 있도록 지원한다. Curriki 라이브러리에는 표준에 맞춰 검토된 수천 개의 교육 자료가 등록되어 있으며, 누구나 회원 가입 후 자료를 업로드하거나 관리하거나 개인 라이브러리에 저장해 활용할 수 있다. 협업과 커뮤니티 기능도 제공해 교육자들이 그룹을 만들고 자료 개발이나 프로젝트를 함께 진행할 수 있도록 돕는다. 자료는 재사용과 수정이 자유롭고, 표준 정렬 및 리뷰 기능으로 품질 관리가 이루어지며, 접근성 높은 오픈 소스 기반의 위키 스타일 저작 도구도 제공된다.

DOER

https://oasis.col.org/home

DOER(Directory of Open Educational Resources)는 영연방 산하 대학 및 교육 기관에서 제공하는 OER을 한데 모아 제공하는 디지털 리포지터리이다. 이 플랫폼은 다양한 국가와 기관의 교재, 강의 자료, 멀티미디어, 연구 성과 등 여러 주제와 교육 수준을 아우르는 OER을 구조화된 방식으로 검색, 탐색, 활용할 수 있게 한다. 주로 영연방학습공동체 Commonwealth of Learning, COL가 주관하며, 기술, 직업, 교육 등 다양한 목적의 교육 현장에 필요한 자원을 한곳에 모아 교육 접근성과 자료 공유를 촉진하는 것이 특징이다. 사용자는 분야, 주제, 자료 유형 등 다양한 방법으로 맞춤 검색이 가능하며, 교육 자료 접근성 향상과 함께 각국 교육자 및 학습자 네트워크 형성에도 기여한다.

KlasCement

https://www.klascement.net/?hl=en

KlasCement는 벨기에 플란데런 지역의 교육부가 운영하는 대표적인 OER 플랫폼으로, 1998년 교사 주도로 시작되었다. 이 플랫폼은 유치원생부터 성인의 교육에 이르기까지 다양한 교육 수준과 과목을 아우르며, 교사와 교육 기관, 그리고 여러 단체가 직접 제작하거나 선별한 교육 자료(수업안, 워크시트, 퀴즈, 멀티미디어, 소프트웨어 등)를 적극적으로 검색하고 공유할 수 있다. 회원 가입 후 누구나 자료를 올리거나 피드백(평가, 댓글) 기능을 활용해 자료의 질을 향상시킬 수 있다. KlasCement는 코로나19 기간 동안 원격 수업과 디지털 교육 환경 적응을 위해 전용 자료 섹션을 신설하고, 다양한 영리 기관 및 비영리 기관, 교육 조직과 협업해 실질적인 지원 자료를 신속히 제공했다. 특히 교사 커뮤니티 포럼, 웨비나Webinar, 뉴스레터 등 교사 간 상호 도움과 네트워킹 기능을 강화해 자료 공유와 교육 혁신을 촉진했다. 등록 회원 수는 20만 명이 넘고, 대부분의 자료는 누구나 자유롭게 재사용할 수 있도록 크리에이티브 커먼즈 라이선스CCL를 적용하고 있다. 네덜란드, 프랑스어, 영어 등 다양한 언어의 자료가 존재하며, 사용자 피드백과 데이터 분석을 바탕으로 플랫폼 기능을 지속적으로 발전시키고 있다. KlasCement는 플란데런뿐만 아니라 국제적으로도 교사 중심의 협업과 자료 공유 문화 정착에 중요한 역할을 하고 있다.

MOM

https://oer.deepwebaccess.com/oer/desktop/en/search.html

MOM(Mason OER Metafinder)은 조지메이슨대학교 도서관이 운영하는 OER 통합 검색 플랫폼이다. 이 메타파인더의 가장 큰 특징은 사용자가 검색 버튼을 누르면 OpenStax, OER Commons, MERLOT, HathiTrust, DPLA, Internet Archive, New York Public Library Digital Collections 등 주요 OER 리포지터리를 포함한 22개의 데이터 소스에서 실시간으로 동시 검색을 수행한다는 점이다. 정적으로 구축된 자체 DB를 검색하는 방식이 아니라 매번 최신 결과를 받아볼 수 있다. 실시간 연동으로 첫 검색 결과가 다소 느릴 수 있지만 각 소스별로 '최신' 자료가 추가로 계속 들어오며, 사용자는 별도의 필터나 검색어 변경 없이 다양한 리포지터리의 자료를 한 번에 비교·탐색할 수 있다. 광범위한 검색 범위 덕분에 잘 알려진 정규 OER뿐만 아니라 큰 아카이브에 묻혀 있던 부가 자료까지 발견할 수 있다. 다만 각 소스의 메타데이터 기준이 다르기 때문에 모든 결과가 엄밀한 의미의 '오픈open'은 아닐 수 있으니 실제 사용 전 저작권 및 라이선스 정보를 반드시 확인해야 한다. MOM은 누구나 무료로 이용할 수 있으며, 검색 위젯 형태로 외부 사이트에 MOM을 삽입하는 기능도 지원한다. 여러 대학, 도서관, 기관에서도 OER 안내서나 연구 가이드 링크로 널리 활용되고 있다.

MERLOT

https://www.merlot.org/merlot/

MERLOT(Multimedia Educational Resource for Learning and Online Teaching)은 국제 교육자, 학습자 및 연구자 커뮤니티가 운영하는 OER 플랫폼이다. 회원 가입 없이도 10만 개가 넘는 다양한 분야의 학습 자료(강의 노트, 멀티미디어, 문제은행 등)를 무료로 검색, 이용할 수 있으며, 등록 회원 및 기관 수 역시 매우 많다. 사용자는 자신이 만든 교육 자료를 플랫폼에 기탁할 수 있으며, 다른 사람이 등록한 자료에 리뷰, 평가, 추천 등 피드백을 남길 수 있다. 또한 MERLOT은 단순한 자료 아카이브를 넘어 웹사이트, 학습 모듈 패키지 등을 직접 제작할 수 있는 무료 저작 도구Content Builder도 제공해 사용자 주도의 교육 자료 개발을 지원한다. 집단적 검토와 사용자 중심 큐레이션, 품질 관리(리뷰어 제도)로 자료에 대한 신뢰도를 높이고, 전 세계 교육 네트워크를 통한 커뮤니케이션과 협업 기회도 제공한다. MERLOT은 누구나 접근 가능한 교육 자료 생태계를 구축하는 대표적인 글로벌 OER 플랫폼이다.

MIT OCW

https://ocw.mit.edu/index.htm

MIT OCW(MIT OpenCourseWare)는 매사추세츠공과대학교MIT가 제공하는 대표적인 OER 플랫폼이다. 2002년 출범 이후 MIT의 다양한 학과와 과목에서 실제로 사용된 강의 노트, 과제, 시험, 동영상 강의 등 대규모의 강의 자료를 전 세계 누구에게나 무료로 공개하고 있다. 사용자는 회원 가입 없이 원하는 과목의 자료를 자유롭게 탐색하고 다운로드할 수 있으며, 자율 학습, 교실 수업 지원, 커리큘럼 개발 등 다양한 교육 목적에 맞게 활용할 수 있다. MIT OCW는 수백 개가 넘는 과목과 테마별 컬렉션을 제공하고, 누구에게나 지식 접근성을 넓히는 오픈 교육의 대표적 모델로 평가받는다. 그 영향력은 전 세계 교육자, 학생, 자율 학습자 등 매우 광범위하며, 지식 공유와 글로벌 교육 평등에 크게 기여하고 있다.

OASIS

https://oasis.geneseo.edu/

OASIS(Openly Available Sources Integrated Search)는 미국 제네시

오 뉴욕주립대학교SUNY Geneseo의 밀른도서관Milne Library에서 개발해 운영하는 OER 통합 검색 플랫폼이다. OASIS는 2025년 기준 전 세계 100곳이 넘는 검증된 115개 이상의 출처에서 45만 건 이상의 텍스트북, 강좌, 오픈 액세스 도서, 강의 자료, 멀티미디어(비디오, 오디오북, 팟캐스트), 모듈, 시뮬레이션, 공개 원본 도서 등 다양한 형식의 교육 자료를 한 번에 검색할 수 있도록 지원한다. 사용자는 자료 유형, 주제, 출처, 라이선스 종류(크리에이티브 커먼즈 라이선스 등), 교수자 리뷰와 같은 다양한 조건으로 결과를 정렬하거나 필터링할 수 있다. OASIS는 교사와 교수자가 공개 교육 자료를 손쉽게 발견하고 저작권에 대한 부담 없이 수업에 활용하거나 자료를 동료와 공유하도록 돕는다. 별도의 회원 가입 없이 무료로 이용할 수 있고, 검색 위젯도 제공해 타 기관 웹사이트에 연동해 활용할 수 있다. OASIS는 OER의 활용과 접근성을 대폭 높이는 대표적 메타 검색 서비스로, 지속적으로 자료 출처와 기능을 확대하고 있다.

OER Commons

https://www.oercommons.org

OER Commons는 ISKME(Institute for the Study of Knowledge Management in Education)가 2007년에 만든 대표적인 OER 플랫폼이다. 이 플랫폼은 교사, 교육자, 학생 등 누구나 무료로 접근할 수 있는 디지털 교육 자료 라이브러리로, 강의 노트, 교과서, 수업안, 멀티미디어, 연구 자료 등 12만 개 이상의 다양한 자원을 주제, 자료 유형, 교육 수준, 저작권 조건 등으로 쉽게 검색·활용할 수 있다. 'Open Author' 저작 도구를 제공해 누구나 직접 OER을 제작하거나 기존 자료를 리믹스해서 공유·출판할 수 있고, 그룹 기능과 허브Hubs, 마이크로사이트 등 협업·맞춤 설계 환경도 지원한다. 사용자는 자원, 태그, 피드백, 평점, 리뷰 등을 구성해서 큐레이션에 참여할 수 있으며, 자료별로 크리에이티브 커먼즈 저작권이 명확하게 표시된다. 교육 기관별, 프로젝트별, 커뮤니티별로 그룹과 컬렉션을 운영해 기관 맞춤형 자원 관리 및 공동 개발도 가능하다. 또한 품질 관리와 표준 준수를 위해 공통 핵심 표준Common Core State Standards 및 어치브 OER 루브릭Achieve OER Rubrics 등 평가·정렬 도구도 내장되어 있고 접근성, 다국어 메타데이터, 오픈 API 등 기술적 확장성 역시 뛰어나다. OER Commons는 현장 교사 연수와 온라인 워크숍 등 전문성 개발 프로그램도 운영하며, 전 세계 교육 네트워크에 무료 및 개방형 교육 자원 확산의 중심 역할을 한다.

OER World Map

https://oerworldmap.org/

OER World Map은 OER에 관한 전 세계 이니셔티브, 기관, 프로젝트, 사람, 정책 등 다양한 정보를 시각적인 지도 형태로 제공하는 플랫폼이다. 누구나 참여해 OER 관련 데이터와 경험을 공유하거나 직접 정보를 추가할 수 있으며, 지역별, 주제별, 교육 분야별로 데이터를 탐색해 각국의 OER 현황과 네트워크를 파악할 수 있다. 이 플랫폼은 전 세계 OER 생태계의 소통과 확산을 촉진하고 교육 민주화, 지속 가능한 발전, 사회 정의라는 오픈 교육의 가치를 실현하는 데 기여한다. 독일 연방교육연구부의 지원을 받아 개발·운영되고 있으며 교육 관계자, 정책 입안자, 연구자 등 다양한 사용자가 데이터 수집, 사례 공유, 정책 참고, 파트너십 구축, 연구를 위한 근거 수집 등 다목적으로 활용할 수 있다. OER World Map은 글로벌 오픈 교육 협력과 정보 확장에 필수적인 역할을 하고 있다.

OpenLearn

https://www.open.edu/openlearn/

OpenLearn은 영국 오픈대학교The Open University, OU가 2006년에 만든 대표적 무료 온라인 학습 플랫폼이다. 이 플랫폼은 약 900개의 온라인 강좌와 8,000편 이상의 기사, 인터랙티브 활동, 팟캐스트, 비디오 등 총 1만 5,000시간 분량 이상의 학습 자료를 누구나 무료로 이용할 수 있도록 제공한다. 모든 콘텐츠는 오픈대학교 소속 학자와 전문가이드가 직접 만들거나 공식 커리큘럼에서 발췌한 것이며, 대다수 자료가 크리에이티브 커먼즈 라이선스로 자유롭게 공유·재사용·수정이 가능하다. OpenLearn은 접근성, 비용, 자신감 등의 장벽으로 인해 고등 교육에 쉽게 접근하지 못하는 학습자들에게 기회를 제공하는 데 목적이 있다. 사용자들은 회원 가입 없이 자료를 탐색할 수 있지만, 가입하면 수강 이력 관리, 코스 등록, 학습 진행 추적, 참여 인증서Statement of Participation와 디지털 배지Digital Badge 획득 등 부가 기능을 활용할 수 있다. 실제로 매년 수십만 명이 수료증이나 배지를 받고, 누적 4백만 명 이상의 등록 회원 계정을 보유하고 있다. OU 정규 수업 자료뿐만 아니라 시사, 과학 실험, IT, 회계, 문학, 심리 등 다양한 주제를 다루며, 특정 국가별, 테마별 허브(예: 홈스쿨링, 스포츠, 디자인, 종교 등)도 구축되어 있다.

2023-2024년 기준 연간 방문자 약 1,180만 명, 120개국 이용, 연간 강좌 등록 건수 100만 건 이상을 기록했으며, 4만 9,000개의 디지털 배지를 신규 발급했다. 대부분 콘텐츠는 OU 유튜브, 아마존 킨들 등 외부 채널에서도 서비스되며, OpenLearn은 전 세계적 오픈 교육 접근성 제고와 평생 학습 문화 확산에 중요한 플랫폼으로 평가받고 있다.

OpenStax

https://openstax.org/

OpenStax는 미국 라이스대학교가 2012년 공식적으로 설립한 세계 최대의 OER 출판 플랫폼이다. 비영리 교육 기술 이니셔티브로, 고등 교육 및 K-12 단계에서 활용 가능한 70여 종(2025년 기준)의 동료 심사를 거친 오픈 라이선스 교과서와 부가 교수·학습 자료를 디지털(웹, PDF, ePub 등) 및 저렴한 인쇄본으로 무료 또는 저비용으로 제공한다. 모든 교재는 크리에이티브 커먼즈 라이선스(CC BY 등)로 배포되어 교육자가 자유롭게 수정·재배포할 수 있다. OpenStax는 각 교과별로 현직 교수진 및 전문가 집필, 다단계에 걸친 외부 검토, 사용자 피드백을 통한 오류 수정 등 엄격한 품질 관리를 특징으로 한다. 또한 지식 접근성 확대와 교육 비용 절감을 주요 목표로 삼으며, 2024년까지 전 세계 153개국 3,670만 명 이상의 학생들이 OpenStax를 활용해 누적 29억 달러 이상의 교재비 절감 효과를 거두었다. 미국 내 대학의 70%, K-12 학교 6,300여 곳에서도 활발히 쓰인다. 이 외에도 OpenStax는 교육 현장 맞춤형 인터랙티브 학습 기술(예: OpenStax Tutor, Kinetic 등), Canvas·LMS 연동 도구, AI를 활용한 맞춤형 학습을 지원하고 교원 연수와 연구 프로그램 등을 운영하며 교육자, 연구자, 학생, 정책 담당자를 위한 글로벌 오픈 교육 생태계 확산에 중요한 플랫폼 역할을 한다.

Open Textbook Library

https://open.umn.edu/opentextbooks/

Open Textbook Library는 미국 미네소타대학교 오픈 교육 네트워크Open Education Network에서 운영하는 대표적인 오픈 교과서Open Textbook 리포지터리다. 이 사이트는 전 세계 고등 교육을 비롯한 다양한 분야에서 활용할 수 있는 1,600권 이상의 오픈 라이선스 교재를 무료로 제공한다. 모든 교재는 디지털로 다운로드, 편집, 배포가 자유롭고, 인쇄도 저렴하게 가능하다. 대부분 크리에이티브 커먼스 라이선스와 같은 오픈 라이선스를 적용해 누구나 교재 내용을 수정, 재배포하거나 필요한 부분만 활용할 수 있다. 주요 기능으로 다양한 학과별, 주제별, 파일 형식별 검색 및 필터링이 가능하며, 각 교재마다 대학 교수진 등 전문가의 실제 수업 활용 경험을 바탕으로 한 리뷰와 평점이 제공된다. 또한 등록되는 모든 교재는 여러 교육 기관에서 실제 사용 중이거나 교원 및 학회가 발간한 것만 인정하는 등 신뢰성을 높이는 엄격한 기준이 적용된다. 교육자는 교과서 외에도 최신 추가 자료와 보조 학습 자원, 오픈 저작·출판 지원 정보도 활용할 수 있다. 이 리포지터리를 통해 학생은 경제적 부담 없이 최신 교재에 접근할 수 있으며, 교수자는 교재를 교육 과정에 맞게 개정하거나 직접 제작·공유할 수 있는 유연성을 누린다. 오픈 교과서 활용은 학습 접근성과 교육 평등, 수업 맞춤화에 기여하며, 대학 내외의 오픈 교육 문화 확산에 있어서 중요하다.

4.2.2 국내 오픈 교육 자원 플랫폼과 탐색 도구

에듀넷Edunet

https://www.edunet.net/

에듀넷Edunet은 한국교육학술정보원KERIS이 운영하는 국내의 대표적인 공공 교육 정보 통합 지원 플랫폼이다. 1996년부터 국내 초·중·고 교사, 학생, 학부모를 주요 대상으로 다양한 교육 콘텐츠와 서비스를 무료로 제공해왔다. 에듀넷은 교과 학습 자료, 멀티미디어 자료, 디지털 교과서, 평가 자료, 진로 설계, 연구/연수 자료, 온라인 교원 커뮤니티 등 폭넓은 교육 자료를 구조화해 지원한다. 이 플랫폼은 회원제로 운영되며, 각종 교육 정보 서비스와 자료 검색, 교사-학생-학부모 간 소통, 자료 공유, 학교 행정 지원, 그리고 최신 AI 교수 학습 자료 등도 포함한다. 최근에는 인공 지능, 소프트웨어, 융합 교육 등 미래 교육 자료와 실습 콘텐츠도 제공하며, 현장 교사의 역량 강화와 수업 혁신을 위한 교육 정책 자료, 수업 영상, 연수, 커뮤니티까지 통합적으로 연계한다. 주요 특징은 다음과 같다.

- 국가 교육 과정 및 각 시도 교육청 자료, 세계 교육 동향 등 공식 정보와 교사용 학습 자료 제공
- 디지털 교과서, 멀티미디어 자료, 각종 학습 도구 무료 제공
- 교사별·학생별 맞춤형 자료 추천, 포트폴리오 및 활동 관리
- 온라인상에서 자율 학습, 보충·심화 학습, 진로 지도, 행정 지원까지 통합 기능
- AI 교수 학습 자료, SW 교육, 교원 연수, 연구 자료 등 미래형 학습 지원
- 커뮤니티, 온라인 토론, 자료 평가·피드백 등 협업 및 쌍방향 기능

에듀넷은 전 국민이 시공간 제한 없이 고품질의 교육 콘텐츠와 최신 교육 정보에 접근할 수 있도록 설계되었으며, 평생 학습과 교육 혁신, 학교 현장과 가정, 그리고 교육 정책의 연결을 실현하는 대표적 오픈 교육 자원 플랫폼이다.

한국오픈코스웨어KOCW

http://www.kocw.net

한국오픈코스웨어KOCW(Korea OpenCourseWare)는 한국교육학술정보원이 주관해 운영하는 국내 대표 오픈코스웨어OCW 플랫폼이다. 이 사이트는 국내외 대학교와 기관이 직접 공개한 강의 동영상, 강의 자료, 문서 등

다양한 고등 교육 이러닝 콘텐츠를 대학생, 교수자, 일반인 등 누구나, 언제 어디서나 무료로 이용할 수 있도록 제공한다. KOCW에는 전공별, 주제별, 대학별로 분류된 수만 건의 강의가 탑재되어 있으며, 국내 최대 규모의 고등 교육 자료 저장소로 평생 교육 기회 확대와 지식 공유 문화 확산을 목표로 한다. 주요 특징은 다음과 같다.

- 국내외 230여 개 대학 및 기관의 강의, 세미나, 소프트웨어 교육 등 다양한 분야와 수준의 콘텐츠 제공
- 회원 가입을 하면 수강 확인증 발급, 강의 클립 저장 등 부가 기능 이용 가능
- 키워드, 주제, 대학별·기관별 분류 검색으로 원하는 강의를 쉽게 찾을 수 있음
- 모든 자료는 저작권 안내 및 라이선스 정보에 따라 무료로 개방, 수정·재사용 가능(일부 제한 사항 존재)
- 고등 교육뿐만 아니라 평생 학습 및 지식 저변 확대 역할

KOCW는 대학 교육의 질 향상, 교육 격차 해소, 사회 전반의 지식 접근성 증진을 위한 중추적인 플랫폼으로, 한국의 대표적 OER 서비스 중 하나이다.

한국교육방송공사EBS

http://www.ebs.co.kr/

EBS(한국교육방송공사, Korea Educational Broadcasting System)는 한국의 대표적인 공공 교육 방송이자 전국 단위의 TV·라디오 채널, 그리고 방대한 온라인 교육 플랫폼을 운영하는 기관이다. EBS는 영유아부터 성인, 대학 진학 준비생, 학부모까지 모든 연령대의 학습자를 대상으로 다

양한 교육 콘텐츠(강의, 교재, 다큐멘터리, 시사 등)와 평생 학습 자원을 무료 또는 저렴하게 제공한다. 공교육 보완과 평생 학습 지원, 초중등 교과 강의 및 수능 대비 강의, 영어·수학·SW(코딩) 등 각 과목별 전문 강의, 자율 학습 자료, 입시·진로 정보, 직업 교육, 교원 연수 등 공교육 현장을 지원할 다양한 서비스가 구축되어 있으며, OER을 제공한다. 수많은 강의, 수업 자료, 멀티미디어, 문제은행 등을 공개해 누구나 자유롭게 탐색·활용할 수 있다. 이에 따라 디지털 교육 격차 해소와 교육 평등, 사회 전체의 평생 학습 문화 확산에도 중심적 역할을 한다.

4.3 오픈 교육 자원의 도전 과제

오픈 교육 자원OER은 장점과 단점이 공존한다.[13] OER의 장점은 누구나 시간과 장소에 상관없이 자유롭게 접근할 수 있어 학습 기회를 확대하고, 거의 비용 없이 널리 배포할 수 있으며, 교사는 이를 자유롭게 수정·재구성해 수업 목표에 맞게 활용할 수 있다는 점이다. 또한 기존 교재와 강의의 부족한 부분을 보완하거나 멀티미디어 자료와 결합해 학습 효과를 높일 수 있고, 학생들이 자료를 직접 편집하거나 확장함으로써 비판적 사고와 창의적 표현 능력을 키우는 데도 도움이 된다. 자료는 빠르게 제작·공유될 수 있어 시의성과 활용도가 높고, 교재 구입에 드는 학생들의 경제적 부담을 줄이며, 교수진의 전문성과 교육 혁신 사례를 외부에 알리는 수단이 되기도 한다. 아울러 졸업생이 학교와 지속적으로 연결되어 평생 학습을 이어갈 수 있는 기반을 제공하며, 사용자 피드백이나 직접 편집을 통해 지속적으로 개선되고 발전할 수 있다는 점에서도 높은 교육적 가치가 있다.

---

13 https://libguides.umgc.edu/c.php?g=23404&p=138771

그러나 OER의 단점은 자료의 품질이 고르지 않아 신뢰성과 정확성이 떨어질 수 있고, 교사나 기관이 이를 수업에 도입하려면 자료 탐색, 수정, 저작권 확인, 플랫폼 게시 등 추가적인 시간과 노력이 필요하다는 점이다. 그리고 OER은 교사와의 직접적인 상호 작용 없이 독립적으로 학습하도록 설계된 경우가 많아 학습 효과가 제한될 수 있다. 또한 대부분 영어로 제공되어 비영어권 학습자에게 접근성이 낮고, 문화적 맥락에서도 부적절할 수 있다. 기술적인 측면에서도 느린 인터넷 연결이나 특정 소프트웨어 부족 등으로 사용에 제약이 따르며, 일부 자료는 수정이나 접근이 어려운 정적인 형식으로 되어 있는 경우도 있다. 아울러 저작권 문제에 민감하게 대응해야 하고, 제작자에게 별도의 보상이 없는 경우가 많아 자료의 지속적인 유지 · 보완이 어려워 장기적인 활용 가능성에도 한계가 있을 수 있다.

이러한 맥락에서 OER은 지속적인 성장에도 불구하고 보다 큰 규모의 확산과 성장을 위한 다음과 같은 도전 과제에 직면하고 있다(Helge et al., 2020; Martin, 2022).

- OER의 낮은 인지도

  OER에 대한 인지도가 증가하는 추세이지만, 여전히 대부분의 교수진은 OER 생산과 재이용의 이점에 대한 인식이 낮은 편이다.

- OER 품질

  OER 품질에 대한 우려와 학습 콘텐츠, 교수 설계 적절성에 대한 불확실성이 OER이 널리 받아들여지는 데 장벽으로 언급되는 경우가 종종 있다.

- OER 생산 비용

  OER 생산 비용이 과소평가되는 경우가 종종 있다. OER 이용은 무료이지만 생산에는 소프트웨어, 하드웨어, 유지 보수, 직원 교육 등에 대한 비용이 발생한다.

- 낮은 OER 생산 인센티브
  OER을 생산한 교수진에 대한 낮은 인센티브가 OER 확산에 장애물로 종종 언급된다.
- OER에 대한 학술 인정 시스템의 부재
  교수진은 자신들의 수업에서 OER 제작과 활용을 이타적인 이유로 수행했지만, 소속 기관과 동료의 인정이 낮은 수준이어서 널리 확산되기 어렵다고 지적한다.
- 기술적 역량과 교육 부족
  기술적 역량과 교육의 부족은 OER 수용에 있어서 저해 요인이라고 반복적으로 지적되어왔다.
- OER 탐색 가능성
  OER은 다양한 곳에 위치해 있기 때문에 좋은 품질의 OER을 찾는 것은 큰 어려움 중의 하나이다.
- 지식재산권과 저작권 문제
  제3자 자료 사용과 관련된 지식재산권과 저작권 문제를 해결하는 것이 OER 프로젝트에서 가장 어렵고 비용이 많이 드는 과정 중 하나이다.
- 언어와 문화 장벽
  거의 대부분의 OER은 서양 사회에서 생산되며 영어로만 제공된다. 영어는 지식 확산에 사용되는 국제 언어로 간주되지만 전 세계 학습자의 대부분은 영어를 모국어로 하지 않는다. 이러한 OER의 언어적 불균형은 영어를 모국어로 하지 않는 나라에서의 효과적인 이용과 재이용에 장애 요인이 된다.

9장

오픈 데이터와 연구 데이터

1 오픈 데이터의 정의와 개념

데이터가 무엇인지를 규명하는 단 하나의 간결한 정의는 존재하기 어렵다. 모두가 동의할 수 있는 단 하나의 명확한 정의를 내리기 어려운 주된 이유는 데이터가 맥락과 함께 존재하며 맥락 속에서 의미를 지니기 때문이다. 무엇보다도 데이터는 생산되는 커뮤니티에 따라 정부의 행정 데이터, 공공 기관의 공공 데이터, 기업의 상업 데이터, 학술 커뮤니티의 연구 데이터 등 다양한 유형으로 구분될 수 있다. 또한 데이터는 다양한 종류와 형태로 생산되기 때문에 사례로 정의되거나 조작적 정의를 통해 규명될 수 있다(Borgman, 2007, 2017). 폭스와 해리스(Fox & Harris, 2013)는 디지털 관찰, 과학적 모니터링, 센서 데이터, 메타데이터, 모델 결과물과 시나리오, 질적 혹은 관찰된 행동 데이터, 시각화, 통계 데이터를 데이터의 예시로 열거했다. 데이터의 조작적 정의는 데이터 아카이빙 원칙인 'OAIS 참조 모형Reference Model for an Open Archival Information System (OAIS)'(2012)에서 밝힌 바와 같이, "데이터는 의사소통, 해석 또는 처리를 목적으로 형식화되었으며, 재해석 가능한 정보의 표현물이다. 데이터의 예시는 비트의 연속, 숫자로 이루어진 표, 페이지의 문자, 말하는 사람이 만든 소리의 녹음, 혹은 달의 암석 표본 등"이라고 제시한다.

오픈 데이터는 다양한 맥락에서 생산되는 여러 유형의 데이터를 개방하고 공개해 누구나 자유롭게 이용하고 재이용하는 것을 의미한다. 이 중에서 연구 데이터는 학술 커뮤니티에서 생산되며, 연구자가 수행한 연구 과정에서 발생하는 생산물이자 결과물이다. 학술 커뮤니케이션 맥락에서 연구 데이터는 연구의 시작인 동시에 결과물이다. 학술 커뮤니케이션 과정에서 생산되는 이러한 연구 데이터는 과학적 연구 결과를 뒷받침하는 데이터로, 접근 제한이 없는, 누구나 활용할 수 있는 데이터를 지향한다. 보다 구체적으로 학술 연구, 교육 등 다양한 목적을 위해 자유롭게 접근, 재이용, 재가공, 재배포할 수 있는 데이터로 정의할 수 있다(European Commission, 2019).

연구 데이터 역시 종류와 형태가 다양하다. 그 종류를 살펴보면 관찰 데이터, 계산 데이터, 실험 데이터, 기록 데이터로 구분할 수 있다(Borgman, 2017). 관찰 데이터는 현상을 인식하거나 주목하고 사실 또는 사건을 기록하는 것으로 일반적으로 기기를 사용해 이루어진다. 과학 분야에서의 예시를 살펴보면 날씨, 식물, 동물 등에 대한 관찰, 위성, 센서 네트워크, 노트 기록 등이다. 사회과학 분야에서의 예시는 경제 지표와 인터뷰, 업무에 대한 자체 보고, 온라인 인터뷰, 현장 조사 등이다. 계산 데이터는 컴퓨터 모델, 시뮬레이션, 워크플로 등을 실행해서 얻어지는 결과이다. 계산 데이터는 주로 물리학, 생명과학 분야에서 일반적으로 생산되는 연구 데이터의 종류 중 하나이지만, 사회과학이나 인문학 분야에서도 생산될 수 있다. 실험 데이터는 가설을 검증하거나 새로운 법칙을 발견 혹은 검증하기 위해 통제된 조건하에 수행된 결과물이다. 예를 들면 화학 실험실의 연구 결과물, 물리 실험 결과물, 실험실이나 현장에서 통제된 심리학 실험 결과물이 이에 해당된다. 기록 데이터는 관찰, 계산, 실험의 범주에 쉽게 들어맞지 않는 연구 데이터의 형태라고 볼 수 있다. 거의 모든 현상이나 인간 활동의 기록은 연구를 위한 연구 데이터로 다룰 수 있다. 이 장에서는 학술 커뮤니티에서 생산하는 연구 데이터를 중심으로 논의한다.

2 연구 데이터의 공유와 관리

2.1 연구 데이터의 공유

연구 데이터는 전통적으로 연구자의 개인 소유로 간주되었으며, 일부 연구 데이터가 학술 출판물에 표, 그래프, 요약 형태로 제시되었다. 또한 출판물이 주로 인쇄 형식으로 이루어졌을 때는 원본 데이터의 완전한 세트에 접근하는 것이 통상적으로 불가능했다. 그러나 컴퓨터와 통신 기술의 발전으로 데이터 수집, 저장과 보관, 공유, 검색, 분석과 같은 작업이 더 쉽고 빠르게 이루어지고 있으며, 이러한 변화하는 환경에서 데이터의 공유와 재이용이라는 측면에서 오픈 데이터는 학술 커뮤니케이션 분야의 중요한 주제가 되었다(Borgman, 2012). 오픈 데이터는 누구나 접근하고 이용하고 공유할 수 있는 데이터를 의미하며, 정부, 기업, 개인이 오픈 데이터를 사용해 사회적, 경제적, 환경적 이익을 얻을 수 있다(Data Europa). 인간 유전체 서열 데이터의 신속한 공개는 데이터의 널리 알려진 공유의 가치를 입증하는 가장 좋은 예 중 하나이다. 이러한 공유는 전 세계 과학자 커뮤니티가 협력해서 희귀 질환의 원인을 발견하고 다른 중요한 건강 상태에 대한 새로운 통찰력을 얻도록 이끌었다(Birney et al., 2009).

학술 커뮤니케이션의 연구 데이터 맥락에서 오픈 데이터의 중요성은 재이용과 자유로운 이용에 있다(Murray-Rust, 2008). 임상 연구와 같은 몇몇 분야에서는 데이터 공유가 중복 데이터 수집 활동을 최소화해서 비용과 노력을 절감할 수 있다. 데이터의 재이용은 원래 생산자가 예견하거나 혹은 예견하지 못한 데이터의 새로운 이용을 의미하며, 데이터베이스를 활용한 데이터의 통합, 변수 사용, 새로운 통찰을 위한 다양한 정보원으로부터의 데이터 연계 등을 포함한다. 자유로운 이용은 이용 허락이라는 장애물을 제거해서 이용 허락 절차를 거치지 않고 공개된 데이터를 자유롭게 이용한다는 의미이다. 통상적으로 이용 허락 절차는 수개월이 걸리기 때문에 오픈 데이터는 이러한 절차를 거치지 않고 데이터 재이용을 가능하게 하며, 궁극적으로 데이터의 확산이 이루어진다. 연구 데이터 공유 개념은 연구기금 기관, 출판사, 연구 출판물의 동료 심사자, 연구 개념의 재검토에 관심 있는 연구자, 과학적 추론을 재확인하고 의문을 제기하는 시민 등과 같은 연구의 다양한 이해관계자에게 받아들여지는 추세이다(Ross & Krumholz, 2013). 무엇보다도 공공자금으로 수행된 연구를 통해 수집된 데이터는 공개적으로 접근 가능해야 한다는 생각을 지지하는 강력한 주장도 있다(Borgman, 2012).

그러나 자신의 연구 데이터를 다른 연구자와 공유하게 하는 것은 모든 연구자에게 긍정적으로 받아들여지는 것은 아니다. 연구자가 연구 데이터를 공유하지 않는 몇 가지 대표적인 이유로는 데이터 통제 욕구, 해당 데이터를 사용하고자 하는 연구자의 미래의 출판 의지, 데이터에 포함된 개인 정보 보호 등이다. 또한 다양한 학문 분야는 연구 데이터 공유 문화가 다를 수 있다. 예를 들어 천문학, 해양학, 분류학과 같은 일부 분야는 데이터 공유의 전통을 가지고 있다. 천문학과 해양학 분야에서는 데이터 수집이 대규모 공유 인프라를 이용해 수행되므로 데이터 공유가 상대적으로 쉽게 받아들여진다. 유전체학은 동질적인 데이터를 다루며 연구 데이터 공유 리포지터리 활용이 보편적이어서 연구 데이터 공유 문화가 가능하다(Reichman et al., 2011; Savage & Vickers, 2009; Tenopir et al., 2011). 그러나 기술적·사회문화적 이유로 사회과학이나 인문학 등 여러 다른 학문 분야에서는 아직 데이터 공유가 보편적이지는 않은 것이 현실이지만, 연구 데이터의 공유라는 패러다임 변화가 진행 중이다.

2.2 연구 데이터의 관리

연구 데이터 관리는 연구 과정에서 생산된 데이터를 체계적으로 저장, 조직, 문서화, 보존, 접근, 확산하는 등의 일련의 활동으로 정의할 수 있으며, 연구 데이터 매니지먼트Research Data Management, RDM 혹은 연구 데이터 서비스Research Data Service, RDS라는 용어가 혼재되어 사용된다. 데이터가 수집되는 시점부터 접근, 재이용, 아카이브에 이르기까지 전 생애 주기 동안 접근 가능하고 활용 가능하도록 보장하는 것이 핵심이다. 연구 데이터 관리가 잘 되면 데이터 분석이 효율적으로 수행되고, 연구의 투명성이 향상되며, 연구 부정행위에 대한 의혹이 줄어들 수 있다(European Commission, 2019). 각국의 주요 연구기금 기관은 데이터 관리 계획Data Management Plan, DMP을 의무화하고 있으며 이러한 상황은 연구 데이터 관리가 연구 환경에서 점점 더 중요한 요소로 자리 잡고 있음을 보여준다. 연구 데이터 관리는 연구 데이터 생애 주기와 밀접하게 연계된다. 영국데이터아카이브UK Data Archive에서 제시한 연구 데이터 생애 주기는 <그림 9-1>과 같다(UK Data Service, 2025).

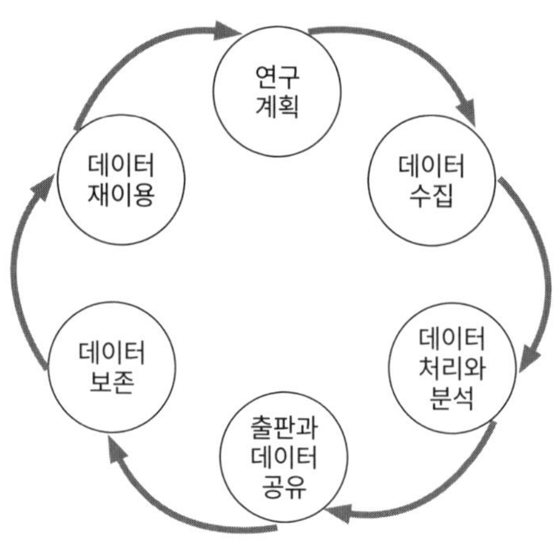

<그림 9-1> 연구 데이터 생애 주기
(출처: UK Data Service, 2025)

연구 계획 단계에서는 연구의 설계, 데이터 관리 계획 수립, 데이터 공유 동의 계획, 데이터 수집, 처리, 프로토콜, 템플릿 계획 수립, 기존 데이터 자원 탐색을 수행한다. 데이터 수집 단계는 데이터 수집을 비롯해, 데이터와 함께 메타데이터 작성, 기존의 제3자 데이터 획득 과정이 포함된다. 데이터 처리와 분석 단계는 데이터 입력/디지털화/전사/번역 작업, 데이터 체크/검증/정제/익명화 작업, 데이터 기술과 문서화 작업, 데이터 관리와 저장 작업, 데이터 분석과 해석 작업, 연구 결과 도출 작업, 출처 데이터 인용 작업을 수행한다. 출판과 데이터 공유 단계는 저작권 설정 작업, 이용자 문서 생성 작업, 탐색 메타데이터 생성 작업, 데이터 접근점 선정 작업, 데이터 출판과 공유 작업, 데이터 활용 증진 작업이 포함된다. 데이터 보존 단계는 데이터 마이그레이션 작업, 데이터 저장과 백업 작업, 보존 문서 생성 작업, 데이터의 보존과 큐레이션 작업으로 구성된다. 데이터 재이용 단계는 데이터 2차 분석, 후속 연구 수행, 동료 심사, 연구 결과 검증, 교육과 학습에서 데이터 활용 등을 포함한다.

도서관은 연구 데이터 관리 분야를 새로운 도서관의 업무로 받아들여 지속적으로 성장시켰으며, 다양한 하위 업무 영역으로 확장했다. 아자미 외(Azami et al., 2023)는 <표 9-1>과 같이 기존의 연구들을 종합해 정리해서 연구 데이터 분야의 도서관 업무 영역을 데이터, 연구자, 조직, 기술 영역으로 제시했다.

데이터 영역에서는 데이터 처리, 데이터 보호, 데이터 법적 사항, 데이터 공유와 같은 항목을 다룬다. 데이터 처리는 데이터 이관과 전송, 데이터 품질 평가, 통제 어휘, 메타데이터 할당을 의미한다. 데이터 보호는 데이터 처리, 데이터 보안, 안전하고 처리 가능한 데이터 포맷, 데이터 백업과 같은 사항을 논의한다. 데이터의 법적 사항에는 데이터 소유권, 데이터의 민감성과 기밀성 결정, 데이터 저작권과 이용 라이선스, 데이터 인용, 데이터 익명화 등이 포함된다. 데이터 공유는 데이터 출처 결정, 데이터 접근 생성과 같은 사항이 다루어진다.

연구자 영역에서는 데이터 관리와 공유 과정에 대한 연구자 교육과 훈련, 연구자가 데이터를 공유할 수 있도록 하는 동기 부여, 데이터 공유를 위한 연구자의 사고방식 변화와 같은 논의 사항이 포함된다.

<표 9-1> 연구 데이터 분야의 도서관 업무 영역

영역	항목	주요 내용
데이터	데이터 처리	데이터 이관과 전송, 데이터 품질 평가, 통제 어휘, 메타데이터 할당
	데이터 보호	데이터 보안, 안전하고 처리 가능한 데이터 포맷, 데이터 백업
	데이터 법적 사항	데이터 소유권, 데이터의 민감성과 기밀성 결정, 데이터 저작권과 이용 라이선스, 데이터 인용, 데이터 익명화
	데이터 공유	데이터 출처 결정, 데이터 접근 생성
연구자	연구자 교육과 훈련	데이터 관리와 공유 과정에 대한 교육과 훈련
	연구자 동기 부여	데이터 공유 촉진을 위한 동기 부여
	연구자 사고방식 변화	데이터 공유를 위한 연구자 사고방식 변화
조직	인적 자원 지원	숙련된 인적 자원 지원과 인적 자원 역량 강화
	정책 수립	데이터 공유 정책, 데이터 관리 계획, 데이터 보호 정책, 기술 정책과 절차 수립
	상호 작용과 지원	기술적 지원, 다른 기관과의 상호 작용과 협력, 표준 준수, 이용자 불만과 질의응답 처리
기술	하드웨어 인프라 구현	고성능 컴퓨팅 기자재, 하드웨어 인프라, 데이터 리포지터리, 네트워크 인프라
	소프트웨어 인프라 구현	데이터 호스팅 서비스, 소프트웨어 인프라

(출처: Azami et al, 2023)

조직 영역은 인적 자원 지원, 정책 수립, 상호 작용과 지원 항목으로 구분된다. 인적 자원 지원 항목은 숙련된 인적 자원 지원과 인적 자원 역량 강화가 포함된다. 정책 수립에는 데이터 공유 정책, 데이터 관리 계획, 데이터 보호 정책, 기술 정책과 절차에 관한 내용이 포함된다. 상호 작용과 지원 측면에서는 기술적 지원, 다른 기관과의 상호 작용과 협력, 표준 준수, 이용자 불만과 질의응답 처리와 같은 항목을 다룬다.

기술 영역은 하드웨어 인프라와 소프트웨어 인프라를 포함한다. 하드웨어 인프라 구현은 고성능 컴퓨팅 기자재, 하드웨어 인프라, 데이터 리포지터리, 네트워크 인프라를 다루며, 소프트웨어 인프라 구현은 데이터 호스팅 서비스, 소프트웨어 인프라를 의미한다(Azami et al., 2023).

3 연구 데이터의 FAIR 원칙

전통적인 학술 출판 환경에서는 도서관이 중심이 되어 다양한 학문 분야에서 생산하는 학술 논문, 학술대회 발표 자료, 단행본 등을 수집, 정리, 보존, 이용할 수 있는 체계를 갖추고 있다. 그러나 데이터라는 새로운 연구 성과물은 상황이 다르다. 소수의 학문 분야는 데이터라는 새로운 연구 성과물을 출판, 수집, 유통, 재이용할 수 있는 체계를 갖추고 있지만 대부분의 학문 분야는 이러한 체계를 갖추고 있지 못하고, 시작 단계인 분야가 많다. 무엇보다도 과학기술 분야를 제외하면 인문학이나 사회과학 분야 등에서는 데이터에 대한 체계적인 수집, 관리, 유통, 재이용을 위한 환경이 구축되어 있지 않은 상황이다. 따라서 효과적인 연구 데이터 관리를 위해 <표 9-2>와 같이 데이터 FAIR 원칙의 세부 항목을 살펴볼 필요가 있다. 연구 데이터 관리는 데이터가 찾기 쉽고Findable, 접근 가능하며Accessible, 상호 운용 가능하고Interoperable, 재이용 가능하도록Reusable 보장하는 FAIR 원칙에 기반을 두고 있으며, 이를 통해 데이터의 활용성과 영향력을 극대화할 수 있다. 이러한 데이터 학술 환경 상황을 반영해 2016년에 연구 데이터의 FAIR, 즉 검색Findability, 접근Accessibility, 상호운용성Interoperability, 재이용Reusability을 증진시키기 위한 원칙이 제시되었다(Wilkinson et al., 2016).

'검색'은 데이터의 이용과 재이용을 위한 첫 번째 단계로서 메타데이

<표 9-2> FAIR 원칙

검색Findable		
F1		(메타)데이터는 국제적으로 고유하고 지속적인 식별자가 부여됨.
F2		데이터는 풍부한 메타데이터로 기술됨(R1에서 정의됨).
F3		메타(데이터)는 데이터의 식별자를 명확하고 명시적으로 포함함.
F4		(메타)데이터는 검색 가능한 자원에 등록되고 색인됨.
접근Accessible		
A1		메타(데이터)는 표준화된 통신 프로토콜을 사용해 식별자로 데이터를 검색함.
	A1.1	프로토콜은 개방적이고 무료이며 보편적으로 구현 가능함.
	A1.2	프로토콜은 필요한 경우 인증 및 권한 부여 절차를 허용함.
A2		데이터를 더 이상 사용할 수 없는 경우에도 메타데이터에 액세스할 수 있음.
상호 운용성Interoperable		
I1		(메타)데이터는 지식 표현을 위해 공식적이고 접근 가능하며 공유되고 광범위하게 적용 가능한 언어를 사용함.
I2		(메타)데이터는 FAIR 원칙을 따르는 용어를 사용함.
I3		(메타)데이터는 다른 (메타)데이터에 대한 한정된 참조를 포함함.
재이용Reusable		
R1		(메타)데이터는 다수의 정확하고 관련성 있는 속성으로 풍부하게 기술됨.
	R1.1	(메타)데이터는 명확하고 액세스 가능한 데이터 사용 라이선스와 함께 공개됨.
	R1.2	(메타)데이터는 자세한 출처와 연계되어 제공됨.
	R1.3	(메타)데이터는 도메인 관련 커뮤니티 표준을 충족함.

터와 데이터를 찾는 것이다. 이를 위해서 인간과 컴퓨터가 쉽게 검색할 수 있도록 구성되어야 하며, 기계 가독형 메타데이터는 데이터 검색을 위한 필수적인 항목이다. 다음과 같은 네 가지 세부 항목을 살펴볼 수 있다. 첫째, (메타)데이터는 국제적으로 고유하고 지속적인 식별자가 부여

되어야 하며, 데이터는 풍부한 메타데이터로 기술되어야 한다. 메타(데이터)는 데이터 자체에 대한 식별자를 명확하고 명시적으로 포함해야 한다. (메타)데이터는 검색 가능한 자원에 등록되고 색인되어야 한다.

'접근'은 이용자가 메타데이터와 데이터를 검색해 접근하는 것을 목적으로 한다. 이를 위해서 두 가지 세부 항목이 포함된다. 첫째, 메타(데이터)는 표준화된 통신 프로토콜을 사용해 식별자로 데이터를 검색할 수 있어야 한다. 이 프로토콜은 두 가지 요건을 갖추어야 하는데, 프로토콜은 개방적이고 무료이며 보편적으로 구현 가능해야 하며, 프로토콜은 필요한 경우 인증 및 권한 부여 절차를 허용해야 한다는 것이다. 둘째, 데이터를 더 이상 사용할 수 없는 경우에도 메타데이터에 액세스할 수 있어야 한다.

'상호 운용성'이란 하나의 메타데이터와 데이터가 다른 메타데이터 및 데이터와 통합될 수 있어야 하며, 이를 위한 분석, 저장, 처리 과정 역시 상호 운용적으로 기능해야 함을 의미한다. 여기에는 세 가지 세부 항목이 포함된다. 첫째, (메타)데이터는 지식 표현을 위해 공식적이고 접근 가능하며 공유되고 광범위하게 적용 가능한 언어를 사용해야 한다. 둘째, (메타)데이터는 FAIR 원칙을 따르는 용어를 사용해야 한다. 셋째, (메타)데이터는 다른 (메타)데이터에 대한 한정된 참조를 포함해야 한다.

'재이용'은 FAIR의 궁극적인 목적이기 때문에 메타데이터와 데이터 기술이 중요하다. 따라서 (메타)데이터는 다수의 정확하고 관련성 있는 속성으로 풍부하게 기술되어야 한다. 이를 성취하기 위한 세 가지 세부 항목이 있다. 첫째, (메타)데이터는 명확하고 액세스 가능한 데이터 사용 라이선스와 함께 공개되어야 한다. 둘째, (메타)데이터는 자세한 출처 정보와 연계되어 제공되어야 한다. 셋째, (메타)데이터는 도메인 관련 커뮤니티 표준을 충족해야 한다.

4 연구 데이터 정책

연구 데이터 공유에 대한 증가하는 수요에 대응하기 위해 연구 데이터 공유를 지원하는 정책 개발이 1990년대 중반에 처음 도입되었다. 1996년에 시작된 버뮤다 원칙Bermuda Principles은 인간 유전체 서열 프로젝트에서 1kb 이상인 DNA 세그먼트의 서열 데이터가 생성된 후 24시간 이내에 퍼블릭 도메인에서 무료로 공개함으로써 연구 및 개발을 촉진해 혜택을 극대화하기 위해 정립되었다. 이전 정책에서 데이터를 6개월 내에 공개하는 것과는 크게 달라진 점이다. 2009년에 개최된 데이터 공개 워크숍에서 수립된 토론토 성명Toronto Statement은 연구기금 기관, 연구자(연구 데이터 생성자, 연구 데이터 사용자, 동료 심사자), 학술지 편집자를 위한 모범 사례를 제시했다. 그리고 2014년에 미국 국립보건원NIH에서 도입한 유전체 데이터 공유 정책Genomic Data Sharing Policy은 데이터 유형에 따라 연구 데이터 공개의 시점과 메커니즘을 구분했다(Arias et al., 2015).

연구기금 기관은 연구기금으로 생성된 연구 데이터를 가능한 한 빠르고 제한을 최소화해 공유하려는 목표를 가지고 데이터 공유 촉진에 핵심적인 역할을 한다. 2003년에 미국 국립보건원은 NIH 자금을 지원받는 모든 연구자가 50만 달러 이상의 연구 과제 신청 시 데이터 공유 계획을 제출하도록 하는 정책을 도입했다. 미국 국립과학재단NSF은 2001년부터 연구 과제 계약서에 데이터 공유 요구 사항을 포함시켰지만, 2010년에 연구 과제 제안서에 대한 더 포괄적인 데이터 관리 계획 요구 사항을 발표했다. NSF 데이터 관리 계획에 동료 평가 요구 사항을 포함한 것은 NIH 데이터 관리 계획과 비교해 중요한 개선 사항이었다(Borgman, 2012). 영국의 주요 자금 기관인 웰컴재단Wellcome Trust도 1997년과 2001년, 2003년에 유사한 데이터 공유 정책을 수립했다(Borgman, 2012;

Lyon, 2007). 영국은 데이터 공유 연구 및 관련 문제에 중점을 두기 위해 디지털 큐레이션 센터Digital Curation Center, DCC를 설립했으며, 유럽 내 다른 기관들도 유사한 노력을 전개하고 있다.

4.1 주요 연구기금 기관의 연구 데이터 공유 정책

전 세계의 주요 연구기금 기관들은 학문적 지식, 혁신, 연구의 투명성을 위해 데이터 공유의 중요성을 강조한다. 특정 정책은 다를 수 있지만 대부분의 주요 연구기금 기관들은 오픈 과학 맥락에서 연구 데이터를 'FAIR하게' 만드는 추세이다. 그러나 민감하거나 독점적인 데이터에 대한 특정 요구 사항을 포함해 국가별, 학문 분야별, 기관별로 구체적인 요구 사항은 상이하다.

4.1.1 미국 국립보건원

미국 국립보건원National Institutes of Health, NIH은 데이터의 공유가 인류 건강을 개선하는 치료법 개발을 용이하게 하는 등 여러 가지 이점이 있다고 강조하며, 2023년 1월 25일부로 시행되는 데이터 관리 및 공유Data Management and Sharing, DMS 정책[1]을 발표했다. 공유해야 할 연구 데이터는 근본적으로 학술 커뮤니티에서 연구 결과를 검증하고 재현할 수 있는 충분한 품질로 인정되는 사실적 자료로 정의된다. 그러나 데이터 공유가 제한되는 정당한 이유가 있을 수 있으므로 이러한 이유는 DMS 계획에서 설명되어야 한다. 데이터 공유는 연구 결과물에 사용된 연구 데이

1 https://oir.nih.gov/sourcebook/intramural-program-oversight/intramural-data-sharing/2023-nih-data-management-sharing-policy

터가 온라인이나 인쇄물에서 처음 출판되는 시점에 이루어져야 한다. 기타 다른 연구 데이터는 연구 프로젝트나 프로토콜이 종료될 때 공유되어야 한다. 출판물에 포함되지 않은 고품질 연구 데이터, 특히 부정적 결과를 포함한 연구 데이터를 공유하는 것이 권장된다. 연구 데이터 리포지터리를 선택하는 경우에 일부 프로그램이나 연구 데이터 유형의 경우 NIH에서 사용할 특정 데이터 리포지터리를 지정할 수 있다. NIH에 의해 데이터 리포지터리가 지정되지 않은 경우에는 연구자들이 연구 프로젝트에서 생성된 데이터에 적합한 데이터 리포지터리를 선택하도록 권장된다. 연구 데이터 발견 및 재이용을 지원하기 위해서 연구 데이터 리포지터리는 특정 분야 또는 데이터 유형에 따라 고려되어야 한다. 적절한 분야 또는 연구 데이터 유형별 리포지터리가 없는 경우 연구자들은 범용 리포지터리를 포함한 다른 선택지를 고려해야 한다. 연구 데이터는 검색될 수 있도록 가능한 한 미국 국립의학도서관NLM의 '공통 데이터 요소Common Data Elements, CDE'를 사용해 기술되어야 한다.

4.1.2 미국 국립과학재단

미국 국립과학재단National Science Foundation, NSF은 NSF 연구기금을 지원받는 연구자들이 연구 과정에서 생성하거나 수집한 기본 데이터, 샘플, 물리적 컬렉션, 기타 지원 자료를 합리적인 시간 내에 추가 비용 없이 다른 연구자들과 공유하도록 한다. 연구 책임자가 수립해야 하는 데이터 관리 계획에 대한 일반적인 지침[2]에 포함된 내용은 다음과 같다.

- 데이터의 유형, 샘플, 물리적 컬렉션, 소프트웨어, 커리큘럼 자료 등

2 https://new.nsf.gov/funding/data-management-plan#nsfs-data-sharing-policy-1c8

프로젝트 과정 중에 생산된 자료
- 데이터 및 메타데이터 형식과 내용에 사용될 표준
- 데이터 접근 및 공유 정책, 개인 정보 보호, 기밀성, 보안, 지식재산권이나 기타 권리 또는 요구 사항의 적절한 보호를 위한 규정
- 데이터 재이용, 재배포, 데이터 파생물 생성에 대한 정책 및 규정
- 데이터, 샘플 및 기타 연구 결과물의 보존과 접근 유지에 대한 계획

4.1.3 유럽연합 집행위원회

유럽연합 집행위원회European Commission, EC는 연구와 혁신을 촉진하기 위해 연구기금 프로그램을 운영한다. 주요한 프로그램으로는 호라이즌 2020 Horizon 2020이 2014년부터 2020년까지 수행되었으며, 후속으로 2021년부터 2027년까지 호라이즌 유럽Horizon Europe[3]이 운영된다. 호라이즌 유럽은 연구 데이터의 오픈 액세스를 위한 유연한 파일럿 프로그램을 시작했다. 이 파일럿 프로그램의 목적은 연구 데이터의 접근성과 재이용성을 개선하고 극대화하는 것이다. 이를 위해 연구 데이터의 공개와 보호 간 균형을 전제로, 지식재산권 및 상업화 문제, 개인 정보 보호와 보안, 그리고 데이터 관리·보존 체계 등을 고려해야 한다. 대상이 되는 데이터는 출판물에 제시된 결과를 검증하는 데 필요한 연구 데이터이며, 다른 데이터도 자발적으로 공개할 수 있다. 연구 책임자는 데이터 관리 계획을 수립해야 하며, 이 계획에서 공개 대상 데이터를 구체적으로 명시해야 한다. 그리고 연구 프로젝트 과정에서 생성된 데이터의 활용, 검증, 재이용, 접근 가능성, 관리, 보존 등에 대한 세부 사항을 기술해야

---

3 https://ec.europa.eu/research/participants/docs/h2020-funding-guide/cross-cutting-issues/open-access-dissemination_en.htm

한다. 연구 데이터에 대한 오픈 액세스 비용, 데이터 관리 계획 수립 비용 등이 연구비 항목으로 청구될 수 있다.

4.1.4 영국연구혁신청

영국연구혁신청UK Research and Innovation, UKRI은 연구자금 지원을 받는 연구에서 발생하는 연구 데이터가 가능한 한 개방적이고 제한은 최소화해야 한다고 제시한다.[4] 공공 연구기금으로 지원되는 연구는 우수한 연구 데이터 공유와 관리 관행을 따라야 하기 때문에 다음과 같은 사항을 강조한다.

- 연구의 투명성과 검증 가능성을 높여 공공의 신뢰 증진
- 데이터를 재이용하고 후속 연구 활용을 용이하게 구축
- 연구 간 협력과 효율성 향상

UKRI는 연구기금 수혜자에게 연구 데이터에 대한 일곱 가지 공통 원칙을 제시한다.

1) 공공 연구기금으로 지원되는 연구 데이터는 공공의 이익을 위해 생산된 공공재이다. 따라서 최소한의 제한으로 적시에, 책임 있는 방식으로 공개적으로 이용 가능해야 한다.
2) 연구 프로젝트별 데이터 관리 정책과 계획은 보다 넓은 관점에서 모범 사례와 표준에 적합해야 한다. 예를 들어 장기적 가치가 인정

4 https://www.ukri.org/manage-your-award/publishing-your-research-findings/making-your-research-data-open/

되는 연구 데이터는 미래 연구를 위해 접근 가능하고 사용 가능하도록 보존되어야 한다.

3) 다른 연구자들이 연구와 데이터의 재이용 가능성을 이해하도록 메타데이터를 기록하고 이용 가능하게 해야 한다. 발표된 연구 결과는 항상 지원 데이터에 접근하는 방법에 대한 정보를 포함해야 한다.
4) 연구 데이터의 공개에 대한 모든 법적, 윤리적, 학문적, 상업적 요구사항을 준수하기 위해, 연구 과정의 모든 단계에서 이러한 요구 사항을 고려하는 연구 기관의 정책과 관행을 확립해야 한다.
5) 연구자가 적절한 인정과 보호를 받을 수 있도록, 수립하고 분석한 데이터를 활용해 연구 결과를 발표하기까지 연구 분야와 연구 지원 기관에 따라 일정 기간 독점적으로 사용할 권리가 주어질 수 있다.
6) 주요 연구 데이터 세트를 생성, 보존, 공유하는 연구자들의 지적 기여를 인정하기 위해, 연구 데이터에 대해 출처를 인지하고 데이터에 접근하는 데 따른 조건을 따라야 한다.
7) 공공 연구기금을 사용한 연구 데이터의 관리 및 공유를 지원하는 것이 적절하다. 연구 혜택을 극대화하기 위해 이러한 활동의 메커니즘은 효율적이고 비용 효과적이어야 한다. 따라서 연구 데이터 관리와 관련된 모든 비용은 UKRI 연구기금으로 지원 가능하다.

4.1.5 호주연구위원회

호주연구위원회Australian Research Council, ARC는 연구 관리를 담당하는 정부 조직으로, 대학과 연구 기관의 연구를 지원하는 역할을 담당한다.[5] ARC는 공공 연구기금으로 생산된 연구 데이터에 대한 오픈 액세스를 보

5 https://www.arc.gov.au/about-arc/strategies/research-data-management

장하기 위해 효과적인 데이터 관리가 중요하다고 인식한다. 이를 위해서 연구 프로젝트 시작부터 데이터 관리 계획을 세우는 것이 필수적이다. 데이터 관리 계획은 데이터 수집, 형식화, 기술, 저장, 공유의 프로젝트 생애 주기 전반과 그 이후까지 데이터 관리 방안을 제시한다. 2014년 2월부터 ARC는 연구자들로 하여금 ARC 연구기금으로 지원받는 연구에서 발생하는 연구 데이터 관리 계획의 개요를 제시하도록 요구했다. ARC의 요구 사항은 연구자들이 데이터의 관리, 저장, 배포, 재이용 방안을 최선의 방식으로 모색하도록 장려하기 위해서 설계되었다. 연구자들은 기관과 협의해 연구 데이터의 관리 및 미래 잠재력을 고려해야 하며, 다양한 기관, 학문 분야, 연구 프로젝트별로 상이한 접근 방식, 표준, 활용 관행을 반영해야 한다.

4.1.6 독일연구재단

독일연구재단Deutsche Forschungsgemeinschaft, DFG의 연구 데이터 지침은 바람직한 데이터 관리 관행의 중요성을 강조한다. 연구기금 지원자에게 제시한 데이터 관리에 관한 일반 지침[6]은 다음과 같다.

- 연구자들은 프로젝트 계획 및 제안서 작성 단계에서 생성된 연구 데이터가 타 연구 분야에서 갖는 잠재적 가치와, 이를 다른 연구자들이 재이용할 수 있도록 하는 방안을 함께 고려해야 한다.
- 연구 데이터는 제3자 권리(특히 데이터 보호 또는 저작권)와 충돌하지 않는 한 최대한 조속히 공개되어야 한다.

---

6 https://www.dfg.de/resource/blob/172098/4ababf7a149da4247d018931587d76d6/guidelines-research-data-data.pdf

- 바람직한 과학적 실천 규범에 따라 연구 데이터는 연구자의 소속 기관이나 적절한 국가 단위의 인프라에 최소 10년간 보존되어야 한다.

4.1.7 캐나다보건연구원

캐나다보건연구원Canadian Institutes of Health Research, CIHR은 2016년에 연구 데이터 관리 강화를 위해 디지털 데이터 관리에 관한 원칙 성명[7]을 채택했다. 이 성명은 연구 데이터 관리에 관한 전반적인 사항을 제시하며, 데이터 관리를 지원하는 데 있어 연구자, 연구 기관, 연구 커뮤니티, 연구기금 지원자의 역할을 명시한다. 이러한 성명의 채택은 캐나다에서 연구 데이터의 관리를 개선하기 위한 중요한 노력을 나타낸다고 볼 수 있다.

4.2 주요 학술지 출판사의 연구 데이터 공유 정책

연구 데이터 공유에 있어서 학술지 편집자들의 참여는 중요한 역할을 한다. 2011년에 『사이언스』는 데이터에 관한 특별호를 발표해 데이터 공유의 도전과 기회를 논했다. 연구 논문과 함께 제공되는 데이터에 대한 적절한 설명, 데이터의 표준화 및 보존의 중요성을 강조하며, "데이터 생성 또는 분석에 사용한 컴퓨터 코드"와 "데이터의 가용성 및 관리에 대한 구체적인 설명"을 포함한 데이터 접근 요구 사항을 확장했다(Hanson et al., 2011). 2011년에 진화 및 생태학 관련 주요 학술지들(『*The American Naturalist*』, 『*Evolution*』, 『*Journal of Evolutionary Biology*』, 『*Molecular Ecology*』, 『*Heredity*』 등)은 공공 리포지터리에 데이터를 제출하도록 요구

---

7 https://cihr-irsc.gc.ca/e/193.html

및 권장하는 정책인 JDAP(Joint Data Archiving Policy)를 채택했다(Borgman, 2012). 이를 통해 엘스비어, 스프링거 네이처, 와일리, 플로스 등 주요 학술지 출판사의 연구 데이터 정책을 확인할 수 있다.

4.2.1 엘스비어

엘스비어Elsevier는 연구 결과를 검증하고 복제하는 데 필요한 모든 정보로 연구 데이터를 정의하며, 연구 데이터에는 원시 데이터, 처리된 데이터, 소프트웨어, 알고리즘, 프로토콜, 방법, 자료 등이 포함될 수 있다고 제시한다.[8] 이 출판사는 연구 데이터를 가능한 한 많은 연구자에게 무료로 제공하고 재이용 제한을 최소화하도록 지원한다. 이와 함께 연구자는 연구 데이터 생산에 기여한 가치를 인정받아야 한다고 강조한다. 연구 데이터의 공유는 학문 분야마다 다양하며, 효과적인 재이용을 지원하기 위한 플랫폼, 도구, 서비스를 개발하고 연구자 및 기관의 워크플로를 효율적으로 만들기 위한 지원을 한다고 밝혔다.

4.2.2 스프링거 네이처

스프링거 네이처Springer Nature는 투명성을 기반으로 한 연구 데이터 정책을 채택한다.[9] 따라서 모든 논문은 데이터 가용성 진술서를 포함해야 하고 분석 및 결론을 지원하는 데이터 세트는 공개적으로 제공되어야 한다고 제시한다. 동료 심사자는 필요한 경우 데이터 액세스를 요청할 수 있으며, 데이터를 공개적으로 공유할 수 없는 경우에도 데이터 가용성은

8 https://www.elsevier.com/about/policies-and-standards/research-data
9 https://www.springernature.com/gp/authors/research-data-policy

논문에 명시되어야 하고 액세스 조건과 함께 제시되어야 한다.

4.2.3 와일리

와일리Wiley는 연구 데이터, 방법론, 보고 기준에서 재현성과 검증을 위해 연구 데이터를 공유하도록 저자들에게 권장한다.[10] 연구 데이터에는 원시 데이터, 가공된 데이터, 소프트웨어, 알고리즘, 프로토콜, 방법, 자료 등이 포함된다. 와일리는 다양한 수준의 연구 데이터 공유 정책을 제공하며 데이터 이용 가능성 진술서를 요구하고 연구 데이터를 적절한 리포지터리에 제출하도록 권장한다. 연구 데이터의 액세스 제한 사항을 고려해 저자들을 지원하고 데이터 관리 계획 작성을 권장한다.

4.2.4 플로스

플로스PLOS(Public Library of Science)는 연구 결과를 복제하기 위해 필요한 모든 데이터를 게재 시점에 제한 없이 공개하도록 요구하며, 데이터 가용성 진술서를 요청하고 최소 데이터 집합을 정의한다.[11] 그리고 데이터 공유를 지원하며 데이터 리포지터리에 기탁 또는 추가 정보 파일을 제출할 수 있도록 허용한다. 또한 데이터 액세스 제한 사항을 명시하고 인간 연구 참여자 데이터나 기타 민감한 데이터를 다룰 때는 익명화 또는 데이터 식별 불가능성을 권장하며, 제3자 데이터 사용 시에는 필요한 정보를 제공하도록 지원한다.

---

10 https://authorservices.wiley.com/author-resources/Journal-Authors/open-access/data-sharing-citation/data-sharing-policy.html

11 https://journals.plos.org/plosone/s/data-availability

5 연구 데이터 리포지터리

대표적인 연구 데이터 리포지터리의 등록처로는 re3data[12]와 FAIRsharing[13]이 있다. re3data는 다양한 학문 분야의 데이터 리포지터리를 포괄하는 연구 데이터 리포지터리의 등록처이다. 연구자, 연구기금 기관, 출판사, 학술 기관 등이 데이터의 영구적인 보존과 접근을 가능하도록 하는 리포지터리 자체를 수록한다. re3data는 연구 데이터의 공유, 향상된 접근과 가시성 증진을 목표로 한다. re3data.org에는 4,400여 개의 데이터 리포지터리가 등록되어 있다. 복수로 분류된 학문 분야별로 살펴보면 인문학과 사회과학 분야 1,197개, 생명과학 분야 1,813개, 자연과학 분야 1,633개, 공학 분야 696개이다. 국가별로 살펴보면 미국 1,177개, 독일 505개, 캐나다 396개, 영국 324개, 유럽연합 289개, 국제기구 282개, 프랑스 130개, 호주 103개, 스위스 84개, 중국 81개, 네덜란드 78개, 일본 66개 등이며, 우리나라는 13개로 30위 수준이다. FAIRsharing.org에는 2,067개의 데이터 리포지터리가 등록되었다. 2,067개 중 1,907개가 자연과학 분야로, 대부분을 차지한다. 국가별로 보면 미국 779개, 영국 282개, 독일 218개 등이며, 우리나라의 데이터 리포지터리는 11개가 등록되었다.

데이터의 FAIR 원칙은 데이터가 인간과 기계 모두에게 재이용 가능하도록 하기 위한 필수 특성을 제시함으로써 적절한 데이터 관리 관행의 중요성을 강조한다. 즉, 데이터는 찾기 쉬워야 하고, 접근 가능하고, 상호운용 가능하며, 재이용 가능해야 한다. 따라서 데이터를 FAIR하게 만들기 위해서는 신뢰할 수 있는 디지털 리포지터리TDRs가 필요하다. 지속 가

12 https://www.re3data.org/

13 https://fairsharing.org/

능한 지원과 조직적인 프레임워크, 신뢰할 수 있는 인프라, 커뮤니티 합의 관행을 지원하는 종합적인 정책이 필요하며, 린 외(Lin et al., 2020)의 연구에서 제시된 개별 데이터 리포지터리의 TRUST 원칙(<표 9-3> 참조)을 살펴볼 필요가 있다.

첫째, 투명성Transparency을 위해 이용자는 리포지터리의 범위, 대상 이용자, 정책, 성능 정보를 쉽게 확인하고 접근할 수 있어야 하며, 이를 통해 가장 적합한 리포지터리를 선택할 수 있어야 한다. 투명성은 리포지터리를 이해하고 이용자의 요구 사항에 부합하는지 여부를 고려할 수 있는 기회를 제공한다. 이를 위해 리포지터리는 미션과 범위를 명확히 설명해야 하며 이용 약관, 데이터 보존 기간, 민감한 데이터 관리 능력과 같은 다양한 측면을 투명하게 공개해야 한다.

둘째, 책임성Responsibility이란 신뢰할 수 있는 데이터 리포지터리가 데이터의 관리와 이용자 커뮤니티에 대해서도 명확한 책임을 수행해야 함을 뜻한다. 구체적으로 살펴보면, 1) 지정된 커뮤니티의 메타데이터와 관리 표준을 준수하고 데이터를 관리하며, 2) 데이터 서비스를 제공하고(포털, 기계 인터페이스, 데이터 다운로드 등), 3) 데이터 생산자의 지식재산권과 민감한 정보 보호, 시스템 및 콘텐츠의 보안을 관리한다.

셋째, 이용자 중심User focus이란 신뢰할 수 있는 데이터 리포지터리가 대상 이용자 커뮤니티의 요구를 충족하는 서비스를 제공해야 함을 의미한다. 각 커뮤니티는 데이터 관리와 공유에 대한 기대치가 다르며, 리포지터리는 커뮤니티의 요구를 충족하기 위해 커뮤니티의 데이터 관행을 이해하고 이에 대응해야 한다. 연구 데이터의 이용과 재이용은 중요한 연구 과정의 일부이며, 리포지터리는 데이터를 설명하고 피드백을 받을 수 있도록 해야 한다. 또한 리포지터리는 데이터 표준을 적용해서 데이터 상호 운용성과 재이용성을 지원해야 한다. 이러한 원칙을 준수하기 위해 리포지터리는 데이터 지표를 적용하고 데이터 검색을 지원하는 커뮤니티 목록을 제공하며, 커뮤니티의 변화하는 요구를 지속적으로 모니터링하고 이에 대응해야 한다.

넷째, 신뢰할 수 있는 리포지터리의 지속 가능성Sustainability은 가치 있는 데이터에 대해 현재와 미래 이용자 커뮤니티가 지속적으로 접근할 수 있도록 보장하기 위해서 필수적이다. 이를 위해 리포지터리는 재난 대비, 비즈니스 연속성, 장기 계획 등을 충분히 마련하고 필요한 재원을 확보해서 데이터 자원의 특성을 유지하고 데이터를 장기 보존해야 한다.

다섯째, 안전하고 지속적이며 신뢰성 있는 서비스를 지원하기 위해 사람, 프로세스, 기술이 유기적으로 상호 작용해야 한다. 이러한 활동과 기능은 소프트웨어, 하드웨어, 기술Technology로 지원되며, TRUST 원칙을 실현하기 위한 도구이다.

<표 9-3> 데이터 리포지터리의 TRUST 원칙

원칙	리포지터리 가이드
투명성Transparency	공개적으로 검증할 수 있는 리포지터리 서비스와 데이터에 대해 투명성 제고
책임성Responsibility	데이터의 진본성과 무결성을 보장하며 서비스의 신뢰성과 지속성을 확보할 책임
이용자 중심User focus	대상 이용자 커뮤니티의 데이터 관리 규범 및 요구 충족
지속 가능성Sustainability	서비스 유지와 데이터의 장기 보존
기술Technology	안전하고 지속적이며 안정적인 서비스 지원 인프라와 기능 제공

(출처: Lin et al., 2020)

범용 데이터 리포지터리는 모든 데이터 타입, 포맷, 콘텐츠, 주제 분야를 포괄하며, 특정 학문 분야에 제한적이지 않다. 범용 데이터 리포지터리의 대표적인 사례는 하버드대학교의 데이터버스, 드라이어드, 피그셰어, 멘들레이 데이터, OSF, 비블리, 제노도 등이다. 범용 데이터 리포지터리는 모든 주제 분야의 데이터를 공유, 아카이브, 인용, 접근, 탐색, 재이용할 수 있도록 구축되었다. <표 9-4>은 범용 데이터 리포지터리를 비교 분석한 표이다(Stall et al., 2023). 이 표는 NIH 워크숍 참석자들이 범용 데이터 리포지터리를 이용하고자 하는 연구자를 위한 도구로 개발했으며, 이 장에서는 일부 수정해 제시했다.

하버드대학교의 데이터버스Dataverse는 하버드대학교뿐만 아니라 전 세계 모든 학문 분야 연구자를 대상으로 무료로 데이터를 공유하고, 아카이브하고, 인용하고, 접근하고, 탐색할 수 있는 기능을 지닌 데이터 리포지터리 서비스를 제공한다.

드라이어드Dryad는 모든 분야의 데이터를 오픈해 재이용할 수 있도록 만든 오픈 데이터 출판 플랫폼 및 커뮤니티이다. 기관을 대상으로 하며, 비용을 지불하는 멤버십 기반으로 운영된다. 드라이어드는 데이터를 보존하고, 데이터의 메타데이터를 생성하고, 크리에이티브 커먼즈 퍼블릭 도메인Creative Commons Public Domain(CC0) 라이선스로 출판한다.

피그셰어Figshare는 모든 학문 분야의 다양한 데이터 타입을 공유할 수 있고, 연구자가 데이터 공유에 대해 학문적 인정을 받을 수 있는 무료 데이터 출판 플랫폼이다. 피그셰어 플러스Figshare+는 큰 규모의 데이터를 출판 가능하게 하며, 유료로 운영된다.

엘스비어의 멘들레이 데이터Mendeley Data는 무료로 운영되며, 1,000여 곳 이상의 데이터 리포지터리에 색인된 2,000만 건 이상의 데이터 검색을 가능하게 한다. 또한 FAIR 원칙에 따라 연구 커뮤니티가 데이터를 수집하고 공유할 수 있는 기능을 제공한다.

OSF는 데이터뿐만 아니라 연구 프로젝트, 연구 자료, 공동 연구자 탐색을 위한 무료 오픈 플랫폼이다. OSF는 오픈 과학의 모범 사례이며, 연구 전 주기 과정에서 연구자 지원을 위한 도구이다.

비블리Vivli는 글로벌 데이터 공유와 분석 플랫폼으로 독립적으로 운영되며 비영리 기관이다. 개인 연구자 단위에서 데이터 공유를 중점적으로 하며, 임상 시험 데이터부터 여러 학문 분야의 데이터를 대상으로 한다.

제노도Zenodo는 연구자가 오픈 소스를 활용해 구축한 데이터 공유 플랫폼으로 유럽입자물리연구소Organisation Européenne pour la Recherche Nucléaire(약칭 CERN) 데이터 센터[14]에서 운영된다. CERN은 고에너지 물리학 분야의 가장 규모가 큰 데이터 세트 중 하나를 지속적으로 유지해 보존하고 있다.

<표 9-4>는 데이터버스, 드라이어드, 피그셰어, 맨들레이 데이터, OSF, 비블리, 제노도 등의 범용 데이터 리포지터리 현황을 보여준다. 운영 모델은 대체로 비영리 구조이며, 일부 리포지터리는 비용을 부과한다. 데이터 리포지터리에 부여되는 라이선스는 별도의 데이터 사용 계약을 맺는 비블리를 제외하고, CC 라이선스를 포함한 개방 라이선스이다. 데이터버스와 제노도는 기탁자에 의해서 변경할 수 있도록 구성되었다. 연구자에게 부가하는 비용 측면에서 살펴보면, 무료가 대부분이나 사용 공간의 크기나 기관 가입 여부에 따라 유료인 경우도 있다. 데이터 리포지터리에서 제공하는 데이터 버전 관리 기능은 모두 제공하는 것을 확인할 수 있다. 데이터 리포지터리는 저자/생산자에 대한 고유 식별자(ORCID, ResearcherID, ISNI 등)를 모두 사용하는 것으로 나타났으며, 데이터에 대한 고유 식별자는 모두 DOI를 사용한다. 또한 데이터를 기술하는 메타데이터를 사용하고 있으며, Dublin Core, DataCite, 데이터 세트를 위한 Schema.org 등이 주로 사용되며, 이 외에 여러 메타데이터를 찾아볼 수 있다. 그리고 데이터 리포지터리의 데이터 보존이 이루어지며 외부 추출 형식은 JSON, XML 등의 포맷이 지원된다.

---

14 https://home.cern/science/computing/data-centre

<표 9-4> 범용 데이터 리포지터리 현황

	Dataverse	Dryad	Figshare	Mendeley Data	OSF	Vivli	Zenodo
URL	https://dataverse.harvard.edu/	https://datadryad.org/	https://figshare.com/	https://data.mendeley.com/	https://osf.io/	https://vivli.org/	https://zenodo.org/
운영 모델	하버드대학교 지원, 공적·사적 기금, 컨소시엄 모델	비영리 커뮤니티 멤버십, 기금 지원, 데이터 출판 비용 부과	기관, 출판사, 기금 기관, 정부, 기업의 SaaS, 데이터 출판 비용 부과	학술 단체와 정부 기관 구독 모델	비영리 기금 기관 지원, 정부 기관 계약, 커뮤니티 멤버십	기금 지원과 멤버십 비용	CERN의 기반 시설 사용, 프로젝트 기금
라이선스	CC0, 변경 가능	CC0	CC 라이선스	CC 라이선스	CC 라이선스	데이터 사용 계약	CC 라이선스, 변경 가능
연구자 비용	1TB까지 전 세계 연구자에게 무료	무료	무료, Figshare+ 비용 지불	무료	무료	공간 크기에 따른 비용 지불	무료
버전 관리	가능	가능	가능	가능	가능	가능	가능
저자/생산자 고유 식별자	ORCID, ISNI, LCNA, VIAF, GND, DAI, ResearcherID, Scopus ID	교신 서자 ORCID 필수, 공동 저자 ORCID 지원	ORCID 통합	ORCID, Mendeley ID, Scopus Author ID	ORCID, ResearcherID	ORCID	ORCID, GND, ISNI
데이터 고유 식별자	DOI	DOI	DOI	DOI	DOI	DOI	DOI
메타 데이터	Dublin Core, DataCite 등	DataCite, Schema.org 등	Dublin Core, DataCite 등	Dublin Core, DataCite, Schema.org	DataCite, Crossref for preprint	DataCite, Schema.org	DataCite
외부 추출 형식	JSON, XML	API, JSON, XML	JSON, XML, DataCite, Dublin Core, Open API 등	JSON, XML	JSON, API, JSON API	외부 추출을 위한 모든 형식 가능	DataCite, Dublin Core, DCAT-AP, JSON 등

(출처: Stall et al., 2023 재구성)

6 연구 데이터의 출판과 인용

6.1 연구 데이터의 출판

데이터의 중요성과 함께 양적인 증가는 주요한 추세이다. 이러한 상황에서 데이터를 효과적으로 생산하고 다른 사람들이 찾아서 다시 이용하게 하는 데는 여러 가지 어려움이 존재한다. 대표적으로는 데이터 생산 및 공유에 대한 연구자 인정과 보상 부족, 데이터에 대한 모호한 인용 관행, 데이터의 전반적인 품질 문제 등을 들 수 있다. 무엇보다도 몇몇 분야를 제외하고 일반적인 학술 커뮤니티는 데이터를 공유하는 문화가 거의 없다는 것이 주요한 원인이다.

이러한 문제를 해결하는 방법으로 최근에는 데이터의 공유와 재이용을 위한 데이터 출판에 대한 관심이 높아지고 있다. 데이터 출판의 방법은 연구자가 논문이라는 형식으로 문서화된 데이터를 공유하며, 인용이라는 보상을 가능하게 한다. 이러한 맥락에서 데이터 논문이 출판되는 환경이 조성되었다. 데이터 논문은 데이터 출판의 형태로서 동료 심사를 수행하는 학술지에 게재되는 논문과 유사하다. 그러나 데이터 논문은 주로 데이터 세트 기술, 수집 방법, 데이터 분석 문서화 등을 포함한다는 점에서 학술지 논문과 차이가 있다. 데이터 논문은 두 가지 방식으로 출판이 이루어진다. 첫 번째는 일반적인 학술지에 새로운 게재 글의 유형으로 데이터 논문이 출판되는 방식이다. 두 번째는 『*Earth System Science Data*』, 네이처 출판 그룹Nature Publishing Group의 『*Scientific Data*』 등과 같이 주로 데이터 논문을 전문적으로 출간하는 데이터 학술지를 통해 출판되는 방식이다.

첫 번째 유형인 일반적인 학술지의 데이터 논문 출판 사례를 살펴보면, 세이지 출판사의 『*International Journal of Robotics Research*』(IJRR)

학술지를 들 수 있다. 이 학술지는 2009년부터 데이터 논문의 투고를 받기 시작했다.[15] 데이터 논문[16]은 데이터 세트에 관한 짧은 기술이며 맥락, 컬렉션, 재이용 가능성 등에 관한 항목을 포함한다. 동료 심사를 받는다는 점에서 기존의 학술지 논문과 유사하지만, 학술지 논문과의 가장 큰 차이점은 데이터 해석에 기반한 주장이나 결론을 포함하고 있지 않다는 점이다. 이 학술지에서 제시하는 데이터 논문 제출을 위한 구성 요소를 살펴보면 다음과 같다.

- 데이터 수집과 관련된 모든 세부 정보를 포함함(예: 카메라 보정, 센서 좌표, 센서 유형, 타임스탬프 정확도 등).
- 이용자가 데이터를 프로그래밍으로 파싱하고 색인화하는 방법을 기술함.
- 검증 기준 데이터ground truth data와 세부 정보를 제공함.
- 숫자 데이터는 인간이 읽을 수 있는 일반 텍스트 형식으로 제공되어야 하며, 이미지는 고품질 JPEG 또는 PNG 형식으로 제공되어야 함.
- 데이터는 현재 연구의 맥락에 기반해야 하며, 어떤 연구 분야에 해당하는지 명확하게 밝혀야 함.
- 필요한 경우 데이터에 대한 주석을 제공함.
- 데이터 세트에 존재하는 문제나 한계를 공개해야 함.
- MATLAB 스크립트 또는 C/C++ 코드 형태의 적절한 파싱 및 액세스 도구를 제공하는 것을 장려함.
- 심사자는 데이터의 가치와 품질을 고려해야 하며 알고리즘적인 혁신은 고려하지 않아야 함.

---

15 https://journals.sagepub.com/pb-assets/cmscontent/ijr/Data%20Paper%20Submission%20IJR-1763110858997.pdf

16 https://onesearch.library.utoronto.ca/researchdata/data-papers

- 데이터와 관련된 새로운 알고리즘을 설명하려는 논문은 일반 논문으로 간주됨.
- 데이터 논문은 데이터 재이용 목적 중심으로 논문이 구성되어야 함.
- 리뷰 시점에 비공개 데이터 세트의 제공이 가능하나, 출판 후 공개하고 자유로운 학술적 이용이 가능한 라이선스를 적용해야 함.
- 기존 데이터 논문과 대상이나 목적이 겹칠 경우, 해당 논문이 어떤 한계나 부족함을 보완하는지 밝혀야 함.

두 번째 유형인 데이터 학술지의 데이터 논문 출판 현황을 살펴보면, 데이터 논문만을 수록하는 순수 데이터 학술지의 비중은 전체 학술지 중 약 6%에 해당하며(Candela et al., 2015), 대부분의 데이터 논문은 일반 학술지에 데이터 논문 형식으로 수록되는 것으로 나타났다. 데이터 논문의 비중이 높은 학술지는 『*Data in Brief*』, 『*Scientific Data*』, 『*Earth System Science Data*』, 『*GigaScience*』, 『*Biodiversity Data Journal*』, 『*Data*』 등이다(김지현 외, 2019). 이 외에도 인문학 분야의 『*Journal of Open Humanities Data*』를 비롯해 웹 오브 사이언스에 있는 2022년도 발간 논문[17]을 대상으로 살펴보면 데이터 논문의 비중을 확인할 수 있다(<표 9-5> 참조).

『*Data in Brief*』은 데이터 논문의 비중이 높은 다학제학 분야의 대표적인 학술지이다. 데이터 논문의 주요 구성 요소는 초록, 키워드, 데이터의 가치, 목표, 데이터 기술, 실험 설계, 재료와 방법 등이다. 이 외에도 연구 윤리 선언, 저자 기여 선언, 이해충돌, 감사의 글, 데이터 이용, 참고 문헌을 수록하고 있다.

17 『*Journal of Open Humanities Data*』 학술지 홈페이지에서 일반 논문과 데이터 논문 수를 확인할 수 있다.

<표 9-5> 주요 데이터 학술지 현황

데이터 학술지명	주제 분야	데이터 논문/전체 논문 (2022년 논문 기준)	비율 (%)
Data in Brief	다학제학	1,079건/1,141건	95
Scientific Data	다학제학	637건/789건	81
Earth System Science Data	다학제적 지구과학	166건/270건	61
GigaScience	다학제학	22건/132건	17
Biodiversity Data Journal	생물 다양성 보전학	57건/238건	24
Data	컴퓨터과학 정보 시스템	103건/182건	57
Journal of Open Humanities Data	인문학	17건/29건	57

(출처: 김지현 외, 2019)

찾아보기

- 대표적인 데이터 논문 수록 학술지인 『*Data in Brief*』의 다음 웹사이트에서 데이터 논문을 확인해보자.
  https://www.sciencedirect.com/journal/data-in-brief

인문학 분야의 데이터 논문 수록 학술지로는 『*Journal of Open Humanities Data*』를 들 수 있다. 데이터 논문의 주요 구성 요소는 초록, 개요, 방법론, 데이터 세트 기술, 재이용 가능성이다. 이 외에도 노트, 감사의 글, 연구기금, 이해충돌, 저자 기여, 참고 문헌과 같은 항목도 포함되었다.

찾아보기

- 인문학 분야의 데이터 논문 수록 학술지인 『*Journal of Open Humanities Data*』의 다음 웹사이트에서 데이터 논문을 확인해보자.
  https://openhumanitiesdata.metajnl.com/

6.2 연구 데이터의 인용

전통적으로 학술 출판물은 연구 논문을 주된 연구 성과물로 인식하며, 인용 관행도 이에 기반해 지속되어왔다. 그러나 최근 연구 데이터 공유 및 재이용이 증가함에 따라 연구 데이터를 중요한 학술 성과물로 간주하며, 이를 학술 출판물에 인용하는 관행이 증가하는 추세이다. 연구 데이터 인용은 논문에서 재이용한 데이터를 학술 문헌의 인용과 같이 참고문헌 목록에 공식적으로 포함시키는 것으로 정의할 수 있다(Mayernik, 2013). 이러한 연구 데이터의 인용은 학술 생태계 전반에 관련되어 있다. 연구 데이터를 인용함으로써 연구 데이터의 이용과 영향력을 측정할 수 있으며, 데이터 공유에 대한 보상을 제공할 수 있고, 데이터의 접근 가능성과 신뢰성을 향상시키며, 건전하고 재현 가능한 연구의 전제 조건을 제공할 수 있다. 궁극적으로 연구 데이터의 인용은 연구 데이터의 공유와 재이용을 촉진시킬 수 있기 때문에 다양한 학문 분야에서 적극적으로 장려되는 추세이다. 그러나 연구 데이터 인용을 위한 논문 작성 양식 지침이나 데이터 리포지터리 가이드라인을 살펴보면, 이를 위한 충분한 정보나 가이드가 부족한 상황이다. 데이터 인용 방식은 학문 분야별로 뚜렷한 차이를 보인다(Yoon et al., 2021). 데이터 재이용과 인용을 위해서 학술 커뮤니케이션의 미래를 모색하고 개선하기 위한 국제적인 커뮤니티이자 이니셔티브인 포스일레븐Force11은 연구 데이터 인용을 위한 '데이터 인용 원칙 공동 선언Joint Declaration of Data Citation Principles, JDDCP'을 발표하고 여덟 가지 원칙[18]을 제시했다(<표 9-6> 참조).

학술 커뮤니티에서 연구 데이터를 중요한 학술 성과물로 인식하고 공유와 재이용이 확산되면서 여러 이해관계자가 데이터 인용을 위한 변화

18 https://force11.org/info/joint-declaration-of-data-citation-principles-final/

<표 9-6> 연구 데이터 인용을 위한 데이터 인용 원칙 공동 선언JDDCP

원칙	정의
중요성 Importance	데이터는 정당한 학술 산출물로 간주되어야 하며 인용 가능해야 한다. 데이터 인용은 다른 연구 성과물(예: 출판물)의 인용과 동일한 중요성을 학술 기록에서 가져야 한다.
기여와 저작자 표시 Credit and Attribution	데이터 인용은 데이터에 기여한 모든 사람에게 학문적 기여와 법적 저작자 표시를 제공해야 하며, 하나의 방식만이 모든 데이터에 적용되지는 않을 수 있음을 인정해야 한다.
증거 Evidence	학술 문헌에서 데이터가 주장의 근거가 될 경우 해당 데이터는 반드시 인용되어야 한다.
고유 식별 Unique Identification	데이터 인용은 전 세계적으로 고유하고 커뮤니티에서 널리 사용되며 기계가 처리 가능한 식별자를 포함해야 한다.
접근성 Access	데이터 인용은 메타데이터, 문서, 코드, 기타 자료에 대한 접근을 가능하게 해야 하며, 이는 인간과 기계 모두가 데이터를 잘 활용할 수 있도록 도와야 한다.
지속성 Persistence	데이터와 그 메타데이터를 설명하는 고유 식별자 및 관련 정보는 데이터 수명의 끝을 넘어서도 지속되어야 한다.
구체성 및 검증 가능성 Specificity and Verifiability	데이터 인용은 특정 데이터를 식별하고 검증 가능하게 해야 하며, 인용 또는 메타데이터에는 출처 및 고유성에 대한 정보가 포함되어야 한다.
상호 운용성과 유연성 Interoperability and Flexibility	데이터 인용 방식은 커뮤니티 간의 다양한 관행을 수용할 수 있을 만큼 충분히 유연해야 하며, 상호 운용성을 저해하지 않아야 한다.

를 추진하고 있다. 우선 연구기금 기관과 연구 기관은 점점 더 원 데이터 primary data의 완전한 보존과 인용을 요구하는 추세이다. 이에 따라 출판사들은 데이터 인용을 가능하게 하는 업무 흐름workflow을 구축하고, 저자와 편집자를 위한 도구와 가이드라인을 제공해 실행 과정을 개선하고, 규정 준수에 대한 부담을 줄여주는 방향으로 변화하고 있다. 데이터 인용을 위한 출판사들의 투고 이전, 투고와 심사, 논문 생산, 출판 단계에서의 가이드라인을 살펴보면 다음과 같다(Cousijn et al., 2018).

첫 번째 단계인 투고 이전 단계에서는 편집자, 심사자, 저자에 대한 교육 자료, 책임 사항 안내에서 데이터 인용이 포함될 수 있도록 개정되어야 한다. 이와 함께 데이터 인용 정책 수립, 저자에게 데이터 이용 가능성 진술서Data Availability Statement, DAS 요청, 데이터 인용 포맷 제공, 기탁 가능한 데이터 리포지터리 안내 자료 제공 등이 필요하다. 두 번째 단계인 투고와 심사 단계에서는 본문 인용과 참고 문헌 목록 포함 검토, 데이터 이용 가능성 확인, 데이터의 적절한 인용 확인, DOI와 같은 데이터 식별자 확인 과정이 필요하다. 세 번째 단계인 생산 단계에서는 데이터 인용의 작동 확인, 데이터 인용을 위한 XML 요구 조건 확인, 데이터 이용 가능성 진술서 검증 작업을 포함한다. 마지막 단계인 출판 단계에서는 논문의 데이터 인용 표시, 해당 논문과 연계된 데이터 이용 가능성 진술서 표시, 데이터 인용의 크로스레프 등록 및 전달 절차 등이 포함된다. 또한 연구자 관점에서는 데이터를 공유함으로써 학문적 기여를 하게 되며, 해당 연구자의 학문적 기여가 인용이라는 보상과 연계된다. 데이터 공유와 인용으로 인한 효과를 분석하기 위해서 플로스 출판사에서 출간된 121,999건의 논문 인용을 분석한 연구에 따르면, 평균적으로 4.3% 인용 증가가 일어난다고 밝혔다(Colavizza et al., 2024). 데이터 인용을 통해 데이터 연구 성과물의 가시성이 높아지고 데이터를 생산해 공유한 연구자는 학문적으로 기여하게 되며, 이는 인용이라는 연구자 보상의 순환 체계로 이어지게 된다.

그러나 연구 데이터 인용을 둘러싼 몇 가지 쟁점과 이에 대한 대안을 고려하는 노력이 있다(Parsons et al., 2019). 첫째, 연구 데이터가 지속적으로 변화하는 동적 특성과 관련되어 있다. 따라서 연구 데이터 인용의 핵심 문제는 버전이 계속 바뀌는 데이터의 특정 하위 집합을 정확히 인용하는 것이다. 이는 재현성과 검증 가능성 확보를 위해 필수적이지만, 변화가 잦은 대규모 데이터의 경우 매번 새로운 식별 번호를 부여하는 것은 비효율적이다. 연구데이터연합Research Data Alliance, RDA의 권고안은 특정 시점의 쿼리에 기반해 식별 번호를 부여하고 유지하는 방식을 제안하며, 일부 리포지터리에서 이를 채택하고 있지만 구현과 지속 운영에는 기술적·제도적 한계가 따른다. 다른 대안으로는 시점 스냅숏 저장, 버전별 식별 번호 구분, 문서화 강화 등이 있으나, 이들 역시 정적 데이터에 더 적합하고 자동화하기 어렵다는 한계가 있다. 둘째, 무엇을 인용할 것인지에 관한 문제이다. 데이터는 수집 방법, 불확실성, 활용 가능성 등에 대한 상세한 문서와 함께할 때 비로소 유용하며, 이를 위해 데이터 학술지와 데이터 논문이 등장해 데이터 생산자에게 인용 가능성과 인정을 부여하고 있다. 그러나 논문과 데이터 중 무엇을 인용할지, 작성자 구성이 다른 경우 등에서 접근 방식은 다양하다. 최근에는 데이터, 코드, 분석 환경, 과학적 서사를 모두 통합하고 기계 판독 가능한 '재현 가능한 연구 객체'를 출판하려는 시도가 진행 중이다. 셋째, 데이터 인용은 데이터 생산자에게 공로를 인정하고 데이터의 활용도를 파악하는 데 중요한 역할을 하지만, 학술 논문 외의 다양한 데이터 활용은 제대로 평가되지 못하고 있다. 대안적인 영향력 측정 지수는 아직 데이터 분야에서 널리 사용되지 않으며, 정책적·경제적 영향과 같은 데이터의 광범위한 가치를 측정하려면 보다 다양한 방법이 필요하다.

참고문헌

곽현우(2013). 조직체계 개선을 통한 중소학회의 지속가능한 성장 방안 연구(석사학위 논문). 인천대학교 경영대학원.

구장률(2012a). 근대 초기 잡지와 분과학문의 형성. 서울: 케포이북스.

구장률(2012b). 지식과 소설의 연대. 서울: 소명출판.

권나현, 이정연, 정은경(2012). 과학기술분야 R&D 전주기 연구: 국내 생명 및 나노과학 기술 연구자를 중심으로. 한국문헌정보학회지, 46(3), 103-131.

김근수(1973). 한국잡지개관 및 호별목차집. 중앙대학교출판국.

김나연, 정은경(2024). 개방형 동료심사 제도 채택 학술지 현황과 특성에 관한 연구. 정보관리학회지, 41(1), 537-560. http://dx.doi.org/10.3743/KOSIM.2024.41.1.537

김병규, 강지훈(2018). 학술문헌을 인용하는 트윗의 기능 분석 연구. 한국컴퓨터정보학회 하계학술대회 논문집, 26(2), 83-85. https://koreascience.kr/article/CFKO201831342440266.pdf

김성은(2015). 한국 사회과학의 전문화와 대중화(박사학위 논문). 서울대학교 대학원.

김시연(2015, 3월 5일). 학술 논문도 이젠 '공짜'? '오픈 액세스'의 딜레마. 오마이뉴스.

김정현(2017, 9월 13일). 등재학술지 2300종 넘었지만 신뢰도는 떨어져…. 한국대학신문.

김지선, 유인태(2022). 지식의 공유와 표현 그리고 디지털 인문학: 해외 디지털 인문학 연구 사례 검토. 인문논총, 79(2), 391-427. https://doi.org/10.17326/jhsnu.79.2.202205.391

김지현, 서선경, 이정연, 안채영, 이승은(2019). 데이터 저널 현황 조사 및 발간정책 수립. 한국과학기술정보연구원.

김판준, 이재윤(2010). 학술지 영향력 측정을 위한 h-지수의 응용에 관한 연구. 정보관리학회지, 27(1), 269-287. http://doi.org/10.3743/KOSIM.2010.27.1.269

김혜숙(2019). 교육행정학자의 자세와 정책연구를 바라보는 시각. 교육행정학 연구자의 자세와 윤리: 학문의 자유, 정치권력, 정책연구, 14-23, 2019년도 한국교육행정

학회 윤리위원회.
명순구(2022, 1월 18일). '웹진 교육신문'에 바란다(2): 2022년 1월에 들춰 보는 1907년 학술지. 교육신문.
박병채 (n.d.). 정음. 한국민족문화대백과사전. https://encykorea.aks.ac.kr/Article/E0050717
박서현, 정경희(편) (2022). 지식을 공유하라: 한국 오픈액세스 운동. 서울: 빨간소금.
박영신(2006). 조선어학회가 겪는 '수난' 사건의 역사 사회학: 학회 조직의 성격과 행위 구조. 애산학보, 32, 65-95.
박정연(2025, 6월 26일). 논문·피인용 횟수 중심 평가 전면 개선해야…혁신 저해. 동아사이언스. https://m.dongascience.com/news.php?idx=72442
박혜진, 박한우(2018). 과학정보 측정방식의 발전방향: 사이언토메트릭스와 웹보메트릭스에서 알트메트릭스까지. KSLA Bulletin, 9, 43-52. https://koreascience.kr/article/JAKO201846749669840.pdf
신은자(2003). 전자출판물의 확산에 따른 학술커뮤니케이션 변화의 계량서지학적 분석. 정보관리학회지, 20(3), 3-49. http://doi.org/10.3743/KOSIM.2003.20.3.031
심원식, 안병군, 박성은, 김현수(2020). PLOS ONE 학술지 게재 국내 기관 소속 연구자 논문의 계량적 분석. 정보관리학회지, 37(2), 47-69. https://doi.org/10.3743/KOSIM.2020.37.2.047
양미경(2012). 학문공동체의 집단지성 활성화를 위한 학회 운영원리의 탐색: 교육학회를 중심으로. 교육원리연구, 17(1), 167-203.
유소영, 이재윤(2008). 학제적 분야의 정보서비스를 위한 학술지 인용 분석에 관한 연구: Y대학교 생명공학과를 중심으로. 정보관리학회지, 25(4), 283-308. http://doi.org/10.3743/KOSIM.2008.25.4.283
유소영, 이재윤, 정은경, 이보람(2015). 연구성과평가 지침 리뷰 및 국내 적용 제안을 위한 고찰. 정보관리학회지, 32(4), 249-272. http://doi.org/10.3743/KOSIM.2015.32.4.249
윤정원(2024). 글로벌 학술 커뮤니케이션을 위한 학술지 국제화 구성요소에 대한 고찰. 정보관리학회지, 41(3), 359-380.
이상구, 설한국(2010). 한국 최초의 수학 및 과학 저널: 수리학잡지. 한국수학사학회지, 23(2), 1-22.
이재윤(2006). 연구성과 측정을 위한 h-지수의 개량에 관한 연구. 정보관리학회지, 23(3), 167-186.
이재윤(2011). 국내 인용 데이터베이스에서 저널 페이지랭크 측정 방안. 한국비블리아

학회지, 22(4), 361-379.

이재윤(2016). 공저자 수를 고려한 h-지수 산출. 정보관리학회지, 33(3), 7-29. http://doi.org/10.3743/KOSIM.2016.33.3.007

이재윤(2019). 오픈 액세스 거대 학술지에 대한 국제 설문조사 데이터의 한국인 저자 응답 분석. 제26회 한국정보관리학회 하계학술대회 발표논문집, 61-64. https://www.kci.go.kr/kciportal/ci/sereArticleSearch/ciSereArtiView.kci?sereArticleSearchBean.artiId=ART002706994

이재윤(2023a). 저자집단 분석을 통한 한국 문헌정보학의 학술커뮤니케이션 동향 연구. 한국문헌정보학회지, 57(2), 409-434.

이재윤(2023b). 학술논문의 저자 기여사항 서술 표준 현황. 제30회 한국정보관리학회 학술대회 발표자료.

이재윤, 정경희(2020). 해외 인문사회과학 학술지 오픈액세스 전환 동향 연구. 정보관리학회지, 37(3), 301-326.

이재윤, 최상희(2015). 논문 인용 영향력 측정 지수의 편향성에 대한 연구: KCI 수록 논문을 대상으로. 정보관리학회지, 32(4), 205-221. http://doi.org/10.3743/KOSIM.2015.32.4.205

임상석(2006). 근대계몽기 잡지의 국한문체 연구(박사학위 논문). 고려대학교 대학원 국어국문학과.

전종휘(1987). 우리나라 현대의학 그 첫 세기. 인제연구장학재단.

정경미(2023). 한국심리학회의 오픈액세스 전환 사례. 2023 오픈액세스 콘퍼런스 발표자료집, 87-116.

정경희(1999a). 인용분석의 발전과 그에 대한 비판. 정보관리연구, 30(2), 53-68.

정경희(1999b). 1930년대 의학 학술커뮤니케이션에 대한 연구: '조선의보'를 중심으로. 한국정보관리학회 학술대회 논문집. https://scienceon.kisti.re.kr/srch/selectPORSrchArticle.do?cn=NPAP07943705

정경희(2006). 의학 분야 오픈 액세스 현황 분석을 통한 국내 의학 정보 활성화 방안. 한국문헌정보학회지, 40(2), 389-414.

정경희(2010). 대학의 오픈액세스 정책 수립시 구성요소에 관한 연구. 한국도서관·정보학회지, 41(2), 229-250.

정경희(2020). 한국기록관리학회지의 오픈액세스 출판 전환 과정 기록. 한국기록관리학회지, 20(4), 205-227.

정경희(2023). KCI 등재지의 CCL 적용 현황 연구. 한국비블리아학회지, 34(2), 233-249.

정은경, 이재윤, 이정연, 윤정원, 서선경(2020). 국립중앙도서관 디지털스칼라십 정보서비스 개발 연구.
조재인(2022). 학술논문 알트메트릭스의 피인용 영향과 오픈액세스의 조절효과에 관한 연구. 한국문헌정보학회지, 56(2), 35-55. http://doi.org/10.4275/KSLIS.2022.56.2.035
채종일(2019). 학술논문 오픈액세스와 저작권법 관련 쟁점 연구. 법학연구, 60(1), 319-359.
최종고(1982). 한말과 일제하 「법학협회」의 활동. 애산학보, 2, 113-150.
최희윤, 서태설(2020). 오픈사이언스: 글로벌 연대와 상생의 길. 대전: 한국과학기술정보연구원.
한국도서관협회(2010). 문헌정보학용어사전. 서울: 한국도서관협회.
한국연구재단(2023). 부실의심 또는 약탈적 학술지 이용 예방. 2023년 교육자료. 대전: 한국연구재단.
한국학술단체총연합회(1999). 학회총람 1998-1999. 서울: 한국학술단체총연합회.
한국학술진흥재단(1994). 학회총람 1994. 서울: 한국학술진흥재단.
한천설(2018). 권두언: 신학지남 창간 100주년을 기념하며. 신학지남, 85(1), 3-6.
허정은, 김해도, 조영돈, 조석민, 조순로(2008). 국가연구개발사업의 과학적 성과분석을 위한 새로운 계량지표 개발에 관한 연구. 기술혁신학회지, 11(3), 376-399.
황상익, 권복규(1998). 국내 의학 학술지 50년사(1945-1995): 기초의학 분야를 중심으로. 의사학, 7(1), 97-115.

Aksnes, D. W., Langfeldt, L., & Wouters, P. (2019). Citations, citation indicators, and research quality: An overview of basic concepts and theories. SAGE Open, 9(1). https://doi.org/10.1177/2158244019829575
Ali, M. F. (2021). Evaluating the correlation between different impact indicators for library and information science journals: Comparing the journal citation reports and Scopus. Learned Publishing, 34(3), 315-330. https://doi.org/10.1002/leap.1353
Allen, E., & Seaman, J. (2014). Opening the curriculum: Open educational resources in U.S. higher education. Babson Survey Research Group.
Allen, K.-A., Jimeson, S. R., Quintana, D. S., & McKinley, L. (2023). An academic's guide to social media: Learn, engage, and belong. Routledge.
Allen, L., Brand, A., Scott, J., Altman, M., & Hlava, M. (2014). Credit where credit is due. Nature, 508(7496), 312-313. https://doi.org/10.1038/508312a

Altmetric. (2023, September 29). How are outputs scored? https://help.altmetric.com/support/solutions/articles/6000232839-how-are-outputs-scored-

Ames, S. (2019). Digital scholarship: A library game changer. https://salctgblog.files.wordpress.com/2019/07/future-librarian-sa.pdf

Ancion, Z., Borrell-Damián, L., Mounier, P., Rooryck, J., & Saenen, B. (2024). Action plan for diamond open access (Korean). Zenodo. (정은경, 윤정원, 정경희, 이재윤 역, 2024, 다이아몬드 오픈액세스 실행계획). https://doi.org/10.5281/zenodo.13767397

Ancion, Z., Borrell-Damián, L., Mounier, P., Rooryck, J., & Saenen, B. (2022). Action plan for diamond open access. Zenodo. https://doi.org/10.5281/zenodo.6620408

Anderson, R. (2018). Scholarly communication: What everyone needs to know. Oxford University Press.

Arias, J. J., Pham-Kanter, G., Gonzalez, R., & Campbell, E. G. (2015). Trust, vulnerable populations, and genetic data sharing. Journal of Law and the Biosciences, 2(3), 747-753. https://doi.org/10.1093/jlb/lsv044

Association of College & Research Libraries. (n.d.). Welcome to the ACRL Scholarly Communication Toolkit. https://acrl.libguides.com/scholcomm/toolkit

Association of College and Research Libraries. (2003). Principles and strategies for the reform of scholarly communication. https://www.ala.org/acrl/publications/whitepapers/principlesstrategies

Association of Research Libraries. (2005). ARL Statistics 2003-4. Washington, D.C.: Association of Research Libraries.

Asubiaro, T., Onaolapo, S., & Mills, D. (2024). Regional disparities in Web of Science and Scopus journal coverage. Scientometrics. Advance online publication. https://doi.org/10.1007/s11192-024-04948-x

Atkins, D. E., Brown, J. S., & Hammond, A. L. (2007). A review of the open educational resources (OER) movement: Achievements, challenges, and new opportunities (Vol. 164). Creative Commons.

Azami, M., Sadatmoosavi, A., & Chashmyazdan, M. R. (2023). Research data management frameworks: A systematic literature review. International Journal of Information Science and Management, 21(3), 1-18. https://doi.org/10.22034/ijism.2023.1977597.0

Baggs, J. G., Broome, M. E., Dougherty, M. C., Freda, M. C., & Kearney, M. H. (2008). Blinding in peer review: The preferences of reviewers for nursing journals. Journal of Advanced Nursing, 64(2), 131-138. https://doi.org/10.1111/j.1365-2648.2008.04782.x

Bakker, C., Cooper, K., Langham-Putrow, A., & McBurney, J. (2020). Qualitative analysis of faculty opinions on and perceptions of research impact metrics. College & Research Libraries, 81(6), 896-918. https://doi.org/10.5860/crl.81.6.896

Baldwin, M. (2015). Credibility, peer review, and Nature, 1945-1990. Notes and Records: The Royal Society Journal of the History of Science, 69(3), 337-352. https://doi.org/10.1098/rsnr.2015.0029

Banks, D. (2010). The beginnings of vernacular scientific discourse: Genres and linguistic features in some early issues of the Journal des Sçavans and the Philosophical Transactions. E-rea, 8(1). https://doi.org/10.4000/erea.1334

Banshal, S. K., Basu, A., Singh, V. K., & Muhuri, P. K. (2018). Scientific vs. public attention: A comparison of top cited papers in WoS and top papers by altmetric score. Proceedings of AROSIM 2018 (CCIS Vol. 856, pp. 81-95). Springer. https://doi.org/10.1007/978-981-13-1053-9_7

Bansode, S. Y., & Pujar, S. (2022). Open access and transformative agreements: A study. Annals of Library and Information Studies, 69(1), 59-65. http://op.niscair.res.in/index.php/ALIS/article/view/4385

Bar-Ilan, J., Haustein, S., Milojević, S., Peters, I., & Wolfram, D. (2018). Peer review, bibliometrics and altmetrics—Do we need them all? Proceedings of the Association for Information Science and Technology, 55(1), 653-656. https://doi.org/10.1002/pra2.2018.14505501073

Birney, E., Hudson, T. J., Green, E. D., Gunter, C., Eddy, S., Rogers, J., … & Yu, J. (2009). Prepublication data sharing. Nature, 461(7261), 168-170. https://doi.org/10.1038/461168a

Björk, B. C. (2007). A model of scientific communication of a global distributed information system. Proceedings of the IATUL Conferences, 2007(Paper 3). https://docs.lib.purdue.edu/iatul/2007/papers/3

Björk, B. C. (2017). Gold, green, and black open access. Learned Publishing, 30(2), 173-175. https://doi.org/10.1002/leap.1096

Björk, B.-C., & Solomon, D. (2014). Developing an effective market for open access article processing charges. https://gasrjournal.com/docs/developing-effective-market-for-open-access-article-processing-charges-mar14.pdf

Bollen, J., & Van de Sompel, H. (2008). Usage impact factor: The effects of sample characteristics on usage-based impact metrics. Journal of the American Society for Information Science and Technology, 59(1), 136-149. https://doi.org/10.1002/asi.20791

Bollen, J., Van de Sompel, H., & Rodriguez, M. A. (2008). Towards usage-based impact metrics: First results from the MESUR project. Proceedings of the 8th ACM/IEEE-CS Joint Conference on Digital Libraries (pp. 231-240). https://doi.org/10.1145/1378889.1378928

Bollen, J., Van de Sompel, H., Hagberg, A., & Chute, R. (2009). A principal component analysis of 39 scientific impact measures. PLOS ONE, 4(6), e6022. https://doi.org/10.1371/journal.pone.0006022

Borgman, C. L. (2007). Scholarship in the digital age: Information, Infrastructure, and the Internet. MIT Press.

Borgman, C. L. (2012). The conundrum of sharing research data. Journal of the American Society for Information Science and Technology, 63(6), 1059-1078. https://doi.org/10.1002/asi.22634

Borgman, C. L. (2017). Big data, little data, no data: Scholarship in the networked world. MIT Press.

Bornmann, L. (2014). Validity of altmetrics data for measuring societal impact: A study using data from Altmetric and F1000Prime. Journal of Informetrics, 8(4), 935-950. https://doi.org/10.1016/j.joi.2014.09.001

Bornmann, L., & Daniel, H. D. (2008). What do citation counts measure? A review of studies on citing behavior. Journal of Documentation, 64(1), 45-80. https://doi.org/10.1108/00220410810844150

Bornmann, L., Haunschild, R., & Adams, J. (2019). Do altmetrics assess societal impact in a comparable way to case studies? An empirical test of the convergent validity of altmetrics based on data from the UK Research Excellence Framework (REF). Journal of Informetrics, 13(1), 325-340. https://doi.org/10.1016/j.joi.2019.01.008

Borrego, Á., Anglada, L., & Abadal, E. (2021). Transformative agreements: Do they pave the way to open access? Learned Publishing, 34(2), 216-232. https://doi.org/10.1002/leap.1350

Braybrooke, K. (2021). Creative Commons, open access, free/libre open-source software. In H. Callan & S. Coleman (Eds.), The International Encyclopedia of Anthropology (pp. 1-10). John Wiley & Sons. https://doi.org/10.1002/9781118924396.wbiea2486

Brodie, S., Frainer, A., Pennino, M. G., Jiang, S., Kaikkonen, L., Lopez, J., … Văidianu, N. (2021). Equity in science: Advocating for a triple-blind review system. Trends in Ecology & Evolution, 36(11), 957-959. https://doi.org/10.1016/j.tree.2021.07.009

Brody, T., Harnad, S., & Carr, L. (2006). Earlier Web usage statistics as predictors of later citation impact. Journal of the American Society for Information Science and Technology, 57(8), 1060-1072. https://doi.org/10.1002/asi.20373

Brown, H. (1972). History and the learned journal. Journal of the History of Ideas, 33(3), 365-378.

Budden, A. E., Lortie, C. J., Tregenza, T., Aarssen, L., Koricheva, J., & Leimu, R. (2008a). Response to Webb et al.: Double-blind review: Accept with minor revisions. Trends in Ecology & Evolution, 23(7), 353-354. https://doi.org/10.1016/j.tree.2008.04.001

Budden, A. E., Tregenza, T., Aarssen, L. W., Koricheva, J., Leimu, R., & Lortie, C. J. (2008b). Double-blind review favours increased representation of female authors. Trends in Ecology & Evolution, 23(1), 4-6. https://doi.org/10.1016/j.tree.2007.07.008

Buehler, M. A. (2013). Demystifying the Institutional Repository for Success. Chandos Publishing.

Butcher, N. (2015). A basic guide to open educational resources (OER). UNESCO. https://www.unesco.org/en/open-educational-resources

Candela, L., Castelli, D., Manghi, P., & Tani, A. (2015). Data journals: A survey. Journal of the Association for Information Science and Technology, 66(9), 1747-1762. https://doi.org/10.1002/asi.23262

Canhos, V., Chan, L., & Kirsop, B. (2001). Bioline publications: How its evolution has mirrored the growth of the Internet. Learned Publishing, 14(1), 1-5. https://doi.org/10.1087/09531510125100269

Ceci, S. J., & Williams, W. M. (2011). Understanding current causes of women's underrepresentation in science. Proceedings of the National Academy of Sciences, 108(8), 3157-3162. https://doi.org/10.1073/pnas.1014871108

Chiarelli, A., Cox, E., Johnson, R., Waltman, L., Kaltenbrunner, W., Brasil, A., … Pinfield, S. (2024). Towards responsible publishing: Findings from a global stakeholder consultation. Preprint. https://doi.org/10.48550/arXiv.XXXX.XXXXX

cOAlition S. (2019). cOAlition S: Accelerating the transition to full and immediate open access to scientific publications. https://www.coalition-s.org/wp-content/uploads/PlanS_Principles_and_Implementation_310519.pdf

cOAlition S. (2023). Towards responsible publishing: A proposal from cOAlition S. https://www.coalition-s.org/wp-content/uploads/2023/10/Towards_Responsible_Publishing_web.pdf

Cobb, M. (2017). The prehistory of biology preprints: A forgotten experiment from the 1960s. PLOS Biology, 15(11), e2003995. https://doi.org/10.1371/journal.pbio.2003995

Colavizza, G., Cadwallader, L., LaFlamme, M., Dozot, G., Lecorney, S., Rappo, D., Hrynaszkiewicz, I. (2024). An analysis of the effects of sharing research data, code, and preprints on citations. PLOS ONE, 19(10), e0311493. https://doi.org/10.1371/journal.pone.0311493

Collins, E., Milloy, C., & Stone, G. (2013). Guide to Creative Commons for humanities and social science monograph authors. OAPEN-UK & Jisc Collections.

Committee on Publication Ethics, Directory of Open Access Journals, Open Access Scholarly Publishing Association, & World Association of Medical Editors. (2022). Principles of transparency and best practice in scholarly publishing (Version 4). https://doaj.org/bestpractice

Cook, B. G., Lloyd, J. W., Mellor, D., Nosek, B. A., & Therrien, W. J. (2018). Promoting open science to increase the trustworthiness of evidence in special education. Exceptional Children, 85(1), 104-118. https://doi.org/10.1177/0014402918793138

COPE, DOAJ, OASPA, & WAME. (2022). Principles of transparency and best practice in scholarly publishing (English). https://doi.org/10.24318/

cope.2019.1.12

Costas, R., Zahedi, Z., & Wouters, P. (2015). Do “altmetrics” correlate with citations? Extensive comparison of altmetric indicators with citations from a multidisciplinary perspective. Journal of the Association for Information Science and Technology, 66(10), 2003-2019. https://doi.org/10.1002/asi.23309

Cousijn, H., Kenall, A., Ganley, E., Harrison, M., Kernohan, D., Lemberger, T., … & Clark, T. (2018). A data citation roadmap for scientific publishers. Scientific Data, 5, 180259. https://doi.org/10.1038/sdata.2018.259

Crow, R. (2002). The case for institutional repositories: A SPARC position paper. https://sparcopen.org/wp-content/uploads/2016/01/instrepo.pdf

Curry, S., Gadd, E., & Wilsdon, J. (2022). Harnessing the Metric Tide: Indicators, infrastructures & priorities for UK responsible research assessment. Research on Research Institute. https://doi.org/10.6084/m9.figshare.21701624.v2

Das, A. K. (2015). Scholarly communication (Vol. 1). UNESCO Publishing.

Data Europa. https://data.europa.eu/en

Davis, J. R. (1995). Creating a networked computer science technical report library. D-Lib Magazine. https://doi.org/10.1045/march1995-davis

Day, R. A. (1998). How to write & publish a scientific paper (5th ed.). Greenwood Publishing Group.

De Silva, P. U. K., & Vance, K. (2017). Preserving the quality of scientific research: Peer review of research articles. In Scientific Scholarly Communication: Fascinating Life Sciences (pp. 87-102). Springer. https://doi.org/10.1007/978-3-319-50627-2_6

Dorn, K., & Klemperer, K. (2002). E-journal aggregation systems: Only part of the big picture. Library Collections, Acquisitions, and Technical Services, 26(3), 307-310.

Drozdz, J. A., & Ladomery, M. R. (2024). The peer review process: Past, present, and future. British Journal of Biomedical Science, 81, 12054. https://doi.org/10.3389/bjbs.2024.12054

Dulle, F. W., & Minishi-Majanja, M. K. (2009). Researchers’ perspectives on open access scholarly communication in Tanzanian public universities. South African Journal of Information Management, 11(4), 1-14. https://hdl.handle.net/10520/EJC46324

Egan, G. (2016). Why academics should not make time for social media. https://gabrielegan.com/publications/Egan2016h.htm

Egghe, L. (2006). An improvement of the H-index: The G-index. ISSI Newsletter, 2(1), 8–9.

Elsevier. (2019). Research metrics guidebook. https://www.elsevier.com/_data/assets/pdf_file/0020/53327/ELSV-13013-Elsevier-Research-Metrics-Book-r12-WEB.pdf

Elsevier. (n.d.). Copyright policies. https://www.elsevier.com/about/policies/copyright

Elsevier. (2025). What is peer review? https://www.elsevier.com/reviewers/what-is-peer-review

Engqvist, L., & Frommen, J. G. (2008). Double-blind peer review and gender publication bias. Animal Behaviour, 76(3), e1–e2. https://doi.org/10.1016/j.anbehav.2008.05.023

Erikson, M. G., & Erlandson, P. (2014). A taxonomy of motives to cite. Social Studies of Science, 44(4), 625–637. https://doi.org/10.1177/0306312714522871

European Commission. (2019). Facts and figures for open research data. Research and Innovation.

Eve, M. P. (2014). Open access and the humanities. Cambridge University Press.

Farley, A., Langham-Putrow, A., Shook, E., Sterman, L. B., & Wacha, M. (2021). Transformative agreements: Six myths, busted. College & Research Libraries News, 82(7), 298–301. https://doi.org/10.5860/crl.news.82.7.298

Fecher, B., & Friesike, S. (2014). Open science: One term, five schools of thought. In S. Bartling & S. Friesike (Eds.), Opening Science (pp. 17–47). Springer. https://doi.org/10.1007/978-3-319-00026-8_2

Ferwerda, E. (2014). Open access monograph business models. Insights, 27, 35–38. https://doi.org/10.1629/2048-7754.46

Filchenko, D. (2025). Unlocking research collaboration. https://clarivate.com/academia-government/blog/unlocking-research-collaboration/

Fitzgerald, S., Budd, J., Beile, P., & Kaspar, W. (2020). Modeling transparency in roles: Moving from authorship to contributorship. College & Research Libraries, 81(7), 1056–1060. https://doi.org/10.5860/crl.81.7.1056

Flaherty, C. (2022). The peer-review crisis. Inside Higher Ed. https://www.insidehighered.com/news/2022/06/13/peer-review-crisis-creates-problems-journals-and-scholars

Flowerdew, J. (2001). Attitudes of journal editors to nonnative speaker contributions. TESOL Quarterly, 35(1), 121-150. https://www.jstor.org/stable/3587862

Fox, P., & Harris, R. (2013). ICSU and the challenges of data and information management for international science. Data Science Journal, 12, WDS1-WDS12. https://doi.org/10.2481/dsj.WDS-12-1

Frankel, M. S., Elliott, R., Blume, M., Bourgois, J. M., Hugenholtz, B., Lindquist, M. G., … & Sandewall, E. (2000). Defining and certifying electronic publication in science. Learned Publishing, 13(4), 251-258. https://doi.org/10.1087/09531510050117950

Fuchs, C., & Sandoval, M. (2013). The diamond model of open access publishing: Why policy makers, scholars, universities, libraries, labour unions and the publishing world need to take non-commercial, non-profit open access seriously. tripleC: Communication, Capitalism & Critique, 11(2), 428-443. https://doi.org/10.31269/triplec.v11i2.502

Fyfe, A., McDougall-Waters, J., & Moxham, N. J. (2014). Philosophical Transactions: 350 years of publishing at the Royal Society (1665-2015).

Gadd, E., & Troll Covey, D. (2019). What does 'green' open access mean? Tracking twelve years of changes to journal publisher self-archiving policies. Journal of Librarianship and Information Science, 51(1), 106-122. https://doi.org/10.1177/0961000616657406

Garcia, J. A., Rodriguez-Sánchez, R., & Fedez-Valdivia, J. (2020). Confirmation bias in peer review. Scientometrics, 123, 517-533. https://doi.org/10.1007/s11192-020-03357-0

Garfield, E. (1955). Citation indexes for science. Science, 122(3159), 108-111. https://doi.org/10.1126/science.122.3159.108(https://doi.org/10.1126/science.122.3159.108)

Garfield, E. (1972). Citation analysis as a tool in journal evaluation: Journals can be ranked by frequency and impact of citations for science policy studies. Science, 178(4060), 471-479. https://doi.org/10.1126/science.178.4060.471

Garfield, E. (1998). From citation indexes to informetrics: Is the tail wagging the dog? Libri, 48(2), 67-80. https://doi.org/10.1515/libr.1998.48.2.67

Garfield, E. (2009). From information retrieval to scientometrics: Is the dog still wagging its tail? Keynote address, Fifth International Conference on WIS & Tenth COLLNET Meeting, September 13-16, 2009.

Garvey, W. D., & Griffith, B. C. (1964). Scientific information exchange in psychology. Science, 146(3652), 1655-1659. https://doi.org/10.1126/science.146.3652.1655

Gilman, I. (2013). Library scholarly communication programs: Legal and ethical considerations. Chandos Publishing.

Gong, K. (2022). Open science: The science paradigm of the new era. Cultures of Science, 5(1), 3-9. https://doi.org/10.1177/20966083221091867

González-Valiente, C. L., Pacheco-Mendoza, J., & Arencibia-Jorge, R. (2016). A review of altmetrics as an emerging discipline for research evaluation. Learned Publishing, 29, 229-238. https://doi.org/10.1002/leap.1043

Gould, T. H. P. (2010). Scholar as e-publisher: The future role of [anonymous] peer review within online publishing. Journal of Scholarly Publishing, 41(4), 428-448. https://doi.org/10.3138/jsp.41.4.428

Greenhall, M. (2019). Digital scholarship and the role of the research library. RLUK Report. Research Libraries UK. https://www.rluk.ac.uk/wp-content/uploads/2019/07/RLUK-Digital-Scholarship-report-July-2019.pdf

Grudniewicz, A., Moher, D., Cobey, K. D., Bryson, G. L., Cukier, S., Allen, K., … & Lalu, M. M. (2019). Predatory journals: No definition, no defence. Nature, 576(7786), 210-212. https://doi.org/10.1038/d41586-019-03759-y

Guedj, D., & Ramjoué, C. (2015). European Commission policy on open-access to scientific publications and research data in Horizon 2020. Biomed Data J, 1(1). https://doi.org/10.1163/25902596-00101005

Guédon, J.-C. (2017). Open access: Toward the Internet of the mind. Budapest Open Access Initiative. https://www.budapestopenaccessinitiative.org/boai15/open-access-toward-the-internet-of-the-mind/

Guerrero-Bote, V. P., & Moya-Anegón, F. (2014). Relationship between downloads and citations at journal and paper levels, and the influence of language. Scientometrics, 101(2), 1043-1065. https://doi.org/10.1007/s11192-014-1243-5

Hadad, S., & Aharony, N. (2024). Researchers' perceptions, patterns, motives, and challenges in self-archiving as a function of the discipline. Journal of Librarianship and Information Science, 56(2), 490-500. https://doi.org/10.1177/09610006241101578

Hagedorn, G., Mietchen, D., Morris, R. A., Agosti, D., Penev, L., Berendsohn, W. G., & Hobern, D. (2011). Creative Commons licenses and the non-commercial condition: Implications for the re-use of biodiversity information. ZooKeys, (150), 127-149. https://doi.org/10.3897%2Fzookeys.150.2189

Hagedorn, H. (2001). A call for change in academic publishing. http://www.insectscience.org/about/change/openletter/

Hall, A. R., & Hall, M. B. (1962). Why blame Oldenburg? Isis, 53(4), 482-491. https://doi.org/10.1086/350488

Hames, I. (2007). Peer review and manuscript management in scientific journals: Guidelines for good practice. Blackwell Publishing. https://doi.org/10.1002/9780470750803

Hanson, B., Sugden, A., & Alberts, B. (2011). Making data maximally available. Science, 331(6018), 649-650. https://doi.org/10.1126/science.1203458

Harnad, S. (1990). Scholarly skywriting and the publication continuum of scientific inquiry. Psychological Science, 1(1), 342-343. https://eprints.soton.ac.uk/251894/1/harnad90.skywriting.html

Harnad, S., & Brody, T. (2004). Comparing the impact of open access (OA) vs. non-OA articles in the same journals. D-Lib Magazine, 10(6). https://doi.org/10.1045/june2004-harnad

Harrison, C. (2004). Peer review, politics and pluralism. Environmental Science & Policy, 7(5), 357-368. https://doi.org/10.1016/j.envsci.2004.04.003

Haustein, S., Bowman, T. D., & Costas, R. (2016). Interpreting altmetrics: Viewing acts on social media through the lens of citation and social theories. In C. R. Sugimoto (Ed.), Theories of Informetrics and Scholarly Communication (pp. 372-406). De Gruyter. https://doi.org/10.1515/9783110434377-020

Helge, K. S., Tmava, A. M., & Zerangue, A. R. (2020). Sustaining and enhancing the scholarly communications department: A comprehensive guide. Libraries Unlimited.

Hirsch, J. E. (2005). An index to quantify an individual's scientific research output.

Proceedings of the National Academy of Sciences of the United States of America, 102(46), 16569-16572. https://doi.org/10.1073/pnas.0507655102

Holmberg, K. (2016). Altmetrics for information professionals: Past, present and future. Chandos Publishing.

Holter, T. C. (2020). The repository, the researcher, and the REF: "It's just compliance, compliance, compliance." The Journal of Academic Librarianship, 46(1), 102079. https://doi.org/10.1016/j.acalib.2019.102079

Horbach, S. P. J. M., & Halffman, W. (2020). Innovating editorial practices: Academic publishers at work. Research Integrity and Peer Review, 5, 11. https://doi.org/10.1186/s41073-020-00097-w

Houghton, J., Rasmussen, B., Sheehan, P., Oppenheim, C., Morris, A., Creaser, C., ... & Gourlay, A. (2009). Economic implications of alternative scholarly publishing models: Exploring the costs and benefits. https://vuir.vu.edu.au/15222/1/EI-ASPM_Report.pdf

Hughes, A. M. (2008). Publication behaviors of the signers of the Public Library of Science (PLOS) "Open Letter to Scientific Publishers" (Master's thesis).

Huisman, J., & Smits, J. (2017). Duration and quality of the peer review process: The author's perspective. Scientometrics, 113(1), 633-650. https://doi.org/10.1007/s11192-017-2310-5

IAP. (2022). Combating predatory journals and conferences. https://www.interacademies.org/publication/combating-predatory-journals-and-conferences

ICMJE. (2021). Recommendations for the conduct, reporting, editing, and publication of scholarly work in medical journals. http://www.icmje.org/icmje-recommendations.pdf

ICMJE. (2023). Defining the role of authors and contributors. http://www.icmje.org/recommendations/browse/roles-and-responsibilities/defining-the-role-of-authors-and-contributors.html

Ing, E. B. (2021). A survey-weighted analytic hierarchy process to quantify authorship. Advances in Medical Education and Practice, 12, 1021-1031. https://doi.org/10.2147/AMEP.S328648

International Organization for Standardization. (2012). Space data and information transfer systems — Open archival information system (OAIS)

— Reference model (ISO Standard No. 14721:2012). https://www.iso.org/standard/57284.html

Jana, S. (2019). A history and development of peer-review process. Annals of Library and Information Studies (ALIS), 66(4), 152-162.

Jordan, K. (2019). From social networks to publishing platforms: A review of the history and scholarship of academic social network sites. Frontiers in Digital Humanities, 6, 5. https://doi.org/10.3389/fdigh.2019.00005

Katy, J. (2019). From social networks to publishing platforms: A review of the history and scholarship of academic social network sites. Frontiers in Digital Humanities, 6, 5. https://doi.org/10.3389/fdigh.2019.00005

Kennedy, M. S., Barnsteiner, J., & Daly, J. (2014). Honorary and ghost authorship in nursing publications. Journal of Nursing Scholarship, 46(6), 416-422. https://doi.org/10.1111/jnu.12093

Kim, S. H., & Jung, J. I. (2022). Authorship and inappropriate authorship from an ethical publication perspective. Journal of the Korean Society for Radiology, 83(4), 752-758. https://doi.org/10.3348/jksr.2022.0040

King, J. (1987). A review of bibliometric and other science indicators and their role in research evaluation. Journal of Information Science, 13(5), 261-276. https://doi.org/10.1177/016555158701300501

Kling, R., & McKim, G. (1999). Scholarly communication and the continuum of electronic publishing. Journal of the American Society for Information Science, 50(10), 890-906. https://doi.org/10.1002/(SICI)1097-4571(1999)50:10

Kling, R., Spector, L. B., & Fortuna, J. (2004). The real stakes of virtual publishing: The transformation of E-Biomed into PubMed Central. Journal of the American Society for Information Science and Technology, 55(2), 127-148. https://doi.org/10.1002/asi.10365

Knoth, P., & Pontika, N. (2015). Open science taxonomy. figshare. https://doi.org/10.6084/m9.figshare.1508606.v3

Kozak, M., & Hartley, J. (2013). Publication fees for OA journals: Different disciplines-different methods. Journal of the American Society for Information Science and Technology, 64, 2591-2594. https://doi.org/10.1002/asi.22865

Kurtz, M. J., Eichhorn, G., Accomazzi, A., Grant, C., Demleitner, M., Henneken, E.,

& Murray, S. S. (2005). The effect of use and access on citations. Information Processing & Management, 41(6), 1395-1402. https://doi.org/10.1016/j.ipm.2005.03.010(h

Laakso, M., & Björk, B. C. (2016). Hybrid open access—A longitudinal study. Journal of Informetrics, 10(4), 919-932. https://doi.org/10.1016/j.joi.2016.09.001

Laine, C., Babski, D., Bachelet, V. C., B rnighausen, T. W., Baethge, C., Bibbins-Domingo, K., … & Zakhama, L. (2025). Predatory journal: What can we do to protect their prey? The Lancet, 405(10476), 362-364. https://doi.org/10.1016/S0140-6736(24)00352-9

Lancaster, F. W. (1995). Introduction. Library Trends, 43(4), 515-517.

Larivière, V., Pontille, D., & Sugimoto, C. R. (2021). Investigating the division of scientific labor using the Contributor Roles Taxonomy (CRediT). Quantitative Science Studies, 2(1), 111-128. https://doi.org/10.1162/qss_a_00097

Lee, J. Y., & Chung, E. (2022). Mapping open science research using a keyword bibliographic coupling analysis network. Information Research, 27(4), Article 949. https://doi.org/10.47989/irpaper949

Lessig, L. (2004). Free culture: How big media uses technology and the law to lock down culture and control creativity. (이주명 역, 2005, 자유문화: 인터넷 시대의 창작과 저작권 문제, 필맥).

Levin, N., Leonelli, S., Weckowska, D., Castle, D., & Dupré, J. (2016). How do scientists define openness? Exploring the relationship between open science policies and research practice. Bulletin of Science, Technology & Society, 36(2), 128-141. https://doi.org/10.1177/0270467616668760

Lin, D., Crabtree, J., Dillo, I., Downs, R. R., Edmunds, R., Giaretta, D., De Giusti, M., L'Hours, H., Hugo, W., Jenkyns, R., Khodiyar, V., Martone, M. E., Mokrane, M., Navale, V., Petters, J., Sierman, B., Sokolova, D. V., Stockhause, M., & Westbrook, J. (2020). The TRUST Principles for digital repositories. Scientific Data, 7(1), Article 144. https://doi.org/10.1038/s41597-020-0486-7

Lin, J. (2018, May 31). Preprints growth rate ten times higher than journal articles. https://www.crossref.org/blog/preprints-growth-rate-ten-times-higher-than-journal-articles/

Lin, J., & Fenner, M. (2013). Altmetrics in evolution: Defining & redefining the ontology of article-level metrics. Information Standards Quarterly, 25(2), 20-26. https://doi.org/10.3789/isqv25no2.2013.04

Liu, X., Wei, Y., & Zhao, Z. (2020). How researchers view altmetrics: An investigation of ISSI participants. Aslib Journal of Information Management, 72(3), 361-378. https://doi.org/10.1108/AJIM-04-2019-0103

Lo, B., & Field, M. J. (Eds.). (2009). Conflict of interest in medical research, education, and practice. National Academies Press.

Lovett, J. A., Rathemacher, A. J., Boukari, D., & Lang, C. (2017). Institutional repositories and academic social networks: Competition or complement? A study of open access policy compliance vs. ResearchGate participation. Journal of Librarianship and Scholarly Communication, 5(1), eP2183. https://doi.org/10.7710/2162-3309.2183

Luiten, J. D., Verhemel, A., Dahi, Y., Luiten, E. J. T., & Gadjradj, P. S. (2019). Honorary authorships in surgical literature. World Journal of Surgery, 43, 696-703. https://doi.org/10.1007/s00268-018-4854-7

Lyman, P. (1999). Digital documents and the future of the academic community. In R. Ekman & R. E. Quandt (Eds.), Technology and scholarly communication (pp. 366-380). University of California Press.

Lyon, L. (2007). Dealing with data: Roles, rights, responsibilities and relationships consultancy report. UKOLN.

Lyu, D., Ruan, X., Xie, J., & Cheng, Y. (2021). The classification of citing motivations: A meta-synthesis. Scientometrics, 126(4), 3243-3264. https://doi.org/10.1007/s11192-021-03908-z

Ma, L. (2023). The scholarly communication handbook: From research dissemination to societal impact. Facet Publishing.

Mabe, M. (2003). The growth and number of journals. Serials, 16(2), 191-197. https://doi.org/10.1629/083(https://doi.org/10.1629/083)

Mallalieu, R. (2019). The elusive gold mine? The finer details of Creative Commons licences — and why they really matter. Insights, 32(1), 1-8. https://doi.org/10.1629/uksg.448

Marek, K., & Valauskas, E. J. (2002). Web logs as indices of electronic journal use: Tools for identifying a "classic" article. Libri, 52(4), 220-230. https://doi.org/10.1515/LIBR.2002.220

Markie, M. L. (2015). Post-publication peer review, in all its guises, is here to stay. Insights, 28(2), 107-110.

Maarel, E. van der. (2001, October 30). Eddy van der Maarel statement. https://web.archive.org/web/20101116021937/http://lists.topica.com/lists/fos-forum/read/message.html?mid=902159566&sort=d&start=44

Martin, V. (2022). The complete guide to open scholarship. Chapter 5. Open educational resources (OER): Linking openness and education. Libraries Unlimited.

Matthias, L., Jahn, N., & Laakso, M. (2019). The two-way street of open access journal publishing: Flip it and reverse it. Publications, 7(2), 23. https://doi.org/10.3390/publications7020023

Mattingley, S. (2022). What are journal content aggregators? https://www.wiley.com/en-us/network/publishing/societies/publishing-strategy/what-are-journal-content-aggregators

Mayernik, M. (2013). Bridging data lifecycles: Tracking data use via datacitations (Vol. NCAR/TN-49).

Mazurek, G., Gorska, A., Korzynski, P., & Silva, S. (2022). Social networking sites and researcher's success. Journal of Computer Information Systems, 62(2), 259-266. https://doi.org/10.1080/08874417.2020.1783724

McGarry, K. J. (1981). The changing context of information: An introductory analysis. Bingley.

McPherson, J. M. (2003, October 1). A crisis in scholarly publishing. Perspectives on History, 41(7). https://www.historians.org/publications-and-directories/perspectives-on-history/october-2003/a-crisis-in-scholarly-publishing

Meadows, A. J. (1998). Communicating research. Academic Press.

Meishar-Tal, H., & Pieterse, E. (2017). Why do academics use academic social networking sites? The International Review of Research in Open and Distributed Learning, 18(1), 2643. http://dx.doi.org/10.19173/irrodl.v18i1.2643

Merton, R. K. (1973). The sociology of science. University of Chicago Press.

Moed, H. F., & Halevi, G. (2015). Multidimensional assessment of scholarly research impact. Journal of the Association for Information Science and Technology, 66(10), 1988-2002. https://doi.org/10.1002/asi.23314

Mogge, D. (1999). Seven years of tracking electronic publishing: The ARL directory of electronic journals, newsletters and academic discussion lists. Library Hi Tech, 17(1), 17-25. https://doi.org/10.1108/07378839910258025

Moore, S. A. (2023). The politics of rights retention. Publications, 11(2), 28. https://doi.org/10.3390/publications11020028

Morrison, C., Secker, J., Vézina, B., Labastida i Juan, I., & Proudman, V. (2020). Open access: An analysis of publisher copyright and licensing policies in Europe, 2020. https://zenodo.org/records/4046624

Morrison, H. (2009). Scholarly communication for librarians. Chandos Publishing.

Morrison, H. (2018). DOAJ APC information as of Jan 31, 2018. https://sustainingknowledgecommons.org/2018/02/06/doaj-apc-information-as-of-jan-31-2018/

Morrison, H., Salhab, J., Calvé-Genest, A., & Horava, T. (2015). Open access article processing charges: DOAJ survey May 2014. Publications, 3(1), 1-16. https://doi.org/10.3390/publications3010001

Moylan, E. C., Harold, S., O'Neill, C., & Kowalczuk, M. K. (2014). Open, single-blind, double-blind: Which peer review process do you prefer? BMC Pharmacology and Toxicology, 15, 55. https://doi.org/10.1186/2050-6511-15-55

Mulligan, R. (2016). Spec Kit 350: Supporting digital scholarship. Association of Research Libraries.

Murray-Rust, P. (2008). Open data in science. Nature Preceedings, 1(1). https://doi.org/10.1038/npre.2008.1526.1

Nalen, C. Z. (2025). Types of peer review. AJE. https://www.aje.com/arc/types-of-peer-review/

National Information Standards Organization. (2023). Standard terminology for peer review (ANSI/NISO Z39.106-2023). https://doi.org/10.3789/ansi.niso.z39.106-2023

Nature Index. (2018, January 30). Paper authorship goes hyper: A single field is behind the rise of thousand-author papers. https://www.nature.com/nature-index/news-blog/paper-authorship-goes-hyper

Nelson, A. (2022). Memorandum for the heads of executive departments and agencies: Ensuring free, immediate, and equitable access to federally funded research.

Nentwich, M. (2003). Cyberscience: Research in the age of the Internet. Austrian

Academy of Sciences Press.

NIH. (2005). Policy on enhancing public access to archived publications resulting from NIH-funded research. https://grants.nih.gov/grants/guide/notice-files/not-od-05-022.html

Nishikawa-Pacher, A. (2023). Measuring serendipity with altmetrics and randomness. Journal of Librarianship and Information Science, 55(4), 1078-1087. https://doi.org/10.1177/09610006221124338

Nosek, B. A., Alter, G., Banks, G. C., Borsboom, D., Bowman, S. D., Breckler, S. J., Buck, S., Chambers, C. D., Chin, G., Christensen, G., Contestabile, M., Dafoe, A., Eich, E., Freese, J., Glennerster, R., Goroff, D., Green, D. P., Hesse, B., Humphreys, M., ... & Yarkoni, T. (2015). Promoting an open research culture. Science, 348(6242), 1422-1425. https://doi.org/10.1126/science.aab2374

O'Sullivan, M., Ma, L., & Doran, P. (2021). An overview of post-publication peer review. Scholarly Assessment Reports, 3(1), 6. http://doi.org/10.29024/sar.26

Odlyzko, A. (1997). The economics of electronic journals. Conference on Scholarly Communication and Technology (Atlanta, GA, April 24-25, 1997). https://eric.ed.gov/?id=ED414926

Okerson, A. S., & O'Donnell, J. J. (Eds.). (1995). Scholarly journals at the crossroads: A subversive proposal for electronic publishing. Washington, DC.: Association of Research Libraries.

Orduña-Malea, E., & Cabezas-Clavijo, Á. (2023). ChatGPT and the potential growing of ghost bibliographic references. Scientometrics, 128(9), 5351-5355. https://doi.org/10.1007/s11192-023-04804-4

Page, L., Brin, S., Motwani, R., & Winograd, T. (1999). The PageRank citation ranking: Bringing order to the Web (Technical Report). Stanford InfoLab. http://ilpubs.stanford.edu:8090/422/

Parmhed, S., & Säll, J. (2023). Transformative agreements and their practical impact: A librarian perspective. Insights: The UKSG Journal, 36. https://doi.org/10.1629/uksg.596(

Parsons, M. A., Duerr, R. E., & Jones, M. B. (2019). The history and future of data citation in practice. Data Science Journal, 18, 52. https://doi.org/10.5334/dsj-2019-052

Pendlebury, D. A. (2010). Using bibliometrics in evaluating research. Thomson

Reuters. https://services.anu.edu.au/files/system/Pendlebury_White_Paper.pdf

Perifanou, M., & Economides, A. A. (2022). Measuring quality, popularity, demand and usage of Repositories of Open Educational Resources (ROER): A study on thirteen popular ROER. Open Learning: The Journal of Open, Distance and e-Learning, 38(4), 315-330. https://doi.org/10.1080/02680513.2022.2033114

Perneger, T. (2004). Relation between online "hit counts" and subsequent citations: Prospective study of research papers in the BMJ. BMJ, 329(7465), 546-547. https://doi.org/10.1136/bmj.329.7465.546

Petrescu, M., & Krishen, A. S. (2022). The evolving crisis of the peer-review process. Journal of Marketing Analytics, 10, 185-186. https://doi.org/10.1057/s41270-022-00176-5

Pinfield, S. (2024). Achieving global open access: The need for scientific, epistemic and participatory openness (p. 134). Taylor & Francis.

Piwowar, H., Priem, J., Larivière, V., Alperin, J. P., Matthias, L., Norlander, B., Farley, A., West, J., & Haustein, S. (2018). The state of OA: A large-scale analysis of the prevalence and impact of open access articles. PeerJ, 6, e4375. https://doi.org/10.7717/peerj.4375

PLOS One. (n.d.). Understanding the publishing process. https://plos.org/resource/understanding-the-publishing-process/

Potter, R. W. K., Szomszor, M., & Adams, J. (2020). Interpreting CNCIs on a country-scale: The effect of domestic and international collaboration type. Journal of Informetrics, 14(4), 101075. https://doi.org/10.1016/j.joi.2020.101075

Poynder, R. (2008). The open access interviews. https://www.richardpoynder.co.uk/Bill_Mortimer.pdf

Poynder, R. (2018, March 28). The open access big deal: Back to the future. https://poynder.blogspot.com/2018/03/the-open-access-big-deal-back-to-future.html(https://poynder.blogspot.com/2018/03/the-open-access-big-deal-back-to-future.html)

Priem, J., & Hemminger, B. H. (2010). Scientometrics 2.0: New metrics of scholarly impact on the social Web. First Monday, 15(7). https://doi.org/10.5210/fm.v15i7.2874

Priem, J., Piwowar, H., & Hemminger, B. (2011). Altmetrics in the wild: An exploratory study of impact metrics based on social media. Metrics: Symposium on Informetric and Scientometric Research, New Orleans, LA. http://www.ils.unc.edu/bmh/pubs/PLOS-altmetrics-sigmetrics11-abstract.pdf

Pruschak, G. (2021). What constitutes authorship in the social sciences? Frontiers in Research Metrics and Analytics, 6, 655350. https://doi.org/10.3389/frma.2021.655350

Pruschak, G., & Hopp, C. (2022). And the credit goes to …: Ghost and honorary authorship among social scientists. PLOS ONE, 17(5), e0267312. https://doi.org/10.1371/journal.pone.0267312

Psaty, B. M., & Kronmal, R. A. (2008). Reporting mortality findings in trials of rofecoxib for Alzheimer disease or cognitive impairment: A case study in biased reporting. JAMA, 299(15), 1813-1817.

Publishing Research Consortium. (2016). Peer review survey 2015. Mark Ware Consulting.

Publons. (2018). Global state of peer review report. https://publons.com/community/gspr

Purver, M. (1967). The Royal Society: Concept and creation. MIT Press.

Radford, M. L., Kitzie, V., Mikitish, S., Floegel, D., Radford, G. P., & Connaway, L. S. (2020). "People are reading your work," scholarly identity and social networking sites. Journal of Documentation, 76(6), 1233-1260. https://doi.org/10.1108/JD-04-2019-0074

Rasmussen, J., Langer, V., & Alrøe, H. F. (2006). Bias in peer review of organic farming grant applications. Agriculture and Human Values, 23(2), 181-188. https://doi.org/10.1007/s10460-005-6105-6

Rawlins, B. (2024). Are transformative agreements worth it? An analysis of open access publication data at the University of Kentucky. Library Resources & Technical Services, 68(1).

Regazzi, J. J. (2015). Scholarly communications: A history from content as king to content as kingmaker. Rowman & Littlefield.

Reichman, O. J., Jones, M. B., & Schildhauer, M. P. (2011). Challenges and opportunities of open data in ecology. Science, 331(6018), 703-705.

Rennie, J., & Chief, I. N. (2002). Misleading math about the Earth. Scientific

American, 286(1), 61.

Rosenzweig, M. L. (n.d.). Protecting access to scholarship: We are the solution. http://www.evolutionary-ecology.com/citizen/spring00speech.pdf

Ross, J. S., & Krumholz, H. M. (2013). Ushering in a new era of open science through data sharing: The wall must come down. JAMA, 309(13), 1355-1356.

Ross, J. S., Hill, K. P., Egilman, D. S., & Krumholz, H. M. (2008). Guest authorship and ghostwriting in publications related to rofecoxib: A case study of industry documents from rofecoxib litigation. JAMA, 299(15), 1800-1812. https://doi.org/10.1001/jama.299.15.1800

Ross-Hellauer, T. (2017). What is open peer review? A systematic review. F1000Research, 6, 588. https://doi.org/10.12688/f1000research.11369.2

Ross-Hellauer, T., Schmidt, B., & Kramer, B. (2018). Are funder open access platforms a good idea? SAGE Open, 8(4). https://doi.org/10.1177/2158244018816717

Rumsey, A. S. (2011). New-model scholarly communication: Road map for change. In SCI Reports 2004-2011 (pp. 157-188). University of Virginia Library.

Savage, C. J., & Vickers, A. J. (2009). Empirical study of data sharing by authors publishing in PLOS journals. PLOS ONE, 4(9), e7078.

Schimmer, R., Geschuhn, K. K., & Vogler, A. (2015). Disrupting the subscription journals' business model for the necessary large-scale transformation to open access. https://hdl.handle.net/11858/00-001M-0000-0026-C274-7

Schloegl, C., & Gorraiz, J. (2010). Comparison of citation and usage indicators: The case of oncology journals. Scientometrics, 82(3), 567-580. https://doi.org/10.1007/s11192-010-0172-1

Schloegl, C., & Gorraiz, J. (2011). Global usage versus global citation metrics: The case of pharmacology journals. Journal of the American Society for Information Science and Technology, 62(1), 161-170. https://doi.org/10.1002/asi.21420

Schlögl, C., Gorraiz, J., Gumpenberger, C., Jack, K., & Kraker, P. (2014). Comparison of downloads, citations and readership data for two information systems journals. Scientometrics, 101, 1113-1128. https://doi.org/10.1007/s11192-014-1365-9

Schlosser, M. (2013). Defining digital scholarship. Digital Scholarship @ The

Libraries, Ohio State University Libraries. Blog post.

Schmal, W. B. (2024). The 'MustStock' challenge in academic publishing: Pricing implications of transformative agreements. arXiv preprint arXiv:2403.03597.

Schubert, A. (2009). Using the h-index for assessing single publications. Scientometrics, 78(3), 559-565. https://doi.org/10.1007/s11192-008-2208-3

Scite. (n.d.). Scite. https://scite.ai

Semantic Scholar. (n.d.). https://semanticscholar.org

Sewell, C. (2020). The no-nonsense guide to research support and scholarly communication. Facet Publishing.

Shamoo, A. E., & Resnik, D. B. (2022). Responsible conduct of research (4th ed.). Oxford University Press.

Shatz, D. (2004). Peer review: A critical inquiry. Rowman & Littlefield.

Shaughnessy, T. W. (1989). Scholarly communication: The need for an agenda for action—A symposium. The Journal of Academic Librarianship, 15(2), 68-79.

Smith, R. (1999). Opening up BMJ peer review. BMJ, 318(7175), 4-5.

Solomon, D. J., Laakso, M., & Björk, B. C. (2016). Converting scholarly journals to open access: A review of approaches and experiences. Copyright, Fair Use, Scholarly Communication, etc. 27. http://digitalcommons.unl.edu/scholcom/27

Souder, L. (2011). The ethics of scholarly peer review: A review of the literature. Learned Publishing, 24(1), 55-72. https://doi.org/10.1087/20110104

SPARC. (2001). Declaring independence: A guide to creating community-controlled science journals.

Speicher, L., Armando, L., Bargheer, M., Eve, M. P., Fund, S., Le o, D., Mosterd, M., Pinter, F., & Souyioultzoglou, I. (2018). OPERAS open access business models white paper. Zenodo. https://doi.org/10.5281/zenodo.1323707

Spier, R. (2002). The history of the peer-review process. Trends in Biotechnology, 20(8), 357-358. https://doi.org/10.1016/S0167-7799(02)01985-6

Stall, S., Martone, M. E., Chandramouliswaran, I., Federer, L., Gautier, J., Gibson, J., Hahnel, M., Larkin, J., Pfeiffer, N., Sedora, B., Sim, I., Smith, T., Van Gulick, A. E., Walker, E., Wood, J., Zaringhalam, M., & Zigoni, A. (2023). Generalist repository comparison chart (3.0). Zenodo. https://doi.org/10.5281/zenodo.7946938

Suber, P. (2001). More on the BioMed Central (BMC) decision to charge processing fees per article starting January 1. Free Online Scholarship (FOS) Newsletter, 2001. 12. 26. https://dash.harvard.edu/entities/publication/73120378-8c62-6bd4-e053-0100007fdf3b

Suber, P. (2008). Gratis and libre open access. https://dash.harvard.edu/bitstreams/7312037c-7a22-6bd4-e053-0100007fdf3b/download

Suber, P. (2012). The rise of libre open access. SPARC Open Access Newsletter. https://legacy.earlham.edu/~peters/fos/newsletter/06-02-12.htm

Sugimoto, C. R., Work, S., Larivi re, V., & Haustein, S. (2017). Scholarly use of social media and altmetrics: A review of the literature. Journal of the Association for Information Science and Technology, 68(9), 2037-2062. https://doi.org/10.1002/asi.23833

Taylor, M. (2013, November 19-20). Open access is about sharing, unity and sanity, not about money. Berlin 11 Conference. https://openaccess.mpg.de/1528644/Session-2-Taylor.pdf

Tennant, J. P. (2018). The state of the art in peer review. FEMS Microbiology Letters, 365(19), fny204. https://doi.org/10.1093/femsle/fny204

Tenopir, C., & King, D. W. (2000). Towards electronic journals: Realities for scientists, librarians, and publishers. Special Libraries Association.

Tenopir, C., Allard, S., Douglass, K., Aydinoglu, A. U., Wu, L., Read, E., … Frame, M. (2011). Data sharing by scientists: Practices and perceptions. PLOS ONE, 6(6), e21101. https://doi.org/10.1371/journal.pone.0021101

The Royal Society. (n.d.). What were the early days of the Royal Society like? https://royalsociety.org/about-us/who-we-are/history/

Thelwall, M., & Wilson, P. (2016). Mendeley readership altmetrics for medical articles: An analysis of 45 fields. Journal of the Association for Information Science and Technology, 67(8), 1962-1972. https://doi.org/10.1002/asi.23501

Thelwall, M., Kousha, K., Stuart, E., Makita, M., Abdoli, M., Wilson, P., & Levitt, J. (2023). In which fields are citation indicators of research quality? Journal of the Association for Information Science and Technology, 74(8), 941-953. https://doi.org/10.1002/asi.24767

Travis, G. D. L., & Collins, H. M. (1991). New light on old boys: Cognitive and institutional particularism in the peer review system. Science, Technology & Human Values, 16(3), 322-341. https://doi.org/10.1177/016224399101600303

Turoff, M., & Hiltz, S. R. (1979). Electronic information exchange and its impact on libraries. Clinic on Library Applications of Data Processing (16th).

Tzoc, E., & Millard, J. (2017). An on-demand and cloud-based digital scholarship applications dashboard. Journal of Library Administration, 57(5), 563-576. https://doi.org/10.1080/01930826.2017.1324573

UK Data Service. (2025, April 22). Research data management. https://ukdataservice.ac.uk/learning-hub/research-data-management/

UKRI. (2021). UKRI open access policy. https://www.ukri.org/wp-content/uploads/2023/05/UKRI-100523-OpenAccessPolicy-V1.5.1-January2023.pdf

UNESCO. (2012). OER declaration. https://unesdoc.unesco.org/ark:/48223/pf0000246687

UNESCO. (2015). Education for 2030: Incheon declaration and framework for action for the implementation of sustainable development goal 4. https://uis.unesco.org/sites/default/files/documents/education-2030-incheon-framework-for-action-implementation-of-sdg4-2016-en_2.pdf

UNESCO. (2017). Ljubljana OER action plan. https://unesdoc.unesco.org/ark:/48223/pf0000266206

UNESCO. (2019). Recommendation on open educational resources. https://www.unesco.org/en/legal-affairs/recommendation-open-educational-resources-oer?hub=785

UNESCO. (2023). UNESCO recommendation on open science. https://www.unesco.org/en/natural-sciences/open-science

van Alstyne, J. (2019, August 9). Social media platforms for academics: A breakdown of the networks. https://theacademicdesigner.com/2019/social-media-platforms/

Vaughan, L., Tang, J., & Yang, R. (2017). Investigating disciplinary differences in the relationships between citations and downloads. Scientometrics, 111(3), 1533-1545. https://doi.org/10.1007/s11192-017-2308-z

Vicente-Saez, R., & Martinez-Fuentes, C. (2018). Open science now: A systematic literature review for an integrated definition. Journal of Business Research, 88, 428-436.

Walker, R., & Rocha da Silva, P. (2015). Emerging trends in peer review—a survey. Frontiers in Neuroscience, 9, 169. https://doi.org/10.3389/fnins.2015.00169

Waltman, L., Kaltenbrunner, W., Pinfield, S., & Woods, H. B. (2023). How to improve scientific peer review: Four schools of thought. Learned Publishing, 36, 334-347. https://doi.org/10.1002/leap.1544

Ware, M. (2008). Peer review in scholarly journals: Perspective of the scholarly community—Results from an international study. Information Services & Use, 28(2), 109-112.

Watson, A. (2009). Comparing citations and downloads for individual articles. Journal of Vision, 9(4), 1-4. https://doi.org/10.1167/9.4.i

Web of Science. (2024). Core Collection full record details. https://webofscience.zendesk.com/hc/en-gb/articles/20136761647633-Core-Collection-Full-Record-Details

Webb, T. J., O'Hara, B., & Freckleton, R. P. (2008). Does double-blind review benefit female authors? Trends in Ecology & Evolution, 23(7), 351-353. https://doi.org/10.1016/j.tree.2008.03.003

Wellcome Trust. (2015). Open access at the Wellcome Trust: A guide for publishers. https://wellcome.org/sites/default/files/wtx031743.pdf

Whyte, A., & Pryor, G. (2011). Open science in practice: Researcher perspectives and participation. The International Journal of Digital Curation, 6(1), 199-213. https://doi.org/10.2218/ijdc.v6i1.182

Wiley, D. (2006). Improving learning. https://opencontent.org/definition

Wilkinson, M. D., Dumontier, M., Aalbersberg, I. J., Appleton, G., Axton, M., Baak, A., Blomberg, N., Boiten, J.-W., da Silva Santos, L. B., Bourne, P. E., Bouwman, J., Brookes, A. J., Clark, T., Crosas, M., Dillo, I., Dumon, O., Edmunds, S., Evelo, C. T., Finkers, R., . . . Mons, B. (2016). The FAIR guiding principles for scientific data management and stewardship. Scientific Data, 3, 160018. https://doi.org/10.1038/sdata.2016.18

Williams, C. (2016, June 30). The Altmetric score is now the Altmetric Attention Score. Altmetric. https://www.altmetric.com/blog/the-altmetric-score-is-now-the-altmetric-attention-score/

Willinsky, J. (2005). The unacknowledged convergence of open source, open access, and open science. First Monday, 10(8). https://doi.org/10.5210/fm.v10i8.1265

Willinsky, J., & Moorhead, L. (2014). How the rise of open access is altering journal publishing. In The future of the academic journal (pp. 195-222). Chandos Publishing.

Winters, J. (2020). Learned societies, humanities publishing, and scholarly communication in the UK. In M. P. Eve & J. Gray (Eds.), Reassembling scholarly communications: Histories, infrastructures, and global politics of open access (pp. 343-349). MIT Press.

Wise, A., & Estelle, L. (2019a). How libraries can support society publishers to accelerate their transition to full and immediate OA and Plan S. Insights, 32(1), 23. https://doi.org/10.1629/uksg.477

Wise, A., & Estelle, L. (2019b). Society publishers accelerating open access and Plan S (SPA-OPS) project. Wellcome Trust. https://doi.org/10.6084/m9.figshare.c.4561397.v2

Xia, J., Gilchrist, S. B., Smith, N. X., Kingery, J. A., Radecki, J. R., Wilhelm, M. L., … Mahn, A. J. (2012). A review of open access self-archiving mandate policies. portal: Libraries and the Academy, 12(1), 85-102.

Yang, S., Zheng, M., Yu, Y., & Wolfram, D. (2021). Are Altmetric.com scores effective for research impact evaluation in the social sciences and humanities? Journal of Informetrics, 15(1), 101120. https://doi.org/10.1016/j.joi.2020.101120

Yiotis, K. (2005). The open access initiative: A new paradigm for scholarly communications. Information Technology and Libraries, 24(4), 157-162.

Yoon, J., Chung, E., Schalk, J., & Kim, J. (2021). Examination of data citation guidelines in style manuals and data repositories. Learned Publishing, 34(2), 198-215.

Zahedi, Z. (2014). How well developed are altmetrics? A crossdisciplinary analysis of the presence of 'alternative metrics' in scientific publications. Scientometrics, 101(2), 1491-1513.

Zahedi, Z. (2018). On the relationships between bibliographic characteristics of scientific documents and citation and Mendeley readership counts: A large-scale analysis of Web of Science publications. Journal of Informetrics, 12(1), 191-202.

Zhu, H., & Liu, X. (2024). Do linguistic features of research article titles affect received online attention? A corpus-based analysis. Library Hi Tech, Aheadof-print. https://doi.org/10.1108/LHT-01-2023-0022

Zhu, Y. (2017). Who support open access publishing? Gender, discipline, seniority and other factors associated with academics' OA practice. Scientometrics, 111(2), 557-579.

Zuckerman, H., & Merton, R. K. (1971). Patterns of evaluation in science: Institutionalisation, structure and functions of the referee system. Minerva, 9(1), 66-100.

찾아보기

[ㅈ]

[ㅊ]

[ㅋ]

[ㅌ]

[ㅍ]

[ㅎ]

학술 커뮤니케이션

지식 생산과 공유

펴낸날 1판 1쇄 2026년 2월 27일
지은이 정경희·정은경·이재윤
펴낸이 주소현
펴낸곳 이화여자대학교출판문화원
주소 서울특별시 서대문구 이화여대길 52(우 03760)
등록 1954년 7월 6일 제9-61호
전화 02) 3277-2965 (편집), 02) 362-6076 (마케팅)
팩스 02) 312-4312
전자우편 press@ewha.ac.kr
홈페이지 www.ewhapress.com
디자인 정혜진

ISBN 979-11-5890-572-9 93020

값 32,000원

* 잘못된 책은 구입처에서 바꾸어 드립니다.
* 이 책은 '을유1945' 서체를 사용했습니다.